はらせぬ恨みをはらします　許せぬ人でなしを消します
いずれも人知れず　仕掛けて仕損じなし　人呼んで仕掛人
ただしこの稼業　江戸職業づくしにはのっていない

『必殺仕掛人』第9話「地獄極楽紙ひとえ」
オープニングナレーション　作・早坂暁

必殺シリーズ談義

仕掛けて仕損じなし

高鳥都

立東舎

はじめに

高鳥都

『最後の大仕事』と銘打った前作から9ヶ月、かくのごとき証言集があっさり帰ってきた。２０２２年9月刊行の『必殺シリーズ秘史　50年目の告白録』、２０２３年4月の『必殺シリーズ異聞　27人の回想録』、２０２４年1月の『必殺シリーズ始末　最後の大仕事』に続き、およそ2年で4冊というペースは、なにより多大な反響のおかげである。京都映画（現・松竹撮影所）のスタッフに固執して取材を行った『秘史』、脚本家から現像所の担当者まで枠を外へと広げた『異聞』、80年代の仕事人ブームを検証すべく総勢40名が集結した『始末』、そして本書『必殺シリーズ談義　仕掛けて仕損じなし』は原点回帰で『必殺仕掛人』第1話のサブタイトルを拝借しつつ〝俳優メイン〟という初の試みを行うこととなった。

まず必殺シリーズとはなにか。朝日放送（現・朝日放送テレビ）と松竹の共同制作によるテレビ番組であり、１９７２年9月に第1弾『必殺仕掛人』がスタート。池波正太郎の小説をもとに〝金をもらって恨みをはらす〟裏稼業をパワフルに描いた異色の時代劇は、光と影の映像美や斬新な感覚でジャンルの革新者へと躍り出た。続く『必殺仕置人』からは原作なしのオリジナルとなり、藤田まこと演じる中村主水、江戸の治安を預かる町奉行所の同心でありながら上役・同輩からはバカにされ、家では妻と姑にイビられる――「昼行灯」の「ムコ殿」というサラリーマン的キャラクターが、やがて『必殺』の代名詞となっていく。

その後の変遷は、本書のコラムと巻末の作品リスト一覧をご参照いただきたいが、さまざまな挑戦とともにシリーズを続けてきたアウトロー時代劇は、シリーズ第15弾『必殺仕事人』をきっかけに空前のブームが巻き起こり、スペシャル版、舞台、映画へと広がってゆく。それに伴うパターン化と試行錯誤を経た１９８７年、第29弾『必殺剣劇人』において連続ドラマ枠としての必殺シリーズは、いったん終わりを迎える。その後、何度も復活を果たすが、本書においては『仕掛人』から『剣劇人』に至る15年を中心とした。

今回もまた四部構成であり、俳優各氏の登場順はレギュラーとしての出演に沿っている。まずロール1は『必殺仕掛人』の林与一から始まって『暗闇仕留人』の石坂浩二、『必殺仕業人』の大出俊が登場。ロール2では『必殺からくり人』『新必殺からくり人』のジュディ・オング、『新必殺仕置人』の河原崎建三、『新必殺からくり人』『必殺剣劇人』の近藤正臣が往時を振り返る。

折り返しのロール3は『必殺仕事人』の伊吹吾郎、同じく三田村邦彦、『必殺仕舞人』『必殺渡し人』ほかの西崎緑、さらにひかる一平、京本政樹、村上弘明と仕事人ブームの当事者たちが証言。三田村、京本、村上の各氏は『始末』に次いでの続編だ。ロール4は『必殺仕事人Ｖ 激闘編』の柴俊夫と梅沢富美男、そして最後は『必殺仕事人Ｖ 旋風編』からレギュラー入りのかとうかず子……合計15名というラインナップとなった。各章の合間には恒例のスタッフ座談会を開催、またも奔放なトークが繰り広げられている。

お約束の注意書きをひとつ。人それぞれ評価は異なり、読み比べると矛盾や食い違いが生じている。もちろん同じような証言の積み重なりや作品ごとに記憶の濃淡もある。さて、じっくり長時間の取材を受けてくださった必殺レギュラー俳優陣の〝談義〟をお楽しみください。『仕掛けて仕損じなし』とは大きく出たものだが、かくなる結果となっているかどうかは読者各位に委ねましょう。キャスト中心というパターン破りにして、本来オーソドックスな仕掛けが吉と出るか凶と出るか。それでは、参ります――。

CONTENTS

R-1

R-2

R-3

R-4

京都映画座談会

COLUMN

DOCUMENT

IMAGE

表記について

『新必殺仕置人』などの〝新〟がつく作品に関して、ナカグロありの『新・必殺仕置人』と表記される例も多いが、本編タイトルにナカグロが存在しないことと朝日放送テレビの公式指定に従って『新必殺仕置人』とする。

「カメラ」「キャメラ」、「カメラマン」「キャメラマン」に関してはインタビュイーの発言を優先して表記の統一は行わない。

慣例により朝日放送は「制作部」、京都映画は「製作部」とする。また同じ役職でも「製作主任」「制作主任」の表記は作品に準じる。

R-1

シリーズ第１弾『必殺仕掛人』で裏稼業に手を染めた西村左内、
『暗闇仕留人』の悩める蘭学者くずれ糸井貢、『必殺仕業人』のニヒルな
やいとや又右衛門——初期シリーズの男たちが舞台裏を振り返る。

俳優　林与一

俳優　石坂浩二

俳優　大出俊

俳優

林与一

鮮明に思い出すのは、
やっぱり立ち回りと監督ですね
それから編集の園井さんが上手かった

シリーズ第１弾『必殺仕掛人』で西村左内を演じた林与一は、着流しの浪人にしてマイホームパパの殺し屋という表と裏の顔を使い分け、必殺シリーズの礎となった。ダブル主演の藤枝梅安役・緒形拳とのライバル関係に深作欣二、三隅研次ら監督陣の思い出など……仕掛けて仕損じなし、怒涛のロングインタビュー！

「これ、ラストも同じ殺し方にしようか」

林　この間ね、偶然お寺さんに頼まれてね、法話みたいな講演をしてほしいと大阪に行ったんですよ。それで終わったら、なんとそこに山内久司さんのお墓があるということで、お参りしてきました。そう、ぼくを『仕掛人』に呼んでくれたプロデューサーです。そこは大善寺というお寺で、山内さんの近くにミヤコ蝶々さんのお墓がありました。

――そうでしたか。『必殺仕掛人』（72～73年）で主人公の西村左内を演じた林さん、長きにわたる必殺シリーズはここから始まったわけですが、まず思い出すことはありますか？

林　とにかくいちばん最初の「仕掛けて仕損じなし」ですか、深作（欣二）さんが監督のときに室田（日出男）くんを斬るシーンがあって、その前に彼が浪人を斬るシーンがあったんですね。それを見ててね、殺陣師の栄ちゃん（楠本栄一）とぼくと監督とで相談して「これ、ラストも同じ殺し方にしようか」ということで、浪人が斬られたのと同じ太刀さばきになったんです。あのとき、大映の三隅研次さんがベテランで、東映の深作さんはまだ若かったんですけど、その三隅さんが「あなたが撮ったイメージを受け継ぐから、好きなように撮りなさい」って、深作さんの自由に撮らせたの。その検定の試写を見て、こういう雰囲気の作品というのが決まったんですよ。

――室田日出男さん演じる作事奉行を斬るシーンでは派手な血しぶきが飛び散り、過激なテレビ時代劇の幕開けのような演出でした。

林　あれもリアルですよね。血が吹き出すのも一発勝負で、こっちにかからないようにしながら室田くんが七転八倒する。かつらだってクシャクシャになるけど、陣笠かぶってるから上手くごまかせてるんですよ。もともとね、ぼくの立ち回りは舞踊的なんです。だから深作さんに「ぼくが直すから」と言われました。やっぱり、まず思い出すのは立ち回りのことですよ。

――殺陣師の楠本栄一さんは大映京都出身です。

林　栄ちゃんはね、立ち回りの前の日は必ず彼のお好み焼き屋で打ち合わせをしました。蚕ノ社のあたりの店なんだけど、「栄ちゃん、帰りにお好み焼きと焼きそばな」「用意させときますわ」って一緒に食べながら、彼は飲みながらしゃべって……子供の誕生日で左内が家に帰る途中、暴漢に囲まれる。血の匂いがしたら、家に帰れないから血を浴びないように斬らなければならない回があって、ぼくが「布をかぶせてブスッと刺すのは？」とか言ったら、栄ちゃんが「だったら傘を使おう。走ってる間にバーッと傘を広げて、傘越しに斬って、血を弾いたりして」「いいね、それやろう！」って、毎回こうですよ。

――第7話「ひとでなし消します」の殺陣ですね。

林　傘の割れ目から顔を出すというカメラマンみたいなアイデアも出て、そういうディスカッションというか言い合いがおもしろかった。その様子を栄ちゃんの奥さんがしょっちゅう見て、ニコニコしてるという（笑）。ぼくが大映の作品に出たころは、彼のこと知らなかったんですよ。当時は宮内昌平さんがメインの殺陣師でしたから。でも、栄ちゃんというのは雷ちゃん（市川雷蔵）がかわいがってましたから、最初から初対面という感じがしませんでしたね。「あなたが、あの栄ちゃん？」「はい、そうです」と、こう入ってるから。彼はすごく熱心で、左内と相手の剣の使い方……同じ正眼の構えでも、違いにこだわってました。ちょっと剣を曲げたり、切っ先を相手の眼に当てるのと、眉間に当てるのとで位置が違うんです。

――なるほど。

林　近藤（正臣）くんとやった河原の立ち回りもよく覚えてますね（第18話「夢を買います恨も買います」）。浪人同士で友達なんだけども斬らなきゃいけない悲哀があって、これは夕景狙いで撮りました。だから太陽が沈むギリギリで「あかんかったら、明日また来るで！」とか言いながら急いで撮ったんですよ。それから天知茂さんとの一騎打ち（第12話「秋風二人旅」）、このときは天知さんが「楠本くん、口出さないで。ふたりでやるから」と言って、段取りなしでした。「ぼくが斬りかかったら、どう逃げるか。カメラこのままでやってみよう」ということで、そういう撮り方をして、あとから必要なアップを撮った気がしますね。どうしても舞踊的な立ち回りになってるときもありますけど、なるべくリアルを目指しました。

『紋次郎』と『仕掛人』が競り合ってるのも知らなかった（笑）

林　それから『仕掛人』といえば、いろんな監督が来たけど、やっぱりカメラマンの石原（興）さんだね。彼が監督みたいなもんで、アングルを指示されても「それはダメだ。こっちから撮ろう」と。もうね、こんなカメラワークがあっていいのかというような……とにかく目のアップだったり、灯籠の隙間から撮ったり、不思議な画を撮るなぁと思った。彼はモノクロの写真集を見て、そういう構図を研究してたんですよ。立ち回りでもカメラを持って真ん中にワーッと入っていって、画期的でした。だから、『仕掛人』が当たったのはカメラワークが大きいし、やっぱり石原興でしょう。半分以上そうだと思います。三隅さんに対しても対等にやり合ってました。

――当時、石原興さんは32歳。松竹の傍系である京都映画の若手スタッフが現場を仕切っていました。

林　ぼくや緒形（拳）にも「そんな芝居あかんで！　もっと違うのやって！」って、監督以上に彼がいろんなアドバイスをしてましたね。それとやっぱり『木枯し紋次郎』（72～73年）を意識してたんじゃないですか。あれとは違うカメラワークで撮ろうと。ぼくなんか『紋次郎』と『仕掛人』が競り合ってるのも知らなかった（笑）。

——『木枯し紋次郎』は大映系の映像京都が現場を担当、先日も林さんは『紋次郎』と『仕掛人』の対決を描くＮＨＫの番組に出演していましたね。ほかに第1話「仕掛けて仕損じなし」の撮影で思い出すことはありますか？

林　出だしの（藤枝）梅安と出会うところ。逃げる梅安を追っかけようと思ったら、草履に針が刺さってる……いままでにないドラマですよね。映像も暗くて陰影が深い、アウトローの世界でお互いに邪魔し合うっていうのはあんまりなかったんじゃないですか。それから役だけでなく、緒形もぼくの芝居を邪魔してくる（笑）。

——おっと！

林「ガタやん、いま俺を撮ってんだよ。そこにいてよ！」って、あいつ芝居しながら勝手に回り込んでくるから、よく揉めましたね。緒形のほうを向くと横顔になっちゃうし、「おいおい、来るなよ」って刀抜いて動かないよう、つっかえ棒にしたことあるもん。フレームのなかでよく戦ってました。たとえば緒形の顔は半分でぼくを映してるんだけど、そこに入ろうとして押してきたり……そのときは石やん（石原興）が「ガタやん、フレームちゃうねん。そこいてくれんと困るねん。こういう画を撮ってんだから」って、そのくらい、どうしても入りたいやつなんだ、あいつは。

——あらためて緒形拳という俳優は、どのような方でしたか？

林　やっぱり「すごい役者が出た」と思いましたね。ぼく、新国劇の舞台は見てたんですよ。でも、そのときのイメージとまったく違う鋭いものを『仕掛人』で感じた。役者も目が利かないとダメだから、こいつはすごいなと思ったら、すぐ映画で当ててたでしょう。『復讐するは我にあり』（79年）か。そういう素質を持ってましたよ。現場ではね、あいつ顔が平べったくてカニに似てるから〝カニ〟って呼んでました（笑）。

——西村左内と藤枝梅安はライバル関係にあり、それこそ価値観も違います。左内は裏で辻斬りをしていたとはいえ表向きは愛妻家の堅物浪人で、それが仕掛人になる。梅安は享楽的な女好きの鍼医者です。

『必殺仕掛人』第1話「仕掛けて仕損じなし」、作事奉行の伴野を斬り伏せる西村左内

林　池波正太郎さんの原作にないようなライバルを作り上げた。その真ん中の要が元締の音羽屋半右衛門……山村聰さんですよ。聰さんはね、週に1日だけ来て、3本くらいまとめて撮っていく。あのとき聰さんって5本レギュラーを持ってたんですよ。だから時間がないんで土日だけ。とても紳士で、穏やかな人でしたね。ほら、ぼくと緒形は仲悪かったから（笑）、一緒に昼めし食ったってことはまず……1回あったかどうかですね。ほとんど聰さんで、ぼくは松竹や大映でやっててあのへん詳しかったもんで、「与一ちゃん、今日お昼どうする?」「じゃあ、大映通りのどこそこにしましょう」って、必ず一緒に行ってました。

ガタやんはひとりか、監督や仲間のスタッフと一緒じゃないですか。ぼくの場合、普段は床山さんや衣裳さんが多かったですね。床山はね、住瀬修という人で山崎かつらから出向してくれたんです。そう、松竹は八木かつらなんですが、ぼくは舞台もテレビもずっと山崎で住瀬くんがご指名だったんです。なにがあろうと、時代劇の〝あたま〟は彼でした。『仕掛人』をやるときも「条件は?」って聞かれたから「衣裳はお任せしますが、床山さんは山崎で」ということで、住瀬くんにお願いしました。もう20歳のころから60いくつまで一緒でしたね。舞台の場合は床山だけでなく衣裳も専属で、ぼくの師匠の長谷川一夫についていた衣裳さんがいたんです。

「映像はね、タイトルがいちばん問題だから」

――さかのぼりまして、『必殺仕掛人』に出演したきっかけを教えてください。

林　そのころ帝劇（帝国劇場）の舞台に出てまして、テレビの仕事で会いたい人がいるという話でした。ぼくは当時くそ生意気だったから、まず「映像か……」と思いましたね。映画やテレビではなく舞台こそ主流という考えで、昔の歌舞伎役者が言っていた〝土の上の役者になるなよ〟ということです。板の上……舞台で芝居をしろという教えが、子供のころからあったもんだから「う〜ん」という気持ちで、それで山内さんと深作さん、松竹からは洋さん（櫻井洋三）がいたかな。とにかく帝劇の下の羅生門という喫茶店に見えられて、「今度『仕掛人』というドラマをやりたいんです」と。それで山村聡さんは確定してる、こちらの望みとしては主役を林与一と緒形拳でいきたい……林さんにOKしてもらったら、緒形さんのところへすぐ行きます。NGだったら別の取り合わせを考えますという話でした。

——山内久司プロデューサーの著書『必殺シリーズを創った男』によると、西村左内の第一候補は竹脇無我さんだったそうですが、あくまでコンビでの組み合わせだったのですね。

林　そう。どちらかがNGだったら、別の組み合わせを考えるという言い方でした。それで「いや、緒形拳とは会ったこともないし、いま即答できないんで母と相談して明日お返事します」。当時、うちの母親（北見禮子）がぼくのマネージャーだったんですね。それで母に相談したら「映像はね、タイトルがいちばん問題だから、まずその話をしなきゃいけない」と言われました。原作は梅安の話だし普通なら緒形がトップ、でも芸能界のキャリアでは緒形より林与一が上なんだから、トップに持ってこなきゃいけないということで、「それは難しいんじゃないの？」と思いましたけどね。

で、明くる日、「いくつか条件がありますが、まずタイトルの問題で」と母の意向をお伝えしたら「出るのはOKですね？」ということで、山内さんが緒形のとこに行ったんです。で、向こうは向こうで吉田史子という敏腕マネージャーでしたから、まぁ譲らない。ぼくが史子さんと直接お会いして「たしかに緒形のほうが主役だけど、年功序列だと役者の位置として俺が上だ」という話をしましたよ。しばらくそういう悶着があって、けっきょく最初は林与一がトップ、途中から緒形拳がトップで半々になったんです。

——回によってクレジットの一番手が変わっていて、珍しいパターンですね。

林　緒形の側として「じゃあ、それで譲歩しましょう」ということです。もう撮影も始まってるのに、まだ揉めてましたから（笑）。いや、金と引き換えに人を殺すという企画そのものへの抵抗はなかった。むしろ新しいものができるんじゃないかと思いましたね。

――西村左内という役は、いかにも時代劇らしい着流し姿の浪人で、大河ドラマ『赤穂浪士』（64年）で林さんが演じた堀田隼人の流れを汲んでいます。

林　あのイメージがほしいと、三隅さんから言われたんです。堀田隼人をやったあと、大映の『鼠小僧次郎吉』（65年）を彼が撮っていて、そのころからのお付き合いです。ぼくはあのイメージから抜けようとしてたんですが、どうも三隅さんは好きだったみたいで「堀田隼人を再現させたほうがいいよ」と深作さんに言って、口数の少ない役になったんですね。それで家庭が出てきて、奥さんと子供がいる。そういう〝殺しをやりながらも家庭がある〟というシチュエーションがよかったんで、まこちゃん（藤田まこと）の主水にもそれを当てはめたんです。

――シリーズ第2弾『必殺仕置人』（73年）で藤田まことさんが演じた中村主水は、たしかに西村左内の延長線上にあります。昼行灯と呼ばれる奉行所の同心で、愛妻家の左内に対して、婿養子として妻と姑にいびられる設定でした。

林　やっぱりプロデューサーの色付けが上手かったんですよ。それからいろいろごまかしながらシリーズが続いて、『必殺仕事人』（79～81年）に到達したでしょう。あそこまで伸びたのは藤田まこちゃんのおかげだもんね。あの主水のキャラクターがおもしろかったんで、だんだん主役になって。

――左内のキャラクターは三隅研次監督が主導だったのですね。

林　ぼくを推薦したのも三隅さんだったそうです。ただ『仕掛人』というのは乗り気でやった仕事ではないから、ぼくや聰さんより緒形ひとりがノリノリという雰囲気でしたね、最初のころは。わりと時間に追われて、急いで撮って納品しなきゃいけない時期が4話目くらいまで続いた。だから試写も見なかったし、アフレコのときに自分が映ってる映像を見るくらいで、オンエアも1話を通しで見たことがない。DVDになってから自分で買って初めて見たんですよ。こんなドラマだったのかって（笑）。

とにかく〝きれいごとにしてほしい〟という要求があって

――西村左内はニヒルな性格で、ニヤッと笑う口元が特徴的です。

林　もとは『赤穂浪士』の井上博さんというディレクター、それからプロデューサーの合川（明）さんと一緒に作ったキャラクターなんです。それから左内が草笛を吹くのはね、三隅さんが「あいつは口元が悪いから隠すようにしてくれ」って（笑）。石原さんも目ばっかり追って、口元を撮らない。顔のアップでも、カメラを上のほうから撮ると口が遠くなるんで目立たない。そんな撮り方をしていました。

――そうだったのですね。

林　ただ、深作さんも三隅さんもプロデューサーもそうだけど、汚すのを嫌がってましたね。ぼくは最初もっと髭面で、食い詰めた浪人みたいな感じにしようと思ったんですよ。髭を伸ばしたり、少し肌を塗って黒くしようと思ったら「そのままにしてください」と言われた。最初に梅安と会うところ、あそこは少し汚くしたんじゃないかな。「どんなメイクアップをしてもかまいません」と言われたけど、山村さんしない、緒形しない、俺だけやるのはな……と思ったし、眉だけ描いて、ほぼノーメイクです。京本政樹みたいなのもいるから、なにやってもOK出たんじゃないかと思うんだけど。とにかく〝きれいごとにしてほしい〟という要求があって、浪人でありながら着物もいいものを着ている。家族には道場の師範をしていると嘘をついているので、よれよれの格好にはさせてくれなかったですね。

――なるほど、たしかに。

林　それから現場が早かった。当時のテレビ映画としてもテストが少ないし、本番でヘンなハプニングが起きても「それがおもしろい」ということで撮ってましたね、石やんが。セリフが詰まったり、殺陣でも段取りと違うことが好きな人だったから、ぶっつけ本番に近い撮り方です。だからさ、緒形とのシーンを撮ってても、あいつが勝手に動いて映りたがる（笑）。

――深作欣二監督と三隅研次監督では、現場の雰囲気も違いましたか？

林　そうですね。深作さんが1・2話で、3・4話を三隅さんが撮ってて、2話目のケツは3話目と並行してたんじゃないかと思います。やっぱり深作さんがこだわるもんだから。すごく熱があって、それから的確な監督でしたね。役者がヘンな芝居をしてると「それやめよう、シンプルにしよう」と言って、シンプルさを求める。逆に三隅さんは、じっくり粘る芝居が好き。深作さんは東映で現代劇をやっていた監督だから、シャープですよ。ぼくは彼の奥さん、中原早苗さんも彼女のお父さんもよく知ってて……。

――藤尾純さんですね。必殺シリーズにもよく出演しています。

林　ぼくが大阪で舞台をやってるとき、藤尾さんによくレギュラーで出ていただいてました。だから深作さんに会ったときも初対面って感じはしなくて、非常に楽でした。それからすぐ『仁義なき戦い』（73年）でブレイクするわけですが、「この監督、いまに出るな」と思ったらそうなった。やっぱり監督でも「この人は出るな、埋もれるな」というのがあるし、役者も見る目がないとダメですね。埋もれるような監督についても損ですから。

――三隅研次監督は大映出身のベテランです。せっかくなので大映京都の映画に出たころのエピソードも教えてください。

林　『青葉城の鬼』（62年）が最初です。ぼくは松竹の『七人若衆誕生』（58年）でデビューして、要は若手メンバーを売り出す映画でした。で、大映と松竹は同じ太秦で撮影所もすぐ隣、裏でつながってるんですよ。ある日、裏口から大映のセットを見にいったら、長谷川一夫の映画を撮影中で、ぼくの顔を見るなり「三隅さん、こいつがいたじゃないか！」。もう撮影が2／3ほど終わってるのに殿様役が決まらなくて、すったもんだしてた。歌舞伎かどっかから若手でも呼ぼうかと、そんな話をしているときに偶然ぼくが行ったんですね。そのセットを見にいった3日後には撮影です（笑）。

——その後、1965年に『鼠小僧次郎吉』で映画初主演を果たします。

林　長谷川一夫が『雪之丞変化』（63年）を撮って、もう映画はやらないと引退したんです。ところが『鼠小僧』の企画が出て、永田（雅一）社長が長谷川さんにお願いしたんですが「いや、林与一にやらせよう」と推薦してきた。『赤穂浪士』と同じ大佛次郎さんが原作の『鼠小僧』だから、お前が行け」ということで、それと三隅さんってシャイだから知らない役者を嫌うんですね。ぼくは『青葉城の鬼』で面識があるもんで監督のOKもいただいて、それで撮ったんです。三隅さんは正統派で、じっくり撮るタイプ。珈琲がお好きで『仕掛人』のときも撮影所の近くの店でよく飲んでました。一軒家の店で、夜中でも朝でもやってたんですよ。ぼくは監督だと池広一夫さんや松尾昭典さんも好きなタイプでしたね。大洲（齊）さんは『仕掛人』撮ってる？

——いえ、撮ってないですね。深作・三隅のあとは朝日放送の大熊邦也、松本明、松竹の松野宏軌、長谷和夫の各監督が担当しています。

林　松野さん、おもしろかったね。ベテランなんだけど、石やんに全部やられて気の毒だった。「石っさん、このカット……」「いらん、そんなもん！」「いや、手水鉢のところのアップ……」「使わへんやろ。いらんいらん！」「使わへんけど、撮って！」って、そういうコンビ（笑）。そしたら石やんが「屋根の雨だれのポツンやったら撮ったるわ」「じゃあ、それ頼む」って、いつも「これ撮っといて」「いらん！」「◯◯さんのアップ、ここから肩ナメで」「ナメいらん。単独や！」って、もう下がっちゃうの。カットが細かい監督でしたね。役者に対しては、なにも言わない。自由にやらせてくれる。大熊さんと松本明はね……合わなかったなぁ。

ゲストにもちゃんと払ってて、俺たちだけギャラが低かった

林　10話以降はね、もう和気あいあいとみんな楽しみながらやった気がするんですよ。視聴率も上がったし、ギャラも出たし。最初の4～5本までは「出るかな?」「わかんねえぞ。撮影所が潰れるかどうかだから、まず俺たちはないだろうな」って緒形と話してて、聰さんに聞いたら「うん、ぼくは1本目からもらってる」(笑)。ゲストにもちゃんと払ってて、俺たちだけギャラが低かった。それからちゃんと出るようになって、けっこうな額だからベンツのSL350を買ったんですよ。最初はもう優先的に主役に金が回らなかった。「半分もオンエアしないうちに潰れんじゃないか?」って噂で、役者は関係ないけどスタッフには危機感があったと思います。

――『仕掛人』のころのオープンセットは相当ボロボロで、たしかに撮影所としてのヤバさを感じます。

林　けっきょくボロボロだし、まともなセットも作れないから、アップばっかり。暗くして、あの光と影の映像にして……だから、そういう苦境のなかで撮ってたのがよかったんじゃないかな。あるときは雨でロケに行けないからセットに暗幕を張って、灯籠だけ並べて、そこで立ち回りを撮ったりね。やっぱりカメラワークの工夫が功を奏して、よく見えるわけですよ。

――石原興さんと照明の中島利男さんのコンビはいかがでしたか?

林　もう名コンビでした。「中やん、そこは明かり当てたらバレるがな。いらん。横から当てて消しとけ」とかね。サイドの明かりをキツくするとバックがボケるでしょ。それと別のシーンでも同じセットを使うから、手前に行灯を置いて奥を見せないようにしたりして「こんなコンパクトに撮れるのか」という驚きがありました。映画と

違って、予想もつかないアングルから始まるんですよ。セットの真上から撮ったり、囲炉裏の内側から撮ったり、やっぱりすごいアイデアで省略が上手でしたよね。セットでも一部分だけ組んだりして……美術は西岡の善さん（西岡善信）？

――いえ、川村鬼世志さんという松竹京都出身のベテランです。ただし西岡善信さんも大映倒産後に映像京都を立ち上げた直後で、『仕掛人』を始めるにあたってオファーは受けていたそうです。

林　善さん、出入りしてたと思いますね。スタジオにしょっちゅう入ってきてたから、ぼくは善さんだと勘違いしてた。スタッフだと照明の助手をやってた林利夫は同級生ですよ。蜂中、蜂ヶ岡中学の。あいつもぼくも不良っぽくてね……だいたい不良学校だったから、ぼくがこの世界でデビューしたときも蜂ヶ岡中学とは言えませんでした。うちの母親も「絶対言っちゃダメだぞ。あんな悪い学校ないんだから」って（笑）。それからサッカーの釜本（邦茂）選手や松原千明が言い出した。千明ちゃんに「蜂中って言っていいの？」って聞いたら「いや、釜本さんで有名になったから、いいんじゃないですか」ということで、ようやく言えるようになったんです。

――『仕掛人』には旧松竹京都のスタッフ、撮影の中村富哉さんや照明の染川広義さんなどのベテランも参加しています。

林　あんまり覚えてないな。ぼくの時分はね、監督だと大曽根辰保さん。それから清ちゃん……内川清一郎はうちの親戚で、のちに奈良の薬師寺のマネージャーになりました。ぼくは15歳で初舞台に出て、ちょうど変声期だったんですよ。声が通らないし、大きな声を出すとヘンになるから、松竹の大谷竹次郎会長が「お前、映画に行け。ちゃんと舞台に出るくらいの金やるから」と。それで『七人若衆』でデビューして、オールスターの『忠臣蔵　暁の陣太鼓』（58年）や松本錦四郎が主役の『落花剣光録』（58年）に出ましたね。『仕掛人』のころに比べると、撮影所は倍ほどの広さがありました。ステージの数も違うし、オープンセットもすばらしかった。

――松竹、大映、そして東映では美空ひばりさんとのコンビ作『新蛇姫様　お島千太郎』（65年）に主演するなど、あら

ゆる京都の撮影所で仕事をしています。

林　それぞれの色がありました。会社で例えると大映は重役、東映は普通のサラリーマン、松竹はね……ちょっと反社会的な雰囲気（笑）。もう当時は松竹がいちばん怖かった。怖かったというか、床山部屋に入ってもお行儀よく「おはようございます」「お願いいたします」「ありがとうございました」、これを言わないとダメ。東映はわりと気楽で、大映はスーツ着ていかないと門をくぐれないかなと思うくらい敷居が高かったですね。

——松竹がいちばん怖かったとは……。

林　挨拶しなかったら「もういっぺん出直せ!」みたいな人が多かった。監督や裏方だけでなく事務方もそう。エクラン社の常やん（松本常保）も松竹系でしょう。常やんは、ぼくの麻雀友達で、いっとき東京の生田スタジオを管理してたんです。谷村錦一さんという読売の映画記者が生田スタジオの社長になられたとき、いろんなものを管理する人間がほしいから松本の常やんを引っ張った。『仕掛人』が終わって、『八州犯科帳』（74年）という番組を緒形とやったときも常やんがいて「与一ちゃん、麻雀できひんか?」「できるよ」って、生田スタジオを下りたところの、よみうりランドの駅の近くの麻雀屋で朝までですよ。おもしろいおっさんでしたね。

『仕掛人』だと製作主任のナベさん（渡辺寿男）も常さんの系列だし、鈴木のまーちゃん（鈴木政喜）もそうじゃないかな。松竹の古株です。まーちゃんはね、とにかく競馬好きで、土日は現場にいやしない（笑）。あれもいいコンビで、よく喧嘩するんだ。ナベさんがよかったのは、たとえばスケジュールが夕方からワンシーン、「ナベさん、このシーンさ、短いのに1日来るのもったいないじゃない。別日に組み込まれへんの?」「いや、いけるよ。なんで?」「これないとさ、ゴルフに行けるんだけど」って（笑）、そうやって休みにしてもらったことがあった。

——いろいろ臨機応変だったんですね。

林　まーちゃんには「このレースのな、これ買いそこのうて……」「なんぼ買いまんのや？」「5000円」「よろしおま。ちょっと行ってきますわ」って、撮影中に抜けてくれる。で、「ごめん。まーちゃんな、いまちょっと買い物に……」「与一ちゃん、あかんがな。馬券買いにいかせたら！」って、バレてるの（笑）。

——いい話！

林　それからナベさんが〝段取り〟するんですよ。というのはね、毎週、新幹線の往復でグリーン車のチケットがある。でも、ぼくは京都の叔母の家にいたから、それをお金に換えるわけですよ。ナベさんから「与一ちゃん、これ丸儲けやな。使い道あるか？」って相談されて「だったら雄琴へ行こう！」と。滋賀の雄琴温泉ね。そうやって流用して、5〜6万残ると鈴木のまーちゃんが「与一ちゃん、これ一点張りで突っ込めへんか」（笑）。ナベさんが段取りを組んで、ぼくは案内係。いつも同じ店なんですよ。そのあと東映に行ったとき、（松方）弘樹が「与一さん、毎度ありがとうございます」「えっ、なに？」って聞いたら、「雄琴の千姫御殿、あそこはうちの親父（近衛十四郎）がやってまして、マネージャーから林さんのこともうかがっております」。またバレてんのかよという（笑）。そんな時代でしたね。よく遊んでましたから、もうしゃべれない話もたくさんありますよ。

「スタジオ2つ使って、その間にフィルムを流してつなぐから」

——朝日放送の山内久司プロデューサーは、どのような方でしたか？

林　温和な方でしたね。この人が、こんな反社会的な番組を作るのかというくらい。山内さんの度胸がすごいなと思ったのは、雨でロケができず『仕掛人』のオンエアが間に合わなそうなことがあった。月・火・水と雨で、土曜日の夜には放送でしょう。それで山内さんが「これ、フィルムのところはそのまま入れて、ほかのシーンは局のスタジオで撮れないかな」と言ったの。要は生放送ができないかと。

林　そう、「スタジオ2つ使って、その間にフィルムを流してつなぐから」と山内さんが生放送を提案した。山村聰さんは「しばらく舞台やってないから全部セリフを覚えるような長丁場は無理だよ」と言って、ぼくと緒形は舞台経験者ですから「覚えりゃいいんだよね？」と。で、ゲストの人たちもOKだったんですが、明くる日からピーカンになって、ウワーッと撮って終わった。梅雨時で、雨が続いたら生放送をやったかもしれない。そんなことを言い出すプロデューサーって、すげえ度胸だなと思いましたね。もうひとりの仲川（利久）さん、この人はあんまり記憶にない。

ぼくも緒形も聰さんも、台本は全部読んでましたね。それで「これ、『仕掛人』になってるか？」「視聴率が上がってきたからヘタ打てないぞ」「このホンはつらいよな」なんて言ってたら、櫻井の洋さんが「じゃあ、やめますわ」。3つくらいボツにしたホンがありましたよ。たしかね、忠臣蔵だか桜田門外の変を手助けするようなホンがあって、あとのシリーズでやってるんですよ。桜田門外で井伊直弼を襲ったのは水戸藩士だけど、そこに仕掛人がまぎれていたという話で、短筒で狙ったのは音羽屋半右衛門とか、そういう史実に絡ませようとしたんです。それから唐人殺しで、中国人が殺されるような話もあった気がしますね。

――第19話「理想に仕掛けろ」は、あさま山荘事件をモチーフにした籠城劇でした。史実というにはタイムリーな題材ですが、左内と梅安の思想がぶつかり合います。

林　ありましたね。あれ、緒形の親しい女優さんが出てた（笑）。そういうの、昔は多かったから。いや、ぼくはなかった。祇園、北新地、六本木……あっちこっちに出入りして、忙しかったから。緒形は地頭で、かつらの準備がないでしょう。だからスタジオ入りもギリギリで「ガタやん、遅いじゃないか。お前！」って、本当は朝、新

林与一演じる西村左内、草笛の音色が殺しの合図となった

幹線で入る予定が前の日からホテルに泊まって遅刻。ぼくの叔母の家にも来てましたね。「今日、ホテルないんだよ」「俺んとこ、隣で寝られるよ」「そこでいいよ」って、あいつはカバンひとつで気楽に行き来してました。

――松竹の櫻井洋三プロデューサーはいかがでしたか？

林　あぁ、遊び人ですよ。洋さんはね、ぼくが早く上がると「与一ちゃん、祇園行かへんか？」（笑）。「行かないよ。祇園って、誰のお金で遊ぶんだよ」って聞いたら「よろしいがな、そんなもの考えんと」、プロデューサーって儲かるんだなと思いました。やっぱり柔らかい、松竹らしい人ですよ。歌舞伎座プロの大塚さんって知ってる？

――大塚貞夫さんですね。歌舞伎座テレビの時代劇で京都映画にもよく作品を発注していました。

林　あの人もだいたい遊び人で、反社みたいな人でしょう。なぜかそういう人がぼくをかわいがってくれるのね。東映も渡邊亮徳さんってテレビ部門のトップがいて、どっかのショッピングセンターで会ったら「与一ちゃんじゃないの！　俺さ、1時間後に銀座行くんだ。どこそこのクラブで待ってるから来ない？」（笑）。その亮徳さんから、渡辺洋一さんや泊（懋）さんを紹介してもらって、よく東映の番組にも出ました。当時は舞台を年に10ヶ月やって、残りの2ヶ月でテレビですよ。3日だけスケジュールを渡してアップだけまとめて撮って、あとは全部吹き替えというような作品もありました。

さすがに聰さんと「できないね」「できません」となった

――先ほど、朝日放送の大熊邦也監督、松本明監督とは合わなかったという話が出ましたが、どのような理由だったのでしょうか？

林　悪いんだけど、やっぱりスタジオの演出家なんですよ。フィルムではない。だから、いろんなダメの出し方とかが……肌が合わないというか、とにかく合わなかった。大熊さんは理屈ばっかりで、そんなね、あんたの理屈どおりの芝居はできませんよ。『仕掛人』って娯楽作品なんだから。たとえば「林さん、目の動きが大きすぎる。もう少し小さくしてくれ」とか「このセリフの言い方、違うんじゃないですか。ここは核心的なところだから、そんな楽に言わずにもっと真面目に固く……」みたいなことで、ぼくも生意気でしたから「左内は政治家ではなく殺し屋ですよね。核心的なことをしゃべる政権の人じゃない、民間人ですよね。違いますか?」と反論したら「う〜ん……ぼくは違うんです」ということで、両方のパターンを撮って、あとは編集の園井(弘一)さんにお任せしたことがありました。

——なるほど。

林　松本明はね、ぼくが聰さんと一緒にキレたのは「よーい、スタート!」で、隣に秘書みたいな女の子がいるんですよ。で、「おい、食堂に行ってホットコーヒー、ブラックですぐ持ってこい。財布渡すからな、ええか」とか言ってて、そのまま「はい、カット!」。芝居を見てないんですよ。いや、本番ではなくテストのとき。さすがに聰さんと「できないね」「できません」となったら、松本がこっち見て「なんで芝居してへんの?」「できません。スタートをかけて監督が芝居を見ないというのは、誰を基準にしてやったらいいんですか?」と。その場では石やんもなにも言わないし……ほら、やっぱりテレビ局の監督だから。それで撮影が終わったあと、ぼくは山内さんと櫻井さんのところへ行って「出たくないです。スタジオの監督とはやりたくない」って言ったんです。

——たしかに『仕掛人』の後半は、左内の不在が目立ちます。

林　その流れで、ぼくがいない代わりに(田村)高廣さんがゲストの浪人で出たりして。

——三隅研次監督の第21話「地獄花」ですね。

林　そうやって聰さんと一緒にボイコットしたつもりだったんですが、そのうち松本や大熊さんの回にも元締がいるんですよ（笑）。「なんで出てんですか？」って聞いたら「お前な、よく考えたんだよ。ここに何十万の金がある。目の前に置かれて、知らん顔できるか？」と（笑）。「汚いよ！　一緒に降りようって協定を結んだのに！」「商売だから、けっきょく金なんだよ。お前も出ろよ」「いや、ぼくは通しますよ」ということで、ずっと意地を通しちゃった。

――しかし大熊回、松本回ともに作品そのものは映画畑の監督とは違った感性で、おもしろい仕上がりです。

林　それはホンがよかったから。彼らは局のなかでも変わり者というか異端児で、だったら撮影所に行かそうとなったらしい。ぼくね、大熊さんは朝日放送のスタジオで1回やってる気がするの。松本明はやってない。彼は津川のまーちゃん（津川雅彦）と仲良しで、演技指導も役者任せだから「よーい、スタート！」「カット！」だけ、あんなの俺でもできるわと思った。

――松本明と、ずっと敬称略なのもこだわりを感じます。松野宏軌監督の回も出ていませんが。

林　松野さんは別に好き嫌いもなかった。ただ、かわいそうだったから「石やん、いじめんのやめとけよ」って言ったら、「いじめてへんがな。いらんもんはいらんねん！」。もう周りのみんなが笑っちゃうくらい、おもしろいコンビでした。

――松竹の長谷和夫監督はいかがでしたか？

林　長谷さんは、いい監督ですよ。監督というか、博士号を持ってる学者みたいなタイプ。キチッとしてスマートで説明も丁寧だし、誰かれ構わず端役の人に対しても紳士でした。わりとなんでもOKだったから、監督としてすごいなと思うところはなかったけど親切でしたね。

――監督も三者三様というか、六人六様ですね。

林　池ちゃんは『仕掛人』撮ってない？

――撮ってないですね。池広一夫監督からもオファーがあったけど断った話をインタビューでうかがったことがあります。実際に第13話「汚れた二人の顔役」は当初、池広監督が予定されていました。

林　最近まで土曜ワイド（劇場）を撮っておられて、『紋次郎』もやってましたよね。大映には池ちゃんと井上昭って新進気鋭の監督がいて、雷蔵さんが本社で永田社長にかけ合って池ちゃんを監督にして、それに対抗して勝（新太郎）さんが井上さんを監督にした。お互いに競り合ってましたね。ぼくはおふたりとも仕事しましたが、井上さんはヒッピーみたいな格好の自由人で、池ちゃんは監督なのに助監督がやるようなことまで注文つけて、よく動くんですよ。だから周りが「池広さん、監督なんだから座っててください」「いや、俺がやったほうが早いから」と、そういうタイプでした。

「イメージがつきすぎるから、ここらでケリだろう」

――舞台と映像で演技の違いはありますか？

林　長谷川一夫の教えですが、「映像というのはカメラマンと監督だから、彼らのＯＫが出なきゃ映してもらえない。いくら意見を言っても、このふたりが納得しないとフィルムが回らない」ということを意識しました。でも、舞台も映像もやりだしたら一緒ですからね。芝居というものは感情で、映像は思ったことが全部映る。舞台は思ったことを、どう動けば表現できるかというのをかたちにしないとわからない。そういう使い分けというのは、長谷川一夫に習いましたね。

映像は「あいつ殺してやりたいな」と思えば思うほどね、カメラが動いてくれてたり、目に力が入るのをアップで撮る。舞台は思うだけではなにも映らないから、それをどう表現するか。たとえば畳を叩くのか、刀をこう見せてパチンとやるのか、なにか表明しなきゃいけない。映像は思ったら思ったまま、だからそういう部分でも監督とは揉めたね（笑）。いまなら黙ってやっただろうけど、ぼくも未熟だったから。松本明みたいにスタートからカットまで芝居を見ないんだったら、見ないうちに勝手なことができたじゃないか……それは歳とって丸くなったからわかることですけど。

――西村左内を演じるうえで、長谷川一夫さんの教えが反映された部分はありますか？

林　なにも役に立ってないです。ただ、いわゆるカメラのフレームについては習いましたね。たとえば横顔でもどういう向きにするか、明かりが当たってるときに、どこまでいったら自分の顔にシャドウが出るか。ここだと影になるから注意しよう。そういうライトやフレームのことは習いましたが、役づくりや芝居に対してはまったく師匠の意見は入れません。

――そうだったのですね。

林　長谷川の場合、まず〝形〟ですから、どうやったら美しい格好になるか……彼の哲学は映像に対する美で『仕掛人』というのは美ではないでしょう。映像は美しいかもしれないけど、泥沼みたいなものを撮る世界ですから。「なんでこんなやつが役者やってんだよ」と長谷川が怒ってたのは、悪役でも汚れ役でも演じる人間に清潔感がないとダメだということ。「あいつは下着の匂いそうな女優だ」とか、そんなことばっかり言ってましたよ。

――共演者についてうかがいます。音羽屋配下、岬の千蔵役を演じた津坂匡章（現・秋野太作）さんはいかがでしたか？

林　津坂は、ヘンなことするやつでね。ぼくたちが考えられないような芝居の組み立てをするんですよ。あいつで忘れられないのは、梅安に「風呂の栓を抜いときましたよ」みたいな芝居をポンッとやるんだ。その「抜いときましたよ」が変わってて、どこの出身かと聞いたら文学座、「えっ、君が文学座!?」って、ちょっと信じられなかった。太田博之はね、子役の時分から知ってますが、不動産が好きなやつでしたね。それから小銭すしを立ち上げて……だから役者の顔じゃない。彼はやっぱり実業家の顔ですよ。

――左内の妻、お美代役は松本留美さんです。

林　いまも元気でしょう。でも、なにも覚えてない。だってセットの支度ができて、行きました、撮りました、それじゃあ……で、本当にスタジオ以外に留美ちゃんとしゃべった記憶がないんです。ぼくは女遊びしてたから、みんな「珍しいね」って言ってきた。女に手を出すのは早いのに、留美ちゃんだけ……いやいや、夫婦役やってんのにイヤじゃない。それで『仕掛人』が終わって10年ほど経ってかな、千歳船橋の木曽路ってしゃぶしゃぶ屋に行ったら、どこかで見たような女性がいるんですよ。誰かなと思ったら「与一ちゃん、元気～?」って言ってきたのが、松本留美（笑）。なんかね、あの近所に住んでたみたい。

――まさかの木曽路……現場の思い出がなにもないというのが、逆にすがすがしいです。『必殺仕掛人』は2クール（全26話）の予定が延長されて全33話となります。

林　『仕掛人』が当たりはじめたころ、「これ、化けるかもしれないぞ。化けたら大変だぞ。お前も俺も忙しくなる」って話を緒形としてたんですよ。でも「イメージがつきすぎるから、ここらでケリだろう」という考えもあって、このままだと『スーパーマン』と一緒で、何年もこれやんなきゃいけないぞと思いましたね。

――なるほど。

林　最終回のときは、もう別の舞台があるから、夜間撮影から始まって、徹夜して、朝方に音羽屋半右衛門と別れるシーンや夫婦で歩いていくシーンを撮ったんです。けっこう強行スケジュールだったもんで、ナベさんに頼んでみなさんに差し入れをしましたね。当時ね、夜間になると役者がよく差し入れをしてたんですよ。ぼくの都合で動いてくださってるから、ナベさんに「全部うちに請求してよ」って……東映の場合はね、そんなの言わなくても平気で請求してくる（笑）。「与一ちゃん、夜間なんやけどな」って山下（義明）という演技事務が先に相談してきて、要は〝ヌキロク〟で食事抜きで6時までやるか、5時から1時間食事を入れてからワンシーンやるか……早く終わらせたいならと、向こうからパンかなにか差し入れを出せって言ってくるんです。一昨年かな、山下さんも亡くなりましたね。

歴代着流しの立ち回りできれいなのは嵐寛寿郎、次が市川雷蔵

——原作者の池波正太郎さんの思い出はありますか？

林　ぼくね、池波先生に会ったことないんですよ。『仕掛人』の真ん中ごろに緒形が喧嘩してるから。

——映画版の1作目『必殺仕掛人』（73年）は田宮二郎さんの藤枝梅安と高橋幸治さんの小杉十五郎というコンビで始まり、続く『必殺仕掛人　梅安蟻地獄』（73年）と『必殺仕掛人　春雪仕掛針』（74年）はテレビ版と同じキャストに戻っています。すべて松竹大船の作品で、京都映画ではありません。

林　京都で撮る話もあったんだけど、スタジオもセットも空いてない。そのとき大映か東映を借りる話が出たらしいんですよ。で、大映を借りたら三隅さん、東映を借りたら深作さんという可能性があったんだけど、両方とも忙しくて撮れない。松竹としては「じゃあ、大船へ持っていこう」となった。

——松竹大船では珍しい時代劇ということで、なにか違いはありましたか？

林　あんまり感じなかったですね。そもそもロケが多かったし、大船の撮影所へ行ったという意識があんまりないんですよ。ほとんど泊まり込みのロケで、伊豆へ行ったときは友達の別荘があって、床山の住瀬くんや何人かで泊まりました。ほかの役者さんも一緒にいて、ぼくの出番がない日は住瀬くんがその役者さんを乗っけて送り迎えしたりして。シャボテン動物公園の上のほうで温泉つきだから、温泉に入れるのがよかったです。

――『梅安蟻地獄』は渡邊祐介監督、『春雪仕掛針』は貞永方久監督です。

林　貞永さんは、あんまり覚えがない。岩下（志麻）さんが出たやつでしょう。渡邊祐介さん、あの監督は細かかった。3日くらい前に「林さん、これ聞いて安来節を歌って」と頼まれた。「え、3日後ですか?」「向こうの藩の出だから、酒飲んでるときに歌ってくれ」「ああいうものは難しいんですよ」「とにかく覚えて、できる範囲でいいから」って、それで本番やったら「林さん、そんなに上手く歌わないでくれる」ですよ（笑）。「だって、これ覚えろって言ったじゃん」「侍だからもっと朴訥に、酔っ払いながらだし、たどたどしく歌ってほしい」と。いや、テープをもらったんでそうしたわけで、事前に言ってもらえれば自分勝手な安来節を歌えたわけですよ。そういうわけで、ずいぶんNGが出て何度も撮りました。そのシーンだけはすごく覚えてる。「なに、この監督……」って思いましたから。

――意外なシーンが大変だったのですね。

林　立ち回りは誰だったんだろう。栄ちゃんじゃなかった。宇仁（貫三）さんかな?

――映画版の殺陣師は、湯浅謙太郎さんです。

林　あぁ、湯浅謙太郎というのは、フジテレビで『三匹の侍』（63〜69年）をやっていた人ですよ。湯浅剣睦会というのがあって、だからフジで『ひばり・与一の花と剣』（66〜67年）をやったときも湯浅さん。ぼくら「謙ちゃん、謙ちゃん」って呼んでたけど、のちに杉良太郎さんの専属みたいなかたちで立ち回りをやって、生田スタジオに行ったときもいましたね。

――湯浅さんは、どのようなタイプの殺陣師ですか?

林　上手くない。役者としては、やりにくいんだ。どう足の運びを持っていっていいのかわかんないような立ち回りをつける。こっちの人間を斬ったあと、そっちに動くんだけど、ここに隙ができるだろうと思うようなところで二手つけたりね。それと、あの人が好きなのは〝回し斬り〟なの。後ろの人を見ないでバサーッ、必ずこれが出てくるんだ。

――十五郎は袴ですが、左内は着流しの殺陣です。二股に分かれている袴に比べて着流しのほうが難しそうな気がしますが、いかがでしたか？

林　難しいです。足の運び、歩幅が袴は大股でいけるんです。ところが、着流しは10センチ近く小幅にしないと裾《すそ》が跳ねすぎちゃうんで……でも、ぼくなんて納得いかないくらい下手ですね。歴代着流しの立ち回りできれいなのは嵐寛寿郎、次が市川雷蔵。裾さばきが見事ですよ。着物って仕立て方もそんなに違わないのに、おふたりはきれいでした。あと、剣さばきが上手いのは近衛十四郎。伸びるんですよ。このくらい刀が伸びる。やっぱり近衛十四郎と松方弘樹だね。弘樹は左ぎっちょなんだけど、右でやっても上手い。ぼくがやると、どうしても踊りになってしまって、そこは反省です。三船（敏郎）さんみたいにズバッと人を斬る迫力がない。

緒形拳という役者と、もう一度やりたかったですね

林　やはり林与一という役者の代表作は『必殺仕掛人』、それから『人形佐七捕物帳』（71年）ですね。自分のなかでは、ひばりさんとやった『お島千太郎』がトップだったんですが、『仕掛人』には勝てない。東映で『お島千太郎』をやったとき、「なんで舞台があるのに映画をやるの？」と言ったら（加藤）喜美枝さん……ひばりのお母さんが「与一ね、ひばりのファンは全国にいるから舞台を見られない人にも見せてあげたい。北海道や九州には行けないけども、映画なら見ることができる」と。あのころ、岡田茂さんが撮影所長で大反対だったんですよ。「任侠映画が当たってるのに、こんなもんやってどうするんだ！」って。もう東映は時代劇からほとんど手を引い

てましたが、それでも「とにかく撮ってちょうだい。ひばりはこれに関してギャラは一切請求しませんから」と押し通した企画だったんです。

――そうだったんですね。これまた貴重なエピソードです。ほかに『必殺仕掛人』の思い出はありますか？

林　どうだろう……鮮明に思い出すのは、やっぱり立ち回りと監督ですね。それから園井さんの編集が上手かった。ＤＶＤや再放送を見ても、覚えてるじゃないですか。「ここ、もう少し長く芝居したのに切られちゃったなぁ」とか（笑）。自分が気持ちよくやってるところは、そういうのに限ってカットされている。でも全部あらためて見て反省したんです。大熊さんと松本明のやつも出てやりゃよかったなって思いました。

緒形もね、けっこう理屈こねるタイプなんですよ。あんな役なのに（笑）。それと食べ物が多かったから、テストしてたら鍋が煮詰まりすぎちゃって「もとに戻してよ」とかね。そういう部分はこだわって、緒形としても池波さんの本のように食事のシーンを非常に大事にしてた。それから、ぼくは立ち回りでも怪我はなかったけど、緒形はしょっちゅうひっくり返ったりなんかして「すりむいちゃった」とか「痛えよ」とか言ってましたね。

――残念ながら、その後の必殺シリーズに林さんは出演していません。なにか事情があったのでしょうか？

林　いや、『仕掛人』の続編だったのか、うちの母から聞きましたが、なんらかのオファーはあったんですよ。その代わりが、いま思うと高廣さんがおやりになった『助け人走る』（73〜74年）なのかな。もしかしたら、ぼくと緒形のコンビで、またやろうとしたのかもしれない。後日ね、ぼくが大阪の飛天という劇場に出たとき……いまの梅田芸術劇場なんですが、下にドラマシティという劇場があった。そこに緒形がいて、モニターから見えるんでね、あとで会いにいこうとしたら先に彼が来てくれた。「いるか？」「いるよ。モニター見て、行こうと思ったらさ、稽古が始まってダメだったんだ」「いや、俺も休憩になったから」って、楽屋のところでそんな話をしてたら、いろんな女優さんや男優さんが「仕掛人がいる」って言いながら、みんな通りすぎていった（笑）。

――すばらしい再会ですね。

林　笑っちゃうよ。それから彼の亡くなる1年くらい前だと思うんですが、津川のまーちゃんがぼくと緒形と3人で芝居をやろうと言ってくれた。「俺はお前たちみたいに上手くないから、ホンと演出をやる。そっちメインで俺もちょっと出るような舞台を三越でやろう」って企画を出してきたんですよ。その日その日のチケット代を計算して「制作費で半分取る。残った半分を3人で山分けにしよう」というアイデアまであって、新しい演劇の作り方だなと思ったんだけど、ついに実現しませんでした。それは非常に残念だったし……緒形拳という役者と、もう一度やりたかったですね。

――最後にうかがいます。林さんは一貫して「俳優」ではなく「役者」という言葉を使っていますが、その理由を教えてください。

林　やっぱり〝役を演ずる者〟で、役者ですよね。ぼくは歌舞伎から出発してますから、どうも俳優というのは映画のイメージで、役者は歌舞伎役者、舞台役者……映画役者とは言いませんから。だから役者って言葉が好きですね。最近ようやく社団法人（日本伎藝文化振興会）の認可が下りまして、これからは演じるだけでなく教えたり、さまざまなものを継承していくほうも本格的にやりたいと思っております。

林与一

［はやし・よいち］

1942年大阪府生まれ。57年に大阪歌舞伎座の『お吟さま』で初舞台を踏み、翌58年に松竹京都の映画『七人若衆誕生』でデビュー、時代劇の新スターとして売り出される。その後は東宝演劇部と契約し、64年にNHK大河ドラマ『赤穂浪士』の堀田隼人で人気を博す。美空ひばりとの共演も多く、テレビ時代劇では71年の『人形佐七捕物帳』、72年の『必殺仕掛人』などに主演。その後も舞台やドラマで活躍し、日本舞踊・林流の家元に就任。一般社団法人日本伎藝文化振興会の理事長を務める。

『必殺仕掛人』第1話番宣資料集

本書の作業中、朝日放送テレビに必殺シリーズの番宣資料が保管されていることが判明した。各話ごとに作成し、メディア向けに配布されたものであり、ズーマー（話題）とハイライト（番組あらすじ）の２種類が存在――ここに『必殺仕掛人』第１話「仕掛けて仕損じなし」のものを掲載しよう。再録にあたって一部の表記や句読点を整えたが、なるべく当時の雰囲気を味わってもらうため、ほぼ原文のままであることを念頭に置いていただきたい。

ABC・ZOOMER

47・8・7・発行

酷暑にも負けず秋の新番組『必殺仕掛人』京都松竹にてクランク・イン

朝日放送では、現在放送中のドラマ『君たちは魚だ』の後番組として、連続テレビ映画『必殺仕掛人』（毎週土曜夜10：00～10：56）を9月2日（土）から放送するが、去る8月1日、松竹太秦撮影所でクランク・インした。

このドラマは、殺しの請負人である〝仕掛人〟を主人公とした異色の時代劇であり、登場する三人の仕掛人は「生かしておいては世のため人のためにならない人しか殺さない」という〝殺しの掟〟を持った特殊な殺し屋という設定である。

この仕掛人を演じるのが、山村聰（音羽屋半右衛門）、林与一（西村左内）、緒形拳（藤枝梅安）の三人である。「いずれもホームドラマに出ても似合う日常性を持ったタレントさんを選んだのは、殺し屋というフィクションの面白さの中にも、その家庭的な側面を描いていきたい」という山内プロデューサー。

仕掛人の元締役の山村聰は「いくら悪いといっても、人を殺すということには抵抗があり、役作りの上で割り切れない悩みがある」といい、剣の達人で妻子ある浪人役の林与一は「家庭ではよき父、よき夫だが、外の人間に対しては心を許さないというタイプの男です。現代でいえば脱サラリーマンでしょうが、そんな身近な感じを表現してみたい」、女好きのハリ医者で、役のため頭を丸めた緒形拳は「男には二つの世界を生きたいという夢がありますが、その楽しさが出れば」と、それぞれ異色の役柄に意欲的。

一話、二話の演出を担当する深作欣二監督も「殺しのシーンは、どぎつさよりもすごさ、鮮やかさを印象づけたい。殺しは誰でも心の中に持つ欲望であり情念だと思うので、それをどういう形で表現するかというところに苦心します」という。
　酷暑の京都での撮影はタレント泣かせで有名。吹き出る汗にドーランはくずれ、かつらは浮く。裏長屋のオープンセットに並んだ三人の仕掛人とその手先役の津坂匡章は、その暑さを吹きとばすような意気込みでリハーサルを繰り返していた。

同時ネット
ABC
HBC
ATV
TBC
IBC
FTV
TBS
UTY
SBS
CBC
RSK
RCC
KUTV
RKB
MRT
OBS
RBC

9・2（土）
後10：00〜10：56

新番組
ドラマ（フィルム制作）
必殺仕掛人　第1回
「仕掛けて仕損じなし」

原作　池波正太郎
脚本　池上金男
音楽　平尾昌晃
監督　深作欣二
プロデューサー　桜井洋三（松竹）
山内久司（ABC）
仲川利久（ABC）

新番組、池波正太郎の原作を素材として、テレビドラマ化したもの。仕掛人、すなわち殺し屋を主人公とした異色の時代劇で、三人の仕掛人には山村聰、林与一、緒形拳が扮し、個性を生かした殺し屋を演じる。
　この三人のタレントは、ブラウン管では理想的な父親といったイメージの山村聰、甘いマスクの二枚目スター林与一、これまで一貫してマジメ人間、善意の人を演じてきた緒形拳と、いずれも「殺し屋」というタイプではない。その三人の変身ぶりと、これまでにない新しいイメージの殺し屋が見もの。また一話、二話を担当する深作欣二監督の趣向をこらした「殺しの演出」も話題の一つである。

〈出演〉

音羽屋半右衛門　山村聰
西村左内　林与一
藤枝梅安　緒形拳
おくら　中村玉緒
お美代　松本留美
彦次郎　岡本健
岬の千蔵　津坂匡章
櫓の万吉　太田博之
伊勢屋勝五郎　浜田寅彦
伴野　室田日出男
辰巳屋　富田仲次郎
大岩　高品格
おぎん　野川由美子
お初　西山恵子
ナレーター　睦五郎

〈あらすじ〉

「はらせぬ恨みをはらし、許せぬ人非人《ひとでなし》を消す。いずれも人知れず、仕掛けて仕損じなし、人呼んで仕掛人、ただしこの稼業、江戸職業づくしにはのっていない」

文化文政の頃、江戸には殺しを請け負う仕掛人という裏の稼業があった。表向きは人足や女中を紹介する口入れ業の音羽屋の主人、半右衛門もその一人である。今もその奥まった茶室では、材木商人伊勢屋勝五郎が「殺し」の依頼中。殺す相手は作事奉行の伴野と、それにとり入って甘い汁を吸う材木商の辰巳屋の二人。辰巳屋は口入れ屋の大岩を使って、貧しい人々から法外な利子をとったり、ヤクザを使って長屋を打ち壊すなど、相当悪どい振る舞いが多いようだ。

「世のためにならない奴しか殺さない」という掟を守る半右衛門もこの殺しは引き受けた。実際に手を下すのはハリ医者の藤枝梅安。梅安は女好きの独りものだが、ハリの腕は確かで貧しい人たちの面倒もよくみている。もちろん殺しの腕前も一流。その梅安が辰巳屋を仕損じた。恐ろしく腕の立つ浪人者の邪魔が入ったのだ。

梅安の失敗と手強い伴野のこともあり、半右衛門は別の仕掛人を考えた。目当ては数ヶ月前、行き倒れ同然のところを助けた妻子ある浪人、西村左内。剣は人並みすぐれているが、長屋住まいの貧しい暮らしである。慎重に切り出す半右衛門の誘いを、左内は妻子に内緒にすることを条件に引き受けた。先日、仕掛人とは知らず梅安の邪魔をしたのは左内だった。

一方、梅安は仕掛人の手先として働く岬の千蔵の協力で、辰巳屋の妾おぎんに近づいた。梅安の偽手紙で呼び寄せられた辰巳屋は、ワナにはまり風呂場で梅安の手で殺された。

左内は半右衛門の案内で材木置場で、殺しの相手伴野を物陰から下見した。その目前で伴野は、人足の中にまぎれ込んでいた浪人を一刀のもとに斬り捨てた。

数日後、千蔵の弟分、櫓の万吉や伴野に反感を抱く長屋の連中の協力もあって、長屋近くの空き地で左内と伴野は一対一で向かいあっていた。

（ABC　川戸）

提供

中外製薬
ネッスル日本
日本電装
牛乳石鹸
清酒白鹿

俳優

石坂浩二

立ち回りの苦労というのはあんまりなくて
大変だったのは死ぬときだけです

黒船来航、幕末の動乱を舞台にしたシリーズ第４弾『暗闇仕留人』で糸井貢を演じた石坂浩二はホームドラマの好青年から一転、悩めるインテリ殺し屋に。裏稼業に手を染めた男は、開国を夢見ながら散ってゆく——。『仕留人』だけでなく、市川崑監督の『犬神家の一族』から『水戸黄門』まで縦横無尽の語りにて候。

「なんだ、『ありがとう』のにいちゃんかい！」

石坂　わたしは本当にもう1本しか出てないので、どこまでお話できますか。（『必殺シリーズ秘史』『必殺シリーズ異聞』を指して）本も2冊読ませていただきましたが、スタッフのみなさんのインタビューが非常におもしろかったですね。

――ありがとうございます。シリーズ第4弾『暗闇仕留人』（74年）で悩めるインテリ殺し屋の糸井貢を演じた石坂さんですが、まず思い出すことはありますか？

石坂　やっぱり照明ですね。中島（利男）さんのライティングと石原（興）さんのカメラアングル、あのコンビですよ。ちょうどTBSの『ありがとう』（70～75年）に出たあとでしたから、ふたりからキツく言われました。「なんだ、『ありがとう』のにいちゃんかい！」みたいな（笑）。だいたい彼らとは同年代なんですよ。まず印象的なのは夜間ロケの照明で、いままで見たことがないような当て方だから「どんな映像になるんだろう」と、いつも思ってました。それでオンエアを見て、やっぱりすごいなと。

――オンエアも見ていたのですね。

石坂　はい。だから一度ね……これも忘れられないんですけど、オンエアミスがあったんですよ。音声が次の回というミス（笑）。いつもギリギリなのに、たまたまそのときは好調で2本同時に納品したという話を聞いていた。みんなで「少しゆとりができた」とか言ってて……撮影所のテレビで見たのかな。パッと始まった瞬間、画と音がぜんぜん違うんで大騒ぎになった。「ほら見ろ。珍しく貯金なんかするからだ」って（笑）。要するに映画の、35ミリのフィルムだったら脇にサウンドトラックがあるんですが、『仕留人』は16ミリでフィルムと音声のシネテープが別々なんです。それを局（朝日放送）の担当者が間違えたんでしょう。

――第14話「切なくて候」と第15話「過去ありて候」の放映順がもともと逆で、同時に納品したことから取り違えてしまった逸話がありますが、そのときかもしれませんね。

石坂　あのあと、どうなったのかな。途中から直したんだと思いますが、たしか市場のシーンが映ってるのに音声は「ナントカナントカ」って、まったく別物だった。

――画と音が違ったエピソードも京都映画のスタッフの方からうかがったことがあります。

石坂　わたしの役は三味線のバチで相手を仕留めますよね。あのときのカット数も「ああだ、こうだ」と言いながら、ずいぶん撮るんですよ。照明も「このカットはこっちから」「今度はあっちから」と目まぐるしく変わる感じで、アングルごとに効果的な光を探っていく。夜間のシーンでも〝つぶし〟と言って、昼間に撮って画面を暗くする疑似ナイターの手法があって、それは予算がかからない。でも基本的に『必殺』の場合、夜は夜にしか撮らない。だから暗闇で、そこに中島さんの照明がビシッと当たるんです。

――なるほど。

石坂　それから撮影所が狭いから、オープンセットで同じ道を何度も使ってましたね（笑）。建物は変わらないわけですから、やっぱり照明で印象を変える。横からポッポッと等間隔でライトを当てたり、とにかく画作りが斬新でした。いちばん最初の『必殺仕掛人』（72～73年）でしたか、緒形拳さんに誘われて現場を見学したことがあるんです。NHKの『太閤記』（65年）を一緒にやらせていただいて、そのあと『お庭番』（68年）もやってましたから「一度見においで。すごくおもしろいよ」って緒形さんに言われて、京都まで行った覚えがあります。『仕掛人』もテレビで見てて、ちょっと役者さんたちは重々しいんですが、それ以上に現代的な話を新しい感覚で撮っている雰囲気がありました。

――太秦の京都映画での仕事は『仕留人』が初めてですか？

石坂　初めてです。そのあと何度か行きましたが、『仕留人』のころは奥の左側にコンクリのフィルム倉庫がありました。右のオープンの端っこがもうちょっと広かったし、大通りもずっと奥まであって……手前のスタジオは火事で焼けちゃいましたね。いろんな撮影所に行きましたが、映画は松竹の大船が多かったんです。やはり京都は東京とは違う雰囲気があって、古き良き時代の面影というやつです。静かは静かなんですが、すぐ隣が住宅地だから人や車なんかの音の関係で、けっこうアフレコもやりましたね。

まず演じる前に全体を把握しておきたいんです

――『暗闇仕留人』にキャスティングされた経緯は覚えていますか?

石坂　プロデューサーの山内久司さんにもかわいがっていただいて、『喧嘩は絶対いたしません!』(71年)という弁護士ものや『霧の感情飛行』(75年)ではヘリコプターのパイロットをやりました。朝日放送のドラマをやるときは目の前のホテルプラザに泊まらせてもらって、あれは便利でしたね。『仕留人』も山内さんのキャスティングだったと思います。

――山内久司プロデューサーは、どのような方でしたか?

石坂　絶えずなにかこう……動いている人でしたね。世間話をしていても、言葉のどこかにアイデアを見つけたりするんです。いきなりピッと紙を出して、チャキチャキって書く(笑)。それもノートじゃなくて、なにかの紙を出してきて、そういうメモがどこかで効いてるんだと思いますね。もちろん知識もすごいし、それから必殺シリーズは「リアルにやったらとんでもない番組」ということを仰ってましたね。

――『仕留人』の場合、近藤洋介さん演じる大吉の殺し技で、心臓つかみのレントゲン映像と心電図の演出がありました。

リアルにやるとえげつない殺しを「んなアホな」というユーモラスな印象にしています。

石坂　すぐ近くの悪名高き病院へロケに行って、「あそこへ入ったら絶対に治んないぞ」ってスタッフの人が言ってました（笑）。レントゲンの撮影も見にいきたかったんですが、タイミングが合いませんでしたね。

――『仕留人』は黒船来航の幕末が舞台で、オイルショックという当時の社会状況を反映させた企画です。異国に対抗するため罪人を大筒試し打ちの的にしたり、日本脱出を目指す浪人の悲劇など、幕末ならではのエピソードが多く存在しています。

石坂　非常に時代性がくっきりしていましたね。山内さんが入る前に仰っていたのが「必殺シリーズをやり始めたけれども、どこかに〝現在〟というものを入れないと時代劇はダメだと思う」ということでした。だから必要経費みたいなもので、殺しの前の小判の分配もしっかり押さえたんです。それから「大衆がオイルショックをどのように受け止めたか、そこも取り入れたい。知ってるやつは知ってて上手いこと対処して逃げ延びたけれど、知らないわれわれは慌てるのみだった」ということも仰ってましたね。

――もともと糸井貢は高野長英門下の蘭学者志望で、幕府の弾圧によって妻と一緒に逃亡生活を送り、食うために殺しに手を染めます。インテリくずれの屈折した役どころをホームドラマの好青年で定評のあった石坂さんが演じています。

石坂　いつもそうなんですけど、役の設定というのはホンができる前から説明を受けて、いちおう自分でも勉強するんですが、それと実際の芝居で出てくる問題は違うんですね。戦争中、わたしは4歳でしたが最後は疎開したんですね、厚木のほうに。うちの近所が燃えたり、ちょっと離れたところに爆弾が落ちたりして……でも、そんな状況でもおやじもおふくろもそんなに変わらないんですよ。笑ってるんです。「空襲がくるといけないから、早くお風呂に入っておいたほうがいいんじゃないの」とか「どうせ死んじゃったら同じだしな」という感じで、そういう空気だった。

だから〝深刻さ〟というのは表現のために存在しても、そもそも本来は持ち得ないんじゃないかと思うんです。深刻ならば深刻なほど、生きるために逆の部分を奮い立たせる。冗談を言ったりしてね。人間ってそのくらいの強さがあるし、そういうことを表現しなきゃいけないのかなと思いました。糸井貢という男の内面にもいろんなものがありますが、あまりに深刻に演じたら、そのままズルズルいっちゃう。貧しいし生活は当然つらい。でも病気の女房を抱えていても、彼女が生きてる限りそう暗くはならない。開国という夢、ひとつのシンボルを持ってるんだから……そんなことを考えてましたね。もちろん照明の加減によって見え方は違いますし、暗めに演じる部分もあります。そのあたりは現場の雰囲気で調整していました。

――『仕留人』の製作補を務めた田中浩三さんに『必殺シリーズ異聞』でインタビューした際、石坂さんの自宅に毎週台本を届けたエピソードをうかがいました。現場に入る前に、しっかり準備しておきたいという意向があったそうですね。

石坂　最初の何冊かは送っていただいたんですけど、ホンができるのもギリギリなので、申し訳ないと思いながら東京まで持ってきていただきました。やはり現場に入る前に把握しておきたい。全体の話のなかで、それこそ暗さと明るさをどのくらいのバランスでやったらいいか……あらかじめホンを読まないと、その場の雰囲気だけに任せてしまうのはマズいことだと思います。幕末関係の本なども、それなりに読みました。まず演じる前に全体を把握しておきたいんです。

――現場はドタバタしていますもんね。

石坂　とくに連続ものは同じ顔ぶれなので、回を追ってくると……まぁね、藤田（まこと）さんの一言二言で、みんなワイワイと。本当に賭け事の好きな組でした（笑）。とくに〝馬〟ですね。京都競馬場。藤田さんが仕切ってたんですが、わたしは一切わからないから、とりあえず「2－4」をお願いしてたんですよ。もう全部それ。そしたらね、ひと月以上経って万馬券が出ちゃったの。みんなびっくりしてました。

——中村主水役の藤田まことさんは、どのような方でしたか？

石坂　すごく頭がよくて、キチッと計算される方だなと思いました。シーンによって雰囲気が違うんです。ところが1本のフィルムとして繋がってみると、しっかり主水の心の流れができている。シリアスとコミカルのバランスをしっかり考えてらしたんじゃないかと思いますね。あれ、役者としてはちょっとしんどいというか……逆に最後がおもしろくなりすぎちゃうことがあるんですよ。

——最後というのは、中村家のシーンですね。婿養子の主水が妻と姑にやり込められるコミカルさが、シリーズの定番になっていきます。

石坂　あそこを抑えてやるためには、その前とのバランスが大事。藤田さんの芝居はやりすぎてない。それから主水が悪を仕留めるシーンも憎しみとか恨み、そういう表情をものすごく抑えてますよね。サラッとやってる。そこがすごいなと思いました。やっぱり話からすると、ときどきは感情移入したくなるようなところもあるのにグッと抑える。見事ですよ。

藤田さんを中心としたグループという空気がありました

——『暗闇仕留人』のキャストクレジットは石坂さんがトップで、『必殺仕置人』（73年）に続いて二度目のレギュラーとなった藤田まことさんがトメです。ご自身としては主役という意識で臨みましたか？

石坂　わたしね、クレジットってあんまりこだわらないんですよ。出してもらえればいい（笑）。ただ、タイトル的にそうなってるので、そこはありがたい。でも、主水さんで一度やってるわけですから、やっぱり現場としては藤田さんを中心としたグループという空気がありました。それは絶対でした。

石坂浩二が糸井貢を演じ、藤田まことがふたたび中村主水に扮した『暗闇仕留人』

――そうだったのですね。

石坂　ひとつ残念だったのはね、藤田さんが坂田三吉をおやりになるという話があったんですよ。亡くなられる直前……1年か、2年くらい前にそういうドラマの企画があって、延び延びになっていた。わたしはライバルの棋士（関根金次郎）をやることになっていて、大阪でパッとお目にかかったことがあったんです。「坂田三吉やるんだよ。なぁ、頼むよ」「ぜひ、よろしくお願いします」という会話までして、ついに実現できなかった。それがいちばん残念ですね。きっとおもしろかったと思います。

――主水、大吉、貢の3人がそれぞれのパートナーとの関わりで義兄弟になってしまう設定も『仕留人』の特色ですが、大吉役の近藤洋介さんはいかがでしたか？

石坂　いやもう近藤さんはね、いちばんよくお付き合いをしていただいて、それこそ「おにいちゃん、おにいちゃん」って呼んでました。お互い舞台出身なので、そういう意味でも近いものがある。あの方は俳優座で、わたしもいちおう劇団四季にいた……まだ四季がミュージカルだけでなくストレートプレイをやっていた時代で、浅利（慶太）さんとも付き合いがありましたので。あとは野川（由美子）さんだよね。彼女は地元ですから。

――京都出身の野川由美子さんですが、鉄砲玉のおきんのべらんめえ口調がすばらしい。

石坂　自宅なのか借りていたのかよく覚えてないんだけど、野川さんは撮影所の近くに住んでらして、そこでよく宴会をやってました。ゲストの女優さんをお招きして、気を遣ってらっしゃったんでしょう。ほら、メインはメインで勝手にスタッフとどっかで飲んでるじゃないですか（笑）。いや、わたしも野川さんの家には行ってない。

――半次役は津坂匡章（現・秋野太作）さん。

石坂　彼はね、びっくりしましたよ。「芸名を変えたいと思う」って、晴れた日のロケ中にどっかの河原で相談されたんです。「石坂さん」「なに？」「ぼくね、秋から芸名を変えたいと思うんですよ」「えっ、なんで？」「いや、すごくいいアイデアがあって」というわけで、秋野太作（笑）。「俺が出るドラマ、どれも秋の大作だよ！」って言ってました（笑）。

――『俺たちの旅』（76〜77年）の役名が、まさに秋野太作ですね。そのタイミングで改名しています。

石坂　ほんと冗談かと思った。しばらくはみんな「津坂」って呼んでましたけどね。彼もクセが強くて、でもお芝居はおもしろかった。本番でちょっと変えてくるタイプの役者でしたね。あとの人は、ほとんど変えません。まぁ、スタッフは言ってました。「そっち行かれたら映んねえよ」とか（笑）。

確固たるスタイルが『仕留人』の時点で出来上がっていた

――『お庭番』の「元禄十四年」「元禄十五年」を手がけた工藤栄一監督が『仕留人』の第1話「集まりて候」を担当しています。東映出身ですが、すでに必殺シリーズのメイン監督という存在でした。

石坂　工藤さんはかかるんですよ、時間が（笑）。照明にもこだわるし、いちばん戦ってらしたんじゃないですか、石原さんや中島さんと一緒に。3人でウジャウジャと話し合って、どうしても時間がかかる。しかも長回しの撮影をやりたがるので、そうすると照明が複雑になるから、またかかる。で、工藤さんってカットを細かく割るところはすごく割るので、さらにかかる。『お庭番』のときも緒形さんとのコンビで工藤さんが合計4話分やって、所定より2ヶ月半ほど押したんです。

――さすがですね。ほかに印象に残っている監督は？

石坂　松本明さんもおもしろい監督でした。明るい方で、見た目ちょっと怖いんですけど……坊主頭にサングラスで。いえ、周りに威圧感を与えるというより、逆に周りからいじられてましたね（笑）。松本さんがスタッフに指示を出すと「本当にええの？　それで」……みんな口が悪かったですから（笑）。

——松本明監督は最終回の第27話「別れにて候」、糸井貢が亡くなるエピソードも担当しています。

石坂　これはね、真冬で……舟から死体が流されるシーンのとき、雪が降ったんですよ。映らない程度でしたが、それでも死んでるから舟の上で「ダメ！　震えちゃ！」って怒られる（笑）。もちろん震えないようにしてるんですけど、自動的に体が動いちゃうんですよ。松本さんも映像に凝るほうで、われわれ演じる側としては楽しかった。蔵原（惟繕）さんもお撮りになってましたね。蔵原さんは頭のなかに画ができていて、しっかり流れもある。最近の現場はいろんな角度からやたらと撮る。「どうすんの？」ってくらい撮って、けっきょく使わなかったり……そういう無駄がまったくない監督でした。その代わり、シーンごとにリハーサルをやって、しっかりと芝居を作り上げる。ダメ出しも多かったですよ、蔵原さんは。

——第11話「惚れて候」を国際放映の高橋繁男監督が撮っており、石坂さんは『わが青春のとき』（70年）という連続ドラマで組んでいます。作品そのものは工夫されていて見ごたえがあったのですが……。

石坂　スタッフがいろいろ反対してましたよ。「それはおかしい」みたいなことを言って。そういう意味ではね、『必殺』って映像的な特徴のある監督は入れなかった。要するに、もう確固たるスタイルが『仕留人』の時点で出来上がっていた。『わが青春のとき』は医学部の助手の役だったんですが、わたしが出した論文の何時間か前に同じ論文が出て、そっちが認められたことを先生から知らされる……そんなシーンがあって、先生が「何時間前だった」って言ったら、停電するんですよ。そして真っ暗の状況でわたしが残念な思いをセリフとして語る。その演出に脚本の倉本（聰）さんがすごく反対して、もう怒ってましたね。高橋さんというのは、そういう監督で「えっ、こんなところから入るの」って撮り方もおもしろかった。

「開国が迫るなかで死んでいくほうが、貢らしいんじゃないか」

——貢の殺し道具は三味線のバチです。

石坂　バチに刃を仕込んだものと、本物のバチの2つを使ってましたね。こう先が取れて、外れるようなやつ。照明とカメラの工夫がすごくて、刃にわたしの顔が映ったりして……じつはね、祖母が三味線を弾いてたんで、ガキのころ見よう見まねで弾いたことがあるんですよ（笑）。そのバチを探し出して、いちおう手で持つ練習はしました。でも撮影で用意されたバチのほうが一回り大きかった。殺しに使うものは、さらに大きいものだったと思います。祖母がやってたのは小唄だったので、三味線も小型だったのかな。けっきょく弾いている手元のカットは吹き替えですね。

——殺しのシーンの撮影はいかがでしたか?

石坂　普通のバチでも、あれ当たると痛いんですよ。引っかければ裂けますし、そこは注意しました。立ち回りの苦労というのはあんまりなくて、大変だったのは死ぬときだけです。戸浦（六宏）さんに斬られるシーンだけは……あの人、目が悪いんですよ。かなり強度な近眼で、もう刀がどこへ向くかわからない（笑）。

——最終回の「別れにて候」、貢は「わしを殺せば、日本の夜明けは遅れるぞ」という開国派の若年寄の言葉に戸惑い、その虚をつかれて斬られてしまいます。貢の死というのは、どの段階で知らされていたのでしょうか?

石坂　いちばん最初は決まってませんでしたが、「開国が迫るなかで死んでいくほうが、貢らしいんじゃないか」と、山内さんは仰ってましたね。

——第17話「仕上げて候」で妻が亡くなり、貢の殺し道具が仕込針の矢立に変更されました。殺しという行為そのものにも疑問を感じていきます。

石坂　あれも山内さんの提案で、三味線を弾くという行為は彼自身の本心ではなく、あくまで食べるための手段としてやっていた。その女房が殺されたら、やっぱり変えねばならない。矢立については「シンボリックにしたい」と仰ってましたね。「さまざまな文章を残したり絵を描くわけだから、彼の道具は本来これだろう。この矢立を持って長崎に行って、いろいろなことをしたはずだ」と。あの矢立は簡単な装置なので、これも苦労はないですね。上の部分を押さえておいて、外すとシュッと針が出てくる。そのあと、しっかりしたものと持ち替える。矢立も2つ用意されていました。

――糸井あや役の木村夏江さんの思い出はありますか？

石坂　あれっきりお会いしてませんが、すごく静かな方なんですよ。本当に口数の少ない方で、でも逆にそれが愛しいというか、病弱な雰囲気を出している。本当はそうじゃないと思いますけど、なんとなく役と重ねて見てしまう説得力がありました。「つらいんだろうな」という感じがしてね。

たしかに市川組と『必殺』は似た雰囲気がありました

――1976年公開の映画『犬神家の一族』から、市川崑監督とのコンビによる金田一耕助シリーズが始まります。草笛光子さんが以前、複数のインタビューで語っていましたが、光と影にこだわる市川監督から必殺シリーズに出演した際のライティングについて質問されたことがあったそうです。

石坂　わたしは『必殺』の話を聞かれたことはないんですが、照明についてはいろいろと市川さんからうかがいました。いちばん印象に残ってるのは『炎上』（58年）の金閣寺、あの廊下の黒光りですよ。ある種の日本の美しさの象徴であり、それこそ市川崑ならではのすばらしさだと思っていて、そんな話をしたら「う〜ん。あれは別

貢の殺し道具は三味線のバチから針を仕込んだ矢立へと変更された

に狙ったわけじゃなくて、わしはいつも〝被写体がそのものらしく見えるような照明を当てろ〟と言ってるだけだ。木にしても、硬い木と柔らかい木と崩れそうな木……いろいろあるわけで、そのとおりに見えなかったら意味がない」という答えでした。でも、もちろん照明には人一倍こだわってましたよ。

――『犬神家の一族』では大広間の金屏風へのライティングが納得いかず、リテイクしたそうですが。

石坂　リテイクではなく、あれは一度中止になったんです。端のほうに金屏風があるシーンがあって、先に撮ってたんですよ。そのあと一族が全員集まる日になって……わたしは現場にいなかったんですけど、スタッフに聞いたら「これは金じゃない。今日は中止やね」、その一言で監督が帰ってしまった（笑）。だからライティングではなく、屏風の金の色なんですよ。そのあとOKになったものと比べてみると、やっぱり違うんです。市川さんは襖にもこだわりましたね。スタッフが襖の色見本を監督に見せたら「こんな小さいのじゃわからんから、貼ったのを持ってこい」。そうやって見比べるんです。先ほどの草笛さんのお話のように、たしかに市川組と『必殺』は似た雰囲気がありました。どちらも本当に細かい〝この一点〟というところに当てるためだけのライトが用意されていたりしてね。

――奇しくも「市川崑劇場」と銘打たれたフジテレビの『木枯し紋次郎』（72〜73年）を倒すために『必殺仕掛人』が始まりました。大映系の映像京都と松竹系の京都映画による競い合い、もともと石原興さんは撮影助手として大映の現場に参加した経験があり、市川崑作品に刺激を受けたそうです。

石坂　『紋次郎』も見てましたが、あれはニュースタイルの西部劇を狙ってるんだなと思いました。当時、映画会社はイタリアだけどスペインとか外で撮ったようなやつ……マカロニウエスタンが流行ってましたね。それからニューシネマがあって、劇画でも一匹狼的な作品が多かった。市川さんって、そういう潮流を読むのが上手い人なんですよ。

――必殺シリーズもマカロニウエスタンの影響下にあり、劇画調のアングルが目立ちますね。『仕留人』の話に戻しますと、脚本家では国弘威雄さんが初回と最終回を手がけています。

石坂　国弘さんって橋本忍さんの弟子ですよね。その上に小国英雄さんがいて、みなさん『お庭番』をお書きになっていた。国弘さんのホンって、すごくテンポがあってわかりやすい……読んでいて、内容的に掴みやすかったです。じつは小国さんが田園調布に借りていた家があって、その隣がうちだったんですよ。そこで黒澤組なんかがみんなでウンウンやってて、子供のころ「小国さんって誰だろう」って聞いたら「脚本家だよ」という話で、調べてみたら黒澤明の映画じゃないか！　うちから見えるんですよ。庭があって、東屋みたいなのがポンと立ってて、みんな最後はそこに入っていく。で、どうなるかといえば麻雀やってるんです（笑）。

――ほかに『仕留人』の思い出はありますか？

石坂　先ほども言いましたが、夜のシーンが多いので朝はそんなに早くなかった気がしますね。のちのち知ったというか聞いたのは、石原さんがあまり朝、得意じゃなかった（笑）。だから東京だと9時開始が普通なんですが、『仕留人』は10時なんですよ。10時開始だったら9時半くらいに行って、ペッと付ければ……総髪の役だったので、準備も楽でしたね。その代わり、夜はかかりました。

――京都と東京の往復も大変だったのではないでしょうか？

石坂　いや、東京での仕事はほとんどやってなかった気がしますね。ちょうど二谷英明さんが生涯教育の学校を京都で立ち上げて校長をおやりになっていて、わたしも1ヶ月に1回、油絵の教室を受け持っていました。だからロケのついでに教室やって、そのまま2～3日泊まったりして、そんなに激しく行ったり来たりという記憶はないんです。二条城の前に堀川って枯れた水路があるじゃないですか。あそこでずいぶんロケをやりまして……すぐ上で自動車が走っている場所ですが、時代劇にうってつけなんですよ。でも夏だし暑くてしょうがないから、その教室にパッと逃げて「あ〜！　涼しい、涼しい」って、みんなで休憩。ちょうど近くだったんです。

当時はテレビジョンのカメラってまだデカいんです。ハンディもないから、なかなか外に出られない。その代わりにフィルムで撮る「テレビ映画」というジャンルが発達した。そういう意味では軽快なカメラワークが持ち味で、テレビ映画というのはスピーディなパンとかズームが非常に多かった気がします。石原さんも手持ちの撮影がものすごく上手かった。そこで照明も一緒に手持ちで追っかけたりして、とても軽快でしたね。どうしてもスタジオだと、機材の関係で画が定型的にならざるを得ない時代でしたから。

――先ほど山内プロデューサーのくだりでタイトルが挙がりましたが、1975年に制作された『霧の感情飛行』は朝日放送のスタジオドラマで、脚本は佐々木守さんと早坂暁さんです。なかなか再放送の機会がなく未見なのですが、せっかくの機会なので思い出を教えてください。

石坂　パイロットのドラマで、まず企画の発想がおもしろいんですよ。朝日放送のネットがTBSからNET（現・テレビ朝日）に変わって作られた枠なんですが、山内さんが「やるから」と仰って、でもなにも決まってない。そうしたら4日か5日経って「決まった！」。朝日放送の報道ヘリが大阪湾に落ちて、ものの見事にきれいに落ちたから上だけ丸ごと残ってる……それでヘリコプター会社の話をやることになった（笑）。落ちたヘリをスタジオに持ってきて、隣に家のセットを組みましたね。飛行シーンは十三の河原で、大阪エアーウエーズという会社のパイロットさんと一緒に乗りました。東京の話なので、東京に向かう途中、浜松で給油するんです。

それから、あのドラマはぜんぜんホンができなくて……早坂さんとは何本もやりましたけど、あの人〝偵察〟がすごいんですよ。どういう意味かといえば「何月何日締切」というのが決まっていても、いつ本当のリミットなのかを探る（笑）。『冬の花火』（79〜80年）というドラマで太宰治をやったんですが、そのときも早坂さんのホンが来ないから、TBSの大山勝美さんが嘘のホン読みの日を作った。「いや、悪いけどね、みんなで集まっておかないと書かないんだよ、あの人。悪いけど来てくれる？」とお願いされて、もうその日に間に合わせないとダメという状況を作ったんですね。

——退路を断つというか……。

石坂　それでも来ないんですよ（笑）。「ちくしょう、バレた！」って大山さんが悔しがってました。早坂さん、どっかに電話して偵察したんでしょうね。そのあと早坂さんの番組でナレーションを担当することになって、またま新幹線で会ったんですよ。「あぁ、どうも。今度のやつお願いね」と挨拶されて、すぐ「で、いつ録ることになってんの？」（笑）。案の定ギリギリになりました。

髭なしの『水戸黄門』、若手はすごく賛成してくれました

——石坂さんの時代劇といえば、TBSの『水戸黄門』があります。四代目の徳川光圀役として、2001年から翌年にかけて第29部と第30部に主演していますが、差し支えなければ『水戸黄門』の話もうかがわせてください。

石坂　まず史実にもとづいたもの、これまでのシリーズとは別物にしたいという意図がありました。わたしはNHKの『元禄太平記』（75年）で柳沢吉保をやってまして、あれも同じ元禄時代なんですね。光圀役は森繁（久彌）さんでしたが、そのとき光圀の自伝みたいなものも読みましたし、忘れられない事件が起きたんです。芦田伸介さんが五代将軍綱吉をおやりになったんですけど、記者会見の日まで「髭を付ける」と言い張って揉めた。揉めた理由は、すでに元禄には大髭禁止令が出ていて取り締まりが厳しく、少なくとも髭の幕臣というのは存在しなかった。そういうトラブルがあったので、わたしは髭というものに強い思い出があったんです。

——歴代の黄門役は髭がトレードマークでしたが、そういう理由で石坂さんは付けなかったのですね。

石坂　テレビの『水戸黄門』は江戸時代の黄表紙みたいなものだと思ってましたが、きちんとやったらもっとおもしろくなるのにという気持ちはありました。衣裳も地味なものにして……だって、そうじゃないとバレちゃうでしょう。おのずから出るものは出るし。だから「正体を隠して旅をするのであれば、みんなと同じような衣裳を着て、そのほうが正体を明かしたときに却ってショックがあるんじゃないんですか」と提案したんです。髭なしの『水戸黄門』、若手はすごく賛成してくれました。

——オープニングは市川崑監督が演出しており、それこそ『木枯し紋次郎』を思わせる映像や分割画面などが出てきます。こちらは石坂さんからのオファーでしょうか？

石坂　いやいや、そうじゃないんです。「今度、あんた『水戸黄門』やるんだってな。タイトルバック、撮ってやろうか？」って市川さんが仰った（笑）。『紋次郎』も『水戸黄門』も同じC.A.Lですからね、知らない仲じゃないから大々的に京都でロケをしました。

——石坂さんは第30部の「決戦！ 村人たちよ立ち上がれ」で脚本を執筆しています。もともと舞台のシナリオを手がけていますが、やはり自分でやってみようという気持ちがあったのでしょうか？

石坂　高倉祐二という監督さんがいて、この方がとても優秀だったんです。初めてご一緒して撮り終わったときに、新しくていいなと思って……だから高倉さんのために書いたんです。どうやって撮ってくださるか、湖を渡るとか大変なシチュエーションをいろいろ書きましたが、ものの見事に表現していただきました。

——すでに講談や映画の題材として定番だった『水戸黄門』ですが、1969年から始まるナショナル劇場のドラマ版は世直し旅にホームドラマの要素を組み合わせて長寿番組となりました。

石坂　逸見稔さんというプロデューサーの功績で、いちばんの利点は全国を回れるんですよ。ナショナル（松下電器産業）の『ズバリ！当てましょう』（61～72年）というクイズ番組の司会を泉大助さんがおやりになってて、泉号というバスが電化製品の宣伝で北海道から九州まで回ってたんです。わたしも復活後の司会をやりましたが、逸見さんはあの番組を仕掛けた御大ですから、まず全国ということを考える。だから『水戸黄門』はぴったりなんです。すべて京都で撮ってるのに（笑）。

――『水戸黄門』の貴重なエピソードまでありがとうございました。ちょうど『暗闇仕留人』の放映から今年で50周年です。2024年にこのような取材を受けて、あらためていかがでしたか？

石坂　やっぱり時代劇というものは、なくなってほしくない。日本人の本当に見たいものであり、日本人の心なんですよね。ただ古いものを紹介しているわけじゃなく、いまの人たちの心を逆にえぐることができるわけです。だから、その表現の道具として時代劇というジャンルを失うことは大変な損失だと思うし、あえて言えばね、わたしは白黒の時代劇の新作をハイビジョンでぜひ見てみたい。無駄なものが映っていない、色のない世界をあのサイズで見たら、きっとワクワクするんじゃないかと思います。

石坂浩二［いしざか・こうじ］

１９４１年東京都生まれ。慶應義塾大学卒業後、劇団四季の演出部に入団する。65年のＮＨＫ大河ドラマ『太閤記』で注目を集め、『天と地と』『元禄太平記』に主演。『平四郎危機一発』『ありがとう』『暗闇仕留人』ほか、さまざまなドラマで人気を博す。76年に市川崑監督の映画『犬神家の一族』で金田一耕助を演じ、人気シリーズとなる。２００１年には『水戸黄門』で四代目の徳川光圀に就任。『白い巨塔』『やすらぎの郷』ほか俳優業だけでなく『開運！なんでも鑑定団』などの司会を担当し、画家や脚本家としても活動。

俳優

大出俊

ぼくはね あんまりキャラクターって考えたことがない

あんたこの取材をどう思う。クールでニヒルなプレイボーイ、シリーズ第７弾『必殺仕業人』でやいとや又右衛門を演じた大出俊は、ドライな金のつながりを強調した同作を象徴するキャラクターとなった。京都映画だけでなく『荒野の素浪人』の三船プロ秘話もたっぷりお届け、両撮影所の似て非なるところとは⁉

「あんなみっともない死に方は絶対イヤだ！」

大出　一生懸命考えたんですけどね、なかなか思い出すことがないんですよ。針を焼いて、相手の急所にプスッと刺す……これが殺し技だった。この針の刺し方というのは、たまたま自分の叔父が鍼灸師をやってたんです。そこへ行って、持ち方だったりツボのことを教わりました。「どこをやったら死ぬ？」って聞いたら、首の後ろのほうに本当に一点、刺すと死んじゃう急所があるそうなんです（笑）。だいたい刺すのは額でしたけどね。

――『必殺仕業人』（76年）で大出さんが演じた、やいとや又右衛門は赤く焼けた針を懐中から取り出して殺しに挑みます。その前段として懐中を吹くと、やいとやの顔や背景が赤く染まるのが印象的でした。

大出　火という設定ですけど、あれはライトを下に仕込んでるんです。ぼくがフーッと吹くと、下から明かりがフワーッ……顔まで赤くなっていくんですね。そうやって針を焼いていることを示す。で、そのままスッと出して急所にプスッ。冷めちゃダメだからスピード勝負だし、正面から刺すのでインパクトがありました。あの刺すシーンは、だいたい素手です。要するに針は持ってない。あれだけ細いとカメラのアングルやサイズによって、持ってるふりでもバレないんですよ。なにかあると危険だし、その次に刺さるアップが入りますから、まったくの素手でやってました。

――殺しのシーンで覚えてることはありますか？

大出　やいとやというのは、けっこう女性を殺す話が多かったですよね。色仕掛けで近づいていって、悪い女をプスッ。しかも風呂場で裸であるとか、寝床で真っ赤な長襦袢を着てるとか、そういうシーンが何度かありました。男はね、あれで殺されるの嫌がるんですよ（笑）。刺すとブルブルって震えるじゃないですか。「みっともないからやめてくれ」と抵抗する俳優もいました。俳優座の養成所の同級生で、峰岸徹ってのがいたんですよ。あいつがゲストで来たときに「お前に殺されるのはイヤだ！」って言いながら、しかも震えるっていうんで「みんなお定まりになってるんだからダメだよ。やんなきゃ」とか言ったら「あんなみっともない死に方は絶対イヤだ！」「お前なぁ、金もらってんだろ」（笑）。やっと峰岸を納得して震わせたことがありました。

――そんな裏話があったとは。峰岸徹さんは第23回「あんたこの女の性をどう思う」にゲスト出演していました。

大出　それから、あの又右衛門という男は本当に弱いから、もう腕なんかねじられて投げられたりしてましたよね。反撃されると、からっきし弱い。一撃の技だから失敗すると大変なんですよ。

――藤田まことさん演じる中村主水に助けられる回もありました。

大出　まぁ藤田さんや（中村）敦夫さんに比べるとコミカルで、みっともない殺しだよね。敦夫さんの役なんて相手の髪の毛で首を絞めて……陰惨だもん。対照的でよかったんじゃないですか。

――やいとや又右衛門は、クールでニヒルなプレイボーイで金にもうるさい……『仕業人』のドライな世界を体現するようなキャラクターでした。しかし密かな人情味も持っている。なにか演じるうえで意識したことはありますか？

大出　ぼくはね、あんまりキャラクターって考えたことがない。台本のとおり、素直にやっちゃうほうだからね。ひ弱でナヨナヨした感じだから、そのままスッと入れました。セリフも格式ばったもんじゃなく日常会話だし、役づくりで苦労した覚えもないですね。こんなもんで、この歳までやってきました（笑）。

――さらっとした大出さんの語り口が、やいとやっぽいです。

大出　そうかい？

――それもまた、やいとやっぽい。『荒野の素浪人』（72〜74年）の鮎香之介もそうですが、ニヒルな役がよく似合います。

大出　『荒野の素浪人』は『仕業人』より前ですが、けっこうナチュラルな芝居ができたかな。当時の時代劇って、まだ格式ばった演技や動作が多かったんですよ。だから、なるべくそういうのをやめよう、やめようと思いながらやったくらいですね。苦労ではないけれど、自分の注意点として。

——なるほど、そうでしたか。

大出　一度ね……まったく役柄には関係ない話なんだけど、やいとやが仕事場でお灸をすえるじゃないですか、日常のシーンで。あれも本物のお灸なんです。煙を立たせるために普段より大量に艾《もぐさ》を盛っていて、いろんな人がずらっと並んでる……そうするとね、やっぱりお灸というのは火傷するんです。撮影って時間がかかるから、もう何人もの仕出しの俳優さんが火傷しちゃって、かわいそうでした。監督に「なんとかならないか」って文句を言ったこともある。みんなね、火傷した人たちはぼくを恨むんですよ。おじいさん、おばあさんばかりだから本当に申し訳なかったですよ。

——たしかに老人の客が多かったですね。

大出　お灸で火傷すると、そこんところがケロイド状になって跡が残っちゃうんですよ。仕出しの人に「見てください。こんなんなっちゃった」って言われて、ひどいことになってました。だから途中から下に薄い板みたいなものを敷いて、火傷防止をするようになったんです。

鶴田忍と、お互いの部屋で飲むことが多かったですね

——『必殺仕業人』に出演したきっかけは覚えていますか？

大出　なんでだろう？　朝日放送のプロデューサーが『荒野の素浪人』を見て「次はあいつを使ってみようか」ってとこじゃないですか。だいたい似たような役でしたから。いや、とくにそういう話をした記憶はないです。

——京都映画の現場はいかがでしたか？

大出　やっぱり東映とは、ずいぶん違いますよ。スタッフが違う。京都映画はね、いいっちゃあいいんだけど……要するにスタッフ全員がディスカッションに加わってきちゃうわけ（笑）。「ここは、こうしたほうがいいんじゃないか」「いや、ああしたら」って……だから時間ばっかり食っちゃって。たしかにみんなで作ってるもんだから、正しい姿勢なんだろうけれど、定時に終わるのが夜中になっちゃったりね。そういう欠点はありました。それだけ丁寧に作ってるということだし、裏街道の人間のドラマだから、あの照明とカメラワークなんて独自のもので見事でしたけどね。

——同じ京都の撮影所でも東映とは違いますか？

大出　東映は真逆ですよ。「早くしろ！　早くしろ！」（笑）。ＮＧなんか出すと、もう怒られちゃう。とにかく定時に上げれば、それでよろこぶ。だから、スタッフが作品の中身に関わってこないですね。各パートがそれぞれの仕事をしっかりやる。京都映画の場合は、とにかくみんなで議論なんだ。東映でやってるときは、わりあいスタッフと酒飲みにいったりしてたんですが、京都映画の人と酒を飲んだ記憶はあんまりない。仕事が終われば、そのまま解散。だいたいレギュラーのメンバーがね、藤田さん、敦夫さん、中尾ミエさん……出演者同士で集まることも少なかったと思う。『仕業人』の世界そのままですよ（笑）。仕事が終われば、まったく関わりない。

——そうだったんですね。

大出　敦夫さんなんか、ほとんど歳は変わんないんだけど、俳優座の養成所の４期ほど先輩なんですよ。彼とはときどき飲みましたね。あと、もうひとりレギュラーで鶴田忍というのがいて……。

——出戻り銀次ですね。

大出　彼は養成所の同期で宿も一緒だったもんですから、ほとんど毎日飲んでました。いまも付き合いあるんですよ。こないだも脊柱管狭窄症の本を送ってきてくれました。養成所の終わりごろに別のところで一緒に芝居をやって親しくなって、卒業してから彼は俳優座、ぼくは文学座に行ったんです。歳とると人恋しくなるのかね（笑）……あんまり交流がない時期もあったんですが、また付き合うようになりました。２年前も一緒に舞台をやったんです。

――鶴田さんと一緒だった京都の宿泊先は覚えていますか？

大出　等持院というところで、帷子ノ辻から白梅町まで電車が通ってて、その途中。だから撮影所に近いんです。「石栗」という普通のしもたやさんで、お互いの部屋で飲むことが多かったかな。そこは『水戸黄門』で風車の弥七をやっていた中谷一郎さんとか、鈴木瑞穂さんや垂水悟郎さんみたいな劇団民藝の方がよく泊まってました。撮影のときは石栗のママが昼の弁当を作ってくれたりして、料理がすごくおいしかったんですよ。京都映画は食堂がないし、当時はコンビニなんてそんなになかったし、あの弁当がないときはパンとか昼めしも情けなかった。『仕業人』のレギュラーはぼくと鶴田だけで、さっきの峰岸とかゲストもよく石栗に泊まってましたね。

松本明さんというのは、ぼくは大好きな監督でした

――第１話「あんたこの世をどう思う」は工藤栄一監督です。すでに東映や三船プロの作品でも一緒に仕事をしていますが、どのような方でしたか？

大出　あんまりやりたくない監督です（笑）。過酷なことを役者に平気でやらせるんですよ。たとえば冬の寒いときに、冷たい川をワーッと渡らせといて「渡り方が遅いよ！」とか。それから工藤さんは川とか雨みたいな水が好きな人で、ピーカンなのに雨を降らすんです。「監督、関係ないでしょ、雨なんて」「いや、このほうが情感が出る」……面倒くさいから、あんまりやりたくなかった（笑）。もちろんそれだけの手間をかけるだけ、いい

画にはなるんですけどね。

――ほかの監督陣で印象に残っている方はいますか？

大出　松本明さんというのは、ぼくは大好きな監督でした。現代劇も何本かやってますが、工藤さんとは真逆で俳優に対して優しさを持ってくれるんですよ。俳優がやりにくそうだなと思うと、松本さんは助けてくれる。「そこさ、こっちへ向いて、もう少し声を落としてやろう」とか、そういうことをよくわかってくれる監督で、だから出来上がった作品を見てもすごく感動があるんですね。バサバサした絵面じゃなくて、人の心を打つようなものを与えてくれる監督でした。この人たちに比べると蔵原（惟繕）さんは、ちょっと印象が薄い。ほかの作品でもやったことありますが、あんまり細かく言わない人ですね。ただ見守ってるような監督だから。

――蔵原惟繕監督は、やいとやの過去回である第10話「あんたこの宿命をどう思う」を担当しています。育ての親で外道になり果てた弥蔵という役を大滝秀治さんが演じていました。

大出　そうか！　あの話はおもしろかった。大滝さんが達者だから、やっぱり一緒にやってて気持ちいいんですよ。やいとやが脅かされて、悪の道に引き込まれそうになりながら……そういう腹の探り合いを大滝さんとやってると「いや〜、俳優ってすごいな」って思っちゃうんです。俳優同士の闘争心とか、そんなものはまったく感じさせないで、この人といい芝居を作ろうと思わせるような名優でしたね。あのシーンはよく覚えています。

――さらに残りの監督陣はいかがでしたか？

大出　松野宏軌さんは、なんにも言わないで〝ただいるだけ〟みたいな監督。この人になるとカメラの石原（興）が監督になっちゃうから、見物人みたいでしたね。大熊（邦也）さんや渡邊祐介さんもあんまり印象ないな。やっぱり工藤栄一みたいに強烈じゃないと、やってて記憶に残らないんですよ。きっと俳優によっては「工藤さん、いい監督ですよ」って言ってんじゃないかな（笑）。ぼくは苦労してやるのが好きじゃなかったから、ギューッとやられるのがダメなの。そうなると「どうでもいいじゃねえかよ」なんて思っちゃう。

——そうだったのですね。

大出　松野さんも別の意味で強烈で、「ここ、こうやって動くけどいい？」「うん、いいよ」なんつって、石原とコンタクトを取る感じだったですね。もうひとり、照明の中島（利男）さん。ふたりとも監督みたいなもんで、中島さんも「こうしたほうがいいよ」ってよく口を出してきた。だから時間がかかる。しょっちゅう思ってましたけど、そこで水を差すようなことも言えないしね。それだけ仕事への情熱がすごくて、東映とちょっとしか離れてないのに、その差はなんだろうと思って、とっても不思議だったですね。

『仕業人』の組み合わせは絶妙だったんじゃないかな

——中村主水役の藤田まことさんとの共演はいかがでしたか？

大出　お互いに白紙の状態で付き合ってるというか……表現が下手なんで、意味がよくわかんないと思うんですけど、いろんな意味で他人行儀でのお付き合いで、お芝居をしてても、なにかを荒立てるとかお願いするということもお互いなく、向こうがそうならこっちはこうしようと……まぁ無意識のうちに交流してるんでしょうけど、交流らしい交流がない。なにもないと言ったら失礼ですが、つつがなく平穏に付き合った感じですね。

だから大滝さんみたいに「すごく尊敬する」とか逆に「ここがイヤだな」とか、どっちも感じない白紙の人。尊敬も嫌悪もないから、ただ普通に会って芝居をして「はい、終わり」という感じでした。けっこう共演は多かったんですけど、個人的な交流は一切なかったです。ずっとそうやってきた人だから偉大ではありますよね。

——赤井剣之介役は俳優座養成所の先輩にあたる中村敦夫さん。

大出　やっぱり後輩を見る目で扱われましたよ（笑）。「お前よ、そんな芝居していいのかよ」とか「おかしいんじゃない？　もうちょっと普通にやったら」とか、決してダメ出しではなく冗談で、よくそんなことを言われました。養成所ってヘンなつながりがあって、仕事するのが初めてでも先輩・後輩という関係性があると、そうなんですよ。それが普通で、まぁ円満でした。

――捨三役は渡辺篤史さん。

大出　篤史さんはなかなか達者で、よかったですよ。また色が全部違ってるからね。ほかの『必殺』の場合、ちょっと色が似通ってるところもあるんだけど、『仕業人』に関しては全員のキャラクターが違う。人間関係がベタベタしてないところがおもしろかった。なんで続編がないのかといえば、敦夫さんが「俺、殺してくれ」って言ったらしい。噂ですけど、そうじゃないかな。手前味噌だけど、贔屓目に見ても『仕業人』の組み合わせは絶妙だったんじゃないかなと思ってるんですよ。

　赤い腰巻がズラーッと吊るされたアジトもおもしろかったし、ああいう場所もよく考えられてますよね。それぞれのキャラクターに差があるし、あの人選はプロデューサーのヒットでしょう。たぶん敦夫さんが最後かっこよく死にたいもんだから「殺してくれ」って……「あれ、死ななかったら絶対に続きあったよ」って、みんなで言ってたんだけど（笑）。最終回は、やいとやがミスをしてしまい、そのせいで剣之介が殺されちゃう皮肉な結末だったのは、なんとなく覚えてるんですけどね。

――ずばり「あんたこの結果をどう思う」というサブタイトルでした。

大出　浜畑（賢吉）がゲストだったでしょ。彼がやった侍と主水さんの一騎打ちを見届けて、やいとやは姿を消すという……きっと浪速にでも帰って、お灸の仕事を続けたのかな。

――プロデューサーの思い出はありますか？

大出　局の人はあんまり現場に来ないから、わかんないですけど……櫻井（洋三）さんというのは、なんだろうね（笑）。なんつったらいいのか、難しいな。まぁ、プロデューサーとはそんなに話をした記憶はない。なんか困ったことがあったら「あそこマズいから、こうしてください」とか言うかもしれないけど、順調にいってたんでしょう。トラブルがないと、プロデューサーの思い出はないですよ。面倒くさい監督と同じで（笑）。

――最終回の第28話を撮ったあとで、話数調整のために26・27話が制作されています。スケジュールの問題でしょうか、大出さんは出演していません。

大出　そうだ、出てないのがありましたよ。再放送を見てて「あれ？　なんで出てないんだろう」と思ったもん。あの当時だから文学座の舞台でもあったのかね……そうか、そこで高坂（光幸）さんが監督やったのか。出てないから覚えてないはずだ。

――高坂光幸監督の本格デビュー作となった第27話「あんたこの逆恨をどう思う」は中村家が占拠される展開で、かなり強引な方法によって終盤やいとやが登場します。殺しのシーンですが、手だけの吹き替えという。

大出　いい加減だねぇ。高坂さんも大人しいタイプで、あのころ京都映画は競馬が流行ってたんですよ。それで何年も前からのデータがあって「名前に〝ウン〟がつく馬が必ずくるよ」なんつって、高坂さんに「ウンがつくから、これ買いなさいよ。これ買いなさいよ」ってぼくが勧めて、そしたら大ハズレ（笑）。「嘘つき！」なんて言われた記憶があります。

――ということは、大出さんも競馬はお好きだったのですか？

大出　大好き！　いまだにそれだけは守ってますよ（笑）。酒の量は減ったけど、競馬は毎週やってます。（スマートフォンを手にして）いまはコレでやれるでしょ。

――ほかに『仕業人』の思い出はありますか？

大出　うーん、ちょっと話が逸れるけど、カメラの石原の奥さんが尾崎奈々でしょ。彼女とは『あしたからの恋』（70年）というドラマで恋人役だったんですよ。だから「えっ、京都で石原さんと結婚したの！」と、びっくりしました。セットの隅でずーっとセリフの勉強をしてた人でね、とにかく真面目な女優さんでしたよ。見てくれがすごくきれいだし、スタイルはいいし、「へ〜、石原さんの女房になったんだ」と思って……いや、彼とそんな話をしたことはないけど。そういう意味でも『仕業人』は非常にクールな番組でしたよ。人間関係があんまりない番組だったから。

――そういえば、ベラミという京都のクラブで「必殺仕業人ショー」が行われていますが覚えていますか？

大出　あぁ、なんか急に誘われて、ステージで歌わされましたね。本格的な生バンドでしたよ。珍しくみんなで飲んだときに「こういう話がある」ということで、藤田さんやミエさんはいいけど、ぼくは人前で歌ったことがない。敦夫さんも反対するかなと思ったら、あの人は下手なくせに「よし、やろうやろう！」ってノリノリなんだ（笑）。ぼくは「黒の舟唄」って作家の野坂昭如さんの歌を歌ったんですが、当日は新幹線が止まって出られるかどうかのギリギリで、なんとか間に合ったんです。敦夫さんの役なんてボロボロの衣裳だから、あの格好でベラミにいておかしかったですね。

でも、役者同士の付き合いは少なかったです。これが『荒野の素浪人』の話なら、いくらでもできるんですが。（坂上）二郎さんとはしょっちゅう飲みにいくし、三船（敏郎）さんも銀座のクラブなんかに連れていってくれる。こっちは宿に戻って鶴田と飲むくらいで（笑）、そういう交流はあんまりなかったですね。だいたい舞台と違ってテレビというのは、そんなもんですけど。まぁね、役者人生、ほとんど同業者と交流のない男なんでね……だから友達も少ないし、この歳になって情けない話になってくる（笑）。

赤く焼いた針を手にあざやかな殺しを遂行する、やいとや又右衛門

三船プロの話だったらいくらでもできますよ

——せっかくなので、よく覚えている作品の話もうかがいます。1972年に始まった『荒野の素浪人』ではニヒルな着流しのガンマン、「五連発の旦那」こと鮎香之介を演じて当たり役となりました。東京の三船プロは撮影所も有していましたが、どのような現場でしたか？

大出　あそこはまたね、京都映画みたいにスタッフが集まってディスカッションをするんだ。「この芝居はどう」「ここのシーンはどうこう」ってやるんだけど、三船プロは仕切る人がいて「それは違うよ」とか「よし、こうしよう」となったらサーッと引くのね。だから芝居好きが多かったけれど、京都映画みたいにグダグダグダやってない。統率が取れてたんですよ。たとえば小道具さんとか照明さんの長が「そんなこと言っててもしょうがないんだからさ、どっちかに決めろよ」とか言って、そういう収めるスタッフがいたんです。東宝で黒澤明の映画をやってた人がいっぱいいて、カメラマンだって黒澤組の斎藤孝雄さんですよ。だから、ぼくなんか最初、三船プロに行ったときは怖かったですもん。みんな実績のあるスタッフだから。

——鮎香之介という役について思い出はありますか？

大出　例によってキャラクターについては考えないほうなんだけど、トレードマークで白いマフラーをしてたでしょう。あれは三船さんの『用心棒』（61年）で仲代達矢さんがやった役のイメージなんですよ。最初は着流しだけでマフラーなんてしてなかったんだけど、冬の寒いときにロケで困ってたら親切な衣裳さんが分厚いグレーのマフラーを貸してくれた。それを見た監督だったか誰だったのか「それいいね。やろうよ」って言うんで、もっときれいで薄いものを用意した。それが白いマフラーの始まりだったんです。そう、衣裳さんの親切が結んだ縁でしたね。

――五連発銃による殺陣はいかがでしたか?

大出　拳銃は意外と難しいんですよ。西部劇のクルクル回すやつ、あれをね、けっこう練習しました。『荒野の素浪人』が始まったとき、ちょうど拳銃の発砲規制みたいなものができて、モデルガンでもリアルなものはテレビに映しちゃいけない……それで「真っ白なピストルならいい」という話になった。だから最初はみっともない銃で、ちょっと恥ずかしかったですね。それから緩和されて、普通のモデルガンでもOKになりました。でもね、おもちゃみたいな白いピストル、あれも実際にあったんです。本物を見せてもらいましたが、やっぱりおもちゃにしか見えなかった（笑）。

あの銃はね、鳴らないことがあるんですよ。舞台じゃないから鳴らなくてもいいんだけれど、もっと困るのが発砲すると筒先が飛んじゃう。火薬が「バン!」って、あれは怖かったですね。要するに映像上、白い煙とあの音が必要ということで、強めの火薬を入れてたんじゃないかな。3回くらい筒先が飛んだことがあります。けっこう危なかった。銃を管理する小道具のスタッフでユウちゃん……佐藤結樹というのがいて、ちょっと年下ですが飲み仲間として親しかったんです。あいつが亡くなったのを知ったときはショックでしたね。その結樹の兄貴が佐藤袈裟孝といって、三船プロにある三度屋（美術工房）で小道具の長をやってたんです。

――ほかに親しかったスタッフはいますか?

大出　長崎洋二郎という演技事務がいて、あとから電通系の製作会社（C.A.L）に行ったんだけど、こいつがまた呑んべえでねぇ。しょっちゅう誘われて、彼とは本当によく飲んでました。うちにも来たりして、酔っ払って仏壇に線香をあげようとして「いいよ、そんなことしなくて。お前、俺の先祖なんて知らねえだろ」とか言ってたら、最後は仏壇をひっくり返した。ひどいやつなんだ（笑）。それで彼はね……こんな話していいのかな?

――ぜんぜん大丈夫です。

大出　ある日、長崎が「大出さん、彼女ができた」って言いにきたんですよ（笑）。「おぉ、よかったな。どこのどいつだ？」っつったらね、ぼくのマネージャーだった（笑）。そうしたら今度は見事に振られてね……いろんなやつがいたなぁ。もう三船プロの話だったらいくらでもできますよ。

いい監督の現場では、いい芝居ができない……そんなジレンマ

――もっと先に聞くべきだったのですが、主役であり社長の三船敏郎さんはどのような方でしたか？

大出　普通のおっつぁんですね。優しいおっつぁん。朝、成城の三船プロに行くとヘンなおじさんがいて、ほうきで入り口を掃除してるんですよ。「誰だろう？」と思ったら三船さん……「社長！」「おぉ、おはよう。早いね」、そんな人でした。酒ぐせが悪いという噂でしたが、ぼくは見たことがない。昔は猟銃を持ち出して「黒澤、ぶっ殺してやる！」とかやったそうですが、そんな面影ぜんぜんなかったです。まぁ銀座のクラブで別れ際、ホステスさんにブチューってキスしてましたけどね（笑）。それを見て、二郎さんが苦い顔をする。

――猟銃の次はキス、世界のミフネは振り幅が広いですね。

大出　あと、三船さんはサウナが好きで、祖師ヶ谷大蔵のサウナによく行ってたんですよ。一緒に汗を流しました。二郎さんとは、また別のサウナに行ったことがあります。あの人もサウナが好きだったから、流行ってたんですかね。よく飲むもんだから三船さんは朝、酒くさいんですよ。顔もむくんでる……でもチャンバラをやらせると、あのとおりズバッズバッだから「すげえな」と思って見てました。でも不思議とね、サウナに行った翌朝は顔がすっきりしてるんです（笑）。すぐわかるくらい。

――『荒野の素浪人』の監督陣で印象に残っている方はいますか？

大出　ぼくは監督とあまり交流がなかったから、そんなには……あっ、いい監督だなと思ったのは池広一夫さんですよ。大映京都で田中徳三さんたちと巨匠の助監督をやってた人。香之介は『荒野の素浪人』の最終回で殺されちゃうんですが、強敵を倒したあとチンピラみたいなやつに不意にブスッと刺される……それを撮った監督が池広さんです。「こういう死に方があるんだけど、どうだ」「いいですね」って、まず監督が考えて、そのアイデアを脚本家に頼んでくれた（第2シリーズ・第39話「さらば九十郎」）。だから最終回であっけなく、かっこいい死に方をしたというのが『荒野の素浪人』の思い出ですね。あれは池広さんのアイデアで、『続悪名』（61年）という映画で田宮二郎さんが名もないチンピラにブスッとやられて死ぬシーンをもとにしてるんです。それからも現代劇の2時間ドラマを何本もやりましたが、いい監督ですよ。

――池広一夫監督はどのようなタイプでしたか？

大出　なにも怒らない監督で、優しいんだけど、なんとなく自分のほうへ、自分のほうへと持ってきちゃうから、俳優は乗っかっちゃう。すごく俳優の扱いの上手な監督でした。それで作品の仕上がりもいい。下手な監督とは、ずいぶん喧嘩したこともありますよ。ぼくは自分に少しでも敵意を持った人間がいると徹底的にやっつける、意地の悪い性格なんです。だから池広さんや松本明さんみたいによくしてくれる監督だと、逆に自分から「ここの芝居をこうしたいんだけど」って言えなくなっちゃう。ということは……いい監督の現場では、いい芝居ができない。そんなジレンマがあります。悪い監督のときは「この野郎！」と思ってやるから、逆によくなるのかもしれない。なかなか難しいね。

――『荒野の素浪人』の第1話は大映東京出身の村山三男監督です。

大出　布袋様みたいな人（笑）。村山さんは福々しくて、いつもニコニコしながら監督やってました。赤ら顔の巨漢で、お酒をたくさん飲むんだろうけど、そういう外面的な印象しかないかな。土居通芳さんはね、もうとにかく早かった。こっちが急かされるから、慌てて芝居しなきゃいけない。NGなんか出すと「あぁ、もう1回、もう1回！」って、せわしない人だったな。せっかちな早撮りで……でも、おもしろいことばっかり言ってましたよ。

――演出の指示がおもしろい？

大出　いや、要するに猥談ばっかり（笑）。

――おっと！　大出さんといえばニヒルな仕草や表情が印象的で、いわゆる二枚目の役柄を数多く演じていますが、そのあたりで意識したことはありますか？

大出　笑顔に気をつけましたね。警戒心もなく笑うということをまず押さえました。「アハハハハ」と、そういう笑い方はやめようと思って、笑うにしても、どっか目が笑ってないとか。そういえば、いま話した土居通芳さん、あの人がおもしろいことを言うんですよ。「大出ちゃんね、君の顔は下からこうやって撮ると、いちばんいい表情なんだよ」って。ぼくはそう思わないし、実際に映ったものを見てもそうなんだけど、土居さんが監督のときは必ずローアングルで下から仰《あお》って撮ってましたね。それが土居流でした。

「君たちのギャラより馬のほうが高いんだから」

――火付盗賊改方同心の平岩隼人を演じた『騎馬奉行』（80年）は、東映東京撮影所がベースという珍しい時代劇でした。これまたクールで、さりとて熱い心を秘めた役柄です。

大出　あれは馬ですよ。『荒野の素浪人』で乗馬の経験がありましたが、まぁ苦労しました。けっこう練習したし、馬以外で大変だったという記憶はありませんね。馬で駆けつけるシーンで、岡村清太郎がぼくの前を走ってたんですよ。そうしたら清太郎が馬からパーンと落ちちゃった。「あっ、踏んづける！」と思ったら、馬というのは不思議なもんでね。ちゃんと避けるんですよ。もう間一髪で冷や汗をかいて……あれ、踏んでたら本当に大怪我でしたから、助かりました。

それと馬のギャラって高いんですって。「君たちのギャラより馬のほうが高いんだから」とか、ひどいことを言われてました（笑）。そのうち予算が足りなくなって、だんだん馬に乗る人数が少なくなり……最後は全員で駆けて現場へ行くようになって「なんだ、これ？　『騎馬奉行』じゃなくて『徒奉行《かち》』じゃねえか！」なんて言って（笑）。あれはオープンセットも東映の大泉だったと思います。生田まで行くの大変だもんね。

――『騎馬奉行』の主演は松本白鸚さん、当時は六代目の市川染五郎でした。

大出　やっぱり時代劇の格好がすごくよくて、かっこいいなと思ってたら加藤武という人に「大出、ちゃんとあの歩き方を見とけ。あれが武士の歩き方なんだよ。歌舞伎で身につけてるんだ」と言われました。たしかに歩き方がいいんですよ。腰がトーンとしてて、パーンパーンと歩いていく。

――加藤武さんは文学座の先輩ですね。加藤さん演じる神尾新兵衛と平岩隼人のコンビが絶妙で、「処女の背中に彫った秘密」という回のラストがやるせなくて忘れられません。

大出　文学座の大先輩で、しょっちゅう怒られてました。普段はスケベな人ですね（笑）。「俺は黒いタイツがたまらないんだ」とか、そんな話ばっかりしてて……だけど文学座でもって演出するときは、もうとてもじゃないけどやってらんないってくらいダメ出しがキツい。すごく意固地に演出するから、みんなに嫌われて……だって盟友の北村和夫が来なくなっちゃうんですよ。拒否反応を起こしちゃう。役者やってるとスケベなのに、演出家としては厳しかった。

――第18話「同心、散華の賦」で、平岩隼人は殉職してしまいます。

大出　前から舞台の仕事が決まってたんですよ。それで地井武男に代わったんですが、文学座ってそんなに強気だったのかな。舞台よりテレビのほうが、よっぽどお金になるんですけど。夏目雅子さんを守って死ぬ話で、彼女はとてもきれいでしたね。監督は原田雄一か……原田さんの作品もずいぶん出た気がしますが、こっちを慮《おもんぱか》ってくれるから、やりやすい監督でした。よっぽどヘンなことをやらなければ自由にさせてもらえる。極端なんですよ。原田雄一がいるかと思うと、工藤栄一みたいな人がいたり……『騎馬奉行』も工藤さんが1話目だし「イヤだ、イヤだ」と言いながら、ずいぶん一緒にやってるな（笑）。

――『必殺仕業人』から13年後、『必殺スペシャル・秋　仕事人vs仕事人』（89年）では蛇の目の佐太郎という仕事人の役を演じています。裏稼業に生きる者として中村主水と対峙するシーンもありました。

大出　うーん、あんまり大きな役どころでもないからね。傘が武器だったのと途中で死んだのは覚えてますが、あとは……あ、ひとつだけあるわ。戸浦六宏さんが出てたんですが、夜にロケバスで待機してるとき、ぼくはタバコを吸うんですけど、それで迷惑かけたことがありました。六宏さん、こっち向いて「ブホッ！」。それに気がつかず、パカパカ吸ってたもんで……しばらくして「あ、すいません」「いやいや」って、申し訳ないことをしました。だってあの人、あからさまに「ブホッ、ブホッ」ってやるんだもん（笑）。いや〜、そんなくだらないことしか覚えてないですね。

北村和夫の薦めで断食道場を体験

――大出さんは俳優座養成所の16期生出身ですが、大学卒業後に会社員を経験しています。ほかの俳優に比べてスタートが遅いのが意外でした。

大出　大学を出たときも俳優座の養成所を受けたんですよ。そうしたら落っこっちゃったんで、しょうがないから日野自動車に就職して……いや、しょうがないという言い方は失礼だな（笑）。で、翌年また受けて養成所に入ったんです。だから最初に合格してたら地井とか村井國夫とか林隆三、あとは（高橋）長英もそう……いわゆる〝花の15期生〟になってたんだけど、落っこっちゃったから〝雪の16期生〟ですよ（笑）。

――俳優という仕事を続けるうえで大切にしてきたことはありますか？

大出　なんだろうね。まず肉体的には声と体を鍛えるということ。ほかには、とくに俳優だからと意識したことはないです。こうやって振り返ってみても自分で回答が出ないんだけれど、ぼくはわりあいね、のんべんだらりんというか〝俳優として、なにをすべき〟みたいな意識や確固たる考えを持たなかった。最初のころはね、たとえば電車に乗って人間観察みたいなことをずいぶんやりましたけど、あとは俳優としてやったことは……あぁ、一度だけね、俳優って長くやってるとマンネリになるんですよ。あれは『騎馬奉行』が終わったころかな、自分はつまんねえ役者だなという気持ちが続いてて、栃木県の小山のほうにある断食の道場に行ったんです。

――なんと、断食道場ですか！

大出　10日だけなんだけど、「修行してみるか？」って勧めたのが文学座の北村和夫という人。で、北村さんの勧めなんて大したことねえだろうと思ってたら、断食というのは最初の日は普通に食べて、半分にして、1／3にして……徐々に減らしていって6日目から戻していく。そこで断食をしながら自分を3年ずつに区切って、0歳から3歳、3歳から6歳、6歳から9歳……そのなかで「自分が母親に対してしてあげたこと、母親に対してしてもらったこと、それを考えろ」って言うの。母親が終わると父親といったふうにどんどんやって、最後は女房や子供への感謝になっていくわけだけど、それを10日やるといろんなことが思い出されて、もう帰るときには涙ボロボロこぼすくらい人間が変わっちゃうんですね。

それで帰りに小山駅から電車に乗ったら、老人がいるとサッと席を立って「ここ、座ってください」とかね、すごくいい人になっちゃう（笑）。普段そんなことしないのに。うちに帰っても女房と女房の母親が「おとうさん、どうしちゃったの？」っていうくらい善人になって、家族にも親切になったんです。もう「おかしい、おかしい」って女房が言い出すくらい。それが3日ほど続いて……あとは元の木阿弥（笑）。少しは自分の演技を変えよう、感性を違うものにしようとしたんだろうけど、それこそ宗教なんてあれをずーっと続けるようなもので折伏も簡単だろうし、恐ろしいもんだと思いました。

——そういえば、やいとや又右衛門はゲン担ぎで毎週なにかを占ったりするのがお約束でしたが、大出さんはゲンは担ぐほうですか？

大出　ぜんぜん担がない（笑）。競馬のときにちょっと担いでだけど、それも無駄だと悟ったからやめました。いまは自分の勘を頼りに勝負してますよ。

大出俊

［おおいで・しゅん］

1941年東京都生まれ。日本大学卒業後、俳優座養成所に16期生として入り、卒業後は文学座に入団。舞台の活動と並行して68年にフジテレビのドラマ『石狩平野』に抜擢され、『あしたからの恋』『月よりの使者』などに出演。72年に『荒野の素浪人』の鮎香之介を演じて、ニヒルなキャラクターが当たり役となる。その後は『必殺仕業人』『騎馬奉行』をはじめ時代劇・現代劇を問わず活躍し、80年代以降は悪役も多く演じるようになる。89年に文学座を退団し、近年は『やすらぎの刻〜道』『陰陽師』などに出演。

京都映画座談会1

石原興（撮影）＋林利夫（照明）

われわれの仕事は遊びみたいなもんですから

必殺シリーズの映像を作り上げたキャメラマンであり、現在は監督として活躍する石原興。中島利男の助手を経て照明技師として石原を支えてきた林利夫。『必殺シリーズ秘史』から『必殺シリーズ始末』までの3冊すべてに登場した大ベテランが、初の組み合わせで往時を語り合う。知られざる下積み時代のエピソードから始まり、技術と演出の秘話満載！

必殺シリーズをずっと支えたスタッフたち

林　ほんまな、もう話すことないって何回も言うてるのに、今日は石原さんと一緒やからしゃあない。

石原　よくね、必殺シリーズっちゅうのは石原興と中島利男のコンビが光と影の映像を云々って言われますけど、いちばんの功労者はこの人なんよ。

林　いやいや、そんなことない。なにをいきなり……。

石原　けっきょく林くんがずっと助手からがんばってたから、ああいう照明にしても持続してるんです。ぼくはそう思うてんねん。石原と中島なんか最初にやって目立ってるだけで、ずっと支えていったんは、この人。

林　でも目立つことをできるんは、あんたしかいいひん。石原興が俺らの看板やから。

石原　林くんと編集の園井（弘一）さん、録音の中路（豊隆）……この人たちが必殺ナンバーワンですよ。

——みなさん、1972年の『必殺仕掛人』から2023年の『必殺仕事人』（テレビスペシャル版）まで、ずっとシリーズに携わっています。

林　ヒガシさん（東山紀之）になってからのスペシャルは照明、俺しかやってないからね。ええのか悪いのか、それはわからん。

石原　この人はね、ぼくの弟分みたいなもんやった。だいたい『必殺』の照明技師は3人とも名前が〝トシオ〟なんです。中島、林、それから亡くなった中山（利夫）。ぼくの場合、中島は中やん、この人はトシやん、中山は中山って呼んでました。

林　中山もすごかったで。もう身は軽いし、負けん気が強いから。人に負けるのがイヤやった。サブちゃん（藤原三郎／撮影技師）とも喧嘩してな……仕事上のことやから、別に仲が悪いわけやない。サブちゃんと俺、半年くらい一緒に寝泊まりしてたんや。あいつの部屋に。

石原　三郎はぼくの一番弟子で、いまBS朝日で再放送してるシリーズを見てても、めちゃめちゃ上手いと思うねん。晩年は力が落ちてショボかったけど、ほんまにデビューしてしばらくは「いやぁ、こいつすごいな」と思いましたよ。それから（都築）一興の弟、雅人もキャメラマンになった。

林　下鴨の時代から、めちゃくちゃピント送るん上手かったからな。この人、望遠ばっかりで撮ってた時代があったからさ、助手は大変や。

――「望遠の石原、ワイドの三郎」と呼ばれて、それぞれが個性を発揮していました。立東舎の必殺シリーズ聞き書き本も今回で4冊目ですが、あらためて石原さんと林さんに助手時代の話をうかがいたいと思います。

林　石原さんなんか、助手あらへんよ。大映で追い回しやって、下鴨の京都映画ですぐテレビのキャメラマンやから。だって20代前半でしょ。助手の苦しさなんて、なにも知らない（笑）。

石原　いや、昔はね、映画の人らは「テレビ映画」っちゅうのをバカにしてたんですよ。だから若いもんに仕事が回ってきた。ここ（太秦）は昔、松竹の撮影所で、われわれは下鴨の京都映画でテレビ専門。映画がだんだん下向いて、太秦のキャメラマンもテレビに流れてきた。まぁ、いじめられたりもしましたよ。

林　別に対立してるわけやないけれど、いじめられたんはたしかやね。

――太秦の松竹京都撮影所は1965年に閉鎖され、やがて下鴨の京都映画が太秦に移転します。

石原　まぁ、ぼくも林くんもエリートの道は歩いてないわけやから。ぼくが最初についたのは谷口政勝というキャメラマンで、京都映画で『神州天馬侠』（61年）なんかをやっていた。松竹テレビ室の作品です。

谷口さんという人はね、非常に特殊撮影の技術が優れてたんですよ。1つの画面に同じ人物が5人出てきたり、大鷲に乗って飛んだり、そういうのを16ミリ（フィルム）でやらはるわけ。それがぼくのルーツになっている。

林　いまやったら簡単やけど、当時はそんなもん考えられへん。

石原　だからフィルムを何回も巻き戻して、同じ画を重ねて撮る。現場で合成するわけ。仁和寺の五重塔の上に人が立ってる画なんて、まず五重塔だけ撮って人物のところに黒いテープを貼る。

キャメラそのまま持って帰って、今度は映ったところを全部隠して、黒いテープのところを開けて、セットで人物だけを撮る……ところがね、撮ったとこのボケ具合が難しいんです。

林　それは絶対そうやな。

石原　昔のテレビ映画ですから少々粗くても、なんとか収まってた。それから同じ高校の一級先輩の小林大造、この人が22～23でキャメラマンになって、助手につきました。直接なにかを教わったことはないんですけど、こっちが興味を持って「こういうふうになるのか」と考えていかないとダメですね。

下鴨時代の京都映画

林　この人は大映で追い回しやって、いろいろ学んだんや。

石原　そう、ぼくの技術的な基礎は大映ですね。いちばん下っ端の助手として、撮影のデータを記録する作業をやってて、それが役に立った。ちょうどモノクロからカラーになった時期で、ナイトエフェクト……昼間に撮って夜にする、いわゆる〝つぶし〟のフィルターワークとか、そういうのを『必殺』に応用しましたね。

大映でも宮川一夫さんにはついたことがなくて、キャメラマンは「ホンダブラザーズ」……本多省三さん、本田平三さんが多かった。助手のチーフが白波瀬（直治）さん。この人は大映が潰れたあと、京都映画の撮影部で機材のメンテをする係になりました。

林　『必殺』のライティングでも大映流のところがずいぶんあるから。

石原　松竹でも助手をやりましたが、誰も教えてくれない。ただね、佐野武治さんという照明技師がいて、この人が「イシ、イシ」と呼んで、ぼくを弟みたいに扱ってくれて、いろいろ教えてくれました。

大映は技術的には〝ハイキー〟と言って、大きなライトでバーンとやる。松竹の場合、〝ローキー〟で小さいライトを使って細かくやる。

林　ぜんぜんスタイルがちゃうからね。

石原　いちおう両方を知って、わりあいに応用できたと思うんです。ぼくに師匠はいないんですが、両方のキャメラマンにつきましたから。

林　ぼくも佐野さんの助手から始めてＣＭやったり、宝塚映画に行ったりして、映画やと照明部も10人以上いる。ライトも鉄の塊みたいなゴツいやつで、野球やってたから体力には自信があった。

それから東映に行くつもりが「中島いうのが帯ドラマで技師になる」ということで京都映画に呼ばれた。それが中やんとの出会い。

石原　あんたは、だいたい中村光輝のころか？

林　そうそう、『海の次郎丸』（68年）とか、そのへんから石原さんと中島さんのコンビに、30分の時代劇についてました。

――下鴨の京都映画の印象は？

林　とりあえず、現場に若いもんしかいいひん。みんな同じ年代の人ばっかりで、年寄りがおらへん。まだ当時はアフレコやから、照明部の場合アフレコの日は必ず休みになった。

石原『黒い編笠』（68〜69年）もやったか？

林　やってましたよ、大瀬康一のやつ。

石原　あれは山口の鍾乳洞とか阿蘇の火口とか、いろんなとこ行ったたな。

林　阿蘇に草千里ってあるやんか。もう草だけの原っぱで、雨が降ってきたらどうしようもない（笑）。

石原　向こうからな、黒い雲がバーッとやってくる。そうしたら「もうあかん！　あかん！」って。『必殺』はあんまりええ思い出ないけども（笑）、これはね、あっちこっち行って楽しかった。

林「なんで時代劇なのに、そんなロケーション行くの？」っていう、わけわからん温泉地で撮ったりして……あのころは遊ぶのに忙しかった。

石原　まぁ、あんたとは仕事よりも遊び仲間やったな。

林　宿泊ロケで夜めしになったら、この人は偏食やから一緒に外へ食べにいく。もう仕事終わって、フラフラや。風呂入って寝たいのに（笑）。

石原　つまり遊び心があるから、なんでも好きなようにできたんでね。『必殺』のカメラだって基本は遊びですよ。われわれの仕事は遊びみたいなもんですから。

林　それ、よう言われんねん。照明でも「好きなようにせえ」というのが、いちばん難しい。「こうや」って言われるほうが楽ですよ。ほんで、パーッと好きにやったら「キツすぎるで」とか「トシやん、あれ違うやろ」とか言われる（笑）。もうそればっかり。正直いって次元が違うから、想像もできへんことを言われると、それをライティングで実現するのが大変。

「このシーン、こうしたいんやけどできるか」って宿題を与えられて、それが無理でも「できひん」やと「ほんなら、ええわ」、それで終わりや。「できひんけど、こういう方法なら……」ってアイデアを出すと、ちゃんと認めてくれんねん。やっぱり照明というのは考えなあかん。

石原興

石原　ぼくらキャメラマンは、待ってるだけ。

林　そんなことない。この人は食べ物だけでなく、俳優さんでも好き嫌いが激しいから、もう気に入らんやつには「ライト当てるな」と。で、ラッシュを見たら、そこが逆にかっこよくて目がいく（笑）。

石原　え、そんなことあったたか？

林　なんぼでもあったで。

俺ら貧乏な現場やったから……

石原　ぼくの正式なデビュー作は火野正平がまだ中学くらいか、二瓶康一って本名で子役やってた『かあちゃん結婚しろよ』（65年）。これは15分の帯ドラマで、１３０本あるんです。だから下鴨の昼帯で経験を積んで、そこから太秦の時代劇をやるようになった。

林　ぼくはこのへん、やってない。照明は誰？

石原　このころは染川（広義）さんかな。松竹の人。

林　染川さん、静かな、ええ人やった。『必殺』の照明もやってはる。だいたいキャメラマンは中村富哉さんや。

石原　昼帯の照明は大映の美間博さんにもやってもらっ

た記憶がある。映画が下火になって、映画の人が流れてきたとき……ぼくはまだ30にもなってない若造ですから、やっぱり叩かれました。当時はズームレンズがメインで、それとは別に10ミリのワイドが別個にあって、そういうのを貸してもらえない……機材でも松竹のキャメラマンが優先されてましたから。

林　それはあったよな。俺ら貧乏な現場やったから……。

石原　最近はスタッフがめちゃめちゃ多いんですけど、当時は照明3人ですよ。中やんとトシやん、それから上の足場に中山とかね。ほんでロケのナイターだけ応援を呼ぶ。撮影助手が2人、助監督が2人、記録が1人、あとは結髪とか……製作部も進行が1人。そんなもん。

林　ほんまに少なかった。せやから強烈な仕事やな、よう考えたら（笑）。

石原　いまが多すぎるんよ。多いと仕事を分担するでしょう。そのほうが忘れ物とかチョンボが多いんです。

林　それはある。

石原　助手でもね、よう性格を知っとかんと……つまり助手がミスしますよね。それに対して怒ると、人によっては「怒られた」というイメージだけが残って、次にまた「あぁ、どうしよう」とミスが増えていくわけ。ぼくはええ加減やから、もう遊び半分でやって照明でも「なんでもええ」って言いながらやってましたけど。

林　そんなことはない。『必殺』でも画を見たらわかる。

石原　いやいや、早よ帰ろうとしてるだけよ。光と影いうたかて、ここそこだけ当てて、あとは真っ黒でええと。

林　それだけで、あんなんならへんって。昨日も夕方の再放送で古いシリーズな、パッと見たら「石原さんと中島さんや」って、すぐわかる。感覚的なのに緊迫感があって、やっぱり画に隙がない。ホンもしっかりしてるし、ダラダラしてない。

石原　いまは現場にモニターがある……あれが困るわけ。監督がモニターを見るから、キャメラマンではなくオペレーターですよ。監督が「もうちょっと詰めて」って言ったら、詰めなしゃあない。顔半分なんて撮ったら「なにこれ？」」。それじゃおもしろくない。当時も監督さんによっては、ラッシュを見て「あのガキ、こんなん撮りやがって」と思ったでしょうけど（笑）。

林　昨日のやつも最後の殺しに入る前のね、しつこさ。殺しの前に何カットも積み重ねがあって、おもしろい画がいっぱいあんねやわ。それで、ごっつ緊迫していく。
石原　昔はさ、やっぱり大島（渚）さんでも実相寺（昭雄）さんでも画に対する執着があった。画というのは表現方法ですから、映画でも黒澤明さんが望遠で撮ったり、市川崑さんが銀残しをやったり、それから木下恵介さんの『笛吹川』（60年）では画面の一部にだけ色をつけて、めちゃめちゃ金かかってるわけですよ。40～50年前は、韓国や台湾へ日本から教えにいってましたから。
林　韓国からも見学に来てはった。中岡源権さんがよう連れてきてて「利夫さん、ちょっと現場のぞいてええか？」「どうぞどうぞ」って、松竹と東映を見学させてたから。いまや逆やもんな。負けてるもん、完全に。
石原　韓国の映画のほうがおもしろい。香港のショウ・ブラザーズでも昔は井上梅次さんとかが撮ってはったんやけど。
山内久司さんが偉いんですよ
――60年代の昼帯ドラマは、基本的にベタ明かりだったのでしょうか？
林　そりゃ、そうやで。こういうキツいライティングになったんは『必殺』からや。現代劇でそういうことできひんからさ。普通の時代劇でもああいうことはできへん。なかなか『必殺』は特殊なもんやから。
――『紫頭巾』（72年）でも光と影を駆使した画づくりを試しており、その後のブレイクを予感させます。
石原　まぁ、遊びですよ。
林　『必殺』というのは、なにをしても許された。映像的には「俺の狙いや」いうたら、それで済むから（笑）。
石原　やっぱりＡＢＣ（朝日放送）のプロデューサー、山内久司さんが偉いんですよ。「なんや、これ。撮り直せ」いうたら終わりやから。
――1972年の『必殺仕掛人』から光と影の映像表現が本格的に始まりますが、林さんは照明助手のチーフとして、石原・中島コンビが新しいことをやっているような感覚はありましたか？
林　それはあった。ぜんぜんコントラストが違うもん。中島さんというのは天才肌で、実験的な感覚があった。前後の〝つながり〟よりカットごとのインパクトやね。さらにそれを「中やん、あれな」「ここな」って、この人が変えていく。お互い一方通行みたいなもんや。それなのに、いい画がちゃんとできる。
石原　やっぱりね、内容と出てる役者、ロケ場所で変わるから。
林　まず中島さんがバーッと照明やって、そのときは石原さん、なんにも言わない。イメージと違ってても言わない。それと柔軟やから、ライトの逃げ場を考えてくれる。
石原　だいたい中やんはギリギリまで攻めるから、画のなかでライトがバレる。それが映らんようにサイズを詰めたりして、向こうのええところを引き出さんとね。
林　逆に「これ！」とアングル決めたら絶対に動かんのがサブちゃんや。
石原　ぼくはそんなにこだわりがないから、家でも「明日はこうやって撮ろう」ということは、まったく考えない。
林　そうやと思う。現場に行って言わはるから、これが困るんや（笑）。ロケでもパッと見て「こっちがええな」と思ったら、ほとんどその方向だけで撮りはる人やから。あっちはまったく映さない。
――同じ方向から撮る手法は多いですね。
林　そのほうがバックがええからって。それは映像的な

林利夫

もんやけど、『必殺』の場合よくやるのが画に話を合わせていく。

石原　だけど、トシやん。よう考えたらな、野辺の送りの葬式と結婚式で同じ道を歩くねん。それぞれ撮り方が違うやろ。

林　それはそうや。

石原　色からして違うやんか。たとえば結婚式はピンクがかった画、葬式はグリーンかブルー。それは家で考えることではなく、現場に行って初めて考えるわけやから、どんどん変わってくるわけや。

林　そういうことを瞬時に判断できるかどうか。

石原　それこそが、われわれの遊びで、別に簡単にパパッと撮って「はい、終わり」でもええけども、それでは気分がおもしろくないいやん。

林　いや、そうやけど個人差が……できる人とできひん人がいんのやから。石原さんは感覚的にどんどんいく。それについていくのが大変。

石原　やっぱり遊び心がないとできへん。さっきの韓国の話になるけどさ、高橋繁男って東京の監督がいたやん。

林　あぁ、おもしろかったな（笑）。

――『暗闇仕留人』（74年）の「惚れて候」を撮った高橋繁男監督ですね。国際放映の『無用ノ介』（69年）などで実験的な手腕を発揮していました。

石原　その高橋さんも韓国まで教えにいってた。で、日本に帰ってきて……京都の連中に「時代劇を教えてやる」と言ったんです。

林　俺ら全員「ほな、教えてもらおか〜」って（笑）。よう覚えてんねん。小判が光るだか、上からザーッと落ちるだかのカットがあって「これはね」って得意げにどうのこうの説明して、また石原さんがキツいねん。「こんなん、30年前にやってたけどな」（笑）。1本で終わった監督や。

石原　そのあと杉（良太郎）さんの時代劇で、また京都に来たんやけど「お前、帰れ！」って言われて、次から吉田啓一郎に変わった。

林　杉さんが言ったん？

石原　そう、「新幹線で帰れ！」って。

林　『仕留人』でもみんなボロクソいうてたわ。

――助監督も全員現場から引き上げたそうで、「惚れて候」そのものは創意工夫と見ごたえがあったのですが、舞台裏はシビアですね。

『仕掛人』の最初は、とにかく勢いですわ
石原　いまは天気予報もキチッと当たりますけど昔は曖昧やったから、よう撮影中止というのがあった。これがめちゃめちゃうれしくてね。
林　仕事ないのやから、そらうれしいわ。ケツがしんどくなるけど。
石原　天気でね、監督にケチがつくということもあったんです。当時、亀岡に日本電波映画のオープンセットがあったわけ。そこは日曜日しか借りられなくて、ところが日曜になると雨が降る（笑）。そうすると最終決算も赤字で、その監督だけ呼ばれなくなった。
林　日本電波、あの山の中の宿場町みたいなとこな。いまは福山まで行かな、ああいうオープンはない。
――広島県福山市の「みろくの里」ですね。勝新太郎さんの映画『座頭市』（89年）で宿場町のオープンセットが作られましたが、最近は時代劇の撮影がないので草ボーボーの状態になっています……。
林　そりゃ、そうでしょう。
石原　あそこは西岡の善さん（西岡善信）と行ったことがある。『Gai-Jin』という合作のプレロケハンで、ぼくと善さんとプロデューサーで見て回ったことがあるんです。ぼくはもう「ここの電柱、全部取れ」とか「線を引き直せ」とか好きなこと言ってたら、撮影1日だけやって中止になった。
――製作主任の高坂光幸さんからも聞いたことがあります。阪神大震災が起きて中止になったそうですが、真田広之さんでリメイクされた『SHOGUN　将軍』と同じ作家（ジェームズ・クラヴェル）の原作です。
林　ロケやと、八丈島に行った作品があんねん。時代劇大賞の『海鳴りやまず』（95年）って（中村）嘉葎雄さんが出てたやつ。八丈島で99％撮ったんやけど、美術の人が史実に即して山の中に女郎屋を建てたんや。そしたら石原さんが怒って「こんなんやったら八丈島の必要あらへん。酵素（京都のロケ地）でええやないか！」って（笑）。海が見えるとか嘘でもそういうところにせんと、ここで撮る必要性がないと。ほかにもセットのゴタゴタがあって、もう美術のおっさん泣いとった。
石原　あれはABCの（45周年）記念番組やったな。スマートって喫茶店の珈琲豆をたくさん仕入れて……林くんと亡くなった録音の広瀬（浩一）とぼくが同部屋やったんで、この人が朝早う起きてね、コーヒー淹れてくれた。

林　食堂までめちゃくちゃ距離があんねん。ほんでもう2人とも寝てるわけや。俺、朝は5時ごろ起きんねん。まず食堂に行ってごはん食べて、パンやらジャムやら持って戻って、行くときにお湯も沸かしとくから帰って珈琲の用意して、ほんで起きたら「朝ごはんできました」「おぉ、そうかぁ」って、もう1ヶ月近く毎日それ（笑）。

石原　監督が降旗（康男）さんやな。あの人は紳士やった。

林　紳士、紳士、めちゃくちゃ紳士。声も小さいし、生まれも育ちもええとこの人。石原さんが「監督、こうしてああして」ってパパパッと言うやろ。それに対して静かに返答される。聞いてたら、もうちぐはぐ（笑）。あんな監督も珍しいで。

――必殺シリーズの聞き書き本も4冊目になると、監督の話題が高橋繁男と降旗康男から始まる珍しさです。降旗監督と同じ東映東京撮影所の出身ですが、深作欣二監督は紳士でしたか？

林　いやいや、もう深作さんは……なんも言えんわ。

石原　『仕掛人』の最初は、とにかく勢いですわ。やってまえという。深作さんは『仁義なき戦い』（73年）の予行演習みたいにカメラぶん回しで撮ってて……ぼくはそう感じましたね。

林　あれもめちゃくちゃ日数かかったな、1話目。

――「仕掛けて仕損じなし」。

石原　斬ったら血がドバーッとか、首がゴロゴロッとか、そういうのを平気でやる監督ですから。深作さんは「わかるか、わかるか？」と作品に明確さを求めるタイプで、工藤（栄一）さんは頭がよすぎるから「こんなことは言わんでもわかっとるやろ」と突っ走る。ホンでも大映の監督はそのまま撮る。松竹の監督は語尾をちょっと直す。東映の監督は全部直す。とくに工藤さんの場合はそう。

林　「いらない！」「これいらない！」「ここもいらない！」ってどんどん現場で変えながら撮って、ごっつう長うなるときがある。けっきょくカットや。ただ現場はおもしろかったし、ええ作品もいっぱいある。

石原　『必殺』もいろんな監督が来てはったな。

林　1本や2本で終わった人もようけいる。森﨑東さんもやったし。

石原　え、森﨑さんやった？

林　東《トン》さん、やってるよ。

――『新必殺からくり人』（77～78年）の最終回と『翔べ！必殺うらごろし』（78～79年）の初回を監督しています。

林　それから黒木和雄さんもやってる。

石原　黒木さんは覚えてるわ。

林　ロケハン行ったら漆に負けてな。明くる日、こ～んな顔して来たんや（笑）。

――『必殺からくり人　富嶽百景殺し旅』（78年）の初回が黒木和雄監督でした。

石原　黒木さんはおもしろかった。印象に残ってますね。

林　「よーい、ハイ！」を2回言うからな。

石原　そうそう。普通は「よーい、ハイ！」で回すでしょ？　それが、まだなんよ。「よーい、ハイ……ハイ！」って（笑）。

林　カクンってくんねん。なかなか難しい映画ばっかり撮ってはった監督や。

石原　松竹の監督も多かった。八木（美津雄）さんもやってたんやな。ぼくは土曜ワイド劇場（『京都殺人案内　麻薬にけがされた修学旅行女子高生』）のほうがよく覚えている。

林　何本もやってるよ。八木さんは胃ガンで、胃ぃ取ってな。撮影中は毎日ちょこちょこ食べてはった。静かやけど「よーい、ハイ！」の声だけ、めちゃくちゃごっついんやから。ええ監督さんやったで。

石原　三隅（研次）さんも「よーい」は変わってた。ラブシーンになると、ほんまに蚊が鳴くような「よ～い、スタート」で、最後は「キャッ！」。

林　「おいおい、猫鳴いてんで」って、よう言うてたんや（笑）。「キャッ！」やから。

石原　俳優さんも半分噴き出すわけよ。ところが考えてみると、そのシーンに合わせた、かけ声なんや。カチンコだってそう。ラブシーンのときにバチーンと叩いたらあかん……その場の雰囲気を作るいうのが大事で、やっぱり三隅さんは非常に優れてましたね。

林　しかし、あんだけ徹夜の好きな監督もおらん。毎日、夜が明けるまでやってたから。「台本見せてくれ」って、俺はよう助手のときでも言うてたんや。で、なんにも書いてない。真っ白で、表紙に「三隅」って書いてるだけ。松野（宏軌）先生なんか線だらけで魚屋の網みたいになってて、ぜんぜん違うタイプ。

『必殺仕掛人』第4話「殺しの掟」の撮影風景。林与一の頭上をレフ板で遮蔽し、日中のロケでも光と影をコントロールしながらコントラストの強い映像がフィルムに収められた。三隅研次監督回

石原　大映が潰れたりして映画が斜陽になって、いろんな監督が『必殺』を撮らはるようになって、向こうの……大船の松竹の監督もいらっしゃった。ところが東京の監督はね、時代劇のことを知らないから理解しづらいところがあるんで、ちょっと教えて差し上げると「京都は怖い」ってなる。貞永（方久）さんは、こっちの出身やから別として。

林　貞永さんは、たくさん撮ってはるしな。

――シリーズ第2弾『必殺仕置人』（73年）の第1話「いのちを売ってさらし首」が貞永方久監督ですね。

石原　貞永さんは上手いし、ムードを持った監督でしたね。ただ、すぐ頭に血が……カーッとなる。

林　怒りはるんや。

石原　だから山﨑（努）さんと合わへんねん。（藤田）まことさんとも合わなかった……まぁ、すんなりはいかなかったですね。

林　いや、頑固なとこはあるけど、別に役者に対してのどうのこうのやないのよ。言いたいことを全部バッと言わはる監督さんやった。まぁ、好きにやらせといてテストの途中で役者にダメ出しするの、あれは気の毒やったな。

石原　でも、いま見てても貞永さんの作品はおもしろい。ええ加減な時代やな

――『必殺仕掛人』は石原さんをメインに中村富哉さん、小辻昭三さんも撮影を担当しています。石原さんは助手時代、おふたりにもついたことがあるのでしょうか？

石原　あります。小辻さんというのは伴淳三郎さんの現代劇で『おれは大物』（64〜65年）をやってて、その助手でつきました。弟さんが南海ホークスの選手（小辻英雄）やったんですよ。

林　そうそう、野球の選手やってん。キャッチャーや。

石原　下鴨の、うちの近所に住んでました。『おれは大物』はテレビ映画ですが松竹作品で、松竹テレビ室ではない。要するに松竹の正規のスタッフがやった番組。映画の人は照明にも時間をかけるから大変で、撮影も遅くまでやって……ついに放送に間に合わなくなった。

正月の2日から撮らなあかんことになって、でも伴淳さんは実家の米沢に帰らはるわけ。それを追っかけて、時間もらって合間に撮影するというのがありました。で、松

竹には組合があるから正月に働くということは組合の同意がいるわけ。小辻さんは「行く」、照明技師は「行かない」、それは労働者としての権利として。そこで中やんがチーフから技師に昇格した。

——あ、中島利男さんが照明助手だったのですね。

石原　オールアフレコの時代やから、伴淳さんとウエキチさん（上田吉二郎）の芝居が、もうおふたりともセリフを覚えない（笑）。それぞれに大きな画用紙でカンペを作って出して……そんなん見てたらね、お芝居よりも撮影の裏側のほうがおもしろかった。

林　ええ加減な時代やなぁ。

石原　富さん……中村富哉さんも助手についたことある。松竹テレビ室の『高杉晋作』（63〜64年）という宗方勝巳さんの時代劇と、それから小林千登勢さんと中山仁のやつ……なんやったかな？

林　『亜矢子』（66年）か。

石原　それや。『亜矢子』には三郎がおったな。『かあちゃん結婚しろよ』を撮ってるとき、助手でおってん。富さんという人は、太秦で映画のキャメラマンになれなかったんです。テレビのほうに回って撮ってはったら、映画の話があって後輩の小辻さんがデビューすることになった。

——『忍法破り　必殺』（64年）ですね。

石原　富さんの名前も出たと思うんだけど、「いまテレビやってるから、じゃあ小辻でいこう」と、悔しい思いをされたと思います。

林　そんなん、ぜんぜん知らんかった。

石原　だから「もう映画は撮れないだろう」とあきらめて、テレビ映画に徹していろんな作品をやった。富さんっちゅうのはね、パンとかのキャメラの操作が下手くそで……いまの三脚は誰が使ってもスムーズですが、当時は木製やからグリスを入れて動くようにする。

林　それが大変やった。

石原　もう画面を見たらわかりますよ。本人も言ってましたけど「下手くそなズームやな〜」と思ったら、だいたい富さん。

林　この人が上手すぎるんや。若いときからやってて。

石原　けっきょく慣れなんですよ。当時はズームいうたって4倍くらいで、それから10倍、15倍になっていった。映画の人はね、35ミリのキャメラは大きいからズームも助手がやってて、操作に慣れてない。ぼくらのほうが若くて運動神経もありますから、それはやっぱり負けますよ。場数が違うから。

――松竹京都の撮影技師ですと、酒井忠さんも必殺シリーズの前後まで京都映画で活動していました。その後、東京に拠点を移します。

石原　酒井忠さんも富さんよりちょっと下かな。でも忠さんは松竹で映画をけっこう撮ってるんですよ。五社英雄さんの『三匹の侍』（64年）とか。

林　そうそう。撮ってるよな。

石原　ぼくは酒井忠さんの助手についたことない。五社さんの『雪之丞変化』（70年）のとき、ぼくが2〜3日行けないときに代わりに撮っていただいたことがあります。そもそも『雪之丞』は、ぼくが1・2話の五社組を撮る予定やってん。ところが、ちょうど大瀬康一の『白頭巾参上』（69〜70年）、あれの後半とダブってできなかった。そこでまっちゃん（町田敏行）になったんや。まっちゃん、ぼく、忠さんで分担してやりました

林　『雪之丞』も撮ってたんやな。それは知らなかった。照明は誰？

石原　これも染川さん。

――町田敏行さんは『風』（67〜68年）の実相寺昭雄監督回でワイドレンズを駆使したアクティブなカメラワークを駆使したり、『新三匹の侍』（70年）でも石原さんと並んで個性を発揮していました。

石原　仙元（誠三）さんと松竹の同期かな。まっちゃんも映画のキャメラマンにはなれなかったけど、わりあい技術はしっかりされてましたね。大島組の『無理心中日本の夏』（67年）についたとき、チーフが仙元さんで、ぼくがセカンドですよ。

仲良し小好しはあかんって

――今回の本のタイトルは『必殺シリーズ談義　仕掛けて仕損じなし』なのですが、『必殺仕掛人』の林与一と緒形拳さんの思い出はありますか？

石原　最初はね、やっぱりバチバチですわ。ぼくがいまだに覚えてるのは、プロデューサーから「拳さんと与一さんは同格やから、同じように撮れ！」って指令を受けて、黒谷いうところのロケで最後ふたりが歩いてくるシーンがあった。均等に撮らないかんのに、もう押し合いする

16ミリフィルムの撮影機・エクレールを手にする石原興、『必殺仕置人』のころ

からさ（笑）、フレームに入れるのが大変。
林　ほんまにライバルやった。
石原　でも、大船で2本目の映画（『必殺仕掛人　梅安蟻地獄』）を撮ったとき、緒形さんが「西村左内は与一さんにしてくれ」と言ったそうです。ぼくはやってませんが、そんな話を聞きました。まことさんと山﨑さんも『仕置人』でバチバチやったけど、だから成立するんです。
林　ほんまにね、そのほうが緊張感がある。仲良し小好しはあかんって、現場で見ててもわかるもん。「負けてたまるか」という雰囲気があるもん同士がやると、不思議と映像に出てくるんやな。
石原　拳さん、あんたとこ泊まりにいってたやん。
林　何日も泊まっとった。俺と中路は舎弟みたいなもんやったから。まぁ、身勝手な男でな（笑）、「おい、利夫。先に帰るで」「おつかれさんでした」って、うちに帰ってんねん。もう嫁はん泣いとったがな、ほんま。
石原　まことさんも山田（五十鈴）先生に対しては、一歩下がった芝居をしはったからね。
林　言葉遣いからぜんぜん違う。山田先生はやっぱり貫禄あったわ。あんな歳いったって、自分の出番になったら絶対ほかへ行かはらへんし。カットバックで映らへんときも、ちゃんとカメラの脇にいはる人や。

——あっ、助監督が目線を作るのではなく。

林　せやねん。山田先生のアップ撮って、たとえば次に切り返しでジュディ（・オング）を撮るときも、どんな芝居してるか確認するし本人が絶対いはるからさ。ほんまに偉かった。撮影でも10分前になったらセットの前で椅子に座ってはるから、スタッフより先に（笑）。

——光と影のコントラストだけではなく、女優を美しく撮るテクニックも必殺シリーズは定評がありました。

石原　山田先生は別扱い。あのお歳やから。

林　かける時間がぜんぜん違う。先生になったら、ほかのカットとトーンも変わるけど「それはそれでええ」って言うねん。とにかく光を回して、左向いたら左に合わせて、光源がどっちにあるとかも関係なしや。もうシワやクマも目を皿のようにして「目の下、ちょっとクマ出てる」とか、石原さんがカメラのぞきながら「トシやん、あそこ右な。左な」って言ってくるから「えっ、どっち!?」みたいになってくる（笑）。

——目に入れるキャッチライトも大切ですか？

林　シーンによるけど「この顔はどうしても」ってときは、やっぱり目が光ってないとあかんわな。目が死んでると、どんな表情してても、そういうふうに見えないんですよ。キャッチいうのは目の中心に入れるのがいちばんいい。わかりやすいから。

石原　でも、われわれの技術なんかより、女優さんはお芝居をしやすい環境を作るのがいちばんです。そうすると、きれいに映ってくれる。けっきょく照明やアングルなんか二の次であってね。

ロケハンのときも、めし食ったらすぐ博打場

石原　こうやってトシやんと話してても、やっぱり撮影より遊んだことのほうがよう覚えてるな。

林　終始ああいうことをやってたから、また仕事できたんかもわからんですよ。気が抜けて、もう発散できてさ。

石原　遊びの合間に撮影しとったから。

林　海水浴なんか、めっちゃおもろかったな。石原さんが急に「泳ぎにいくぞ！　全員集合、欠席は認めない」とか言い出して、会社がバスまで出してくれた（笑）。

石原　ちょうどね、バルセロナでオリンピックをやる前あたりで、スペインロケやろうとしたことがあるんです。トシやんは、あのロケハン行ってないよな?

林　そう、中山に行ってもらったやつですよ。

石原　ロケハンも強行軍で、マドリードとバルセロナを見て回ったあと、移動中の飛行機で湾岸戦争が始まった。フランクフルトに着いたら、なんやかんやでプロデューサーの櫻井（洋三）さんが「お前ら、帰ってこい!」と、それで中止ですよ。

林　さすがにあかんかったんやなぁ。

石原　そのときの4人……プロデューサーの佐々木（淳一）と監督の原田雄一と照明の中山とぼくで飛行機に乗ったとき、アナウンスがあるじゃないですか。後部座席にいたら「チーフパーサーのナカムラトシコです」って流れて……ナカムラっちゅうのは、ぼくの嫁（尾崎奈々）の友達なんですよ。それで本人が来て「ファーストクラス、空いてますけど」って言ってもらえて。最終的に近場ということで香港ロケに変わったことがありました。

――『必殺スペシャル・春　世にも不思議な大仕事』（91年）ですね。

石原　マカオの撮影は秋田（秀継）という、もうキャメラマンやってたぼくの助手に任せて、トシやんと観光したな。そのときも同じ部屋ですよ。朝、枕銭っちゅうチップを置く……それが最後この人はお金なくなってね、貸したままですわ。

林　いまだに言うてんねん、「チップ、返してもろてへんで」って（笑）。マカオでドッグレースのシーンがあってさ。原田さんも博打好きやから、もう撮影ほっといて監督せんとそっちのほうばっかり見てた。白木（万理）さんも好きやからバーッてタバコ吸うてさ、どんどん張ってたな。ロケハンのときも、めし食ったらすぐ博打場……ついに佐々木がパンクしてさ、松竹から送金してもらわんと帰れへん。原田さんはカジノでも常連みたいな顔してトランプやってんのや。あれは驚いたな。

石原　原田雄一は日芸（日本大学芸術学部）の同級生ですが、ラーメンが好きで……スペインのロケハンのとき、木久蔵ラーメンに行こうという話になった（笑）。

――えっ、木久蔵ラーメン!?

石原　タクシー乗ってね、わざわざ行くわけですよ。ずいぶん時間かかったけど、着いたら向こうは昼休み。2時から4時まで休み。時間潰して「なにもこんなところで食わんでも……もっと行くとこあるやろう」とか思いながら、まずいラーメンを食べた思い出がある。

林　ぼくは飛行機がダメでね。だからスペインも「2日もかかるんかい」という理由で、代わりに中山に行ってもらった。香港が限度や。2回行ってるけど、香港ですら死にそうやねん。飛行機が着地するときなんか、グーッと自分でブレーキかけてるからさ……止まったら、もう肩凝ってしゃあない（笑）。

監督はノーマルではおもしろくない

石原　大昔ね、ぼくが助手のころに萩原遼という監督さんがいたんですよ。比叡山の下にゴルフ場があって、冬の寒い寒いときに雪が降ってきた。「これ、まだシーンたくさんあるな」と思たらね、その萩原っちゅう監督が台本6ページくらいビャーッと破って「もう終わり！」。

林　えらいなぁ！

石原　「監督、どうすんの!?」「あとは帰って考える」（笑）。そういう監督もいてはりました。

林　昔の監督さんはおもしろかったですよ。みんな個性があったわ。

石原　クラさん（蔵原惟繕）はね、『仕置人』を撮る前に東京でお会いしました。有楽町に朝日新聞のビルがあって、そこで櫻井さんと一緒に挨拶をした覚えがある。あの監督はボルネオの生まれで、やっぱり昼と夜の感覚がおかしい。昼は製作部で、うたた寝してはりましたね。

林　クラさんは長回しで撮るから照明が大変やった。でも、それだけ時間をかけただけのシーンになる。

石原　ええ監督というのはね、作品の1ヶ所、2ヶ所に「この監督らしいな」という部分が出てくるんですよ。とくに工藤さんやクラさんは「ええっ？　こんなこと考えてるの!?」という驚きがありました。貞永さんもそう。やっぱり監督は変わってないと、ノーマルではおもしろくない。松野先生は無難にこなしはる。だけども普通で、要するに平均的なんです。

林　まぁ、わかりやすいわな。それとカットが細かい。でも先生みたいな職人がおらんかったら『必殺』はパンクしてたから。俺らが読んでも「これはあかんやろ」みたいなホンでも平均点にしてくれるし。

石原　三隅さんはね、「えっ、こんなとこにこだわるんか?」というタイプ。
林　そう、わからへんとこに時間をかける。それで徹夜。
石原　黒木和雄さんは1本だけでしたけど、「こういう考えを持ってはるんやな」という部分があって、それこそが監督ですよ。いまの時代は……別に批判するわけではないけども、プロデューサーに媚びた監督が多いんでね。はっきり言って、プロデューサーは演出の勉強してませんから、それに左右されるというのは、ちょっと見ててておもしろくないなという。
林　工藤さんにしても撮ったラッシュ見て、プロデューサーが「あそこのとこ、これはあかん」とか言ったって、「はい、わかりました」じゃなくて自分の意見を言う、押し通すような威厳があったね。
石原　いまは言いなりになってしまう。だからね、そういうのは監督じゃないんです。演出家……演出担当ですよ。監督っちゅうのは、全責任があるわけ。ぼくも監督やってますけど、そう思いますね。
林　やっぱり遊びやなく、真剣にやってはるわ、この人。

石原興［いしはら・しげる］
1940年京都府生まれ。日本大学芸術学部中退後、京都映画の撮影助手を経て65年に『かあちゃん結婚しろよ』で技師デビュー。『必殺仕掛人』から始まる必殺シリーズの撮影を手がけて劇場版も担当。90年代以降は監督として本格的に活動し、『必殺仕事人2007』以降のシリーズも一貫して演出を務めている。

林利夫［はやし・としお］
1943年京都府生まれ。高校卒業後、フリーの照明助手を経て京都映画に入社し、74年に『助け人走る』で技師デビュー。70年代後半から照明技師としての活動を本格化し、必殺シリーズをはじめ『鬼平犯科帳』『剣客商売』『京都殺人案内』などに参加。『必殺仕事人2007』以降のシリーズも担当している。

必殺シリーズ52年のあゆみ

「仕掛けて仕損じなし」——そのタイトルを第1話に『必殺仕掛人』は始まる。1972年9月2日土曜22時より全国TBS系での放映、22時30分からの大ヒット裏番組『木枯し紋次郎』（72〜73年／フジテレビ）を倒すべく殺し屋を主人公にしたアウトロー時代劇が企画された。朝日放送と松竹の共同制作であり、林与一が浪人西村左内、緒形拳が鍼医者の藤枝梅安に扮し、池波正太郎の原作を関西風のギトギトに味つけ。光と影の映像に平尾昌晃によるマカロニウエスタン調の音楽がマッチし、当時の世相も反映されたパワフルな時代劇は高視聴率を記録、原作なしのオリジナルシリーズとなる。

　第2弾『必殺仕置人』（73年）では念仏の鉄（山﨑努）、棺桶の錠（沖雅也）、北町奉行所同心の中村主水（藤田まこと）が登場。元締不在のフリーダムな世界が構築され、骨はずしのレントゲン映像も話題となった。73年から74年にかけて劇場版の『必殺仕掛人』が3本公開されるが、テレビシリーズの拠点となった京都映画（現・松竹撮影所）ではなく松竹大船の作品であり、テイストは異なっている。

　『助け人走る』（73〜74年）を経て『暗闇仕留人』（74年）では中村主水が再登場。緒形拳主演の第5弾『必殺必中仕事屋稼業』（75年）はギャンブルをテーマに高視聴率を叩き出すが、朝日放送の系列がTBSからNET（現・テレビ朝日）に移るという〝ネットチェンジ〟で金曜22時に時間帯が変更。土曜22時枠は毎日放送と東映が『影同心』（75〜76年）を送り出す。その影響を受けて藤田まことが『必殺仕置屋稼業』（75〜76年）と『必殺仕業人』（76年）に連続出演し、中村主水がシリーズの〝顔〟として定着する。

　『必殺からくり人』（76年）では山田五十鈴が元締に。三味線を武器に以後もおなじみのレギュラーとなる。幕末が舞台の『必殺からくり人　血風編』（76〜77年）に次いで『新必殺仕置人』（77年）では念仏の鉄が復活、中村主水とふたたびコンビを組む。あの手この手の試行錯誤……旅ものが『新必殺からくり人』（77〜78年）から始まり、『必殺商売人』（78年）では主水の妻・りつが懐妊、『必殺からくり人　富嶽百景殺し旅』（78年）を経て『翔べ！必殺うらごろし』（78〜79年）は超常現象をモチーフとするが、視聴率は低迷した。

　原点回帰の第15弾『必殺仕事人』（79〜81年）で中村主水が復活。浪人の畷左門（伊吹吾郎）と飾り職人の秀（三田村邦彦）を仲間に全84話、1年半以上のロングシリーズとなる。かんざしを武器にした秀の人気が高まり、鮎川いずみ演じる加代も合流、やがて意図的なドラマのパターン化が定着する。ハードからソフトへ、次なるステージへと進んで世相のパロディも加速していく。『特別編必殺仕事人　恐怖の大仕事　水戸・尾張・紀伊』（81年）を手始めに単発のスペシャル版もコンスタントに制作されるように。

　京マチ子主演の『必殺仕舞人』（81年）からはワンクールの作品と仕事人シリーズが交互というパターンが定着する（詳細については408ページからの一覧を

参照のこと）。『新必殺仕事人』（81～82年年）では三味線屋の勇次が登場。中条きよしが糸を使った華麗な殺しを魅せた。秀と勇次による必殺ブーム真っ最中の『必殺仕事人Ⅲ』（82～83年）より受験生の西順之助（ひかる一平）が仲間入りして賛否両論、第21話「赤ん坊を拾ったのは三味線屋おりく」は歴代最高視聴率の37・1％を記録する。『必殺仕事人Ⅳ』（83～84年）の放映中にはシリーズ600回記念の映画『必殺！ THE HISSATSU』が公開されてヒットを飛ばし、劇場版もシリーズ化を果たす。

『必殺仕事人Ⅴ』（85年）では組紐屋の竜と花屋の政が登場し、京本政樹と村上弘明が新たな若手スターとなった。『必殺仕事人Ⅴ 激闘編』（85～86年）は原点回帰のハード路線でスタート。政は鍛冶屋となり、はぐれ仕事人がフレキシブルに参加した。その後3本のシリーズを経て『必殺剣劇人』（87年）で15年にわたる連続枠はいったん終了、まさかの大チャンバラ活劇で幕を閉じた。いっぽう単発のスペシャル版は続いており、『必殺仕事人 激突！』（91～92年）で連続枠も復活。『必殺！ 主水死す』（96年）などの劇場版やオリジナルビデオシネマが発表され、京都映画あらため松竹京都映画主導の映画『必殺！ 三味線屋・勇次』（99年）を最後にしばらく新作のない状況が続く。

2007年には、ずばり『必殺仕事人2007』が誕生。東山紀之の渡辺小五郎を主人公に経師屋の涼次に松岡昌宏、からくり屋の源太に大倉忠義という豪華なスペシャルドラマとしてよみがえり、朝日放送・松竹のコンビにテレビ朝日が加わった。そして17年ぶりの連続枠として『必殺仕事人2009』がスタート、藤田まこと最後の出演作となった。その後も『必殺仕事人2010』から2023年の『必殺仕事人』までスペシャル版が定期的に制作されており、現在までにテレビの連続シリーズ31本（全790話）、スペシャル版33本、映画11本、オリジナルビデオ2本が存在。映像だけでなく舞台や劇画、パチンコなどもある。

毎週の見せ場である〝殺し〟は、まず藤枝梅安の針から始まる「刺す」の系譜があり、中村主水らは刀で「斬る・突く」、念仏の鉄の骨外しほか怪力系の「折る・潰す」、三味線屋の勇次に代表される「絞める・吊るす」、『新仕置人』の巳代松（中村嘉律雄）の竹鉄砲のような「撃つ」……そのほかレギュラー・ゲストを問わずあらゆる殺しのテクニックが披露された。

脚本家・監督列伝

必殺シリーズのプロデューサーは朝日放送の山内久司、仲川利久、松竹の櫻井洋三のトリオが『仕掛人』から『仕事人Ⅲ』の序盤までを担当。仲川のあとは辰野悦央、奥田哲雄らが継受した。脚本は『仕掛人』の第1話を東映集団時代劇の池上金男が手がけており、安倍徹郎、国弘威雄がレギュラーに。『仕置人』から野上龍雄、『助け人』から村尾昭が加わり、野上・安倍・国弘・村尾の4人が初期のメインライターとなった。やがて若手の保利吉紀、中村勝行も健筆を振るい、『富嶽百景殺し旅』から参加した吉田剛は仕事人シリーズの中核を担う。『仕事人』以降は石森史郎、篠崎好、中原朗、林千代らが活躍。『仕事人2007』からは寺田敏雄がメインとなった。

監督は『仕掛人』の1・2話を深作欣二、3・4話を三隅研次が担当。東映出身の深作は翌年の『仁義なき戦い』（73年）でスター監督となり、映画『必殺4　恨みはらします』（87年）で復帰を果たす。大映京都で「座頭市」「眠狂四郎」シリーズを手がけたベテランの三隅は『仕置屋稼業』まで鋭利な映像を披露。朝日放送の大熊邦也、松本明もテレビ的なサービス精神の娯楽作を送り出す。松竹京都生え抜きの松野宏軌は丁寧な職人演出ぶりで233本を任されて、シリーズ最多登板監督に。同じく松竹の長谷和夫は『仕掛人』『仕置人』のみの参加となった。

『仕置人』の1・2話は松竹の貞永方久、やがて映画『必殺！　THE HISSATSU』（84年）などを監督する。東映集団時代劇の工藤栄一、日活でアクティブな演出を魅せた蔵原惟繕も『仕置人』から参入し、両者とも初期のエースに。〝光と影の魔術師〟と呼ばれた工藤は映画『必殺！III　裏か表か』（86年）も担当し、必殺シリーズを象徴する監督となった。大映京都の娯楽請負人・田中徳三は早撮りと安定のクオリティで『仕事人』以降も活躍。松竹大船の映画『仕掛人』を監督した新東宝出身の渡邊祐介も『仕留人』から『新仕置人』までコンスタントに招かれている。松野、田中、工藤に次ぐ本数を残した原田雄一は『新仕置人』の後半から合流、もとは東映東京制作所で活動していたテレビ育ちのフリーランスだ。

京都映画の助監督として現場を支えた高坂光幸は『仕業人』でシリーズ初演出を果たし、『新仕置人』などで活躍。その後は都築一興、家喜俊彦、水野純一郎、津島勝が起用された（家喜は『斬り抜ける』（74～75年）、津島は東映の『遠山の金さん』（79年）でそれぞれデビュー済みのキャリアあり）。撮影技師の石原興は『商売人』より監督として活動し、『仕事人2007』からの新シリーズも手がけている。『新仕事人』以降は前田陽一、水川淳三、八木美津雄、広瀬襄、山根成之と松竹大船の監督が次々と参入し、広瀬は劇場版の第2作『必殺！　ブラウン館の怪物たち』（85年）を任された。

『仕事人2009』では石原興をメイン監督に原田徹、酒井信行、山下智彦、井上昌典と80年代以降の必殺シリーズ助監督経験者を起用。スタッフふくめて世代交代がなされ、シリーズ初となる〝オール京都の監督〟による編成が組まれた。

黒木和雄、山下耕作、石井輝男、関本郁夫ほか1本だけの監督も多い。映画『必殺！5　黄金の血』（91年）の舛田利雄、オリジナルビデオシネマ『必殺始末人III　地獄に散った花びら二枚』（98年）の松島哲也も単発の参加であり、倉田準二や南野梅雄、森崎東のように数本の監督もいる。52年目における必殺シリーズ監督の総数、47人——。

R-2

『必殺からくり人』のとんぼに『新必殺からくり人』の小駒、
『新必殺仕置人』で寅の会を支えた死神、そして『斬り抜ける』や
『新必殺からくり人』『必殺剣劇人』ほか京都映画に欠かせぬ存在をどうぞ。

俳優　ジュディ・オング

俳優　河原崎建三

俳優　近藤正臣

俳優

ジュディ・オング

若山先生と山田先生に教わった所作や日本文化、人といるときの立ち振る舞いは一生ものです

台湾出身の歌手であり俳優のジュディ・オングは、70年代に各社のテレビ時代劇で活躍。『必殺からくり人』のとんぼ、『新必殺からくり人』の小駒として山田五十鈴の薫陶を受け、『おしどり右京捕物車』『賞金稼ぎ』と異色のアクションにも挑戦した。ふたりの師匠から始まり、いま明かされる〝時代劇役者〟の軌跡！

山田五十鈴みずから三味線を伝授

ジュディ　山田五十鈴さんと若山富三郎さんが時代劇の師匠なんです。わたし、台湾生まれの外国人なので、おふたりともすごく丁寧に所作を教えてくださいました。それが時代劇役者になるために大切だったことですね。まず着物の所作として大事なのが〝姿勢〟……肩甲骨を寄せて、真ん中に筋が立っている。山田先生からは「肩を落として。スッと首が上から釣られてるような体勢で座りなさい」と言われました。姿勢が悪いと、かつらが重く感じるのです。首で支えるのではなく体の中心に乗せると、とても楽になります。若いお嬢さんと老婆、それも座り方ひとつで表現できるんですよ。「おばあさんのときは背中に薄く綿を入れなさい」という話だったり、役作りの宝庫だと思いながら聞いていました。

——ほかに学んだことはありますか？

ジュディ　体の内側に日本の音楽が入るということが大切で、山田先生は三味線を、若山先生は長唄を教えてくださいました。山田先生からは「日舞も覚えなさい」と言われて踊りの師匠を紹介していただき、若山先生からは「日舞をやってれば腰が落ち着く」ということで立ち回りの殺陣全般と、それから〝気合い〟を教えていただきました。

——まずは技術より気合いが大事ということでしょうか？

ジュディ　同時でしたね。気合いが入らないと怪我するし、気合いが入っていれば次にかかってくるものが見える。そういうことです。若山先生って居合い抜きがすごいんですよ。藁人形もパーッと斬っちゃうし、芸能界一じゃないかしら。それこそ抜刀から納刀まで、気合いそのものでした。

——三味線は山田五十鈴さんから直接教わったのでしょうか？

ジュディ　そうです。朝の撮影が終わって、お食事の前に15分。「今日はここまで。明後日までにあげてらっしゃい」ということで、テープに録って、本を読んで、チントンシャンってやりましたね。「家に帰ってもテレビ見ちゃダメよ。ちゃんとお稽古しなさい」って（笑）。で、翌々日あげてくると、まさかできてるとは思わない……口では「よろしい。じゃあ、次いきましょう」とそっけないんですが、あとでお付きの方に「あの子、あげてきたわよ」と仰っていた話を聞いて、うれしくてしょうがなかったですね。

――『必殺からくり人』（76年）では、一緒に三味線を弾くシーンもありました。

ジュディ　高度なものが要求されますから、もう血が出る一歩手前まで練習しました。お三味を弾くときは右手にバチ、左手で糸を押さえる。小指はあんまり使わなくて人差し指を中心に中指と薬指です。その〝勘所〟の移動を滑りやすくするために指掛けを付けるんですが、それが汗かいちゃって滑らなくなるまでやって……弾き唄いは「黒髪」から始めて「小鍛治」までいきました。いただいたお三味もあるんです。わたしはチビで、先生のほうが体が大きいので「あなたには小ぶりのものを」ということでした。

――まさに師匠と弟子の世界ですね。

ジュディ　もう50年ほど前の話ですよ。当時は時代劇の仕事が多くて、1年365日のうち280日くらい着物姿で京都にいましたから。

「いま時代劇でいちばん立ち回りが上手いの、ジュディじゃないか」

ジュディ　そもそも名前が〝ジュディ・オング〟ですから、みなさん最初は「ジュディで時代劇ってどうなんだろう?」と思われたでしょうけど、朝日放送のプロデューサーの山内（久司）さんが「そんなもん、フランキー堺だっておるがな」と（笑）。『おしどり右京捕物車』（74年）に出たとき、山内さんは明るいおはながほしかったそうなんです。あの作品は主人公が足を怪我していますよね……。

――中村敦夫さん演じる神谷右京が両足を砕かれ、妻のはなの押す箱車に乗って悪を裁くという異色の時代劇でした。

ジュディ　時代劇版『アイアンサイド』という設定ですから、「この奥さんだったら一緒に生きていける」と思える明るいキャラクターがほしかったという話でした。わたし、その前に（藤田）まことさんの『てなもんや三度笠』にゲストで出てるんですよ。それは歌手として、「たそがれの赤い月」という最初のヒット曲を歌ったりして、そのときテレビ関係者の間で「かつらも似合うじゃないか」という話になったそうです。

――『おしどり右京』は必殺シリーズと同じ朝日放送と松竹の制作で、スタッフも京都映画のメンバーです。

ジュディ　芸術的でしたね。役を作るための衣裳や小道具の選び方、それから石原（興）さんというカメラマン、彼がものすごく芸術的な映像を撮ってくださいました。すだれが半分あって、その隙間からスッと現れたり……だからカメラアングルに合わせて、立ち位置は細かったです。でも、だんだん感覚が研ぎ澄まされて自分が立つところの映像を覚えるんですね。足元を見なくても「この位置だな」という風景が体に入る……そういうトレーニングをしていただきました。最近の撮影でも、立ち位置については上手なんですよ。しっかり身についたというか、つかざるを得ないというか（笑）。

――中村敦夫さんが乗る木製の箱車を押すのも大変そうです。

ジュディ　敦夫さんも重いの（笑）。身長が高いし、あの車も頑丈だし……ひとつだけ救いは、ベアリングって言うんでしょうか。ただの丸い穴に車輪を差し込むと押すだけで大変なんですけど、小さなビー玉のようなものがタイヤに入っていて円滑に動くようになってました。箱車は3台あって、車輪の大きさや動く向きが違っているので、カットごとに替えてましたね。半年間あれを押してましたから、ずいぶん腕の筋肉がつきました。

――毎回トリッキーなアクションが見せ場ですが、第10話「爆」では手榴弾の爆発をすり抜けていました。

ジュディ　よくやったわね。その回かな、砂地のシーンがあって、そんなのどれだけ車輪が大きくても動かないですよ。けっきょくスタッフのみなさんが木の板を地面に敷いて、橋みたいにして、その上に箱車を載せてロープで引っぱりました。まっすぐその上を行けるかどうかは、わたしの腕次第。スーパーマーケットのカートみたいな要領で……だから今でもスーパーでお買い物するの、すっごい上手なの、わたし（笑）。

――さすが！

ジュディ　敦夫さんが鞭を振るうじゃないですか。あれも最後、戻ってくる反動でわたしのお尻に当たる（笑）。痛いんですよ。よく「馬じゃない！」って言ってました。殺陣師の（美山）晋八さんもユニークな方でしたね。

――中村敦夫さんは、どのような方でしたか？

ジュディ　監督さんみたいでしたね。いろいろ撮影でも助言してくださって「もうちょっと表情なく（セリフを）しゃべったほうがいいよ」とか……でも、こっちでは監督が「もっと明るく」と言ってるわけで、けっこう真ん中に挟まれました（笑）。夫婦役ですが、歳が離れているので親子って感じ。ロケバスに乗る前も「ジュディ、ちゃんとトイレ行ったか？」とか、そのくらいチビに見られてたんでしょう。

――第1話「鞭」を手がけたのは三隅研次監督、大映京都出身のベテランです。

ジュディ　もの静かでいらっしゃるんだけど、妥協しない方ですね。所作にも厳しかった。「この子ならもっとできる」ということで演出してくださいました。1話目に夫婦で江戸を離れようとするシーンがあって、おはなは身籠もってるんですが、駕籠に揺られて流産してしまうんですね。そのシーンのお芝居を三隅監督から「前もってよく考えておきなさい」と言われて、そんな状況だと「痛い！」とか「ギャー！」なんて言ってられないと思ったんです。だから本番では、うめきながら言葉なく苦しみました。あのシーンは「本当に流産してるみたいでよかった」と言われて、うれしかったですね。三隅監督とは若山先生の『唖侍鬼一法眼』(73〜74年)や『賞金稼ぎ』(75年)でもご一緒しましたが、『賞金稼ぎ』のときに「いま時代劇でいちばん立ち回りが上手いの、ジュディじゃないか」と言ってくださって、それもうれしい思い出です。なにかの文献にも残っているはずですよ。

――第2話「炎」、第3話「讐」は工藤栄一監督です。

ジュディ　もう朝から大きな声の監督さん。撮影所に入ったら「いる!」って感じで、あの声と下駄の音をよく覚えています。松野(宏軌)さんは「このセリフ、こういうふうに言っていいですか?」と相談したら「うん。いいんじゃない、それも」って言ってくださる監督で、アイデアをすくい取ってくれました。

勝さんに習ったのは〝芝居しすぎるな〟ということ

――京都映画、東映京都、勝プロと各社のテレビ時代劇に出演していますが、それぞれの違いはありますか?

ジュディ　やはり京都映画は凝りに凝った芸術的なもので、東映は「仲間!」みたいな感じがすごく強かったです。わたし、当時は北大路欣也さんの事務所でしたから〝入口〟がよかったんですよ。欣也さんとのつながりで、みなさんに親切にしていただきました。結髪さんの部屋に行っても「ジュディちゃん、パン焼いてあげるから、いらっしゃい」という感じ。わたしも甘いお菓子を持っていったりして、まさに仲間でした。欣也さんのお父上(市川右太衛門)が御大ですからね。

――大映京都の流れを汲む勝プロはいかがでしたか?

ジュディ　勝(新太郎)さんの演出に、みんなびっくりしてました。『新・座頭市』(76〜77年)のとき、勝さんに習ったのは〝芝居しすぎるな〟ということ。田舎娘の役だったんですが、じっと黙って見てるだけ。あとはカメラアングルとか周りが全部やってくれるから「その顔だけでいてくれ」と言われました。セリフも田舎娘だからボソボソ……「マイクが近づくから、それでいいんだよ」と。あれこれ考えないでやったものがベストということで、ファーストテイクが大体いいんですよ。はみ出ちゃったらしょうがないけど、顔は半分も入ってりゃいいや……そういう追求の仕方でした。勝プロの現代劇でもご一緒させていただいたんですが、そのときは二重人格で分裂する役でした（『警視Ｋ』第４話「Ｌ：ｉＬ：ｉ」）。おしとやかな所作をするときは古風な女性らしいスッとした役で、泣くときもワーッではなくフーッ、「浄瑠璃みたいに高い声で泣いてくれ」とかね。

――時代劇の師匠である若山富三郎さんとは勝プロの『唖侍鬼一法眼』で共演し、続いて東映の『賞金稼ぎ』では陽炎という忍者の役でレギュラー出演しています。どちらも砂塵吹き荒れるマカロニ時代劇でした。

ジュディ　「この子を時代劇役者として育てよう」と思ってくださったみたいで、ほっかむりの取り方から自分で小道具を選んでのインプロビゼーション……即興の芝居をやらせて自分の役が動かせるようにする、そんな育て方でした。立ち回りは徹底していて、障子割りもやりましたし、２メートル上から飛び降りたり……。

――ありましたね。若山さんが監督した第16話「忍びのテクニック」は、陽炎が主役のエピソードでした。

ジュディ　「やれ！」って言うんですよ。天井から飛び降りると本当にサーッと目の前の景色がスローモーションで過ぎていくの。１回目は尻餅つきました（笑）。そしたら「気合いが足りん！」、やっぱり気合いですよ。あとは木の上から偵察するシーンがあって、そのときも先生が「腰引くな！」って。腰を引くとバランスが悪くなる。立っていれば、ぜんぜんブレないんです。だから、いまでも家で高いところにある物を取るのは上手なの（笑）。

――殺陣もかなりアクロバティックでした。

ジュディ　まだ20代だから体は柔らかかったし、もともとバレエをやってたんです。衣裳も皮で、バックスキンだから滑らなくて動きやすかった。切っ先三寸をかわす立ち回りがあって、剣会のおにいさんたちが相手だったんですが、段取りが終わってリハーサルをやってたら、途中で「やめ！」という先生の声がかかって、わたしじゃなくて剣会の方々を怒るんです。相手が女の子だからって手加減するな、まっすぐ斬れ、切っ先三寸だ……それから2時間、稽古になりました。いちばん最初のカットが、その切っ先三寸が飛んできた陽炎の顔からだと思うんですが、自分の人生において、あんなにいい立ち回りをしたことはないというくらい緊迫感がありましたね。ラッシュを見て、感動しました。相手ではなく切っ先を見る、刀を見て動く立ち回りでした。

それから「馬に乗れ！」と言われました。吹き替えだと姿勢が違うのでダメなんですね。2週間いただいて亀岡の厩舎で乗馬を習いましたが、もうクタクタに疲れました。常歩、駈歩、伸長速歩、それから最後が疾走……疾走というのは、馬が4つの足をバラバラにして走るんです。そうすると、ゴーッと耳の横で風が鳴るんですよ。馬の頭の横に蹄《ひづめ》が見える。蹄と足が体より前に出る。こうなると大疾走……襲歩、いわゆるギャロップです。もう反動がなくなって、空中を走っているような感覚でした。断崖絶壁の道を若山先生と（若林）豪さんと一緒に走ったとき、豪さんの馬が接近してきて……あわや転倒という危機を回避したこともありました。あのときだけはカメラ側のスタッフから「あ、死んだ」と思われたみたいです。

台本が遅くてもセリフは一夜で覚えてましたから

——1976年の『必殺からくり人』では山田五十鈴さん演じる花乃屋仇吉の娘、とんぼを演じています。従来の必殺シリーズのコンセプトを覆し、人々の涙と引き換えに疑似家族的な集団が裏稼業を遂行していく異色作でした。

ジュディ　山田先生がよく仰っていたのは「これは『スパイ大作戦』の時代劇版ね」ということでした。依頼人の恨みを受け取って、毎回のように困難な作戦に立ち向かう。たしかにそんなストーリーでしたよね。

――シリーズ初のワンクールもの（全13話）で、メインの脚本家は早坂暁さんです。

ジュディ　早坂さんじゃなくて遅坂さん（笑）。ホンが遅いので「おそさか・うそつき」って、みんな言ってましたね。監督さんやセットを組む美術さんは大変だったと思いますが、役者としてはそんなに……台本が遅くてもセリフは一夜で覚えてましたから、あまり苦労はありません。それより撮影の準備が大変で、スタッフのみなさん「来ない！　来ない！」の大騒ぎでした。

――第1話「鼠小僧に死化粧をどうぞ」を手がけたのは蔵原惟繕監督です。

ジュディ　かっこいい方でしたね。まさにダンディガイで、お仕事もダンディだったと思います。すごく映像にこだわる監督さんでした。いまでこそ全員グレーの衣裳で1人だけ赤を着るとか、そういう撮り方もありますが、当時はチャンバラではなく映像を大切にする監督というのは珍しかったと思いますね。わたし、京都にマンションを借りていたので、蔵原さんと助監督の都築（一興）さんをお招きしたことがあります。母に叩き込まれてますから、バッと炒めるような中華料理を作って、みなさんに振る舞ってたんです。監督が替わってもカメラマンや助監督は一緒なので、お世話になりました。みんな怪我したりすると、わたしのところに来るんですよ。ロケのとき岡持ちにバンドエイドや赤チンをいっぱい入れてたから、なにかあるとすぐ来てました。それから思い出すのは、製作主任のナベさん（渡辺寿男）ね。スタジオに入る前、暑いから短パンにタンクトップでいたら「ここは海水浴場か！」って言われました（笑）。

――あらためて山田五十鈴さんの思い出はありますか？

ジュディ　もう本当の親子のようにしてくださいました。叱るんですよ。「普通は手ぬぐいを四角にして帯に入れるけど、旅のときは暑いからこういう形にして……」と所作を説明してくださっているときに、カメラマンから「もうちょっと左だよ」って言われて、そっちを向いたんですね。そうしたら「教えてるんだから、こっちを見なさい！」。自分の子供だと思ってるから、そう言えたんだと思います。衣裳でも早く着て、早く現場に入りなさいってよく怒られました。で、夜は「串揚げ食べにいこうか」と誘っていただいて、まだ若かったもんですからパクパク食べるじゃないですか。そうすると山田先生がわたしの真似をして、それをお芝居で使ってました（笑）。「ジュディちゃん、今日は床よ」って鴨川の納涼床に行ったときも若い子の靴の脱ぎ方からなにから観察されてましたね。

――夢屋時次郎役の緒形拳さんはいかがでしたか？

ジュディ　大好きでしたね。飾らない方でした。おいしいお店をお教えすると、ちゃんと食べにいってくださって「うまかったよ」とか。わたしは子役をやっていて、緒形さんとは中学生のころにお会いしてるんですよ。フジテレビの『コスモスよ赤く咲け』（64年）というドラマで、たしか彼の初めての主演作です。その当時から知ってるから、子供扱いもいいとこでしたね。森田健作さんは、あっけらかんとしてらっしゃいました。明るくて、青春ドラマそのまんま。（芦屋）雁之助さんは愛妻家なんです。なにかっていうと「うちの女房に叱られるから」って、あの長いまつげで仰ってました。雁之助さんは日本の文化を直接感じさせてくれる方でしたね。

東映の長屋で「魅せられて」を歌いました（笑）

――ふたたび山田五十鈴さんと共演した『新必殺からくり人』（77〜78年）はシリーズ初の旅もの、天保太夫一座の芸人・小駒として今度は独楽《こま》を使った殺しを披露しています。

ジュディ　人を殺すということは〝無〟にならないといけないので、表情の変化を意識しました。普段は明るい小駒だけど、そのときはフッと……。「無というのは無表情ではなく、集中である」と、なんかやけに難しいことを言われた覚えがありますが、やれてましたかね？　それは工藤さんか蔵原さんの演出だった気がします。独楽もアップで映るので、いい加減なものではなかったです。やっぱり小道具さんがこだわっていました。

――撮影の思い出はありますか？

ジュディ　あらためて石原さんがすごいなと思ったのが、最近はカメラに小さなモニターが付いてるから、低いアングルでも画を見ながら撮れるじゃないですか。でもモニターのない時代だし、石原さんはファインダーを見ないんです。わたしが大八車を押してて、その車輪の向こうに人が見える……そんなローアングルの画を撮ったときに、カメラを持って、わたしとテンポを合わせて歩く……ラッシュで見ると、ばっちりなんですね。地を這うような映像が四角い画面にぴったり収まっていて、しかもクッションでも付いてるように安定してるんです。現場ではいつも手際よく、石原さんは山田先生のことを「おかあさん」って呼ぶんですが、ある日カメラをのぞきながら「おかあさん、昨日飲みましたね？」（笑）。わたしと先生、顔を見合わせて「バレちゃった」って笑っちゃいました。

――おちゃめですね。

ジュディ　それから山田先生と一緒に三味線を担いで踊るシーンがあって、お引きずりという裾《すそ》の長い衣裳を着たことがあったんです（第13話「東海道五十三次殺し旅　京都」）。セットに上がるとき、床が汚れてるかなと思って褄《つま》を取った……すると山田先生が「下ろしなさい」。だからセットでも引きずって歩いて、そのまま立ち回りもやりました。ですから裾を蹴って回るとか、下がるときには踵《かかと》を押して下がる……そういう所作を覚えて、それがイブニングドレスでも役に立っています。

時代劇って長く正座してるじゃないですか。足がしびれちゃうので〝合曳《あいびき》〟という小さな枕みたいなものをお尻のところに挟むんです。そうすると座高が高くならず、膝に負担がかからない。ある日、京都映画の撮影部

『新必殺からくり人』の小駒、回転する独楽を放って相手を始末する

さんだったかな……ドナルドダックの合曳を作ってくださったスタッフさんがいて「ジュディちゃん、あげるよ」って、それは一生の思い出です。わたしがいつも「しびれる、しびれる」って言ってたから用意してくれて、いまもずっと大事に取ってますよ。

――1979年には「魅せられて」が大ヒットし、その後ジュディさんは歌手としての活動がメインになります。京都の時代劇に出演しているときに「魅せられて」を生中継したそうですが。

ジュディ　はい、東映の長屋で「魅せられて」を歌いました（笑）。『ザ・ベストテン』だったと思いますが、東京まで行く時間がなかったので衣裳を持ってきてもらい、オープンセットの長屋を煌々とライトアップして……。「魅せられて」のヒットで、若山先生と山田先生が嘆いたんですよ。たしかに時代劇の仕事ができなくなってしまって、申し訳ないことをしました。『たぬき』という山田先生の舞台も誘っていただいたのに出られなかった。でも、おふたりに教わった所作や日本文化、人といるときの立ち振る舞いは一生ものです。先日『サニー』（24年）という海外の配信ドラマを撮り終えたんですが、主役のお母さん役で京都人なんですね。もう超古風な姑と超現代的なカリフォルニアンガールの嫁とのやり取りを着物で演じました。意識してなかったんですが、浴衣を着て正座するとき、パンッと後ろに浴衣を……そういう仕草は知らぬ間にやっちゃいますね。

――歌と演技の大きな違いはありますか？

ジュディ　お芝居には設定があって、共演者とのキャッチボールで初めて成立します。歌というのは背中に曲を背負って、そしてお客さんに向けて一方通行なんですね。いわば自分の判断で好きなボールを投げるピッチャーです。カーブがあれば、ストレートもある。ただしクリエイションという意味では、どちらも白紙から作るので非常に似てるところがあります。こういうお話をしてると、時代劇役者ね、もう一度やらないといけない。そう思えてきました。

——ありがとうございます。そういえば、今日のジュディさんのハンカチは〝とんぼ〟柄でしょうか？

ジュディ　あっ、本当ね。ぜんぜん意識しなかった。とんぼ、好きなんですよ。アール・デコの時代でもいろいろなとんぼのデザインがあって、ルネ・ラリックのとんぼもたくさん……彼はアクセサリーもやってるんです。よく考えたら、とんぼという役名も不思議ですよね。普通の時代劇では考えられない。透明な羽根が、あのころの縁だったのかしら。わたし、「魅せられて」のドレスも半透明の生地でしたから。

ジュディ・オング

1950年台湾生まれ。3歳で来日し、子役として活動しながら66年に「星と恋したい」で歌手デビュー。70年代には『おしどり右京捕物車』『賞金稼ぎ』『必殺からくり人』などのテレビ時代劇で活躍する。79年に「魅せられて」が200万枚の大ヒットを記録し、日本レコード大賞を受賞。90年代以降は北京平和音楽祭をはじめ台湾や香港でチャリティイベントをプロデュース。台湾政府より文化親善大使賞を授与され、2022年には「外務大臣表彰」「文化庁長官表彰」を受賞。木版画家としても活動中。

俳優

河原崎建三

死神は殺し屋としてしか
生命を維持できない
その背景が自分と似てたんですね

闇の組織「寅の会」――虎の元締に側近として寄り添う死神は、凄腕として恐れられていた。遮光メガネに手投げ銛、『新必殺仕置人』屈指の個性を放つギリヤーク人の死神を演じた河原崎建三が、山内久司、工藤栄一、そして高坂光幸を語る。仕置人メンバーの素顔や問答無用の秘話も満載。正八、オマエ、イイヤツダ。

山内さんがぼくを死神に配役してくれた

河原崎　まず大きかったのは、山内久司さんとの出会いですね。山内さんがいろいろ話してくれたこと、それから監督では工藤栄一さんに会ったこと。おふたりとも自分の人生のなかで非常に意義のある存在でした。

――朝日放送の山内久司プロデューサーと工藤栄一監督、それぞれ『新必殺仕置人』（77年）におけるキーマンです。

河原崎　山内さんがぼくを死神に配役してくれたんです。山内さんは、うちの兄貴の河原崎長一郎と仲がよくて、長一郎さんというのはすごく頭のいい人、ぼくとはちょっと違った（笑）。だから山内さんと意気投合して、お互いの相談相手になっていたんですよ。もちろん『お荷物小荷物』（70〜71年）など山内さんのドラマにも出ていましたし。それで、しづ江さんが……うちのおふくろが大阪のＡＢＣ（朝日放送）で井原西鶴原作の『元禄一代女』（68年）に出ることになった。従姉妹の志麻ちゃん（岩下志麻）が主役で篠田正浩さんが演出、そのときおふくろはもう体が弱かったんですが、志麻ちゃんの母親役でオファーを受けたんです。大阪で仕事をする自信がないということで「だったら、ぼくが付き添いで行くから」と言って納得してもらい、いちおう収録も無事に終わって……あの、ずいぶん長くなりますけど、大丈夫ですか？

――はい、もちろん大丈夫です。

河原崎　そうやっておふくろの世話で走り回ってやっていたら、山内さんが奇妙な男だと思ったらしくて「建三くんはどんな人間なんだい？」って長一郎さんに聞いたの（笑）。ぼくは『足摺岬』（54年）という映画で子役をやっていて、映画記者の井沢淳さんが「非常に暗い子役がいる。いままで見た子役の中でいちばん暗い。でも暗いから印象に残った」と、そんな記事を書いてくれまして、それで俳優というか子役として認められて……その後も井沢さんには「まだ暗いか？」「はい、暗く暮らしています」とか言って（笑）、まぁ俳優を続けてたんです。

そんな話を兄が山内さんにして、なんとなく俳優としての資質みたいなものを見てくれたんですね。

ぼくは小学校5〜6年まで長一郎さんと同じ部屋をシェアして暮らしていたんですけど、そのころの話も長一郎さんが話したみたいなんです。小学校3年くらいのとき、見知らぬ人相の悪い男たちがザッと部屋に入ってきて「あ、これは警察に違いない！」と思った。当時の警察って三鷹事件や血のメーデー事件が起きたころですから、すごく荒っぽかったんですよ。で、部屋をぐちゃぐちゃにして帰っていって、ぼくが呆然としていると、おふくろが入ってきて「なにをやってるんだい。いま君たちができることは学校に行くことだ。勉強することだ。そして負けないことだ」って言ったんですよ。そういう……なんというか、修羅場みたいな事件があって、ぼくは自分の未来というのが信じられなくなって悲観してた。それでも長一郎さんは励ましてくれて、ふたりで生きてきた……山内さんはそんな事情を知っていて、ぼくを死神に推薦してくれたんです。

——さかのぼると、朝日放送のドラマ『君たちは魚だ』（72年）に水泳選手役でレギュラー出演していますが、こちらも山内プロデューサーの担当作ですね。

河原崎　主役4人のひとりに抜擢してもらいました。大島渚さんの『儀式』（71年）に出たときに佐々木守さんと出会って、『君たちは魚だ』は守さんがほとんどホンを書いてたんですね。「建ちゃん、これからどうするんだ」ということで、守さんが山内さんとの橋渡しをしてくださったんです。

——『君たちは魚だ』は佐々木守さんの推薦があり、もともと山内さんと長一郎さんの関係もあった。

河原崎　しょせん俺はあんまり実力のない俳優だから（笑）。本当に人との関係……とくに大島組をきっかけに創造社のみなさんが推薦してくれたり、そういうところで仕事が成り立っていた部分もあります。俳優としての迷いが吹っ切れたのも『儀式』でした。あの満洲男という役も大きかったんですが、いちばんの当たり役は死神でしょうね。街を歩いていても「あ、死神の人だ」と言われるようになったし、昨年も分厚い本（『必殺仕置人大全』）が送られてきて、ゆっくり読ませてもらいました。

——死神にキャスティングされたときの思い出は？

河原崎　両親とも共産党員の家に生まれて、死神と同じような境遇というのがチラッとあったんですね。そういう一致点で芝居をするというのは恥ずかしいもんだけど、ノッて仕事ができる面もありました。当時の共産党というのは〝アカ〟と呼ばれて差別されて、隅っこのほうで生きていた。死神も遠く海の向こうから江戸に流れてきた男で、寅の会でしか生きられなかった……。

——ギリヤーク人という出自や「寅の会」の元締である虎に育てられた過去が第40話「愛情無用」で明かされます。

河原崎　けっきょく死神は殺し屋としてしか生命を維持できない。その背景が自分と似てたんですね。弾圧も相当ありました。子供というのはすごく残酷なものですから「おい、共産党！」なんてことで、うちの兄貴や亡くなった松山英太郎さんは体操に出られなくて外で見ていたとか、逃げて家まで歩いたとか。ぼくの場合は逃げて歩いたどころか、口があんまり上手じゃなくなった。しゃべれなくなった。意見を言えなくなった。なにか言っても「おい、共産党！」ですから、非常に暗い人間になってしまった。しかし、その暗さが子役から寡黙な死神につながるんだから、不思議なもんですよ。

普段から訥弁なところがありまして

——死神という役を具体的に造形していったのは工藤栄一監督でしょうか？

河原崎　そうです。あの木で作った遮光メガネや手投げの銛《もり》も工藤さんですね。現場の性格づけ、表現づけは工藤さんが全部やってくれました。銛を使うのは相当難しくて、シュッと袖から飛び出すんですが……「落っこちる鋲を上から捕まえろ」って工藤さんが言うんですよ。そんなの素人にはできない（笑）。だから何度も何度もNGを出して、それでも工藤さんって妥協しない人だから「もう一度！」「もう一度！」って、何回やらされたかわからない。鋲って先がとんがってるから、けっこう恐ろしくて……。

——ということは、あの鋲は本物だったのですか？

河原崎　本物です。刃引きもしてないから、下手したら刺さるんですよ。だからなおさらおっかなくて、できなかった。けっきょく殺陣師さん（布目真爾）に代わったんですが、パッと1回で掴むんですね（笑）。「なぜできないの？」って言われて、ひどくがっかりしました。あのアップはけっきょく吹き替えです。ぼくがやると、永遠にNGで終わらなかったでしょうね。

——飛び出す仕掛けがあったのでしょうか？

河原崎　いや、ないんです。離すと落っこちますから、それを掴むだけ。でも至難の技ですよ。引力には敵わない。けっこうスピードが速いし、刃を掴んだりしたらえらいことになりますから。

——あの鋲にそこまで苦労があったとは……。

河原崎　もうひとつ、死神といえば、あの遮光メガネですよね。あれは北極の先住民族のサングラスをヒントに工藤さんが考えたものなんですが、最初はスタッフの評判もよくなかった。でも「この鋲と遮光メガネは、死神が物語のなかで市民権を得るためにどうしても必要なんだ」と主張して、押し通したんです。ギリヤーク人という設定に変えたのも工藤さんでしたから。

——遮光メガネはいかがでしたか？

河原崎　あれをかけると、びっくりするほど視野が狭くなるんです。歩き出すと、どこを歩いているのかわからないし、走るのも難しい。ましてや立ち回りなんか大変です。それでも工藤さんが「死神の生きてきた証なんだ

ギリヤーク人として生まれた死神、遮蔽メガネと手投げ銛がトレードマーク

から、ちゃんとやれ！」とかなんとか言って……だからすごく感謝しています。つまり死神が生きてきた証を証明するということは、すなわち物語の市民権を得るということですよね。当時はわからなかったけど、のちに大阪の新歌舞伎座で杉良太郎さんの舞台をやったとき、20歳くらいの若い男の子がよく来てくれて「ぼく、死神のファンです」と言ってくれた。そのとき工藤さんの〝市民権〟という言葉を思い出して、人間の居場所を保つというのはそういうことなのか……自分がやるんじゃなくて、相手が覚えているものなのか。自分の〝生〟が証明される経験を初めて教えてもらいました。本当に「あぁ、これが役者として市民権を得たということなんだな」って実感しました。

――第1話「問答無用」では寅の会を裏切った仕置人を死神が始末しますが、木の葉が舞う地面からの登場という絶大なインパクトでした。

河原崎　枯れ葉を覆ったところから立ち上がるんですが、そのときの工藤さんの合図が「死神！」という大声で、たしか一発ＯＫだった気がします。

――「虎ハ取引ヲ許サナイ」をはじめギリヤーク人である死神のセリフは終始カタコトですが、演じる側としてはいかがでしたか？

河原崎　ぼくの場合、普段から訥弁なところがありまして、ちょうどよかったですね。あんまり抵抗感もなく……どうも「表現」しちゃったら芝居くさくて、いやらしいよなという考えが強かったし、まともにしゃべっても訥弁なんだから芝居するのは一切やめようと思いました。この作品でも山﨑（努）さんなんか自由にやってるし、（中村）嘉葎雄さんもしっかり役を作るタイプ。濃いですよね。だから……これは言っていいのかどうかわからないけど、山﨑さんも嘉葎雄さんも（火野）正平くんの芝居が気に入らない。正平くんのはすごくナチュラルじゃないですか。だからやりにくいって。それで一度、酒を飲んで正平くんを執拗に問い詰めたことがあったそうなんです（笑）。お前の芝居は緊張感がないとかなんとか。

そうしたら正平くんがぼくのところに来て、「あいつら許せない！　殴っちゃおうと思うんだけど」という話になった。彼はああ見えてすごく喧嘩っ早いし、自分のほうが強いという自信もあったんだろうね。でも「ほっとけ、ほっとけ。やめたほうがいいよ」って言いました。殴ったら絶対こっちが損するし、ぼくは別に同じ劇団の運命共同体でもなんでもないから協力はできない。正平くんも損得がわかる人間だから「あぁ、そうだね」ということで、あっさり「殴るのは中止！」ってなりました（笑）。

――火野さんにインタビューした際も山﨑さんや嘉葎雄さんに酒の席で絡まれた話をしていました。みなさん、酒ぐせが悪かったと……。

河原崎　あぁ、そうでしたか。じゃあ言っても大丈夫ですね（笑）。それから正平くんとはちょっと親しくなって……子役出身の明るい人間と暗い人間で正反対なんですよ。でも、子供のころから社会の荒波に揉まれてるから、ある意味でお互い大人というか老成している部分はありました。いくら年齢の差があっても、人間としての年輪や経験、芝居の違いは尊重すべきだと思います。まぁ、正平くんも女ぐせが悪くて大変でしたけど。

必殺キラーズ、野球の日々とメンバーの実力

――元締の虎を演じたのは、大阪タイガース出身の藤村富美男さん。俳優としては素人ですが、存在感がありました。

河原崎　藤村さんは普段ほとんどしゃべらなかったし、あの雰囲気だから近寄りがたかったですね。ただ野球のチームで監督をやって、やっぱり正確でした。「お前、なんであんなところで三振するんだ」とか（笑）、そのときは多少話をしてました。必殺キラーズという野球チームが結成されたんですよ。

——大阪球場で関西テレビとの対抗試合をしたそうですね。河原崎さんのポジションは？

河原崎　いちおう二塁ということで、ただあれは野球の上手い下手じゃなくて俳優として権力があるかどうかですから（笑）。だからピッチャーは山﨑努さん。主水さん……藤田（まこと）さんは野球に関しては少し引いていて、山﨑さんと嘉葎雄さんが一生懸命でした。正平くんは三塁で、トンネルしては「ゴメン、またやっちゃった」（笑）。大阪球場で試合をやったんですが、途中で大木実さんが来て、われわれのユニフォームを要求したんですよ。そうしたら主水さんが目で合図してきて、隠れようとしたんですが時すでに遅し、「建三！」……あきらめて物陰でユニフォームを脱いで渡しました。「なにしに大阪まで行ったんだろうなぁ」と、帰りの新幹線で一粒の涙が流れましたよ。

——関西テレビとの番組対抗試合で負けたとき、打ち上げで山﨑さんが「お前ら本気でやれ！」とスタッフを怒ったそうですね。

河原崎　山﨑さんはいつも怒るんですよ、スローボールなのに（笑）。そんなこと言っちゃうと、また怒られるかな。現場でも監督に「それは違うんじゃないか」と正面から言う人でした。ぼくは俳優座の養成所で7期くらい下なんです。山﨑さんは思い込みが強くて喧嘩っ早いから、けっこう煙たがられる部分もあって、ある女優さんに「これはさ、すごくいい劇だよね」って言ったら、その女優さんもひねくれていて……もう亡くなりましたが、范文雀さん。「どこがおもしろいの？」って返したらしいんですよ（笑）。で、山﨑さん絶句。そのまま黙っていなくなっちゃった。そんな話を別の女優さんから聞きまして、「文ちゃん、やめたらいいのに。山﨑さんにそんなこと言ったら、えらいことになるよ」ってお説教をしたそうです。

——なんと、山﨑さんと范文雀さんにそんな逸話があったとは。

河原崎　キラーズの話はまだありますよ。みんな野球が好きだから撮影の合間に練習してて、あるとき衣裳の若い女の子が商店街のチームとの試合を組んできたんです。当日、たまたま林隆三くんが京都に来てて、彼は高校野球の選手だったからピッチャーをやってくれました。キラーズのメンバーとは段違いで、ものすごいスピードでしたね。しかし、試合で勝った記憶はないから、ほかのメンバーの実力はねぇ……。あのころ『愛ある限り』（77年）という昼のメロドラマで榊原るみさんの相手役をやっていて、東京と京都を往復してたんですが、野球のためだけに大阪に行ったり、京都に行ったりしてましたね。

「いままで生きてきた俳優人生を賭けてやってください」

——寅の会のシーンは正面奥に虎と死神がいて、殺しの値を競り合う仕置人たちがずらりと左右に並んでいます。

河原崎　セットでしたが、雰囲気はあのままです。たまに工藤さんが「席、替えようか」と言って「気分を変えないと、いい芝居をしないからね、君たちは」なんて（笑）。工藤さんの口はもう本当に的確だったし、みんな尊敬していました。のちに『大忠臣蔵』（89年）で清水一学をやりましたが、これも二刀流の立ち回りが大変でしたね。スタッフだと、カメラマンの石原（興）さんは恐ろしいという評判でしたが、ぼくは直接どうこうはなかった。噂によると「なにやってんだ、お前！」みたいに、だいぶ怒られた俳優さんもいたそうですけど。すごく才能がある人ですから、石原さんのカメラだと画の映りが違うんです。われわれ俳優の間でも評判でしたよ。サブちゃん（藤原三郎）もいたけど、やっぱり石原さんは別格で。

——工藤栄一監督以外の演出陣で印象的だった方はいますか？

河原崎　助監督から監督になった高坂（光幸）さんですよ。最後に、ぼくと正平くんの話を撮ってくれました。

——「愛情無用」ですね。「正八、オマエ、イイヤツダ」と、たまたま知り合った死神と正八の交流が描かれました。

河原崎　なんにも言わない、なにも要求しない人だった。「いままで生きてきた俳優人生を賭けてやってください。さぁ、どうぞ」と、こういう感じ。だから高坂さんは、いい画を撮ってますよ。人間味のある画を撮るんです。石原さんは、ああいうカメラワークで掘り下げて撮るじゃないですか。だけど高坂さんはそうじゃなくて「人間ってもっと美しいよね」というところがあって……とくに女優さんは「わたしは美しい」という人が多いもんだから（笑）、高坂さんの評判はよかった気がします。

だいたい女優さんを上手に撮る……というのは脅かして使う人が多いんですよ。たとえば齋藤光正さんなんか「お前、ダメだ！」って、ちょっと大きな声では言えないようなことを口にして、脅かして、そうやって驚いた顔を美しく撮る手法だったと思うんです。光正さん、ぼくもずいぶんいろんな作品に出ましたけど、「建坊、このカットはいいだろう。これはな、イタリア映画の〜」とか言って威張るんですよ。そうすると、こっちは言えないですよね、「大したことないですよ」なんて（笑）。だから「そうですね。『ベニスに死す』みたい」とか言うと、よろこんでくれる。そういう意味では、逆に気楽な監督でしたけど。あんまり言うと、また怒られちゃうな（笑）。

——「愛情無用」では恋人を殺された死神が、みずからの命を絶ってしまいます。なにか現場の思い出はありますか？

河原崎　それがねぇ、覚えてないんですよ。悲しいかな、まるで覚えてない。どういうふうに演じたとか……たぶんね、演じてないんだと思います。芝居をしていない。正平くんはそのままの人だし、ぼくもどっちかっていうと芝居をするのはいやらしいというタイプだから、感覚が合ってたんでしょうね。すごく楽だった。だから覚えてないんですよ。「バカ野郎、ふざけんじゃない！」ということもありますからね、芝居をやるうえで。

——なるほど、そういう苦労をしてないから覚えてない。

河原崎　気持ちよくなっちゃうから。山﨑さんにはしょっちゅう怒られてましたよ。「建三、もっと気を入れてやれ！」とかすぐ言うんですよ。「気を入れる」って、どこに入れるんだろう、そんな田舎芝居できねえよって思うんだけど（笑）、もちろんそんなことは言えませんからね。下手したらパンチのひとつでも飛んでくるし。ほかの現場でも山﨑さんが急にカットの終わりで「おい、建三！　緊張感が足りない。手を抜いて芝居すんなよ！」って、もうびっくりしちゃった。熱い人なんですが、みながみな同じトーンの芝居をするわけがない。変化こそがおもしろい。そう思って無視してたら、なんかブツブツ怒ってました。

どうして死神は自殺しないといけなかったのでしょうか？

河原崎　寅の会の撮影もまるで覚えてなくて、全部山﨑さんが仕切っていたから（笑）。ただ一度だけ寅の会のメンバーで〝酒の会〟がありました。要するに飲み会ですね。山﨑さんが「みんなで飲みにいこうか」と誘ってくれたんです。寅の会のみなさんはうれしいほど和やかで、長老が多いんですよ。あの映画はどうだった、三隅（研次）さんはどうだったとか、そんな話を聞くことができました。

――闇の俳諧師のメンバーは原聖四郎さん、堀北幸夫さんをはじめ大映出身の俳優が多かったですね。

河原崎　そうなんです。三隅さんは評判があんまりよくないんだなって、そのとき知りました。すごく楽しい夜でしたね。

――同じく俳諧師役の伴勇太郎さんにお話をうかがったとき、「寅の会は撮影が早く終わるからよかった」と仰っていました。

河原崎　早かったですね。あっという間に終わりました。工藤さんって凝るときは凝るんですけど、流すところは「ハイ、ハイ、ハイ」ってどんどん撮っちゃうんです。メリハリがありました。突如として「ちょっと行ってくるわ」って、なんだと思ったら「昼寝の時間だ」（笑）。ほんとにいなくなっちゃうんですから。しばらく経つと「あぁ、よく寝た」って。工藤さんの現場はスタッフも平等だし、人気は抜群だったですね。

――**なるほど。**

河原崎　工藤さんからは「建坊」って呼ばれてたんですが、「建坊、立ち回りっていうのはなぁ、始まったらもう終わりなんだ。だから、その原因がなんなのか……そこに多様性がある。始まったら殴り合うだけ、終わったらイヤな感じが残るだけ。それが本質だ。喧嘩もそう、戦争もそう。だから、なぜ立ち回りをする事態が起きたのか、そしてなぜ人間はそれを続けるのか……そういうことを俺は考えたいから、立ち回りを撮るんだ」と言っていました。なるほどなぁと思いましたね。人間のいやらしさを追求するという話で、これは忘れられません。だから俺は人間を撮る、不条理な人間の世界を撮るんだと。

――**それは現場で聞いたのでしょうか。それとも酒の席などで?**

河原崎　工藤さんと飲みにいったことはないですね。だから現場で呼ばれて、「建坊、ちょっと」って。でも正平くんと山﨑さんの殴り合いが実現しなくて本当によかったですよ。「ふたりだけの秘密で忘れようね」っていうことになっているんですけど。さっきも言いましたが、正平くんというのは喧嘩が強くて、そういう訓練をしてるところも見たことあるんです。そんなことになったらえらい騒ぎになって、ふたりとも厳罰で降ろされてしまう(笑)。途中でいなくなって「どうしたの?」「消えたよ」「死んだよ」ってね。

――**高坂光幸監督の現場はいかがでしたか?**

河原崎　静かな、物静かな現場でした。だから俺と正平くんも演技に集中できて、すごく助かりましたね。やっぱり静かだと、やりやすい。死神の恋人の八木孝子さんは新国劇で、ぼくは石橋正次と付き合いがあったから何度かすれ違ってます。いい女優さんでした。ただ、ラストはちょっと気に入らないんだけど……どうして死神は自殺しないといけなかったのでしょうか?　それだけは、いまだに納得していないんです。

——そうだったのですね。死神の死には納得していない。

河原崎　恋人ができて、友人ができて、どうして自殺しなければならないのか。台本を読んでも納得がいかなかった。初めての女が死んじゃったのが原因なのかなと思ったけど、それじゃあ死神があんまりかわいそうだから……あれだけは、まだ解決がつかないほどウジウジと考えますね。もっと生きて、死神として生きればいいじゃないですか。俺だったら絶対生きるのに……そう思いながら演じてました。最後まで死の必然性を感じることができなくて。

「この女優とは親しくなってはいけない」

河原崎　ほかに覚えている監督は、やっぱり（渡邊）祐介さんですね。それから松野（宏軌）さんもすごく……みんながいろいろ言ってたから覚えてます。ある古い俳優さんには「みんな松野先生の扱いが軽いけど、本当は京都の映画界で尊敬されている人なんだよ」って、そんな話を聞いたことがあります。だって松野さんが演出してても、みんな聞かないんだから、そっぽ向いて。だいたい俳優さんってひどいんですよ。山﨑さんなんか、いちばんそうだったんじゃないですか。まぁ、あの人はどの監督でも好きにやってましたけど（笑）。

——渡邊祐介監督はどのようなタイプですか？

河原崎　祐介さんは、女の人へのラブレターがすごくいい文章だという話を聞いたことがあります。とても紳士な監督で、優しかった。NGを出しても「じゃあ、次いきましょうか」って、親切に進んでいく人です。祐介さんは松竹の大船作品も多いですよね。ぼくも松竹と契約していたから、現場が終わると「建三、送って帰ってくれ」って自動車で送ったりして、けっこう祐介さんとは交流があったんです。それでフランキー堺さんが大船に来たとき、これまた大モメにモメまして。ある女優さんとフランキーさんが親しくなってしまい、祐介さんが怒って「建三、あいつを殴ってこい！」。どうしてぼくが殴りにいかなきゃいけないのかと思ったんだけど（笑）、普段が紳士だっただけに、そんなの珍しかったですね。

――なんと！　銛を投げたり、あるいは突き刺しますが、死神の殺陣はいかがでしたか？

河原崎　銛に紐が付いてますから、いざ投げたら「ギギギギギギギ」って、手が摩擦でグチグチになったことがありました（笑）。けっきょく痛い目に遭うという……。それから死神が水路みたいなところに入って、相手を追いかけていくシーンがあったんですけど、あれも遮光メガネをしてるからよく見えないし、足場は悪いし、えらい苦労しましたよ。

――第36話「自害無用」ですね。大覚寺の堀下から大沢池の水門みたいなところまで追跡していました。

河原崎　撮影にはちょうどいいところで、でも俳優さんにはあんまりよくない。ずいぶん撮影で使われる場所でしたね、あそこも。

――数多くのテレビ時代劇に出演している河原崎さんですが、京都映画と東映京都の違いはありますか？

河原崎　大きくは同じで、京都の仕事場というのは面倒見がいいですよね。東京はやはりサラリーマン的で、終わったら終わったで「はい」という感じ。ひどいときはさ、撮影が終わったあと大雪が降ってるのに「どうぞ、お帰りください」（笑）。「どうやって帰るんですか？」って、さすがに聞いたことがありますよ。京都ではそういうことは一切ない。みんな表面は当たりが柔らかいですから。ぼくが初めて京都に行ったとき、長一郎さんに紙をいただきまして「この女優とは親しくなってはいけない」という名簿でした。その名簿を見ながら「この人は大丈夫」と（笑）。そんな感じで人間関係が入り組んでることは入り組んでいる。下手に手を出したらえらいことになりますから。

——**優しいお兄さんですね。**

河原崎　余計なことばっかりするお兄さん（笑）。

——**もうおひとり、河原崎次郎さんはどんなお兄さんでしたか？**

河原崎　3人兄弟で3人とも俳優をやって……というのはやめたほうがいいですね。そういう兄弟がいたら忠告します。やっぱり複雑ですよ。ぼくと長一郎さんがツーカーだから、真ん中だけ孤立しちゃうことがあって、気の毒なこともありました。でも、いちばん正直でいい男は次郎さんなんです。ぼくと長一郎さんは権謀術策を駆使する悪い男なんですけど（笑）。本当にそうですよ。とくに長さんはいろいろと悪いことを……。

——**先ほどのお話で、山内久司プロデューサーと長一郎さんが親しかったというのは「なるほど」という感じがします。お互いインテリ同士というイメージがあるので。**

河原崎　抜群の頭脳でしたから。うらやましいほど、ツーカーで話をしていました。ぼくは山内さんに言われたことがあるんです。「長さんと違って、頭はあんまりよくないね」って。でも、はっきり言ってくれてありがとうと思いました。やっぱり山内さんってすごいんですよ。もう言い出すと絶対に引かなかったし、それだけ自分の企画に確信があったんでしょう。監督に対しても譲らない。ぼくは打ち合わせを見たわけではないけど、明らかに山内さんが主導した〝核〟の部分はたくさんありますよね。それを工藤さんが表現として広げていく。そして優秀なスタッフがいたというのが、京都映画のシステムだったんじゃないですか。

——**松竹の櫻井洋三プロデューサーはいかがでしたか？**

河原崎　あんまりよくない人ね（笑）。これは言えません。本当に言えません。

悪役でも、いかにも悪い顔ではやりたくない

——その後、ゲストとして『必殺仕事人Ⅳ』第12話「勇次鼠小僧と間違えられる」（84年）などで悪役を演じています。

河原崎　不愉快でしたね（笑）。その前に死神をやっているから、とにかく愉快ではなかった。とくに悪役として吊るされるのは……。

——肉体的にも大変なのでしょうか？

河原崎　それはないです。大島さんの『儀式』で死体になって吊るされるほうが肉体的には何倍もつらかった。あれは肉が挟まれるんですよ。そんな状態で「建三はこうやって吊るされるより、探偵の役でもやったほうがいいのにな」って、勝手なことを抜かす（笑）。大島さんってそういうところのナイーブさがなくて、自分だけがナイーブなの。

——デリカシーがない？

河原崎　男には優しい監督でしたけどね。でも、デリカシーがあったら監督なんてやらないでしょう。森﨑東さんはすごくいいですよ。監督で褒めたくなるのは森﨑さんくらい。『喜劇女は度胸』（69年）のときも、できないと「建三、なにをやってるんだ！」って、その言い方が温かいんです。間違ったことが嫌いな監督でした。

——渥美清さんと兄弟を演じた『女は度胸』のナイーブな青年も河原崎さんにぴったりの役でしたが、悪役を演じるときのこだわりはありますか？

河原崎　人間というのは、善と悪が両立すると思っているから。それがあるとき追い詰められて、悪いところがクッと出て、そういう行動をしてしまう。でも本来人間というのは、悪を押さえつけて生きている。自分ではそういうふうに思っているんです。わりと平和を愛する人間だから、それが基本的な考え方で……だから悪役でも、

いかにも悪い顔ではやりたくない。

――たしかに河原崎さんの悪役は、淡々とした印象があります。

河原崎　よくワルをやるときにグッとこうやって顔を作る人もいますが、それじゃおもしろくないんじゃないか。人間ってもっともっと複雑な存在だし、両面が入り交じるからおもしろい。ぼくも結婚してから女房を見ていると「あぁ、いまは悪いことを考えてるな」とか、いろいろわかるんですよ（笑）。逆に「心配してくれてるな。いい人を演じてるぞ」とか。だからワルをやるのに特別な意識はないんです。普通にしたほうが、悪く見えるんじゃないかと思ってました。いちばんおもしろくないのは、善と悪の配役が決まってて……あれが時代劇の弊害じゃないですか？　もっとごちゃごちゃに混ぜ合わせたら、おもしろい作品ができるんじゃないかな。

――「女房」という言葉が出ましたが、河原崎さんと大川栄子さんは芸能界のおしどり夫婦として評判です。

河原崎　ケツに敷かれているだけですよ。共演して2ヶ月かそれくらいで結婚して……モテなくて焦ってたもんだから（笑）、すぐ「結婚するか？」」、そうしたら「はい」って言うから「ありがとう」。ええ、おかげさまで元気にしてますよ。今日も帰ったらテレビでも見てるでしょう。栄子さんと最初に会ったとき「ぼくのお嫁さんが来た」と、そう思っちゃったんです。

――必殺シリーズの話題に戻りますと、映画『必殺！　主水死す』（96年）では藤田まことさん演じる中村主水の上司、与力の秦野を演じています。

河原崎　この質問は、なかなか難しい。あんまり覚えてないんです。監督は貞永（方久）さんか。一度だけ酒場で会ったことがありますが、渋谷のおばあちゃんがひとりでやっている店で、でも一言も話をしなかったですね。現場でもなにもなくて「じゃあ、おつかれさま」って感じの仕事でした。

――藤田まことさんとの共演はいかがでしたか？

河原崎　やっぱり名優じゃないですか。芝居も上手いし、尊敬しています。でも、ぼくが役者でいちばん尊敬しているのは、じつは中村嘉葎雄さんなんですよ。芝居がナチュラルだし、オーバーじゃない。理性を持っていて、ウケようと思って芝居をしていない。上品でいいなぁと思ってました。（萬屋）錦之介さんも好きなんですが、嘉葎雄さんはすごいですよ。酔っ払うと大変みたいで、ぼくはいい酒の席しか見てないんですけど（笑）。あるとき「建三、ちょっと余興をやる。シェイクスピアをやるから見ておけよ」って、その場で『ハムレット』のワンシーンをバーっとやってくれた。感激しましたよ。うわ〜、すごい、これは本場もんだという感じで。もうひとり、清水絋治さんも養成所を卒業するときシェイクスピアをやりましたが、嘉葎雄さんには敵わない。しみじみ納得するほど、きれいな英語でしたから。

――清水絋治さんも俳優座養成所の出身ですね。『新仕置人』でも印象的な悪役を三度も演じていました。

河原崎　ぼくの2期上かな。悪役をやるとすごくいいですよね。『相棒』でもヘンな教授をやってて「あぁ、よくなったな」って……先輩によくなったもなにもないんだけど。こんなこと言ってると。また怒られちゃいますね。

河原崎建三

［かわらさき・けんぞう］

1943年東京都生まれ。前進座の河原崎長十郎の三男として生まれ、子役を経て早稲田大学中退後、俳優座養成所16期生を卒業。69年に映画『愛奴』で主演デビューし、71年の『儀式』で注目を集める。松竹と契約して『喜劇女は度胸』などに出演。テレビでは朝日放送の『君たちは魚だ』に抜擢され、『新必殺仕置人』では寅の会の死神役としてレギュラー入り。朴訥とした善人から卑劣な悪役まで多くの作品でバイプレイヤーを務めており、そのほかの映画に『戦国自衛隊』『集団左遷』『宣戦布告』などがある。

俳優

近藤正臣

『必殺』になってから、
京都映画になってからですよ
あそこのガラが悪くなったのは（笑）

『新必殺からくり人』の蘭兵衛、『必殺剣劇人』のカルタの綾太郎ほか必殺シリーズに欠かせない二枚目スターが近藤正臣だ。松竹京都のエキストラから始まる下積みを経て、京都映画の異色作『斬り抜ける』『江戸中町奉行所』にも主演した近藤が、京都人ならではの思い出を郡上八幡の自宅で伸びやかに語り明かす。

「お前、セリフしゃべったことあるんか?」

近藤　あのころの京都映画のスタッフはね、若いし、無礼だったよね。もう役者にも監督にも遠慮がないから。早うに亡くなった〝若〟なんて口が悪くて、やくざもんかと思うような連中や。

――録音技師の広瀬浩一さんですね。

近藤　そうそう。普通は監督がOKと言えばOKでしょ?　ところが石やん(石原興)がキャメラのぞきながら「あかん」ってNGを出す。そんなんで監督もやり始めた。でも生意気いうたら、いちばんすごかったのは若や。監督の「OK!」に「なにがOKやねん!」(笑)。

――ひえっ!

近藤　「いやいや、なんかあった?」「セリフが聞こえへん!　もうちょっと大きい声でしゃべれや!」みたいな。女優さんなんかさ、ささやくようにしゃべる人がいはるやん。そしたら「あんな音、録れるか!」。うるさいスタッフばっかりや。

――もともと近藤さんはドラマ工房という劇団を主宰しており、太秦の松竹京都撮影所で大部屋俳優をやっていたそうですね。

近藤　京都は大部屋ではなくアルバイトのエキストラ、大部屋入りしたのは大船に行ってから。まぁ、あぶれみたいなもんや。アマチュアの道楽者ばっかり集まって劇団を作ったけど金がなくて、どうにもならない。それで同志社なんかの学生劇団の連中と親しくなってたから、そいつの紹介で大学生と偽ってエキストラ(笑)。映画の人なんかええ加減やから、それで東映や松竹の撮影所に出入りしてた。とくに松竹が多かったね。

でも、エキストラはエキストラ。演技の勉強ではなく、パンと牛乳が手に入るかどうかっていうやつです。19、

20、21と……3年くらいやりましたか。芦屋雁之助さんが主役の中編映画『雁ちゃんの警察日記』（62年）とか、そんなんにエキストラで行ってるんですよ。せやけども、なんやしらん助監督さんがエキストラを采配しはるわけでしょ。俺は、ただ勝手にやってるわけやん。知り合いの学生が同じバイトで出てるもんやから本番中そっち見て怒られたりもしたけど、そのうち「お前、セリフしゃべったことあるんか?」「ふざけるな。俺はドラマ工房という劇団のトップやぞ」と（笑）。そんで不良の役なんかで出るようになって、それはエキストラやないんですね。お金はちょっとしかもろてへんと思うけど。

――当時の松竹京都は、どのような雰囲気でしたか?

近藤　いや、とくに怖い感じでもなかった。『必殺』になってから、京都映画になってからですよ、あそこのガラが悪くなったのは（笑）。そうこうしてるうちに撮影所が閉鎖になって、スタッフみんな大船に行った。そのとき、ある助監督さんに「お前も来いひんか」と声かけられて大船の大部屋に入ったんです。舞台をやるようになって、すぐ辞めちゃいましたけどね。

――その助監督さんの名前は覚えていますか?

近藤　もちろん。武縄源太郎さんというベテランで、もう監督やってるほどの歳でしたよ。俺と奥さんの仲人をやってくれはったのも、その武縄さん。大船でテレビ映画の監督になって2本ほど一緒にやりましたけど、まぁ……それは『柔道一直線』（69〜71年）に出たあとでしたね。

石やんは助手のころから知ってる

――その後、キャリアを積んだ近藤さんは『必殺仕掛人』第18話「夢を買います恨も買います」（72年）にゲスト出演し

ています。革命を夢見ながら挫折し、林与一さん演じる西村左内と一騎打ちをする浪人役です。

近藤　与一ちゃん、やってはった？　俺、負けるほうやな？

――もちろん負けるほうです。残念ながら。

近藤　くそう（笑）。しかし、その現場はぜんぜん覚えてないな。スタッフも代替わりしてるし、俺がエキストラやってたことを知ってる人もほとんどおらへん。いうても『柔道一直線』を27〜28でやってるわけで、8年くらいはブランクありましたから。エキストラ時代はね、太秦だけやなしに下鴨にも行ってたから、石やんは助手のころから知ってる。照明の中島利男や林利夫もそうやったんちゃうかな？

――そうですね。みなさん、下鴨の京都映画出身です。

近藤　みんな不良やで。そんときも「ちょっとこれ、セリフ言えや」なんてことで、小さな役はもろうてたんかな。で、石やんもまだ助手やけど、なんやしらん親切なやつでさ、ピントを測りにくるやん？

――カメラから俳優のところまでメジャーを持ってやってくる。

近藤　そんときな、「ここまで来い。ピント、ここやで」って教えてくれる。ええ人やねん、あの人。せやから、みんな京都映画いうたら怖がっとったけど……まぁ東京から来るやつら、泣いとったもんな。「どこが怖いんや？　誰が怖いんや？」ってある役者に聞いたら「いや、もう門を入るだけでクッと怖い」。門を入るだけで怖いんかい。お寺も行かれへんやん、お前ら（笑）。

――やっぱり近藤さんは京都人なので……。

近藤　そうやねん。なんやあったら普通に標準語もしゃべれましたが、けれどもスタッフと話すときは「なにを言うてんのや。わけわからへんな」みたいな、ずっとそんなんでしたから。

とにかく勝手にいろんなことを提案しましたな

――京都映画の作品ですと、まずは『斬り抜ける』（74〜75年）に主演。必殺シリーズと同じ朝日放送と松竹の制作で、不義密通の汚名を着せられた男女を主人公にした逃亡劇です。

近藤　プロデューサーが山内久司さんや。その久司さんが、なんや企画を持ってきた。ちょうど名古屋で舞台が決まってたんや。そこへ来てな、「急やけど出てほしい」「いや、舞台は昼夜2回あるし、昼の部だけって日もあるけれど、休みなんてあらへんねんから」「いや、上手に撮るさかい」「上手に撮るいうたって無理やで。そんなもん絶対間に合うわけない」「そこをなんとか〝切り抜ける〟から」「え、なんやそれ！」って（笑）。

――それでタイトルが『斬り抜ける』！　かなりハードなスケジュールだったそうですね。

近藤　俺と和泉雅子さんで〝松平はずし〟という網をかいくぐって旅をするわけや。どこへ行っても徳川の松平藩は大なり小なりおって、それを刀で斬り抜けていく。あの楢井俊平いう役の衣裳は、ジーンズなんです。俺が横浜のジーンズ屋さんに行って、ある部分だけブワーッと集めて「これでやってくれ」と衣裳さんにお願いした。袴もブタの皮で、こうやって継ぎ接ぎして……つまり逃げ回っていくから、いっつも宿屋やら泊まれへん。野宿するわけで、それやったら頑丈な衣裳にしようということです。そんで俺が使こうてたのを、そのまま『必殺』でも……。

――『翔べ！必殺うらごろし』（78〜79年）の和田アキ子さんや『必殺仕事人』（79〜81年）の三田村邦彦さんもデニム生地の衣裳を着ていました。

近藤　斬り抜けたら、刀も鈍ってもうて次からあかんさかいに、できるだけ立ち回りは突く殺陣。突きで、それから腰に砥石をぶら下げる……そんなことも旅ものだから考えました。

――たしかに、よく刀を研ぐシーンがありました。「刀は血のりと脂が付けば、まず2人しか斬れない」というナレーションが流れるなど、序盤はリアリズム志向の殺陣でしたね。

近藤　そうそう、それは俺が言うたねん。ジーパンの衣裳でリアリズムもなにもないけど（笑）、そのへんは徹底したかった。でも自分としては、しんどい仕事でしたよ。名古屋で夜の部が終わってから京都まで連れていかれて、ほんで「ええやろ。もう鳥が鳴くまでやろう」でコケコッコー（笑）。よう鳴きよるんや、朝、撮影所のオープン（セット）のとこで。だから体力的にはキツかった。

――当時から作品にアイデアを出すのは好きだったのですね。

近藤　ちょっと遊ぼう、遊ぼうと思うてただけ。そういう根性というのは、歳とってからもずっと続きますね。どんな役でも、とにかく勝手にいろんなことを提案しましたな。

――刀に血と脂が付くと……という『斬り抜ける』のリアリズムですが、工藤栄一監督の第9話「男は耐えていた」から、その設定が完全に忘れられて派手なアクションが展開されていきます。

近藤　工藤さんには文句いわれへん（笑）。2～3人しか斬ってなかったのが20～30人や。ぜんぜん大丈夫、なんぼでも斬れる。だいたいセットやらオープンにしても下駄履いてくる監督やからな。あとの監督だと、松野（宏軌）さんは覚えてる。田中徳三さんもおったな。助監督の家喜（俊彦）さんも撮ったんや。あんまり前に出えへん人やった。それからコーヒー牛乳を冷蔵庫に入れてはった監督がいて、それを誰かスタッフが飲んでもうとって……そんでもうブツブツブツブツ文句言いながら「誰が飲んだんや！　誰が飲んだんや！」って、あれ誰やったろう？　松野さんかな？

――石原さんから聞いた話だと、その後の必殺シリーズで井上梅次監督が冷蔵庫にプリンを入れてたら……。

近藤　それもある！　でも別や。梅次さんも怒ってたけど、石やんが食うたんちゃうやろな（笑）。まぁ、そういう風が吹いてる集団ですからね。遠慮もなければ、別に監督やからって……監督がＯＫしても、もう若やら石やんやらが「あかんあかん、あかんで！　おい、ねえちゃん！　いま本番やったん知ってたか？　テストとちゃうで！」って、こうや。

〝チャンチャンバラバラ砂ぼこり〟っちゅうやつや

――『斬り抜ける』もそうですが、当時の近藤さんは甘いマスクで、いわゆる二枚目俳優の代表格でした。

近藤　〝いわゆる〟は、つけんでもええ。二枚目だけで（笑）。しかし、つまらんもんですよ、二枚目を演じるのは。おもろない。だから『斬り抜ける』でもアイデアを出したし、（火野）正平は勝手に毛布かぶっとった。あいつも好きなことやって、たまたま同じ事務所やから……それは助かったね。現場で孤立せえへんから、俺が。もう正平は正平で自由に芝居して、それから感性ばっかりになりよってん。私生活も感性ばっかりや（笑）。

――星野事務所の先輩後輩として大河ドラマ『国盗り物語』（73年）で共演したとき、近藤さんから「お前が考えて、感じたとおりにやれ」とアドバイスされたことを火野さんからうかがいました。もちろん技術も大切ですが、やはり俳優にとって感性は大事でしょうか？

近藤　技術いうたら、ぼくは50くらいまではセミプロ程度で……「いつになったらプロになれんのやろ」と思ってました。50過ぎたころからですよ、ギャラでも普通の気持ちでもらえるようになったの。それまではプロという意識もなく「なんや、困ったな……」って思ってました。これね、別に謙遜してるわけじゃないんです。使う方が悪いねんけど「そんなん見抜けよ！」という話で、そやけど、やっぱり生きてる人間の体があっての役者でしょ。ぼくは変幻自在というタイプの役者ではなく、顔をふくめて、いろんな要素がたまたまちょっとよかった

不義者として追われる男女の宿命を描いた『斬り抜ける』、近藤正臣演じる楢井俊平

んやね。そう思うてます。
だから芝居が上手いということでもなく……芝居のおもしろさはＴＢＳの「木下恵介　人間の歌シリーズ」（『冬の雲』『春の嵐』）で学んだし、木下さんがぼくを引き上げてくれました。それから何度も共演した新劇の役者さん……名古屋章さんから「近藤くん、勝負球はストレートだぞ。カーブばっかり投げてたら打たれるぞ」って言われたことがあった。当時は変化球ばっかりだったところに直球の芝居をしろと。たしかに自分でも「なんやごまかしてるな」と感じてて、せやけどストレートを投げるのが怖かった。

──『斬り抜ける』の楢井俊平は、ストレートな二枚目という印象です。

近藤　まさに直球ですね。もともと、ちょっとジェームズ・ディーンかぶれしとって……まぁ『斬り抜ける』だって、けったいな時代劇ですやん。女と子供を連れて逃げるなんて、邪魔でしゃあない（笑）。だから相手が途中で死んでもうた。

──和泉雅子さんとのラブシーンも印象的でした。

近藤　ラブシーンは、わりと好きやったのかもしれない。照れずにやりましたし、チャンバラより得意かもしれない。あれもね、やっぱりフランス映画やらのラブシーンの影響を受けてると思います。そのへんも50を境に変わったんですよ。やっぱりカーブを投げたくなる。最終的には、そっちを極めようと思いました。たとえば『龍馬伝』（10年）の山内容堂でも、まるっきり史実と違う妖怪みたいな人間をやってしもうとったから。

──殺陣はいかがでしたか？

近藤　もともとチャンバラが好きやったんです。子供のころは木屋町三条に住んでたわけで、前が高瀬川、裏側が鴨川やないですか。鴨川へ立てば、そこに見えるは東山三十六峰、草木も眠る丑三つ時……〝チャンチャンバラバラ砂ぼこり〟っちゅうやつや。もう大きい柳の枝を切ってチャンバラごっこ……あのころ嫌いやったんが、近藤勇な。そっちより鞍馬天狗やら、やりたかってん。せやから時代劇でも立ち回りで苦労した記憶はないですね。けっこう体は軽かったし、柔軟性もあったし、スピーディな殺陣が好きでした。

——突いたり、斬り伏せたり、とくに腰を落とした殺陣が印象的です。

近藤　あれは自分の体がそうしよるんですね。そんなに意識してない。斬り下げるときは、必ずグッと下に体重がいってんとあかん。唐竹割りのときでもほんまに振り下ろして、腰もガンッと下げて。で、斬り上げるときは勢いよく上げていく。いまフラフラなんです。腰、痛めてしもうて（笑）。

『新からくり人』はおもしろかった。みんな根なし草やからね

——必殺シリーズの初主演作『新必殺からくり人』（77～78年）では、蘭兵衛こと高野長英を演じています。

近藤　山田五十鈴さんのやつ？　ベルさんはね、もうすばらしい女優さんでしたね。ぼくらは「ベルさん」って呼んでて、かわいがってくれはったな。せやけど、あのへんの撮影で石やんが「ねえちゃん、もうちょっと右やんけ！」とか言って「ちょっと待て、ちょっと待て。あのな、山田五十鈴さんやぞ。五十鈴さんと呼ぶか、最低でもベルさんや。ねえちゃんはあかんよ」って、さすがに怒ったことがあるわ。

——石原さん、怖いもんなしですね。

近藤　あいつ、おもろいな（笑）。ベルさんはやっぱり三味線がね、ほんまプロ中のプロやね。舞台も行かせてもろたりしてましたし、ぼくはああいう〝プロの仕事〟を見るのが好き、話を聞くのが好きなんです。現場でもアマチュア気分で「俺、なんでこんなとこで、こんな人らと一緒にいられるんかな」って思ってしまう。ジュディ・オングなんかもいはったと思うねん。せやけど、五十鈴さんは別格。なんもやってへんまま、いはるだけで、な

んかフッとしはるだけで、こっちは「フーッ」……もう見事でした。
ぼくが『ラ・カージュ・オ・フォール』という舞台をやったとき、岡田眞澄さんとゲイのカップルの役だったんですが、とりあえずハイヒールを買いにいかなあかん。ちょっと大きめの靴を売ってはる靴屋さんへ行ったとき、ベルさんに出会うてな……「あら、なにしてるの？」（笑）。もう、どうしようかと思ってね。いや、どうしようかという理由は２つあって、ベルさんもタッパが高い。当時の女優さんにしては柄が大きい人やったから、つまり大きめの靴を売ってる店で会うてもうて、えらいとこ見たなという。

――ちょっと気まずい……。

近藤　そうそう。で、向こうは向こうで「なんでハイヒール？」。あんまりよう説明せらんだけども「いや、ちょっと仕事で……」いうて、ごまかした（笑）。

――『新からくり人』には落語家の古今亭志ん朝さんも出演しています。

近藤　あのね、ぼくは志ん生さん……志ん朝さんのお父ちゃんも見てたんです。もう震えますよ。新宿の末廣亭で、最後のほうのころに何回か生で……ただ「うわっ、志ん生ほんまに寝てるわ」っていう、そこは見てへんねん。何回か、ほんまに高座で寝はったみたいで、客席がシーンとしたらしい。その人の息子ですからね。それでまた志ん朝さんも上手やった。噺家として達者やし、もう普段は生真面目でぜんぜん違う人で……というか、こんな話しててえぇの？

――はい、こういう話を聞きにまいりました。『新からくり人』はシリーズ初の旅もので芸人一座の話なので、近藤さんの好きなものが詰まっていますね。

近藤　そういう意味でも、あれはおもしろかった。みんな根なし草やからね。高野長英も逃亡中で、最後は顔を焼いてしまう……けど、あんまり役をどうやったかは覚えてへんねん。（放映リストを見ながら）監督で決定的

シリーズ初の旅ものとなった『新必殺からくり人』、天保太夫一座が東海道を西へ

なのは、森崎東さんかな。工藤さんも森崎さんも現場でいろいろ考えてくれるし、やっぱりアクが強いのはええですね。石やんも監督としては工藤さんタイプや。いっときはキャメラマンをやりつつ、監督やってたでしょ。あれはスムーズやったわ。もう全部わかっとんねん。楽やったな。

——監督としての石原さんは、どういうタイプですか？

近藤　「こうやって撮ったら上手に見えんねん」って、女優さんやらに、ようそれをやっとった。「うん、セット変えよう。こっち側から撮ろう」って臨機応変にやって、ちゃんと女優さんは女優さんで立たせるという。「俺が撮ってんねやから、大丈夫」という安心感があるな。それは妥協というよりは、やっぱり〝ええふうに見せてあげなあかん〟という気持ちでしょう。だから芝居ができへん人でも、それなりに映る。

——なるほど。

近藤　安心してたもん、俺。だってキャメラがどこにあるか見えへんときもある。「どこにあんねや……ええっ、材木の間から!?」って（笑）。

けっこう落ちこぼれそうなんが出たり入ったりして

——まさに石原興監督の第1話「寄らば斬るぞ！」から始まる『必殺剣劇人』（87年）は、それまでの必殺シリーズから一転してド派手な活劇です。15年にわたる連続ドラマ枠の最終作となりました。

近藤　あれぞ、さっきの〝チャンチャンバラバラ砂ぼこり〟ってやつやね。あおい（輝彦）くんが、ガマを扱うたでしょ？　あれがおもろかった。田中健さんは火消しで、俺は花札の着物で……それから工藤夕貴さん、あの子がかわいらしかってん。なんもしてへんみたいやけれど、ええ芝居しはったと思う。あの女優さんは、なんか好感を持てましたね。

——好感を持つことは、少なかったりするのでしょうか？

近藤　あんまりない。

——即答ですね。

近藤　美しい人もいはりましたし、芝居がお上手お上手という人もいはりました。しかし……まぁ、わからん。女優さんのことは難しいわ。女優さんというのは、やっぱり役者という括りからちょっと外れさせせんと上手いことといかんのです。男の人でも〝我が我が〟っていう人はいはるけれども、我がしかない……そういう人がいはんねん、女優さんは。取り扱い注意や。

——最近は男女ともに「俳優」と呼ぶ流れになりつつあります。

近藤　でも、ぼくは俳優というのもイヤで、やっぱり自分で名乗るときは「役者や」と、こうなりますね。絶対役者派で、なんなら芸人と呼んでもろてもええ。江戸時代に差別的な身分制度があったころ、遊芸稼ぎ人の鑑札を受けていたあたりが役者の由来なんですね。

——それこそ「河原乞食」と呼ばれていた時代、まさに京都は……。

近藤　そうです。いま仰った河原乞食というのは、子供のころ東山に向かってチャンバラしてたら、ほんまにおったんや。橋の下に3組くらい、おじいやおばあがおった。その人たちは河原乞食やのに、ぼくらが遊んでるチャンバラごっこには参加しないんですよ。見たはるだけやねん。

——そりゃそうですよね。

近藤　来たら、びっくりするわな。やっぱりね、京都やから（市川）右太衛門さんとか高田浩吉さんの時代劇で、街の一画をロケに使うて撮りはる時代があったんです。よう見にいきました。なんやしらんテリトリーがあんねん。ほんで、やくざもんがちゃんとロケについてたもん。

――**やくざの流れを汲むスタッフも撮影を円滑に回していました。**

近藤　東映なんか、まったくそうやんけ。というのは、役者になったりしとったからね。そんときのやくざもんが。〝やくざ〟と〝やくしゃ〟は一字違いで「ほとんど一緒やな」って、よう言うてたんや。それとね、『必殺』やってるときでも、まだそういうスタッフがいはった。結髪さんやけれど、現場でかつらの境目を直したりするのを、ちょいちょいちょいちょいって……こうやって唾《つば》でな（笑）。「なめるなよ、気持ち悪い！　おい、なめるな！」って思うんやけれども、もうそれが早いから。

――**唾で直してたんですか！**

近藤　やらはるから、しゃあない。その人は、なんか俺によう話をしてはったんですよ。「結髪やる前は、ギターを弾いて流しやっとった」ということで、三度笠に合羽を着て、刀差して、そのなりで「はい、御免なさいよ」って歌やっとってな……そんな話を聞いてたら「俺、知ってるわ！　あれ、あんたやったんか!?」。見てたんや、見てたんや！

――**近藤少年が！**

近藤　そう、見てたんや。鴨川にバッと雪が降ってて、擬宝珠の橋をワーッと歩いてるときに、三条京阪の駅のほうからその人が行ったり来たりしとった。いわば流しの門付けで、それから流れ流れて結髪さんになった。それも部屋でやらへん。部屋にいるのは親方で、現場付きというのは位が低い。その人はそんなんやから、こう（唾をつける動作）やってるとき目に入るんや。で、「お前、小指おかしない？」って聞いたら「その話は今度しよう」……やっぱりシマが違うというトラブルに巻き込まれて、指を……せやけど、ちょっとしか切ってないですからね。ここまで、爪のとこまで。次また切ったら真ん中までいくから「これ、2回使えるんです」って（笑）。

——指詰めにも段階があるんですか。いやぁ、すごい。

近藤　そいつが、ある日ワーッとセットに入ってきて、新聞持ってるんや。「あのな、うちの息子がちょっと新聞出たわ」って、よろこんではるねん。ほんで見せてもろたら……恐喝で逮捕や（笑）。「なんやねん、これ！」って、まぁそういう世界やったということです。

——それはそれで勲章というか、表彰状というか……。

近藤「新聞載った！　新聞載った！」いうて、よろこんではった。おもしろかったといえば、そういうやつも混ざっとるし、撮影所というのは、ある種の小さな村落……〝村〟ですから。映画村ですから。けっこう落ちこぼれそうなんが出たり入ったりして、そんなところで助監督は早いとこ一本立ちしたいという……イッコー（都築一興）もヨウノスケ（皆元洋之助）もそうやった。『斬り抜ける』のとき、イッコーのメガネが割れたことがあって、困ってたから買ってやったもんな。それから、どっちもちゃんと監督になって。

——先ほど聞き忘れたのですが、テレビ東京の『江戸中町奉行所』（90〜92年）は必殺シリーズのスタッフによる裏稼業もので、ご存じ石原興さんがメイン監督です。

近藤　同心のやつね。あんまり記憶にないなぁ。松竹のプロデューサーは洋ちゃん（櫻井洋三）？　よう知ってますよ。おもしろいね、ああいう人らって。なんか妙に人懐っこくて。洋ちゃんもなぁ……いま、どないなってはんねん？

——引退後ずっと表に出ていなかったのですが、近年はインタビューに応じてくださって今回の本にも登場します。いま92歳ですね。

近藤　まだ元気なん。こわっ！　ドスが効いてたからなぁ〜。ああいうプロデューサーは今おらへんやん、よくも悪くも。そうか、洋ちゃん、元気なんかぁ。

――せっかくですので、京都の話をもう少しうかがいます。中島貞夫監督の『893愚連隊』（66年）など東映の映画にコンスタントに出演していましたが、同じ太秦でも松竹との違いはありましたか？

近藤　ぜんぜん違う。東映は会社で、松竹は村。その前に日活の映画で大阪ロケがあった。今村昌平監督の『「エロ事師たち」より 人類学入門』（66年）の面接に受かって、ほんまはあれでブレイクせなあかんかった。マネージャーの星野（和子）さんも「コンちゃん、これで儲かるよ！」って言わはったんや。それが全然あかんかった。星野事務所に入って日活の面接に行って、そのあと東映が「近藤を貸してくれ」って言ったらしい。だけど、そこでも結果は出せずに〝自称役者〟のままや。『柔道一直線』だって主役の桜木健一くんが同じ事務所で、中学から高校に上がったらガラッとキャストが変わる。ほんで星野さんが「高校生やったら大丈夫やろ。コンちゃん、行き。27やけど」って、行けへんやろ！（笑）

――そんな『柔道一直線』のキザなライバル、結城真吾という役で近藤正臣という俳優はブレイクしていくわけですよね。

近藤　わからへんねんけど、そのとおりです。

――東映京都の思い出はありますか？

近藤　あそこは剣会《つるぎかい》がめちゃくちゃ力を持っとって……あいつらと喧嘩しとうて、しとうて、どうにもならんかった。ほんでね、あのころは本職が東映にいたんやね。うちの店へよう飲みにきてはってな、三条木屋町の。

――あ、近藤さんのご実家（御料理めなみ）に。

近藤　その人なんか、撮影所を動物園みたいにしはんねん。犬拾うてきたり、猫拾うてきたりして、それをセットの横のちょっとした道で飼うてたんや。優しいね。そのおっさんは俺もよう知ってるから、いっぺん「剣会の

3人ほどに、喧嘩売ってこようか思てんのや」いうたら「やめとけ。そんなことはせんでええのや」。そんときに初めて、袖をまくったら……ズワーッと入っとるんですよ、刺青《いれずみ》が。「俺はそれで失敗してる」ということで、思いとどまらせてくれた。そういうこともあって、おかしなところですよ。いまはもう別もんで時代が違いますが、めちゃくちゃおもろかったな。

――もしかして、その刺青のおっさんって製作部の並河正夫さんですか？

近藤　そうや、並河さんや。あんた、よう知ってんな。

――晩年は「小指のない門番」になった方ですよね。『あかんやつら』や『映画の奈落』という東映のノンフィクションにキーマンとして登場していました。そもそも近藤さんが剣会のメンバーと一触即発になった理由は？

近藤　邪魔しよんねん。立ち回りで、かかってくるほうやん。カラミやのにわざとタイミング外してきたりして、わかってはんねん。まぁ剣会の人は「わしらがいるから映画でもテレビでもチャンバラができるのや」という、ものすごいプライドを持ってはったんやね。

――石井輝男監督の『江戸川乱歩全集　恐怖奇形人間』（69年）には、シャム双生児の役として出演しています。当時の俳優としてのキャリアとしても微妙な扱いで、もはや近藤さんだとわからないメイクで……。

近藤　なんやしらん、いろんなものを貼り付けられてなぁ。あれは土方（巽）さんの暗黒舞踏の生徒らも出とって、けったいな映画でしたな。けったいもけったい、大けったいや。監督とは口もきいてへん。そやから東映で素直に思い出すのは『懲役十八年』（67年）かなぁ。

――加藤泰監督の任侠アクションですね。

近藤　穴掘りの監督な。とにかく低いところから撮りたがる。二条駅の前のアスファルトにまで穴掘ってはった（笑）。コンクリート割って、ローアングルや。やっぱり粘液質な監督やね。『懲役十八年』は安藤昇さんが主役で、無口な人やった。ときどき笑わはんねんけど、笑うと逆に怖いねん……ちょっと表情が変わると怖い。本物やからね。俺は若いチンピラの役で、あだ名はキング。で、キングは暴れて暴れて、暴れ狂ってブタ箱（刑務所）に入る。そこの看守が若山の富さん（若山富三郎）や。本気やねん、あの人。もうバケツやらでも、水いっぱいでガーッ！　本番でも「うわっ～、振り上げたらあかん！　あかん、あかん……ガツーン!!!」やろ。それに比べて安藤さんは優しかった（笑）。

――いい話ですね。

近藤　でも、みんな東映より松竹……京都映画のほうが怖がっとったもんな。いうても東映は会社ですから役者を丁寧に扱うし、邪魔してくるのは一部の大部屋だけやったから。

――先ほどのお話に出てきた結髪のおっさんは、名前を覚えてますか？

近藤　う～ん、もう忘れてもうた。困ったな。さっきから、いっぱい話しとるのに名前わからへんやん。最後はガンになって、嵯峨野のほうの病院から俺のところに手紙がきたんよ。「枕のところへ入れといた10万円が検査から戻ったら見当たらない。ということで、なんとかしてくれんか」みたいな。すぐに送ったけど、そんなんね、ほんまか嘘かわからへん話ですよ。それから間もなくして、亡くなってしもたから……。

役者は消えていきゃええんです

――かつて近藤さんは、いろんな監督と議論をしたそうですが。

近藤　いや、まずは「こういうアイデアがある」という相談なんです。せやけど、相談を受け付けない監督がいると喧嘩になる。もう一直線でそこ行きますから。相談やのに「俺が監督だ！」って一言で終わったら、なにが監督やねんと。東大やら京大やら、ええ学校出てはる監督が多かったですから、ほったら、もうしゃあない。四の五では勝てへんから……勝負や。

――なにで勝負するんですか？

近藤　そら「表へ出え！」って話やん。それを助監督さんが必死になって止めよるわけやけどね。まぁ、大昔の話や。食えない時代が長かったし、ギラギラしてたんですな。

――長らく俳優を続けてきたうえで、とくに意識したことはありますか？

近藤　わからへんなぁ。俺は実地にやってきて、50までなんもわからへんかったんやもん。なんで50になってわかったのか……それこそ喧嘩の仕方が下手やったことに始まってると思う。やっぱり監督と親密になって、それで油断したとこに「俺はこんな衣裳を着たい」って、こう持っていかな。いきなり「よ〜い、ドン！」では、そらあかんわ。喧嘩になるのも仕方ない。

　北野武さんの『龍三と七人の子分たち』（15年）に出たときもね、監督は〝龍虎〟のイメージで、龍が兄貴、虎が弟分……その看板を背負うてるいうことで俺の役は虎の〝もんもん〟入れるのが決まってたんや。それを「監督、これな、五芒星の刺青にしたいんやけれど」って言うたらOKしてくれて、武さんって五芒星をちゃんと一筆で書けるねや。いや、すごいわ。でも、あれ龍虎やないとあかんねん。台本を読んでるうちに「五芒星にしよう」って思うたんやけど、ちょっと間違えた。そういうこともありましたし。

――それ、やっぱり間違いなんですか？

近藤　間違いでしょう。監督としては、兄弟がボーンと脱いで龍虎の刺青を見せたかったのかもしれない。龍と五芒星では、わけがわからへんやん。せやからね、ああいうことは先走って自分だけで考えたらダメですね。いまになって思います。

――まさかの反省の弁になってしまいました。今後は、もっと柔軟に？

近藤　もう柔らかいも硬いも、なんもなし。やらないです。ようやく「役者になれたな」思てるのに、そっから20年くらいでダメになった。

――いまは郡上八幡在住ですが、でも完全に引退されたわけでは……。

近藤　いや、引退というのは、役者にはないと思うてます。役者は消えていきゃええんです。マッカーサーと同じ、「老兵は死なず、ただ消えゆくのみ」という心境で、こっから動かないですから。いや、わざわざ遠くまで来てくれて、ありがとう。しかし、あんたもビョーキやな。ついノセられて好き勝手にしゃべったけど、こんな話でよかったんかなぁ（笑）。

後日、床山の八木光彦氏に問い合わせたところ、本文に登場した結髪の担当者は、メイクの「タケちゃん」こと松尾武氏であることが判明した。

近藤正臣

［こんどう・まさおみ］

1942年京都府生まれ。高校卒業後、アングラ劇団「ドラマ工房」を設立。66年に日活の映画『「エロ事師たち」より　人類学入門』で本格デビューし、69年のドラマ『柔道一直線』で注目を集める。『国盗り物語』『黄金の日日』などNHK大河ドラマで活躍し、『斬り抜ける』『新必殺からくり人』『必殺剣劇人』『江戸中町奉行所』ほかテレビ時代劇に主演。『探偵神津恭介の殺人推理』をはじめ2時間ドラマの主演作も多く、映画は『鬼輪番』『流れの譜』『動脈列島』『龍三と七人の子分たち』ほか。

現場スナップ集

『新必殺仕置人』のセット撮影、右奥に虎役の藤村富美男

『斬り抜ける』のセット撮影、ライトやマイクが出演者を取り囲む

『おしどり右京捕物車』のロケ風景、足場の悪い湿地に木のレールを敷いて箱車を動かす。左から照明部の南所登、撮影部の藤井哲矢、助監督の家喜俊彦、中村敦夫、ジュディ・オング

京都映画座談会2

藤井哲矢（撮影部）
＋
都築一興（演出部）
＋
皆元洋之助（演出部）

自分の意見を入れようと、みんながんばってた

『必殺仕掛人』から撮影助手として現場を支え、やがて歌舞伎座テレビの時代劇などを手がけた藤井哲矢。助監督を経て『必殺仕事人』でデビューを果たした都築一興。同じく助監督から歌舞伎座テレビのレギュラー監督となった皆元洋之助。京都映画を離れたのちも親交が続く３人が、懐かしの撮影所に集合。とめどなく現場秘話が明かされてゆく──。

われらの出会いは京都映画

都築　当時の手帳を見返してみたけど、ほとんど昔のことは忘れてるなぁ。哲っちゃんと九州行ったときの日程もわかるで。72年の5月6日から11日まで。

藤井　懐かしいな。

都築　四国から九州、長崎と天草に行ったんや。

皆元　俺が入る前やな。

都築　そう、洋之助は次の年。

藤井　録音の中路（豊隆）と3人で、四国一周したん覚えてる？　ぜんぜん高速もなかった時代やから下の道で、宇和島の山んとこでクルマ故障したんや（笑）。

都築　覚えてるよ。あれは九州のあとやな。わたしは近所の農家までバケツで水を汲みにいったりして……。

藤井　ウォーターポンプいうて、エンジンの前のプロペラあるやろ。あれが潰れてもうてん。うわっ、どないしようと……そしたら部品が、たまたま後ろに積んであったんや。1時間かけて直したたな。

都築　哲っちゃんと中路はもともとクルマ屋やから。日産とトヨタで助かった。わたしは水を汲むくらいしか役に立たへん。

皆元　その話、イッコーと初めて仕事したときに聞いたな。貞永組の毎日放送の現代劇。同世代だし価値観も似てて、すぐ意気投合した。

都築　東京から来たバリバリの助監督って聞いてたのにカチンコ打つ手が震えてて「あ、こいつ素人や」って（笑）。

――貞永方久監督の『怪談同棲殺人事件』『同棲殺人・おとし穴』（72年）ですね。

皆元　そう、京都映画なのに東京までロケ行ったやつ。

都築　貞永さんは、わたし好きな監督やったな。

藤井　現場が終わったら、間があるやん。次入るまでに。だから旅行はようしてた。もう明日から行こうみたいなことで。

都築　「京都脱出や！」いうてな。沖縄に行ったときも、もともと北海道の予定でチケット探しに河原町を歩いていたら旅行代理店に沖縄の水着のおねえちゃんの写真が、こんなデカい写真があって「よし！　北海道やめて沖縄にしよう」って（笑）。

皆元　慶良間諸島やったっけ？

都築　そう。3日か4日、1日1000円の民宿やった。洋之助が参加してからは3人で信州に出かけたりしてな。
皆元　あれも楽しかった。
藤井　運転、わしひとりやもんな。どこ行くのも。
都築　わたし、免許持ってへんかったから。
藤井　日産のセドリックや。
皆元　俺、スカイラインやと思っとった。こないだブログにスカイラインって書いちゃったけど（笑）。

――あらためて、よろしくお願いします。藤井さんと都築さんは必殺シリーズが始まる前から京都映画で活動しており、『必殺仕掛人』（72〜73年）の1話目から藤井さんは撮影助手のチーフとして、都築さんは中盤から助監督のセカンドとして参加しています。当時のエピソードは『必殺シリーズ秘史』のインタビューにも掲載されていますが、あらためて思い出はありますか？

藤井　当初、京都映画ってここ（太秦）になかって、下鴨にあったんや。下鴨の撮影所で『神州天馬俠』（67年）とか大瀬康一の『黒い編笠』（68〜69年）とか、ああいった子供向けの時代劇をやってた。
都築　30分のやつね。
藤井　当時のカメラマンは石っさん（石原興）と、その上に大ちゃんがいはった。小林大造さんな。その大ちゃんが「お前、撮影部に来いや」いう話で、ほんでミッチェルの16ミリを表に出して「これカメラや」いうて、いろいろ教わった。おもちゃみたいな小さいやつな。あの人も下鴨が最後で、実家の会社の跡継ぎせんならんから、やめたんやけど。
都築　昔の35ミリは、でっかいカメラやったもんな。
藤井　わし、こんなんできるかな思うたけど、まぁクルマのエンジンと同じようなもんかって（笑）。大ちゃんが「明日からでも来いや」みたいな話をしてくれて、ぼくの義理の兄の佐々木康之（プロデューサー）に相談したら「ほな、そうせえ」、それで京都映画の撮影部に入社したんです。その前は擬音とか、そういう手伝いをしとった。イッコーはどこからついてた？
都築　わたしは太秦で撮影部のバイトをしてて、いちばん最初に助監督やったんが『白頭巾参上』（69〜70年）ですね。たぶん途中から合流した。
藤井　あれはカラーやったんや。白がどうのこうのいう話で、その前の『黒い編笠』はモノクロ。

左から皆元洋之助、都築一興。信州旅行の1コマ

都築　たしか『白頭巾参上』は京都映画がやった、最初のカラー作品かな。それから、なべおさみの『青春太閤記　いまにみておれ！』（70年）とか、そういうテレビ映画についてました。

藤井　町田（敏行）さんの実家のアパートに住んでて、それからちょこちょこ町田さんの紹介でアルバイトしてたもんな。

都築　大家さんが大映の俳優の藤川準さん。その縁で町田さんに紹介されてカメラ番と録音部も1回やった。『トラ・トラ・トラ！』（70年）で鹿児島ロケにも行ったよ。

藤井　イッコーと最初なにで出会ったのか、覚えてへんけどなぁ。

都築　知らん間に、撮影所でいちばん背が高いのといちばん低いのがいつもつるんで歩いてたから（笑）。手帳を見たらね、帯ドラマの『夕映えの女』（72年）で白浜ロケに行った合間に大学の授業を受けてる（笑）。まだ卒業してない。

皆元　立命館に6年くらいおったんやっけ？

都築　そう。その白浜ロケのあとで、哲っちゃんと九州に行った。

ＡＢＣは相当な覚悟で『仕掛人』に入ってる

――『必殺仕掛人』の現場の思い出はありますか？

藤井　前にもちょっとしゃべった気がするけど、要するに『木枯し紋次郎』（72〜73年）に対抗する番組として、手を考えないかんという話になって……石っさんもどっちかいうたら、下鴨のころはそう奇抜な発想する人やと思わんかった。『かあちゃん結婚しろよ』（65年）とか帯をやってるころは、オーソドックスやったと思う。やっぱり『仕掛人』で本人はだいぶ意識したんちゃうかな。一緒に文化会館でマカロニウエスタンの特集上映を見にいって、おもしろいところをメモして。『荒野の1ドル銀貨』（65年）とか、そんなんが殺し方のヒントになったと思う。あと、なんやろなぁ。松山善三さんの仕事で……。

都築　善三さんは下鴨で『遠い夏の日』（71〜72年）とか、あと『がめつい奴』（70年）。テコ役の藤山直美が「ツヅキさん」って言えなくて、わたしは「キッツキさん」って呼ばれてた（笑）。

藤井　いや、ドラマやのうて大阪万博の記録映像や。そのあと沖縄海洋博もあったけど、どっちかで瀬戸内の海で撮った35ミリのフィルムを重ねたり、けっこう実験的なことをした気がする。

都築　万博は石っさんの助手で工事してるところ、千里とか行ってました。ちょうど助手がおらんかったから「一緒に来い！」いうて。

藤井　あれはな、よかったわ。ジルベール・ベコーとか歌手がいっぱい出て、そんで会場の上のキャットウォークから俯瞰を撮影したりしてな。

皆元　俺ね、京都映画に入って『必殺』について、いろいろ話を聞いたら、みんなあんまり大層に言わないのよ。石っさんにしても、哲っちゃんにしても、中やん（中島利男／照明技師）にしても「あの映像ができたのは、手抜きや」とか「金がないから」、あるいは「オープンセットが狭いから、ああした」って、軽く言うねんけど……。

藤井　いや、そういう部分はあるよ。

皆元　でもブログを書くのでいろいろ調べてみると、ＡＢＣ（朝日放送）は相当な覚悟で『仕掛人』に入ってる。『木枯し紋次郎』をひっくり返そういうので、時代劇の一流のシナリオライターを集め、監督も深作欣二を呼んで、現場に対するプレッシャーも相当あったと思うのよ。だから石っさんも櫻井洋三から「新しいものをやれ!」って言われて、気合いを入れながら模索してたんやないかなと思うねん。

藤井　そうやと思うわ。だから実験的なもんで「お前も考えてこい」って、みんなで意見を出した。マカロニ見ながら、必死でメモしたりな(笑)。

都築　まだ助監督のぺーぺーでしたし、現場をこなすのに必死やから、『紋次郎』をひっくり返そうというか……むしろ『紋次郎』は好きやったから、そう対抗せんでもええやんって思ってましたけど(笑)。あとになってから「あぁ、すごい番組についてたんやな」という感覚でした。現場はね、いうたら全部どの作品も一生懸命で、わたしは次の『必殺仕置人』(73年)も途中合流やから、助監督というより便利使いみたいな立場でしたね。

藤井　お互い頼みごとをしたり、そういう部署ごとの垣根は低かった。

都築　それで仕事がないときは『十六歳の戦争』(76年公開/73年撮影)で小道具の助手やって「ギャラが出えへん!」ってストライキやったり、高林陽一組でATGの助監督をやったり、そこまで〝必殺命!〟ではなかった。

――皆元さんは一視聴者として『仕掛人』に刺激を受けたあと、松竹芸能から東映京都のアルバイト助監督を経て京都映画の契約助監督となります。

皆元　ぼくは松竹芸能にいたころ『紋次郎』と『仕掛人』を見てて、視聴率が逆転していくのも目の当たりにして「テレビって怖いな。半年で価値観が変わるのか」と実感しましたね。リアルで泥くさい立ち回りから、様式的な殺しで「♪チャラララ〜」という音楽に乗せるのが流行りになる……テレビというものは劇的に変化を遂げる媒体なんやなぁと。

藤井　太秦も松竹の古い連中がいっぱいいたんや。越してきた時点でカメラマンもえらいおじいばっかりやし(笑)。まぁ、この人らにしたら「テレビは電気紙芝居」、そういう扱いが多かったと思う。オーソドックスな画を撮ってはったし、やっぱり『必殺』で考え方が変わったと思うね。

都築　ぜんぜん違ったもんなぁ。

藤井　深作さんが初っ端で、まぁ力が入ってた。それまで30分の時代劇をやってた松野宏軌さんとは、ぜんぜん違うタイプの監督やね(笑)。もう走り回って、汗だくだくで立ち回りの演出やって、ものすごいバイタリティを感じた。われわれの先を突っ走って、あの人を手本にみながんばったんちゃうかなと思うわ。最初の深作ショックはすごかった。工藤（栄一）さんとも、ちょっと違うんやな。深作さんの、あの具体的に全員を納得させるような演出……言葉はちょっと訛ってたけど（笑）。

都築　水戸弁やな。

藤井　三隅（研次）さんともちゃうねん。あの人は、じっくりやから。ものすごう体ごと動き回って、もう殺陣師のごとく……わしら、あれよあれよと深作さんに引っぱられてやった感じやったなぁ。

皆元　ちょうど『仁義なき戦い』（73年）の直前ということで、いちばん脂が乗り切っていた時期なんじゃないか。

都築　石っさんに言わせると、試しに『仕掛人』でああいう動きや映像をやったんちゃうかって。

藤井　あるで、それは。間違いないと思うわ。ブワーッと血ぃまで流してな。

皆元　ネット局のTBSからABCに対しては「金をもらって人を殺す番組なんて」と、かなり批判があったらしい。『必殺』というのは70年安保（闘争）のあとでしょう。やっぱり左翼的なスタンスの脚本家や監督がその恨みを込めて作ったんちゃうかな。ホンを読んでても、70年安保に敗北したうっぷんをはらすような……非常に挑戦的で、あの時代に息苦しさを感じていた活動屋のなかでは、ある種のステータスのある番組だったと思う。俺も学生運動の端っこにいたから、そういうシンパシーはありましたね。

カメラポジション決めるの早かったよな

――当時、『仕掛人』がヒットしなかったら太秦の撮影所が閉鎖されるという噂もあったそうですね。

藤井　あったあった。でも、そんなこと考える余地はぜんぜんなかったな。噂だけで、われわれは『仕掛人』という新しい番組を楽しんでやってた。

都築　いろんな意見が言えたのが最大の魅力かな。わたしがテレビ局で仕事したときなんか、自分とこの係のもの以外は一切口を挟まない……小道具を頼んだら、その係の人を通じてようやく出てくる。京都映画の場合は、自分で取りにいくシステムやった。だから衣裳でも最初は

藤井哲矢

喧嘩しながら衣裳部屋に駆け込んで、倉庫をひっくり返しながら気に入ったもの、あるいは監督の意図したものを探してましたね。
藤井　やっぱり部署を超えてな、思いつきでもええけど、いま撮ってるシーンに対して、なんか自分の意見を入れようと、みんながんばってた。
皆元　せやから1人殺すのに徹夜して……俺は『仕置人』の後半からやったけど「うわ～、3人殺すのに3日徹夜せんならんのか」って（笑）。やっぱり、みんなが意見を出し合える自由な雰囲気があった。その直前まで東映にいたけど、ぜんぜん違ったから。
藤井　あそこはな、わしも行ったけどあかんわ。
皆元　京都映画の現場がないとき、製作次長の小島清文さんに「ちょっと東映の『水戸黄門』に応援で行ってこい」ということで、そのとき体験したんやけど、向こうは時間に対する感覚がすごい。朝、ロケーションが8時出発で、もう1時間前にスタッフは積み込みしたりして、それで8時5分前にロケバスが出ないと、進行が「とりあえずバス出せ！」。で、三条通の左に曲がったところに停めておく（笑）。

藤井　とりあえず、出ないかんのや。

皆元　遅刻した俳優なんか、そこまでブワーッと走らせて乗せる。そうしないと、とにかく上から怒られるらしい。それから東映城の近くのオープン（セット）でライティングして、ナイトオープンやってるときな、ちょっと手間取ってたら進行が「いつまでライティングしてんねん。凝りたかったら、京都映画行け！」って、ものすごい大きい声で言うのよ（笑）。

えらいとこやなぁと思った。で、なにがなんでも撮影する。『水戸黄門』のロケで雨が降りはじめた。そしたら木で枠組みを作って、ビニール貼って引っぱりあげて、とりあえずの雨よけに役者だけ入れる。音がパチャパチャパチャパチャいうてんのに、そのまま強引に撮影させる。進行は絶対「中止する」って言わない。俺が「そんなこと京都映画でもせえへんわぁ！」って捨てゼリフ吐いて帰ったら、あとあとまで進行の山田さん……山田勝に言われたよ。「お前にあんなこと言われて、ごっつショックやった」って（笑）。もう、ぜんぜん雰囲気が違うから。

藤井　わしも『水戸黄門』にチーフで行ってな、カメラ脇でメーター使うて計測してるやん。そしたら東野英治郎

都築一興

が「そこ、目線の邪魔や」いうて、どかされたことがある。東映は役者天下やから、ヒエラルキーがすごかったな。

皆元　『宇宙からのメッセージ　銀河大戦』（78〜79年）の現場に行ったとき、若林幹さんという監督についたんや。東映の時代劇華やかなりしころ、その若林さんは京撮の助監督をやってて、片岡千恵蔵と市川右太衛門のオールスター映画を仕切ったときに「ハイ、千恵蔵組こっち、右太衛門組あっち」って言ったら、えらい問題になって……要は「山の御大」「北の御大」じゃないと失礼という。それで若林さんは東撮（東京撮影所）に飛ばされた。で、東映ではそれ以来、現場で俳優を役名で呼ぶようになったらしい。

都築　わたしは東映の仕事したことないけど、弟（都築雅人）が京都映画を離れたあと『水戸黄門』や『大岡越前』をずっとやってた。カメラアングルでも石っさんがよくやるやつ……アップを額のとこで切ったら「ちょんまげまで入れろ」と怒られたらしい。

藤井　やっぱり撮影所ごとに流儀がちゃうねんな。

――東映は製作部が強く、京都映画は技術部が強い。とくにそのセンターである撮影部の立場として、そういった自覚はありましたか？

藤井　のちのち言われたことはあるんやけどね。まぁ、まずカメラポジションが決まらないと現場がスタートしないという原則をみんなわきまえていて、やっぱり映る範囲というのが第一なんや。そのへんの指揮は助手もふくめて撮影部が優先的にやってたから、そういうふうに見えたという気がする。お芝居のことに口出しすることもあったけど、まずはサイズ……その指示をいちばんにせなあかん意識は多分に持ってましたね。

都築　石っさん、カメラポジション決めるの早かったよな。

藤井　早かった。「とりあえず、ここ」ってカメラ置いて（笑）、どうするかはギリギリになってから考える。それをやってくれたから、みんな準備しやすかったんや。カメラが迷ってたんじゃ動けへんから、「とりあえず、ここ」というのは大事やったな。

皆元　われわれ演出部の間では「石原興に勝たないと俺らの未来はない」という意識が強かった。監督以上に現場を支配するから。

都築　それは常にあった。

藤井　そんだけ、よう考えとったんや。

トーンがバラバラになったら困るやん

皆元　『必殺』のどこがすごいという話になると、まず第一に挙がるのが映像。照明もふくめて、わかりやすいわけですよ。やっぱり撮影がすごい、石原興がすごいというイメージがある。実際にそうなんだけど、実態以上にイメージが膨らんでいった。もちろん石っさんが尊重する監督であれば……俺は深作組にはついていないけど、三隅組や工藤組なんかそんなに口出しせずにやってたと思う。でも、それ以外の監督だと石っさん主導になっちゃう。そっちのほうが印象としても目立つわけよ。

藤井　もうね、まどろっこしかったんやと思うわ。深作さんがどんどん能動的にやってたんを、おっとりした監督がやってると「どんくさい!」とか思ってたんちゃうかな(笑)。

皆元　きっとね、ABCや松竹から求められたものは、深作欣二や工藤栄一のような映像と芝居のダイナミックな組み立て方なんや。なのに松野さんは……いや、出来上がったら仕上がりはいいんだけど、どうも現場がまどろっこしい。ついつい石っさんが口を出す。で、映像主体の作品になっちゃう。望遠のパンで役者につけ回してワンカットとか、手持ちでグルッと長回しとか、どうしても映像主体になりがちなんや。

都築　事前に監督がコンテを作って、たとえばAさんとBさんのツーショットを撮る。で、コンテのリズムとしては次にポンと寄りたい……でも、あのころはモニターがないから「いや、もうズームで寄っといた」って言われたら、コンテがそこから崩れていく。

そこで勝手に寄ってしまったら、じゃあ次のカットはどうなるんだということなんです。さらに石っさんが「じゃあもう、こっちからいこう」なんてことになると、監督のリズムでポン寄り、ポン寄り、カットバックという流れがなかなか取りにくい。1、2、3、4、5で組んでたものが1から4に飛んだりするから、コンテをやり直さなあかん。

皆元　京都映画のカメラマンというのはね、新しい監督に対してきっと上から「お前ら、ちゃんと面倒見んとあかんぞ」って言われてるんですよ。シリーズの路線から逸脱しないように。だから東京から初めての監督が来ても「わかってるやろな、お前。勝手さすなよ」って。

皆元洋之助

藤井　潰してしもうてんやからなぁ。

皆元　いわゆる『必殺』でなければダメなんや。『必殺』らしくない監督は、お前らがちゃんと『必殺』らしくコントロールしろよという……そういうふうに怒ってんのを俺は聞いたことがある（笑）。

――それはどなたが？

皆元　櫻井洋三。「その面倒見るのが、お前やろう」って。

藤井　まぁ、ほかの作品でもそうやで。1話ごとに監督が替わってもキャメラマンは一緒やから。やっぱりトーンがバラバラになったら困るやん。

皆元　ぼくが監督してた歌舞伎座テレビの『斬り捨て御免！』（80〜82年）なんかでも、きっとカメラマンは言われていたと思う。

藤井　わし、言われてたわ、富さん（中村富哉）よりも。あの人は無難にこう抑えるほうやから。

皆元　でね、組み合わせも、ぼくと富さんのほうが多いんです。「洋之助はときどき無茶しよるから、お前ちゃんと面倒見ろよ」という（笑）。哲っちゃんとやりたいのに、なんで富さんばっかりなんやって思ってた。

藤井　やっぱりそうされてたんやな。

皆元　「なんであんなカット撮ったんや」とか、監督にはあんまり言わないけど、ラッシュでカメラマンには言ってたんじゃないかな。ぼくは佐々木プロデューサーから直接言われてましたけど（笑）。
都築　いちばん言いやすいから（笑）。
藤井　やっぱり撮ってても自分で「このカット、どうなんかな～」って思うのはあるねん。やっぱり理屈、理由というのは考えてたな。だから、なんか言われても「こういう理由でこうやったんや」とゴリ押しで通したらええんや。ポジションにしろ、サイズにしろ、言われても返答できるような理由を用意した。
皆元　そういう意味では京都映画にしろ松竹にしろ、監督よりカメラマンを信用してたんちゃうかな。信用してたというか、自分とこの手駒ですから。しかも京都映画というのは監督がいないわけで。
藤井　それはあるよな。
皆元　ぼくらは内部で監督にしてもらいましたけど、でも『必殺』が始まったころ京都映画の監督は誰ひとり撮ってない。深田昭さんとかいたのに。そうすると松竹や京都映画は自分たちの意思を反映できるのはカメラマンだから、彼らを通して現場をコントロールしてたんだと思う。
藤井　監督いたけど、ほとんど営業の映像ばっかりやもん。記録映画とかコマーシャルで、ドラマはぜんぜんやもんなぁ。
皆元　松竹の梅津明治郎さんとか。
都築　あとは営業でやってた……川島（清孝）さん。
藤井　あの人は宝塚映画の出身や。
皆元　おタキさん（野口多喜子／記録）の旦那さん、京都映画はやってない？
藤井　やってないと思う。西森（康友）さんな。あの人は毎日放送と放送映画製作所の系列や。なんか一緒に撮りにいったことあるわ。
都築　応援で京都映画にも来てくれてたけどね。

「こんなもん、かけられるか」

――これは意外だったのですが、過去の資料を調べたところ中村富哉さんが記録映画の演出を担当していてびっくりしました。石原興さんより前にカメラマン兼監督が京都映画にいたという。

皆元　その経験があったからかな……歌舞伎座テレビの枠がなくなったあと、エクラン社の松本常保さんから富さんにカラオケビデオの依頼があって、「コンテまで作るのはしんどい」ということで俺に話が回ってきた。ビクター（音楽産業）のカラオケの演出で、ずいぶんビデオのシステムを覚えましたよ。富さんと南所登と３人でやって、エクランの役者を使って。

都築　わたしもカラオケ、何本か撮ったな。

藤井　あのころは2時間ドラマでもビデオが増えてきた時期や。

――先ほどの藤井さんの話で、もともと石原さんがオーソドックスな画を撮るタイプだったという話も意外でした。

藤井　下鴨のときは、そんな印象やな。いろいろ比較して、このカメラマンがどういうのは、あんまり覚えてないけど。最初はモノクロやったからね、わしらは。だから『必殺』でも「なんや、こんな白黒みたいなん撮って」と言われることは、よくあった。モノクロの特性とか、けっこう勉強したんや。

都築　哲っちゃん、よう知ってたもんな。

藤井　そんなん撮影部に入るのにフィルムの勉強なんてしてへんから、入ってからはずいぶん研究したよ。モノクロというのは、けっこう露出が難しいんです。明部と暗部のバランスで、どんなトーンにするか……中間にするのか、もっとハイキーにするのか。カラーはある程度バランスよく収まるけど、モノクロは違う。だから『必殺』の光と影でも誇張すんのにモノクロを扱うてた経験で冒険ができた。メーターいうて、露出を決めんのはチーフの仕事やから「石っさん、どうしよう。もう外は飛ばそうか」みたいな相談して。逆にカメラマンでも小辻（昭三）さんなんか「おい、これ大丈夫か」って頼ってくれた。

――撮影部のチーフが露出の数値を決めますが、ライトを実際に当てるのは照明部です。

藤井　それはもう注文して、「もっとくれ」「もっとくれ」って。それからハイとローであまりに差がある映像はテレビ局で嫌われてたんや。最初、ABCにラッシュ持っていったら「こんなもん、かけられるか」とか言われて、追い返された（笑）。こうまでバランスの悪い、コントラストの強い映像……要するに「テレビが壊れた」と思われるから。プロデューサーの（仲川）利久さんから頼まれて、わしと利久さんだけで技術の人と何度も折衝したんや。テレビの放送技術者いうのは、とにかくノーマルなものを求めるし、「こんなん、オンエアでしょっちゅう調整せなあかん」って言われた。

皆元　ビデオの初期のころ、哲っちゃんがカメラで南所登が照明でやったときもＶＥ（ビデオエンジニア）がツマミをいじろうとすると「触るな！」って、同時に言ってたもんな（笑）。

藤井　やっぱりクセなんや。そのレベルに合わそうとするから。

都築　一定のレベルにね、全部統一しようとする。

藤井　『必殺』の最初は、それがいちばんの苦労やな。

皆元　俺の印象では、哲っちゃんが京都映画でいちばん技術に詳しい人という感じがあった。石っさんより詳しかったんちゃうか。

藤井　やっぱりそうならんと、石っさんも気楽に「お前、ちょっとこれテストしとけ」みたいに任されへんやん。奇抜な表現を画に落とし込むにも技術が必要やし、なんかやりたいねん。ずいぶんテストした記憶がある。

――照明もコントラストの強い画とフラットな画の二種類を撮ってテストしたという逸話があります。

藤井　それは記憶にないんよ。スチール写真とか、そっちちゃうかな。

『必殺』最大の謎は作家と現場のギャップ

――みなさん3人が参加した作品として、『おしどり右京捕物車』（74年）と『斬り抜ける』（74〜75年）があります。必殺シリーズと同じ松竹と朝日放送の座組です。

皆元　『おしどり右京』のときに「これが俺たちのチームや」という感じになった。演出部は家喜（俊彦）さんがチーフで、その下にイッコーとぼく。カメラマンがサブちゃん（藤原三郎）でチーフが哲っちゃん。『斬り抜ける』のときは、東京から製作主任でサワちゃん（沢克純）がやってきた。

都築　ときどき東京からもスタッフ来てたもんな。

藤井　ジュディ（・オング）さんの面倒見てたなぁ（笑）。それと……これやな、鞭や。

都築　わたし、鞭係ようやってました（笑）。

皆元　イッコーは上手かったんや、殺陣師よりも。俺が練習台になって。

『必殺仕掛人』第14話のロケ風景、撮影助手のチーフとして露出を計測する藤井哲矢（中央右）

都築　首に巻きつけてね。家喜さんの顔に板をつけて練習したこともある。
藤井　最初、あの手押し車を作るときも大変やったわ。
皆元　コロが小さすぎて、動かすのに苦労した。
藤井　やっぱり監督は車輪が目立つとかなわん。いかに目立たんようにというので、ああなってもうたんやけど、自由がきかへんからジュディさんが大変や。
皆元　けっこう試行錯誤したよな。
藤井　わしはああいう仕掛け考えるの好きやったし、三隅さんから相談されたんや。あのコロをどうする、サイドの板をどうするとかな。
都築　ロケに行くときにはいつも木のレールや平台を持っていって、それを敷き詰めて、箱車を置いて……。
皆元　コンパネをずら〜っと敷いたりな。
都築　地道では動けへんからね。ロープをつけて、みんなで引っぱったこともあった。
皆元　工藤さんなんか、葦っぱらをブワーッと走れっていう。ダイナマイトをどんどん爆発させる話もあった。
藤井　で、あれがまた重いねん。頑丈に作ってあるから。何種類かあったけど、最初のやつは樫の一枚板や。しかも大男の（中村）敦夫さんがそこに乗るから、ジュディさん腕がたくましゅうなって（笑）。
皆元　よう北白川とか、遊びにいった。
藤井　気楽にな。そんでジュディさんにちっちゃな椅子を作ってあげた。正座できるようなやつ。
皆元　正座してても足がしびれないようにな。
藤井　木でね、くちばしみたいな形してるから顔のとこにドナルドダックの目を描いて（笑）。おしりの下にちょうど入るようなやつ。やっぱりそれだけ仲良うしてたから、こんなん作ってあげようと思ったんやね。
都築　しかし、工藤さんはホンをよう直したな。
皆元　『おしどり右京』でも「このホンはほかせ！」って全部書き直したことがあった。当時の京都映画というのは、作家への信頼が薄かったのかな。あれだけ第一線のシナリオライターが脚本を書いてるのに、俺ら現場の感覚とはものすごく開きがあった。「また、こんなホン書きやがって」とか。
都築　「弟子に書かせたのかなぁ」というホンもあった。
皆元　だから『必殺』最大の謎は作家と現場のギャップなんですよ。高鳥さんの本を読むと「え、作家はここまで考えてたの」と思ったもん。
都築　わたしなんか反省しましたけどね。ホンといえば、あのころ敦夫さんが「馬上の二人」という映画の企画を進めてた。北海道が舞台の明治維新の話で、軍用金を強奪して……。
皆元　それを馬車に乗せて逃げる、そして新政府軍が追うという。イッコーと一緒に話を聞いて、「ぜひ助監督でつけてください！」って頼んだもんな。けっきょくポシャったけど、たしかシナハンまでやってたんや。
都築　敦夫さんが「明日からキューバに行ってくる」いうて、不在のときもあった。「馬上の二人」も台本はできてたよな。
皆元　20年くらい経って、俺が東通企画で「花吹雪女スリ三姉妹」シリーズのシナハンに行ったとき、ライターが（中村）勝行さんやった。
都築　敦夫さんの弟や。
皆元　そのとき勝行さんが「じつはあの企画さぁ」……って詐欺師にやられた話を教えてくれた（笑）。でも、あの人たちは一切損をしてないの。全部、詐欺師が金を出して……とにかく北海道のいろんな町に行って歓待されるわけや。『木枯し紋次郎』の中村敦夫が西部劇みたいな時代劇を作るというので、そのときプロデューサーが土地の有力者に声をかけて資金を集めた。それでドロン。

藤井　逃げてもうたんか。

都築　当時はポシャったという話だけ聞いて、残念やった。北海道に行く気まんまんやったからなぁ。

わしは弁当づくりが忘れられへんわ

――近藤正臣さんと和泉雅子さんが主演した『斬り抜ける』は「切り抜けられるのか」というくらいスケジュールが厳しかったそうですね。

藤井　なんか朝も早かったな、あれ。

皆元　山道を逃げるような話やからロケばっかり。

都築　手帳によると74年9月の8日にクランクイン。『斬り抜ける』がインした月に哲っちゃんの結婚式や。9月25日な。洋之助の奥さんを紹介されたんも、そのあたり。で、次の年の1月11日にもう結婚式や。わたしは「倉田組、しんどい」ってメモに書いてある（笑）。

皆元　家喜さんが初監督することになって現場を抜けたんや。俺も新婚旅行に出かけたから、倉田準二さんの組がイッコーと素人みたいな応援の助監督だけになった。それで倉田さんも厳しい監督やからイッコーがボロボロにされて、京都映画の面々が仕返しした。諸説あるんやけど、みんなで倉田さんと飲みにいって、酔っ払って、奥さんを呼び出して「お前、旦那にどんな教育してんねん」（笑）。倉田さん、帰ったら水風呂やったらしい。

都築　倉田さんといえば「待ちますよー。朝まで待ちますよー」や。ものすごい粘る人やった。

皆元　それで哲っちゃんたちチーフが「よし、イッコー。朝まで準備せえ」と現場放棄したらしい（笑）。すごいチームやったな。でも、それをきっかけにみんな倉田さんと仲良くなった。

藤井　わしは弁当づくりが忘れられへんわ。

皆元　ありがたかったなぁ。哲っちゃんとこで、奥さんが一緒に用意してくれたの受け取って。ロケが山奥やから食べる店もないし、撮影所の近くで弁当の予約もできたけど高いし……。

藤井　握り飯、いっつも何人前や（笑）。それと冷えた野菜サラダな。だから毎日、帰りにレモン10個とトマトとレタスと……ほんで、うちの嫁さん、ちょうど妊娠中やで。匂いかいだら「く〜」ってなるほうや。それなのにやらなあかんから、ブータラブータラ（笑）。
皆元　哲っちゃんが最初にそれやってくれて、そしたら家喜さんや南所登、録音部の〝若〟（広瀬浩一）が「ほな、俺らも」って余分に用意してくれるようになった。ひとりもんはイッコーと俺とサブちゃん……ときどき（火野）正平も食べてたな。
都築　正平はいつも参加しとったからなぁ。ロケで亀岡の山奥とかしょっちゅう行ってて、うさぎを拾って帰ってきたのも『斬り抜ける』や。「飼うんや」いうて。クランクアップは翌年の2月。その前に家喜さんの初監督作があった。敦夫さんがゲストで出てくれたやつね（第18話「死地突入」）。徹夜徹夜でがんばった。
皆元　あれ、道路が凍ってな、バスのタイヤが空回りしだして……。
都築　真冬やったから、みんなで押したんや。あれは天文台やったかな。
皆元　花山天文台の下の、荒涼とした赤土のところでロケするいうんで、朝の3時か4時に起きて。

左から都築一興、藤井哲矢、皆元洋之助。オープンセットでの語らい

都築　夜も遅うまで撮影して、仮眠して、そのまま出発。それで向かってたらロケバスが動かなくなった。

皆元　みんなで降りて押したよな。で、誰かが凍結防止剤を持ってきて……あれ撒くと、けっこう溶けんねんなぁ。なんとか日の出に間に合うた。

都築　やっぱり『斬り抜ける』は家喜さんの監督昇進がいちばんうれしかったですね。わたしらに優しくしてくれて、いろいろなことを教えてくれた恩返しの意味もあったし、京都映画から一本立ちする監督が出てくるというのが希望にもなった。

藤井　みんなで応援したなぁ。

都築　さっきのタイヤの話も徹夜で、そのまま出発した。あんなん製作部は「行かんでもええ」っていうロケですよ。それなのに各部署を説得して、根回しして、「じゃあ徹夜してでもやろう」という話になった。

皆元　各部のチーフクラスが強かったんですよ。撮影部は哲っちゃん、録音部は若、照明部は岸本（幸雄）さんがチーフやったと思うけど実質チーフはセカンドの南所登。やっぱり彼らが技術スタッフを仕切ってくれて、技師を説得してくれたんだと思います。それからサブちゃんもカメラマンになったばかりで、いい画を撮りたいわけやから。

藤井　サブちゃんおったらなぁ……おもろい話がいっぱい出てくるのに。亡くなってもうたけど、けっこう勝手な男やったで（笑）。

都築　ほんまに頑固やったから。

藤井　いや、石っさんの前では大人しいんや。下鴨の石っさんの家にだいぶ居候しとったから。もうフーテンみたいな男で、朝もなかなか来いひん。助手時代も遅刻が多かったから、それでチーフの仕事はよ覚えられた（笑）。

皆元　「日本語が不得意なカメラマン」って呼ばれてた男やから。

都築　通訳がいったよな。監督が「カメラ、こっちから」いうてんのに、反対側から撮る……わたしが監督したときも苦労しました。しゃあないから2パターン撮って、サブちゃんの案は編集でカットしたり（笑）。

皆元　木曜ゴールデンドラマの『赤い稲妻』（81年）のときもサブちゃんが「おもろない」って手銭（弘喜）さんのコンテを否定して、3日目に監督おらんようになったから俺が代理でやった。それが監督デビューやもん。

峠の茶店で主な出演者が集まって「行くぞ!」みたいなシーンがあったんやけど、それも当日「動きがないから、街道を歩きながらにせえへんか」「ごめん、サブちゃん。あんたの言うことはすばらしいかもしれんけど……」って拒否した。とにかく監督のコンテを現場でひっくり返そうとするんや。

都築　石っさんもサブちゃんも家で一生懸命どうするか考えてると思うんですよ。でも現場では、ふっと思いついたように振る舞うんやな。

皆元　同じ京都映画でも歌舞伎座テレビの現場は基本的に監督のやりたいことを実現する……そこが必殺チームとの違い。だからスタンドプレーは少なかった。哲っちゃんにしても事前に「こうするのはどうや」というアイデアをくれたし、当日じゃなかった。

藤井　別に「困らしたろう」と思ってやってるわけじゃなくて、ええもんを作ろうとしてるだけなんやけどね。それだけ台本も読み込んで。しょっちゅう同じ場所でロケしてるわけで、カメラマンとしては新しいことをしたいわけ。でも、まぁ初めての監督やと困るわな。

皆元　『赤い稲妻』の場合、佐々木さんのチームにとって初めての2時間ドラマで、サブちゃんたちに気合いが入りすぎてたのも監督降板の原因やったと思う。早撮りの手銭さんのスタイルに満足できへんかった。

富さんと大熊さんを組まさんようにした

都築　それから『斬り抜ける』は役者が売れっ子ばっかりやから1シーンを撮るのに吹き替え、吹き替えの連続で……1人だけ本人で、残り5人は吹き替えという撮影で、5回も6回も同じところに行ったたな。

皆元　大熊（邦也）組や。で、なぜかカメラが中村富哉さん。なぜって、ずっと大熊組には富さんつかへんかった。『仕置人』のとき大喧嘩して、雨降らしのシーンで……。

藤井　いや、いちばんの原因は大沢の池やねん。ピーカンで舟の上のシーンや。本番を撮ってるとき、途中で曇ったんや。で、富さんがカメラ止めた。それで大熊さんが「なんで止めんねん」と怒って、ほいで喧嘩になった（笑）。大熊さんは局のディレクターでビデオやろ。ずっとカメラ回すのが当たり前やから、天気が曇って勝手に止められて、ごっつう怒ったんや。

都築　大熊さん、血の気が多かったから。「あいつ殴ってきましょか」が口ぐせやった（笑）。

皆元　俺が聞いたのは雨降らしの喧嘩やったけど、まぁそれ以来、会社のほうで富さんと大熊さんを組まさんようにした。だから「ふたりが組むことはないんや」と思ってたら、『斬り抜ける』で誰かが仲直りさしたらしい。

都築　手打ちした（笑）。

皆元　でも、こっちで富さんがカメラ構えてたら大熊さんは向こうのほうにいて、ぜんぜん近づかない。そばへ寄ると「なに言うてんねん」とか「アホか」とか、お互いに言うてるのが聞こえた（笑）。

――朝日放送からは西村大介監督も登板しています。

皆元　まったく紳士でしたよ。

都築　大介さんは本当にいい人やった。打ち合わせも大介さんとしたのをいちばんよう覚えてるんやけど。

皆元　ホテル太陽に行ってな。

都築　そこで一緒にコンテを立てた。フィルムの演出に慣れてないということで、事前に演出部との打ち合わせをやったんや。

藤井　そういうの、あったよな。

都築　まぁ局の人やからコンテを大事にする。スタジオはマルチで撮るから。

――いわゆる「カット割り」と「コンテを立てる」という作業は似たようで違うのでしょうか？

皆元　台本に線を引いて、カット1はアップ、カット2はグループショットといってやるのがカット割りですよ。要するにカメラ割り、マルチカメラで撮るスタジオの考え方。コンテというのは、いったんバラして自分の頭のなかで組み立てていく。もちろん台本はあるんだけど、それを自分の感覚で作るのがコンテというふうに、ぼくらは思ってました。

――京都映画の場合、細かくカットを割る監督より長回しのほうがスタッフの評判がよかったと、よく聞きます。

藤井　それなりに芝居つけられますやん。あんまり細かいと、ほとんど板付きの芝居みたいなことで、決められたものを撮っていくだけになる。

皆元　どうしても役者に動きがなくなる。

藤井　だからおもしろくない。

皆元　石っさんがよくやってたのが、望遠レンズで誰かの動きにつけてカメラを動かしながらツーショットになって、どっちかが手前にきてアップになって、そのあと向こうにいったらスリーショット……そういう長回しが、いわゆる『必殺』らしい画になった。

都築　パンとズーム、それと役者の芝居を組み合わせる。逆に松竹の長谷（和夫）さんなんか板付きのカットバックで一方向からの画をどんどん抜いて撮って、早いは早かったな。シーンをまたいで衣裳も変えたりして。

皆元　富さんで思い出すのが、『斬り抜ける』の1話目の監督が佐伯孚治さん。東映の監督なんですが、その人に向かって富さんが「そんなこともわからんのか！」って怒鳴った。それはすごくショックで、たしか第5セットやったかな。武家屋敷の縁側から出てきた侍と、庭から入ってきた侍が立ったまましゃべる……最初は引きを撮って、次に佐伯さんがツーショットを指示したら「そんな画は撮れへん」。要するに縁側と庭だと高低差があるからさ、バランスよくツーショットが成立しないということで「そんなこともわからんのか！」。

都築　ぜんぜん忘れてたけど、石っさんよりもインパクトあるな、それ。

皆元　けっこう富さんも口が悪かったから。俺らのこと「Aくん」「Bくん」って呼んで。

都築　「助監督Aくん」ってなぁ。名前を呼んでもらえへんかった。

皆元　酒井忠さんもめっちゃくちゃ口が悪かった。貞永組の東京ロケで雨降らしの撮影があって、かなり怒られながら準備して、ようやく水を持って現場に戻ったらもう撮り終えてて……。

都築　バケツの水、ぶちまけたもんな。

皆元　やっぱり京都映画に来てね、石っさんもふくめて、それまでの監督に対する権威的なイメージはだいぶ崩れてはいたけど、それにしたって「そんなこともわからんのか！」って、ああいう言い方するかなというショックは大きかった。しかも佐伯さんって、聞けば東大を出てる監督でしょう。

——はい、東映東京撮影所の労働争議の闘士でした。

皆元　東大出の監督に、現場たたき上げのカメラマンが怒鳴る。あれは忘れられへん。学歴なんて関係ない世界なんやと。佐伯さん、『おしどり右京』も3本撮ってるんだけど、そっちの記憶はぜんぜんないから『必殺』のほうに応援で行ってたんかなぁ。

――近藤正臣さんの思い出はありますか？

皆元　やっぱり主役というものを意識して、鷹揚にやっていた気がします。正平がアドリブばっかり仕掛けても、それを受け止める。

都築　ええ人で、わたしのメガネが壊れたときも、新しいの買ってくれたんです。うちの女房（杉山栄理子／記録）の実家に帰ったとき、岐阜の郡上八幡なんですが吉田屋というおいしいうなぎ屋さんがあって、そこに食べにいったら後ろから「イッコー！」って呼ぶ人がいるんですよ。こんなところで誰やろうと思ったら「わしや！」いうて、なんと近藤さんがいた。

で、そのときはディレクターとしてのロケハンも兼ねてて、日本テレビの『追跡』という番組やったんやけど、「俺、その日もおるで」ということでロケにも出てもらった。きれいな川で釣りをしてるおっさんにズームしていったら「あ、俳優の近藤正臣さんでした」という導入にしたんです。そしたら日テレがえらいよろこんでくれて……ノーギャラで出てくれたから、あとで事務所に怒られましたけど（笑）。

もともと小道具やってたんや、小島さん

皆元　イッコーはこう見えて武闘派で、気に入らない監督には挨拶しない……それで干されたこともあったよな。

都築　まぁ、理不尽なことで怒られるとそうやったかも。わたしと洋之助で「休みがないのはおかしい！」ってストライキをして、すぐうやむやになったけど、月に一度の休みを確保したこともある。

皆元　あとは内トラな。スタッフがエキストラで出るときも500円だったか、いちおう手当が出るようにしてもらった。それから助監督やと、予告編手当は2000円。けっこう俺らは会社と交渉しましたよ。資料費として、毎月2万円出させたり。

藤井　それまで言う人がいいひんかったから、言い得やねん。上の助監督より言いやすい立場やったし。

皆元　小島清文というパイプがあったんでね。小島さんは言いやすかった。

都築　そのときは「アホ！」って怒られるけど、考えてもらえる。

皆元　当時の京都映画は高谷（邦男）さんが取締役兼製作

部長、小島さんが製作次長、佐々木さんはまた別ラインで部長プロデューサーという立場。『必殺』の製作主任をやってた渡辺（寿男）さんは作品契約で、いわゆるフリーです。あのへんはみんな京都映画ではなく、太秦の松竹出身やった。

藤井　もともと小道具やってたんや、小島さん。

都築　小島さんは恩人で、現場がないときになんやかんや理由つけてオープンセットのゴミ拾いとか、そういう仕事をくれたんです。年末もね、わたしらフリーやからボーナスゼロだったんです。そんなことを言ってたら高谷さんが小遣いくれた。ポケットから1万円出してね。

皆元　「神戸に行くから小遣いくれ」「しゃあないな」とか（笑）。

藤井　わしが結婚したときの仲人、高谷さんちゃうかな。

都築　高谷さんが独立したあとシンクスって制作会社を作って、わたしらよう仕事もらってたんです。

皆元　高谷さんはＡＢＣの制作局長の太田（寛）さんと仲良かったんや。

都築　京都映画が『額田女王』（80年）を直請けしたのもそのへんなのかな。あれは大変やった。５時間の超大作であちこち行って、キャストもすごかったし。

――当時の京都映画には必殺シリーズの櫻井洋三と歌舞伎座テレビの佐々木康之という両プロデューサーがいましたが、松竹の櫻井さんはどのような方でしたか？

都築　みんな〝悪徳プロデューサー〟って呼んでましたし、強引なところはありました。いちばん怒られたのも櫻井さんやけど、仕事を持ってきてくれたのも櫻井さんで、みんなを食わしてたというのが大きいですよね。

皆元　いや、悪党やと思う（笑）。もちろん功績はすごいけど、そうじゃない部分も……そうじゃないというか、松竹の課長とは思えないような権勢でしたから。けっこう現場にも無理をねじ込んだ。たまたま製作部にいて、隣の部屋で櫻井洋三と小島清文が言い合いになってるのを見たことがあるんですが、そのあとバシッて大きな音がして、真っ青な顔で小島さんが出てきた。子会社の次長が親会社の課長に……でもお咎めなしだったと思う。

藤井　小島さんは現場のことを考える人やったから。

――必殺シリーズの初期は家喜俊彦、高坂光幸、松永彦一の三氏がチーフ助監督を務めていましたが、それぞれ現場の仕切り方は違うのでしょうか？

『おしどり右京捕物車』のロケ風景、右端に藤井哲矢と皆元洋之助

皆元　いや、現場の進行というのは京都映画の場合、助監督のチーフではなく監督なり、カメラマンが回してましたね。ぼくが東京で2時間ドラマを撮ったときなんか、チーフが「はい、次はこれ撮りましょう」ってどんどん仕切る現場もあったけど、京都映画に関してはカメラマンか監督ですよ。工藤さんなんか自分でどんどん進めるし、松野組だったら石っさんが仕切る。

藤井　そうやなぁ。チーフの違いといえば、予定表の出し方とかエキストラの仕切りとか、そっちちゃうか。現場は石っさんが助監督というか監督補佐みたいなもんや。

皆元　彦ちゃん（松永彦一）なんか櫻井さんと近すぎたんで、なんか言っても「しょうもないことすな！」って止められたと思う。

藤井　そういう関係やったな。鳴滝のボンボンや。

皆元　家喜さんのあと、高ちゃん（高坂光幸）が『必殺』で監督になったけど、当時の雰囲気だと彦ちゃんが先に監督になっててもおかしくなかった。チーフになるのも早かったし。でも途中で嫌気が差したのか、松本明さんの紹介でイーストに入って、東京に出たんや。それからまた戻ってきた。

――そのあと映像京都などで制作担当やプロデューサーを務めています。

皆元　彦ちゃん、映像京都でやってた？　記憶にないな。

藤井　会社を立ち上げたんや。ぼくは東通企画の2時間ドラマで制作主任をお願いしたことがあった。

都築　そのあと別の事業をやったんやな。

藤井　彦ちゃんは下で仕事するぶんにはやりやすかった。高ちゃんはわが道をゆくタイプやから、なかなかな……一匹狼というか。

皆元　高ちゃんは会社に残って酒飲みながらスケジュール組むのがなぁ。こっちは早う帰りたいのに……。差し入れとかで、酒は売るほどあったから（笑）。

都築　わたしは酒になると、すぐ帰ってました。どうしてもってとき以外は参加しなかった。

宮大工のカチンコって、よく考えたらすごいよな

藤井　小道具の安っさん（安田彰一）は飲んでたか？

都築　いや、飲んでない。玉井（憲一）さんは小道具の部屋でよく飲んでたけど（笑）。

皆元　安田彰一さんは、わからん人やった。

藤井　けっこうこだわりの強い人やで。

都築　わたしは『十六歳の戦争』で安田さんの下について、信頼してましたけどね。

皆元　ああいう自主映画みたいなのはがんばるのよ。人間プロとか。ところがテレビの作品をバカにしてんねん。だから、けっこういい加減なところがあった。安田さんは荒川大さんの下でやってて。

藤井　そうそう、大さんや。

――『仕掛人』の初期に荒川大さんは「風俗」としてクレジットされています。装飾のベテランですが、時代考証みたいな役職だったのでしょうか？

藤井　やってたんかなぁ。でも常駐ではない。京都映画の小道具は稲川（兼二）さんがトップで、その次が玉ちゃん。稲川さんが部屋で指示する親方や。

皆元　でも小道具の部屋でも荒川さんの話はよく聞いたな。あと、たぶん一度も話題に出てないと思うのが大道具の〝おとう〟や。

藤井　松野喜代春さんな。

皆元　わたしは同じ広島の出身なんで、けっこうかわいがってもらった。松野さんは元宮大工で、ぼくらカチンコを作ってもらってたんや。

都築　宮大工のカチンコって、よく考えたらすごいよな。

皆元　哲っちゃんも親しかったやろ?

藤井　そう、わしも木工が好きやったからいろいろ教えてもろうた。一緒にやる話もあったんや。そのために天神さんのところの家を買うて松野さんも来る予定で作業場にしたんやけど、亡くなってもうたんや。

皆元　松野さんは小林正樹さんにかわいがられてたの。『怪談』(65年)のセットとか全部作ってて、美術なしで松野さんがやった作品もあったらしい。

藤井　ほんまに影の影の人やな。名前もクレジットされてへん。『おしどり右京』の手押し車、あれも松野さんやで。

皆元　大道具で新映美術工芸が入ってたけど、松野さんはフリーで京都映画の専属みたいな感じやった。

藤井　松野さんの下に北尾(正弘)さんいう人がいたんや。北尾さんは動き回るような窓口で、松野さんが作っとった。ふたりとも影ですわ。セット付もそう。あれもようわからん役職で、レールやらクレーンの特機関係と大道具のセットばらしと雨降らし、なんでもやる。

皆元　小林進さんな。あとからカマちゃん(釜田幸一)も照明からセット付になった。それから久世商会の春田兄弟(春田智三・春田耕市)、弟のほうがセット付で、兄貴はロケバスのドライバー。久世商会はもともとテキ屋で、それこそ現場の便利屋さんみたいやったな。

藤井　せやからトラック運転するでしょ。そこに特機を積み込んで、降ろしたついでにレールを敷いたり、押したり。ごっつい扇風機とかもそうや。

都築　サブちゃんも久世商会やったもんな。あれ、屋台のたこ焼きか?

藤井　金魚すくいや(笑)。京都の鞍馬口にある露天の金魚を扱うとった。久世商会は下鴨の京都映画のすぐ近くにあったんや。

皆元　基本的にテキ屋も映画屋も根っこは似たようなもんで、それこそエクランの松本組とかあったし。進行のまーちゃん(鈴木政喜)は元役者やけど、どっかから盃もろうてたんかな。だからロケがスムーズにできた。

藤井　まーちゃんと木辻(竜三)さんな。その道の人や。

都築　あの人らが現場にいるとスムーズでしたよ。祇園でトラブルがあって、わたし事務所に連れていかれたことがあったんやけど、そしたらまーちゃんが来てくれて、すぐ収まった。
藤井　どこがどうとか縄張りもわかってるから。
皆元　京都は細かいんや。裏寺町通というところがあって、そこでロケする予定があったんやけど、まーちゃんが「やめたほうがええ」。見た感じは普通の路地なのにややこしいらしい。道の途中で分かれてんのかな（笑）。
藤井　どこが仕切んねんという範囲がある。
皆元　京都映画にいたころ、やくざが怖いと思ったことないもんな。エクランのカラオケをやるようになったら、会津小鉄会の会長から事務所にお歳暮とお中元が届いてたくらいだから。

そらもう〝泣きのまーちゃん〟やから

都築　オープンで夜間ロケやってるときなんか、まーちゃんが夜泣きうどんの屋台を呼んでくれて、手の空いたもんから食う。冬なんて、あったかいうどんがうれしかった。冷たい弁当のときも、ぶた汁を作ってくれたりね。
皆元　まーちゃんのときの夜食はよかった。ときどき俺らにいい思いをさせてくれる。廣川のうなぎ弁当が出てきたこともあったから。
藤井　そうさせといて、どっかで取り戻す魂胆があるわけや（笑）。キツい日もあるから。
皆元　あとは志津屋のサンドイッチな。うちの娘ら、それ持って帰ったら、ものすごいよろこんでた。夏になったら、アイスキャンディーとか。
藤井　そういう提案もスタッフから出すわけや。
皆元　やっぱりチーフクラスか。まーちゃんを脅すのは若と南所登、哲っちゃんも脅したかもわからん（笑）。
藤井　せやないと、今日もう夜間せえへんぞって（笑）。
皆元　まーちゃんは「泣きや」いうてな。なんかあったら必ず「泣きや」って。
藤井　そらもう〝泣きのまーちゃん〟やから。ときどきはヅラつけて役でも出とった。
都築　まーちゃん主役の番組まで作られたしな（『どこまでドキュメント　映画を食った男』）。
皆元　乗馬の吹き替えもようやってた。ニコラシカっていう飲み方があって、レモンの上に砂糖を乗せて、それを口にふくんでブランデーＶＳＯＰを飲む。これがめちゃくちゃうまい。
藤井　まーちゃんの店、行った？　千本の、ちょっと入ったとこにある、コレがやっとった店。
皆元　行ったよ。そこでニコラシカを飲んだ。
藤井　狭いスナックで、ヘンな路地にあんねん。歩いてしか行かれへんような。若の実家、お好み焼き屋にもよう行ったわ。
皆元　パン屋じゃなかった？
藤井　そうやったか。
皆元　若は、いちばん酒ぐせが悪くてな。
都築　やくざに四条大橋から吊るされた伝説がある（笑）。
皆元　いちばん意見を出すのも若。『赤い稲妻』の打ち合わせで日テレのプロデューサーが「録音部さんがホンにダメ出しするんですね」と驚いてたもん。

——以前の取材で、佐々木康之プロデューサーの実家が祇園の鯖寿司「いづう」だと藤井さんに教えていただきました。京都取材の帰りに毎回お土産で買っています。

家に行ったら九官鳥が「あぁ、しんど。あぁ、しんど」

藤井　うれしいな。あれ、切り口がうさぎになってんのわかる？　普通は上に乗ってるだけでしょう。いづうのは、切り込みが入ってて断面を見ると、うさぎになってる。
都築　哲っちゃんがカメラマンになったのは、歌舞伎座の時代劇？　その前に昼帯やってたっけ？
藤井　帯や。石っさんの嫁さん、尾崎奈々が『みれん橋』（77年）いう帯ドラマに主演して、佐々木さんから「お前、次のやつやれ」って指名された。で、石っさんが気ぃ遣うてくれて、そのとき助手でついていたんが『新必殺仕置人』（77年）や。大熊組のとき「ほとんどお前が回しとけ」ということで予行演習さしてくれた。

——嵐寛寿郎さんがゲスト出演した「助人無用」ですね。

藤井　そうそう。もうほとんど石っさんは製作部におって、ええ練習さしてもうたわ（笑）。現場でも迷わなくなった。そういえばな、宮川一夫さん、よう京都映画に来はったんや。『必殺』の現場も見てたし、わしがカメラマンになってからも遊びにきてくれた。わりあい気安い感じはあったな。宮川さん、おしゃべりが好きなんですよ。
皆元　大映とか映像京都とは、けっこう交流あったよね。俺も小島さんの紹介で『犬神家の一族』（77年）の助監督とかやったし。
藤井　藤井秀男さんとか渡辺貢さんも来てたし、映像京都の撮影部もよう京都映画で助手やってた。
皆元　『必殺』は人を殺す番組やから、殺陣師も重要やな。楠本（栄一）さんと晋八っちゃん（美山晋八）。けっこうややこしい殺陣をつけるのが晋八っちゃん。あのころ『必殺』のメインは楠本さんで、『おしどり右京』や『斬り抜ける』は晋八っちゃんやった。歌舞伎座も楠本さん。楠本さんは監督のやりたいことを柔軟に映像化してくれる人でしたけど、一緒に飲むようになってスナックに行くとカラオケで『座頭市』を歌うのよ（笑）。
都築　ほんまに？　見たかったわ。
皆元　勝（新太郎）さんの「つらい渡世だなぁ」ってやつ。
都築　晋八さんは「めし食いにこい」って誘ってくれて、家に行ったら九官鳥が「あぁ、しんど。あぁ、しんど」。殺陣師っちゅうのもしんどい仕事なんやなと思った。
藤井　デカい犬もいたのや。あれ、奥さん散歩が大変や。せやから帰ったら「あぁぁ、しんど」（笑）。
都築　そっちやったの!?
皆元　楠本さんと晋八っちゃんは『七人の侍』（54年）に出てるんですよ。わざわざ京都から行って、野武士なのか百姓なのか……大映に内緒で出てたらしい。そんな話も聞いたな。その下の真ちゃん（布目真爾）は殺陣師と小道具を兼ねたような役目やった。
藤井　ずっと撮影所にいて、朝からキャッチボールしてたよ。あれも野球が上手いんや。毎日おった。
皆元　真ちゃんも大映やから、京都映画には殺陣師がおらへんかった。東（悦次）もやってたけど……。
藤井　あれは役者のついでやからな。そのあとか、東京から宇仁（貫三）さんが来た。だから京都の殺陣師の流れが途絶えてもうたんや。
皆元　まぁ、『必殺』の殺陣師は石原興ですよ。自分でやってみせてたもん。
都築　秀のかんざしのクルクルも石っさんやもんな。
皆元　そういうかっこよさを考えるのは上手かった。殺陣もふくめて自分のなかで画ができてるから。
藤井　そういえば、イッコーの嫁さんが初めて京都映画に来たときも覚えてるで。わし、駐車場でキャッチボールしてたんや。そしたら栄理子がお母さんと一緒に面接にやってきた。

取材の合間に記念写真を撮影。左から皆元洋之助、藤井哲矢、林利夫、石原興、都築一興

都築　あんとき、会社の面接やからきれいな格好して、ワンピース着ていったら、みんな汚い格好で……という話を栄理子さんから聞きましたよ。ワンピースなんか着る場所ないやんって（笑）。
藤井　そんな面接があるなんて知らんかったんや。
皆元　俺も面接受けたよ。小島さんか飯島（康夫）さんと話をして、聞かれたのは「ギャラ安いで、仕事キツいで、デカい声出せるか」……その3つだけ。俺らのあとは新卒で撮影、照明、録音を採ってたんや。たしか録音の河合（博幸）は助監督志望で空きがないから、とりあえず録音部で入った。
都築　キツい仕事やから、すぐやめちゃう子もようけいたな。なんかのコネで入ったけど「こんなにキツいと思わなかった」って、もう仕方ない。

京都映画を離れたことで仕事が広がった

――みなさん80年代後半からは京都映画を離れて、大阪を中心に活動します。まず京都映画を離れたのが皆元さん。
皆元　歌舞伎座テレビの枠が終わったあと、カラオケを撮ったり2時間ドラマの助監督をやってたんですが、何年後かに佐々木さんと櫻井さんが手打ちをしたんですよ。松竹の重役の仲介で手打ちをしたあと、櫻井さんの作品を佐々木さんが手伝うようになって……われわれには仕事がこないですよね。

当然、向こうはレギュラーの必殺メンバーがいるわけだし、演出部だってそう。ちょうど哲っちゃんも南所登もぼくも外の仕事をどんどんするようになった。京都映画にいても食えないというのは、ぼくの場合はっきりしてたので、エクランの映画『舞妓物語』(87年)を最後に離れました。

都築　わたしも『必殺』のレギュラーが終わって、あのまま京都映画に残ってたら撮影の仕事はやめざるを得なかったかもしれない。「管理部門に移らないか」という話もチラッとあったんですが、それもイヤやし。後輩の水野(純一郎)が製作部に移って、最後は撮影所長になりましたけど、わたしはずっと現場の仕事がしたかった。だから洋之助さんが先に大阪へ出て、京都のスタッフが働ける下地を作ってくれて、ありがたかったです。

皆元　歌舞伎座の仕事がなくなったのは、案外いいきっかけだったかもしれない。2~3年ほどカラオケで食いつないでビデオにも慣れたし、大阪で仕事をするようになって古巣の松竹芸能が仕事をくれたり、京都映画を離れたことで仕事が広がったというのはありましたね。

都築　バブルのころやったから、外でいくらでも仕事があったんです。テレビの番組だけやなしに企業のVPとか細かいやつもいっぱいあった。

皆元　時代劇はなくなったけど、現代劇はあるし、旅番組も増えてたし、VPが盛んになってきた時代だったんで、京都映画から出た途端、年収が倍くらいになった。

都築　わたしもいきなり倍になった。まぁ倍いうたって、京都映画のギャラが低いだけで、世間からするとタカが知れてるけど。

藤井　こっちから仕事を選べたもんな。わしの場合、井上昭さんとか松本明さんみたいに指名で仕事をくれる監督もいたし、映像京都でドラマの仕事をするようになってフィルムとビデオと両方やれたんはよかった。

皆元　フリーになると、仕事とスケジュール、それからギャラが決まると、もう仕事が半分くらい終わったような気になる……これはなんとかせなあかんなって思ってたら、ちょうど東通企画が年間契約を申し出てくれた。それで俺とイッコー、あとから加島（幹也）や元村（次宏）も京都映画から移った。

——演出部は契約という立場なので現場がなければ生活が立ちゆかない。藤井さんの場合、撮影部は社員ですよね。

藤井　わたしもね、同じころ退社届けを出したんですよ。おっせやけど、そんときは佐々木康之に止められた。おってもも仕事あらへんのに。だから大阪や東京でコマーシャルを撮ったりして、稼ぎの何割かは京都映画に入れて……けっこう大きかったで、それは。給料の何倍も稼いでて、事務のお姉ちゃんが言いにきたくらいやもん。「藤井さん、ええの？　こんなに会社が取って」って。でも社員で残ってても現場がないから、倉庫の整理せいとか言われてね（笑）。ようやくフリーになった。

——さて、そろそろ藤井さんが予約してくださった烏丸御池のビストロに向かわねばならない時間となりました。最後にみなさん、京都映画で学んだことを教えてください。

都築　局の人って、ビデオで育ってますよね。当時はフィルムやってた人間が〝ちょっと上〟みたいな風潮があったんですよ。だから『必殺』の監督というキャリアがあると、すごく楽でした。数えるほどしか撮ってへんのに（笑）。『部長刑事』を撮ったときもディレクターはサブ（副調整室）にいるのが普通ですが、わたしは絶対カメラの横から役者に直接演出してました。局の人ってADを通しますけど、それだけはやめとこうと思って。

藤井　フリーになってすぐ、松本明さんに声かけてもらって『裸の大将』の50回記念スペシャルをやらせてもらいました（『裸の大将　清のテルテル坊主』）。ビデオのマルチなんかやったことなかったんやけど、準備にけっこう時間くれたんです。撮影中も1週間くらい空きがあったから、事前にロケハン兼ねて自分だけで石和温泉を下見して……松本さんが考えたカット割りをもとに、どう撮れるかリサーチしてたんです。

皆元　けっこう撮ってるよな。

藤井　『裸の大将』は最後の83本目まで、ほとんど全部やった。ぼくと南所登、美術の山﨑博がチームになって。

皆元　ぼくも松本明さんにはお世話になってて、東通企画の2時間ドラマにプロデューサーで入ってもらうようになって、まさか『必殺』からの縁がこんなかたちで続くとは思いませんでしたね。

都築　『部長刑事』も松本さんが監修やった。「七日会」という大阪と京都のスタッフが集まる会を洋之助さん中心にやっていて、そこに松本さんも参加されてたんです。

皆元　京都映画で学んだことといえば、佐々木さんの仕事でホンを直すことを叩き込まれました。助監督のころから生原稿を読んで感想を言わされて、「じゃあ、明日までに直してこい」という経験が何年も積み重なった。それが監督になっても、東通企画でプロデューサーを兼ねるようになっても、ずいぶん役に立った。まずホンづくりの基礎が京都映画で教わった最大のポイントですね。

それと哲っちゃんとの関係でいえば、ロケハンを大事にすること。一緒に回りながらコンテを作る前にいろいろと吹き込まれる（笑）。「ここやったら、こう撮ろう」という哲っちゃんのアドバイスがものすごく助かるわけです。ロケハンしながら一緒にシーンを組み立てていくのが楽しかった。

藤井　わしも準備が好きやったんやな。まぁ、いまも付き合いがあるし、こうやって撮影所で集まれて、さっきも石っさんとトシやんにひさしぶりに会えたし、京都映画で育ててもうてありがたいですわ。

藤井哲矢［ふじい・てつや］

1944年京都府生まれ。京都映画に入社したのち撮影助手として必殺シリーズなどに参加し、77年に『みれん橋』で技師デビュー。歌舞伎座テレビの『斬り捨て御免!』『眠狂四郎無頼控』などを手がけ、2時間ドラマも多く担当する。89年にフリーとなり、『裸の大将』『金田一耕助の傑作推理』などに参加。

都築一興［つづき・いっこう］

1948年愛媛県生まれ。立命館大学在学中から京都映画の助監督を務め、79年に『必殺仕事人』で監督デビュー。『必殺仕舞人』『必殺仕事人Ⅲ』『必殺仕事人Ⅴ　激闘編』などを演出。91年に東通企画と専属契約を結び、土曜ワイド劇場などの2時間ドラマや情報番組、紀行番組の演出を数多く手がける。

皆元洋之助［みなもと・ようのすけ］

1947年広島県生まれ。関西学院大学卒業後、松竹芸能を経て京都映画の助監督となり、81年に『赤い稲妻』で監督デビュー。『斬り捨て御免!』などを手がけ、89年以降は東通企画で「花吹雪女スリ三姉妹」シリーズほか2時間ドラマを演出し、プロデューサーも兼任。映画の監督作に『舞妓物語』がある。

R-3

霤左門、飾り職人の秀——『必殺仕事人』の新メンバーから始まり、
『必殺仕舞人』より『必殺橋掛人』まで密偵〜元締を演じたキーパーソン、
さらには西順之助、組紐屋の竜、鍛冶屋の政と仕事人が勢ぞろい！

俳優　伊吹吾郎
俳優　三田村邦彦
俳優　西崎緑
俳優　ひかる一平
俳優　京本政樹
俳優　村上弘明

俳優

伊吹吾郎

最後は流れ橋の撮影でしたね
ひとつの区切りとして
演じた思い出があります

その名は瞬左門——原点回帰のシリーズ第15弾『必殺仕事人』に登場した新たな殺し屋は妻子持ちの浪人であり、やがておでん屋に転じる。時代劇の経験も豊富な伊吹吾郎は、いかにして左門を演じたのか。同田貫の豪快な殺陣から怪力による人体二つ折り、藤田まこと、三田村邦彦、監督陣のエピソードまで大いに語る。

いつか京都映画で仕事がしたいと思ってました

伊吹　ぼくは日本テレビの『無用ノ介』（69年）で本格的にデビューしまして、同じ昭和44年に映画は東映、舞台は新国劇と契約したんですよ。最初の映画が若山富三郎さんの『五人の賞金稼ぎ』（69年）で、初めて京都に行ったんですが『無用ノ介』と同じ片目の役でしたね。当時は任侠映画が流行ってたから鶴田浩二さんや菅原文太さんの作品に出て、昭和48年の一発目が『仁義なき戦い』（73年）、ここから実録ものが始まった。だんだんテレビの仕事が多くなって、『お耳役秘帳』（76年）で初めて京都映画に呼ばれ、そのあと『必殺仕事人』（79～81年）をやったのが33歳の時分ですね。

――その後、１９８３年から『水戸黄門』の格さんを演じていますが、東映育ちの伊吹さんにとって東映京都と京都映画の違いはありましたか？

伊吹　東映は組合がうるさいからね、きっちりしててスケジュールどおりにいくわけ。ところが京都映画はこだわるから、それだけいい加減というか……よく言えば臨機応変（笑）。京都映画のスタッフは競馬が好きだったよね。製作進行が「おい。明後日、菊花賞があるな。お前ら、行くか?」「行きたいけど、スケジュールが……」「そうか。だったら明後日の分、今日に回して半分やっちゃうか」って、その場でバババッと変更。いや、いまは知りませんよ。あのころは、そういった傾向が多かった。

『必殺仕掛人』（72～73年）のころから一連のシリーズは見てまして、やっぱり映像や照明の具合がそれまでのテレビ映画とは違いましたね。周りの景色のほうが多くて主役があんまり映ってない（笑）。で、えらい薄暗いなとか、そういった照明の明暗に非常にドキッとしたというのが最初の印象です。だから、いつか京都映画で仕事がしたいと思ってました。

――まずは歌舞伎座テレビの『お耳役秘帳』で主人公の檜十三郎を演じています。秋田藩お耳役の活躍を描いた時代劇ですが、初めての京都映画はいかがでしたか?

伊吹　スタッフの言動が……よく言えば職人気質、悪く言えば乱暴者（笑）。そういった対人関係が東映とも違うけど、東京の撮影所とはもっと違う感じで、どうしても東京は役者を優しく扱うんです。こと京都映画だけじゃなく東映もふくめて気質が違いましたね。照明部なんか、とくにそうですよ。自分の仕事に自負があるから、ものすごくガッツと責任を持っている。だからこそ、口も悪いというか遠慮なく言えるんだと思う。やはり最初は戸惑う人もいますよ。職人だからダメなものはダメで、よければどこまでも付き合ってくれる。

――『お耳役秘帳』の監督で印象的な方はいますか?

伊吹　（作品リストを見ながら）倉田準二さんはクセのある監督で、若い子なんか泣き出しちゃう子もいるんですよ。女優さんに対して「本番いきます。よーい、スタート!」で芝居をやらせて「はい、カット。もう1回」「カット。もう1回」「もう1回」……要するに、どこが悪いかということを言わない。とにかく「もう1回」だけだから、東京から来たばかりの女優さんなんて、しくしく泣いた子もいましたよ。見てる俺らのほうも、どこが悪いか言やぁいいのに……なんて思ってましたね。演出も変わっていて、個性がありました。

家喜（俊彦）さんは助監督のころから知ってるんですよ。地味なタイプですが、倉田さんと違って優しいものの言い方で、ごく当たり障りのない演技指導をする人でした。ぼくが現場に遅れてしまったことがあって、そのときも家喜さんが「こっちのほうできっちり段取りしてるから気にしないで」と言ってくれて、助けていただきました。それから原田雄一、この人は酒が好きなんだ。だから京都で飲みにいくと、ずいぶんガチンコして出くわしたしたことがある。池広（一夫）さんはインテリの監督でしたね。きっちり考えて「ここはこうだから」と説明しながら組み立てていく。とても丁寧で、誰よりもインテリという印象があります。

——第1話「仕掛けた罠の大盗賊」は、大映出身の田中徳三監督です。

伊吹　徳三さんは、古い人だからね……大人ですよ。要するに、役者の話を聞いてくれる。内田叶夢という巨匠がいて、『飢餓海峡』（65年）や『宮本武蔵』（61〜65年／五部作）の一連を撮ってる監督です。『無用ノ介』は内田先生が監修で現場にもよく来まして、ある役者が「ここはこうしたいんですけど」って言ったら「う〜ん」って聞いてるんですよ。徳三さんも一緒のタイプで「う〜ん」。そのあと違うのがね、内田先生は「そうか、そうか。わかった。よし、それはこの次に撮ってみよう」で、徳三さんは「じゃあ、ちょっとやってみて」なんです。

——東映京都の原田隆司監督も『お耳役秘帳』に参加。その前に伊吹さん主演の映画『忘八武士道　さ無頼』（74年）と『下苅り半次郎　㊙観音を探せ』（75年）を立て続けに手がけています。

伊吹　任侠映画が廃れて、ポルノ的な劇画の時代劇をやってたのね。原田さんは大人しい、照れ屋の監督です。だから『下苅り半次郎』とか、ああいう系統のものより、もっとシンプルな作品を撮らせてあげたほうがよかったんじゃないですか。それこそ石井輝男さんならもっと突っ込んだ撮り方をするんだろうけど、真面目だからポルノには向いてなかった。『お耳役』もぼくの指名というわけではなく、たまたまです。

藤田さんがぼくを見て「つくづく本当の侍みたいだ」と

——そして1979年から『必殺仕事人』が始まり、畷左門を演じます。『仕掛人』の西村左内に通じる妻子持ちの浪人役であり、第1話「主水の浮気は成功するか?」から裏稼業に手を染めます。

伊吹「いよいよ来たか」という感じでした。やりたかった作品のひとつだったから、うれしかったですよ。まずね、1話目で仕事を終えて女房と子供のいる長屋に帰ってくるじゃないですか。戸を開けようとしたときに、さっき斬った男の姿がパパパッとフラッシュバックで入る……たしか台本にそんなことが書かれていた。そのシーンの撮影で監督から「伊吹さん、戸を開ける前に〝いま殺しをしてきて、次は女房子供のいる別世界に入っていく〟……それを吹っ切るなにかがほしい」という相談があったんです。で、ハッと気がついて、仕事をしてきた自分の手を見つめた。ＯＫになりましたけど、突発的に言われて、そんなことしかできなかったですね。

――第１話は松野宏軌監督が担当しています。

伊吹　松竹の古い人なんです。ぼくが行く前から、すでに松野宏軌さんというのは誰しもが知る『必殺』の監督で、みんなから「先生」と呼ばれている……そういう評判を聞いてたんですが、いざクランクインすると大人しい監督で「はいはい」ってね、とくにカメラマンの石原（興）さんが監督に対して強いの。また石原さんもああいう性格で、のちに監督までやるからさ。そういった意味で松野さんの人柄に驚かされました。もっとガツンとした人なのかと思ったら、すごく柔らかい、温和な監督でしたから。

――中村主水役の藤田まことさんはいかがでしたか？

伊吹　藤田さんはね、やっぱり『必殺』に欠くべからざる人だよね。絶対必要不可欠、『必殺仕事人』というのは中村主水ですよ。あの明暗の演技力、家庭や職場にいるときと殺しのときの使い分け……のちに別の人が仕事人をやりましたけども、やっぱりその変わり目を出せないんだ。最初から優等生の顔だから。『水戸黄門』も一緒ですよ。東野英治郎さんが非常によかったのは、あの人に鍬《くわ》を持たせて、そのへんの畑に立たせたら地元の百姓に見える。だから「こら、くそじじい！」って罵倒できるわけ。立派じゃダメなんだ。あのギャップがすばらしいんですよ。それでね……ちょっと脱線してもいいかな？

――ぜひぜひ。

伊吹　ぼくが格さんをやったとき、御老公も西村晃さんに交代したんだけど、記者会見のあとで「吾郎よ、この番組は視聴率がいいだろ。俺らふたりに代わったおかげで視聴率が下がったら、なに言われるかわかんねえぞ。お前はどんな格さんを演じるんだ」って西村さんに言われたの。それで答えられずにいたら「俺は先代の〝カッカッカ〟って笑い方と同じだとつまんないから、〝ホ〟から〝ハ〟にしようと思う。〝ホッホッハハハハッ〟って」。そうやって自分の色を出そうとしてました。最後のほうになると〝ハ〟ばっかりでしたけど（笑）。

――いやぁ、いい話ですね

伊吹　『仕事人』の撮影が始まってすぐのころ、藤田さんがぼくを見て「つくづく本当の侍みたいだ」と言ってくれました。ほかの方々にも言っていたみたいで、先日も知り合いのプロダクションの社長からそんな話をされましたよ。とてもコミニュケーションの取りやすいタイプの俳優さんでした。「俺はこっちのほうがいいと思うんだけど、とりあえずそっちでやってみようか」とか、レギュラーだけでなくゲストともそういうやり取りをよくしていました。相手を威圧するタイプの主役もいますが、そういうことを一切感じさせない人でしたね。

ぶった斬るという意識でやってました

――飾り職人の秀として三田村邦彦さんが新レギュラーになります。

伊吹　彼は初めての京都、初めての時代劇だったのね。だからお酒もよく飲んだし、ずいぶん一緒にあちこち行きましたよ。三田村くんの息子（中山麻聖）が生まれるときも一緒に飲んでたから、何度もホテルに電話してました。そうやって何回目かの電話のあと、「伊吹さん、いま生まれました」って教えてくれたんです。

――最初のロケのとき、京都映画は弁当が自前であることを知らず伊吹さんに分けてもらったエピソードを三田村さんからうかがいました。三段重ねの豪華な弁当で「カマ、カマ、俺のカマの友達が作ったんだ」と伊吹さんが仰ったそうで

すが、それは本当の話でしょうか？

伊吹　本当です（笑）。トンちゃんというお店を3軒やってる経営者がいて、料理が上手いんですよ。ぼくよりも一回り上でしたが、男性にそういうのを作ってあげるのが好きなんだ。縄手通を上がったところの店によく行ってましたね。弁当の件なんて本来は製作部か演技事務が教えるべきなんですけど、言ってなかったんだね。それからトンちゃんに三田村くんのお弁当を一緒に作ってもらったこともありました。

――同じ刀ですが、主水の暗殺術に対して左門は同田貫による豪快な一撃です。時代劇のキャリアも豊富な伊吹さんですが、殺陣で意識したことはありますか？

伊吹　要するに同田貫というのは厚いんですよ。刀が重い。しっかり両手で握りしめて、チャンチャンバラバラの華麗な殺陣ではなく重みを感じさせなければならない。それから大事なのは〝ぶった斬る〟こと。斬るだけでなく〝ぶつ〟で、ぶった斬る……そういう表現がいいと思うんだよね。ぶった斬るという意識でやってました。たとえば相手と対峙したときに、よく仁王立ちって言うじゃないですか。そのときも真正面ではなくて、ちょっとだけ斜に構える。そういう向き具合を意識してましたね。顔の角度や首が少し外れているほうが、なんとなく不気味さというか威圧感を感じさせるんです。

――元締の鹿蔵を演じたのは中村鴈治郎さん。

伊吹　もの言わずしての迫力ですよ。試写のときに鴈治郎さんの最初の出のアップがね、こっちをグッと見るような……こんな大きな顔なんですよ。それを見た藤田さんが「さすがだなぁ……」って言ったのを覚えてます。なんのセリフもなく、ただグッとこっちを見るだけ。その面構えに感心していました。現場ではね、もう本当におじいちゃんですよ。俺らなんて孫みたいなもんだから、いわゆる歌舞伎役者の大御所っていうより、ひとりの老人がそこにいるという感じでしたね。

己のため、妻子のために仕事人となった畷左門。のちに侍を捨てて、おでん屋に

――鴈治郎さんは序盤で降板し、二代目元締のおとわとして山田五十鈴さんが必殺シリーズに復帰します。

伊吹　山田さんは三味線が得意じゃないですか。テレビ朝日の『モーニングショー』かな、そういう朝の番組があって山田さんが三味線、ぼくがフラメンコギターで二重奏をやったことがありました（笑）。それから東宝のニューフェイスだったとき、6ヶ月間の研修が終わると映画、テレビ、舞台とそれぞれの志望に分かれることになっていて、ぼくは舞台を選んだんですよ。菊田一夫の東宝現代劇に入って、初めてのお芝居が三木のり平さんの『あかさたな』、そのとき山田さんとも共演したんです。もう山田五十鈴といえば大女優ですからね、劇場の通路ですれ違うときも避けながら「どうぞ」って感じで、そんな話を現場でしたら「あら、あなたも出てたの？」って、そりゃ知る由もないですよね。やっぱり緊張しました。

――最終的に全84話、およそ1年半というロングランを記録した『必殺仕事人』ですが、当初は本作でシリーズ打ち切りという危機もあったそうです。

伊吹　ええ、クランクインしたころは「これで最後になるかも」という話は聞いてました。だから、半年間やって今年いっぱいかなと思ってたら三田村くんの人気が出たりして、ずいぶん延長されましたね。いかに『必殺』を見てくれている人が多いかを実感したのは、京都の街へ出るじゃないですか。そうすると飲み屋でも「テレビで拝見してます」とか、そういった声が実際に多かったですよ。

石井さんが『必殺』を撮ると聞いたときは、うれしかったですね

――左門の殺し技ですが、第29話「新技腰骨はずし」から人体二つ折りに代わります。

伊吹　ある日プロデューサーがね、「吾郎ちゃん、ちょっと来てくれや」「なんですか？」「あのなぁ、殺しにいく

ときのな、あれほら藤田さんも刀やろ。三田村もかんざしやから、そろそろ別な方法を考えなくちゃいけないと思ってんだけど」って言ってきたんですよ。それで例の〝二つ折り〟を提案されたんです。ぼくはね、それ次のシリーズからやると思ったの。そしたら「いやいや、来週から」（笑）。

――さっそく！

伊吹　ついでに侍もイヤになったということで、かつらを外して着流しのおでん屋になった。それを言ってきたのは櫻井（洋三）さん。アイデアは山内（久司）さんかもしれませんが、おふたりとも『必殺』どっぷりのプロデューサーですよ。まぁ櫻井さんのほうが身近で、ずっと撮影所にいたからね。あの人も博打の好きな人で、進行のまーちゃん（鈴木政喜）と一緒に「じゃあ明後日のやつ、今日やってしまおう」って、あっという間にスケジュールが変わる（笑）。東映では絶対ありえない。そこに渡辺（寿男）さんが乗っかる。もう3人ともコレだから（笑）。まーちゃんはね、なんでもはっきりしてるんだ。そういう意味ですごく気持ちのいい人でした。周りを活気づけて、盛り上げるタイプの進行さんでしたね。

――二つ折りの殺しのシーンの撮影はいかがでしたか？

伊吹　あのボキボキも大変だったんだ。なにが大変って、上半身と下半身が別々の役者さんで逆折りだからさ、お互いの目が合わない。見てないから、タイミングが合わないんですよ。するとね、上半身はこと切れてるのに下半身の足がまだ動いてる（笑）。お互いに見えてりゃ別だけど、見えてないのがいちばん大変。あとは上下の着物が別々だったこともありました。

――腰の骨を折る瞬間、指に巻いた赤い糸がプチッと切れる演出も印象的です。

伊吹　あれはね、左の親指なんですよ。本当は右に巻こうと思ったけど、ぼくはフラメンコギターを弾くから爪が伸びてるの。しかも親指は弦を弾くため斜めに削ってるわけ。だから左にしてもらった。赤い糸を巻いて、指の力を表現するためにぐっと力を入れて切れる様子を表現したんですね。さすがの工夫だなと思いました。

――殺陣師は楠本栄一さんと布目真爾さんです。

伊吹　東映の場合、いわゆるチャンバラのメッカだから剣会があって、片岡千恵蔵さんにしても市川右太衛門さんにしても両者にかかるカラミの人が決まってたんです。カラミが上手だからこそシーンがよくなる……それに付随して殺陣師もやっぱり偉そうだった。楠本さんは「これがダメだったら、こっちでいこう」とか、いろんなバランスを持ち合わせて、状況に合わせてくれる。東映の殺陣師というのは「こうだから、これでやってくれ」、その違いが如実に出ていた気がしますね。それから『必殺』は画優先だから、カメラマンの意見が非常に重要視されてました。

――「新技腰骨はずし」を担当したのは、唯一の登板となった石井輝男監督です。

伊吹　『殺し屋人別帳』（70年）という映画で渡瀬（恒彦）くんが初めて東映にやってきた、そのときの監督ですよ。ぼくにとっても初の現代劇で、そのまま『監獄人別帳』（70年）も一緒にやりました。石井さんが『必殺』を撮ると聞いたときは、うれしかったですね。よく飲みにいきましたし、役者を自由に動かしながら個性を引き出していく監督です。石井さんって全体を見て盛り上げるんですよ。『殺し屋人別帳』でもロングショットがあって、ずーっと向こうに役者がいるじゃないですか。わざわざ自分で足を運んで指示をする。『仁義なき戦い』の深作（欣二）さんも同じタイプでした。何度もやらせるんだけど、役者からは慕われてましたね。

――ほかに『仕事人』で印象に残っている監督はいますか？

伊吹　やっぱり工藤栄一さんですね。ぼくが初めて東映に行った『五人の賞金稼ぎ』の監督ですが、工藤さんはカットを割るのが嫌いなの。なるべく長回しで撮りたがる。演技指導もしっかりしてて「わかったか。よし、本番いこう！」って、そういう根回しの上手な監督です。京都映画でもカメラマンの石原さんと非常にいいコンビで、照明にこだわった。撮影所の路面に水を流して、キラキラさせる……照明の加減によって撒いた水が石ころに反射して光るのね。ああいう映像がすごくよかったです。

――シリーズ初のスペシャル版となった『特別編必殺仕事人　恐怖の大仕事』（81年）も工藤栄一監督です。

伊吹　ぼくが箱に入れられて、海に投げ出されるシーンがあったんですよ。それを三田村くんが潜って助ける……ところが水圧で箱がなかなか開かない（笑）。プールで撮影したんですが、ほんとに死ぬかと思いました。

――『仕事人』には山下耕作監督、岡本静夫監督、長谷川安人監督と東映京都の監督陣がピンポイントで参加しています。

伊吹　ぼくは鶴田浩二さんの任侠映画によく出してもらいましたが、山下さんも工藤さん同様みんなから好かれる監督でした。岡本さんと長谷川さんは、おふたりとも印象が薄いな。あとはね……井上梅次さんというのは、ねちっこい監督で、いいのかなぁ、よくないのかなぁ……本番やると「はい、カット。じゃあ次いこう」。だから「え、いまのＯＫなの？」、そういう後味を感じさせる監督で、なんとなく苦手でしたね。

石原さんの場合、パパパッと早いからね

――『必殺仕事人』の序盤と同時に京都映画では歌舞伎座テレビの『日本名作怪談劇場』（79年）が撮影されており、伊吹さんは「四谷怪談」に主演しています。必殺シリーズでもおなじみ貞永方久監督の情念と映像美が駆使されていました。

伊吹　田宮伊右衛門をやるのは初めてですから、四谷のお岩さんのお墓にスタッフ一同とお参りした記憶があります。貞永監督は学術派というか「ちょっと待てよ」って、こう考える人なんだよね。ポンポン撮るタイプではなく、じっくりと考えながらワンクッション置いて「じゃあ、いこうか」という……だから撮影の時間を食う人でした。でも、できあがったものは、やっぱり考えただけ、時間をかけただけのことはあるんですよ。

――「四谷怪談」の現場はスタッフから「徹夜怪談」と呼ばれたそうです。

伊吹　そうそう。京都映画のオープンセットにプールがあったじゃないですか。あそこに潜らなくちゃいけないシーンがあって、夏だからさ、ボーフラみたいなのが湧いてて……汚ねえ泥なのよ。そんなイヤな思い出も印象に残ってます（笑）。

――伊吹さんとお岩役の八木孝子さんのコンビもすばらしい。

伊吹　いまどうしてんだろうなぁ。結婚して、静岡のほうで暮らしているという話を聞いた気がしますね。八木ちゃんは東宝現代劇の出身で、ぼくと同期生なんですよ。もう男みたいな性格で、物怖じしない。八木ちゃんで〝ヤギ〟だからみんなから「メーメー」って呼ばれてたんです。誰も「八木さん」なんて言わない。メーメー、メーメー、メーメーって。

――撮影は『お耳役秘帳』や『必殺仕事人』も担当した藤原三郎さんです。

伊吹　石原さんの弟子ですが、「どういうふうに撮ったらいいか」と時間をかけて、ジッと考えてる人だったね。そんな光景を感じさせるキャメラマンでした。石原さんの場合、パパパッと早いからね。事前に考えてきてるのか、その場で考えてるのか、とにかく早い。「はい、監督いくよ！」って、とくに松野さんなんか急かされてる感じだから（笑）。監督が「もうワンカット、これいこう」って言ったら「いや、いらん！　そんなものいらん！　次のシーンいこう」、でも松野さんは「撮らせて！　撮らせて！」って食い下がる（笑）。それから都築雅人さんという若手のキャメラマンがいて、『必殺』のあと東映で『水戸黄門』をやってたんですよ。この人もわりと早撮りのタイプだったたと思う。

――『仕事人』の共演者の思い出はありますか？

伊吹　菅井きんさんはね、ごうつくな役柄なんだけど、撮影待ちしてたときに「年金が貯まったら孫にあげるん

必殺シリーズ52周年記念
立東舎×かや書房

「高鳥都の必殺本目録」

こんにちは、高鳥都と申します。『必殺シリーズ秘史』『必殺シリーズ異聞』『必殺シリーズ始末』『必殺シリーズ談義』という4冊の本の著者であり、『必殺仕置人大全』『早坂暁必殺シリーズ脚本集』の編者でして、このたび書店フェア用の特典小冊子にマイナーチェンジを施し、新刊に封入することとなりました（そちらを入手された方は、だいたい同じ内容ですみません）。それでは6冊それぞれの思い出を刊行順に綴っていきますね。どうぞよろしくお付き合いください。

『必殺シリーズ秘史　50年目の告白録』
（立東舎／ 2022年9月発売）

必殺シリーズの50周年に合わせて刊行された単著デビュー作であり、京都映画（現・松竹撮影所）のスタッフを主軸にしたインタビュー集です。立東舎の山口一光さんにお声がけいただき、雑誌『昭和39年の俺たち』（一水社）の連載「必殺シリーズ深掘りインタビュー」をもとにあらゆる裏方に取材しました。なにより助監督・監督を務めた都築一興さんとの出会いが大きく、『昭和39年〜』の単発インタビューをきっかけに連載へと発展、本書でも多くの取材に同席してくださいました。必殺シリーズの光と影の映像を作り上げた石原興さんから念仏の鉄を演じた山﨑努さんまで30名、山﨑さんが「楽しかった。聞き手がよかった」とTwitterで呟いてくださったことも前評判を集め、スタッフ中心というストイックさを跳ね返す結果に。表紙のシルエットは『新必殺仕置人』の傑作「裏切無用」、それらを監督したのち製作主任に転じた高坂光幸さんの取材も思い出深いものでした。

『必殺シリーズ異聞　27人の回想録』
（立東舎／ 2023年4月発売）

3刷という前著のヒットにより実現した第2弾、目玉は松竹のプロデューサーとしてシリーズを支えながら引退後は表に出ることのなかった櫻井洋三さんのインタビュー。これまた都築一興さんとの出会いをきっかけに双葉社時代の『映画秘宝』で連載していたもので、じつは立東舎からのオファーも櫻井P記事の反響がきっかけだったのですが、1冊目の成功を確信していたので保証もないまま「次」に回してスタッフを優先したのでした。本書では亡くなられた脚本家の方々の貴重な取材原稿を坂井由人さん、春日太一さんより提供していただき、キャストも3名に増加。100ページ以上もオーバーして怒涛のカットが発生した『秘史』に対して、ほぼぴったり384ページに着地。反省点は……ギリギリまで人数が決まらず本の発表が出遅れてしまったことで、数字をタイトルに入れるのは危険だなと知りました。

『昭和39年の俺たち』の版元・一水社の岩尾悟志社長は複数の版元を経営しており、そのひとつ「かや書房」から出た編著です。シリーズ第2弾にして屈指の人気作、念仏の鉄（山﨑努）と中村主水（藤田まこと）が初登場した『必殺仕置人』の50周年に合わせて、鉄と主水がふたたびコンビを組んだ『新必殺仕置人』とのカップリングで全エピソードを徹底解説。岩尾社長の「中村主水で本を作れないか」というアイデアに対して「仕置人に絞りましょう」と提案し、このかたちになりました。もともと洋泉社時代の『映画秘宝』でムック本の企画として提出していた念願の企画であり、実現する前に版元が解散という憂き目に……。編著なので多くの先輩方に書き手として参加していただきましたが、なにぶんスケジュールが厳しく、各話のあらすじや解説、ゲスト紹介、脚本と完成品の比較検証は高鳥が担当。合計67話と分量が多すぎて死ぬかと思いました。書いても書いても終わらない！

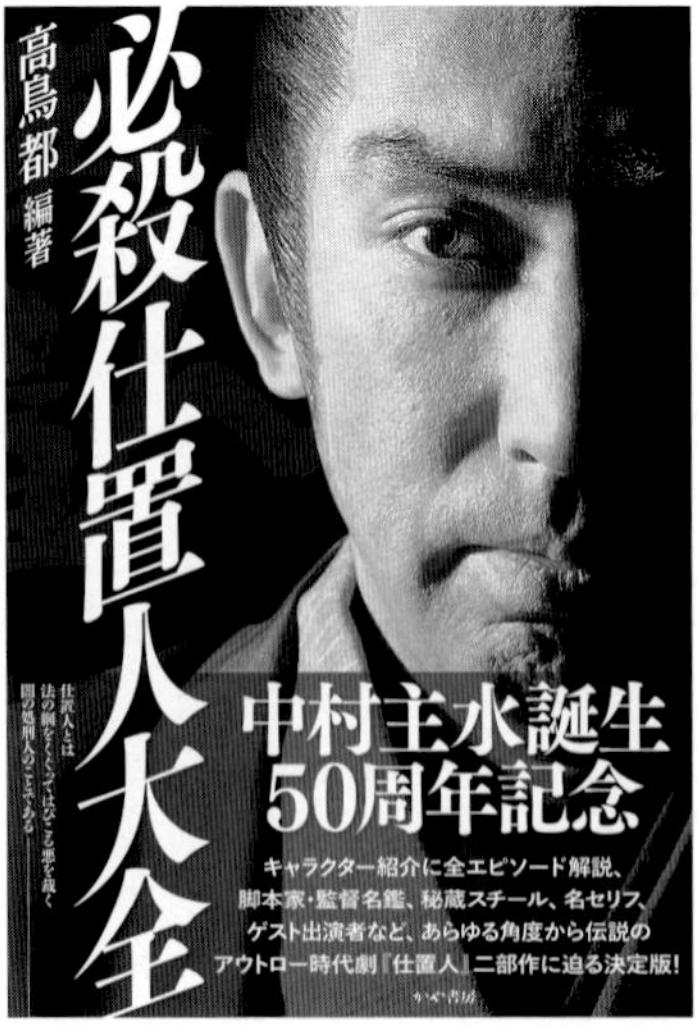

『必殺仕置人大全』
（かや書房／ 2023年9月発売）

立東舎のインタビュー集の第3弾。『最後の大仕事』とあるようにシリーズ第15弾の『必殺仕事人』から始まる80年代の仕事人ブームを検証したものです。70年代らしいアウトロー時代劇からの変貌が読みどころ、キャストは三田村邦彦さんをはじめ仕事人を代表する5名が登場、各パートのスタッフもふくめて総勢40名という前代未聞の状況となり、ページ数は予定を二度も裏切る４８０ページに……『最後の大仕事』らしい始末と相成りました。中条きよしさんは議員になっていたので参議院会館でのインタビューを決行、鮎川いずみさんは「昔の仲間に会いたいから」ということで京都まで来てくださり、スタッフ各氏との旧交を温めました。祇園・権兵衛のうどんすき、おいしゅうございました。松竹撮影所のすぐ近く、「食べるラー油」で有名な菜館Ｗｏｎｇも昼食・夕食の定番コース。そのほかスタッフ同士の再会がいくつもあり、やってよかったとしみじみ思う大仕事でした。

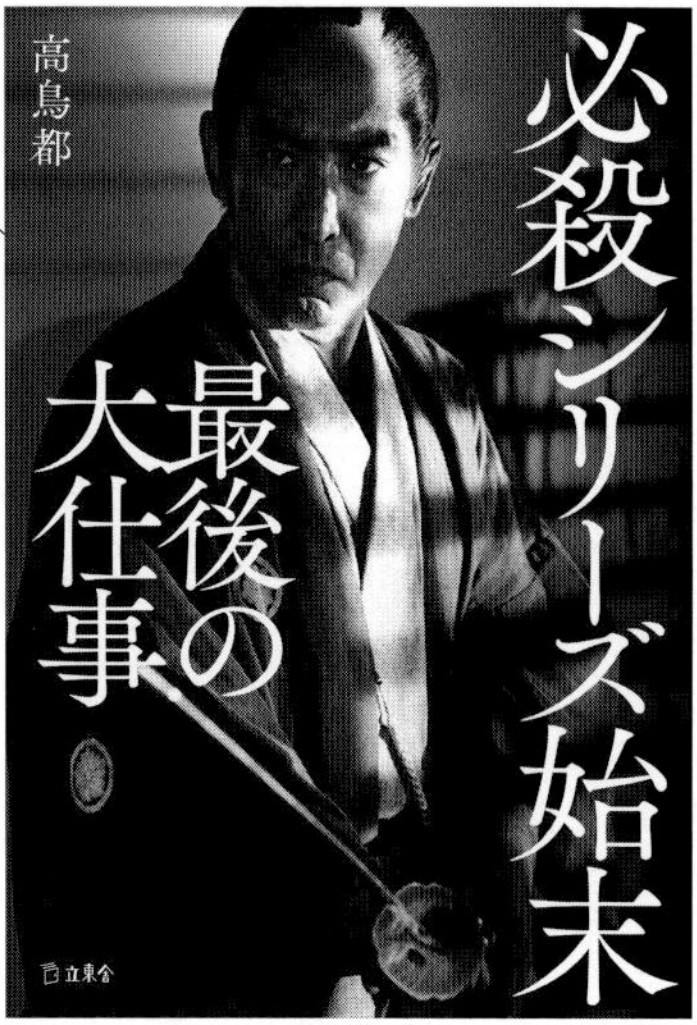

『必殺シリーズ始末　最後の大仕事』
（立東舎／2024年1月発売）

脚本家の會川昇さんの紹介によって、西荻窪の今野書店で毎回行われていた必殺本の刊行記念トークイベント、『必殺仕置人大全』の打ち上げでポンと立ち上がった企画です。『必殺仕掛人』『必殺からくり人』などを手がけた故・早坂暁氏の全シナリオを収録し、各話ごとに識者の解説つき。石原興さん、都築一興さん、佐生哲雄さん、大熊邦也さんとこれまで取材してきたスタッフ各氏に早坂作品に絞ったインタビューを敢行。早坂夫人の富田由起子さんにも『必殺シリーズ異聞』でお話をうかがった経緯があったので、これまでの経験の総まとめのような本になりました。なにより必殺シリーズ初のシナリオ集が実現したことがうれしい。ひとつ内緒話を明かすと、解説の原稿を落とした方がいまして……『からくり人』の3話と8話は、それぞれ高鳥と會川さんが校了直前に大慌てで書いた「代原」です。

『早坂暁必殺シリーズ脚本集』
（かや書房／2024年2月発売）

『必殺シリーズ談義　仕掛けて仕損じなし』
（立東舎／ 2024年10月発売）

4冊目に突入した立東舎の必殺シリーズ証言集、これまでの裏方至上主義というコンセプトを覆してレギュラー俳優陣を中心にしたものです。記念すべき第1弾『必殺仕掛人』で主人公の西村左内を演じた林与一さんをはじめ15名の豪華メンバーが集結、表紙も原点回帰のシルエットに。スタッフ座談会もこれまでの本にご登場いただいたみなさんが快く引き受けてくださって、いやぁ楽しかった。『最後の大仕事』で完結と見せかけての『仕掛けて仕損じなし』……ずばり『仕掛人』第1話のサブタイトルに戻ってしまいましたが、どんな結果となりますか。そうだ、必殺シリーズの歴代サブタイトルをプリントしたTシャツも期間限定で発売中なので「T-OD」というサイトをぜひご覧ください。「仕掛けて仕損じなし」に「殺しの掟」「いのちを売ってさらし首」「解散無用」など全10種類あり！

高鳥都（たかとり・みやこ）
1980年生まれ。2010年よりライターとして活動。著書に『必殺シリーズ秘史　50年目の告白録』『必殺シリーズ異聞　27人の回想録』『必殺シリーズ始末　最後の大仕事』『あぶない刑事インタビューズ「核心」』、編著に『別冊映画秘宝　90年代狂い咲きVシネマ地獄』『必殺仕置人大全』があり、『漫画＋映画！』ほか共著多数。

必殺シリーズ 52 周年記念
立東舎 × かや書房
「高鳥都の必殺本目録」
2024 年 10 月 18 日　第1版1刷発行
テキスト　高鳥都
デザイン・DTP　石原崇子
制作　立東舎／リットーミュージック

だ。だから貯金してるの」という話をしてくれて、お孫さんをかわいがってましたよ。藤田さんはそばが好きで、信州に地方ロケーションに行ったとき、ぼくもそばが好きなもんですから一緒に3軒くらい、そば屋のハシゴをしました。

――「新技腰骨はずし」からは木村功さん演じる六蔵が元締になり、三島ゆり子さんのおしまと鮎川いずみさんの加代がレギュラー入りします。

伊吹　いいコンビでしたよ。おふたりの掛け合いね。ぼくらが東映の時代劇を見てたころ、三島ゆり子といえばヒロインですよ。まだまだ『必殺』でも色気を出してたし、撮影待ちのときも気さくな人なんだ。鮎川さんってのは〝おきゃん〟で、顔もきれいだったよね。

美鈴ちゃんは娘と同い年だから、自分の子供を思い出す

――左門は妻子に内緒で裏稼業を続けます。美鈴役の水本恵子さんは伊吹さんの娘さんと同い年だったそうですね。

伊吹　まったく一緒。あのころの女の子というのは成長が早くて、美鈴ちゃんもどんどん大きくなりましたね。女房の涼が左門に向かって「あなた、いつも大枚の金をいただいているけれども、一体どうしてるんですか?」って聞く回があったんだ。まさか殺し屋だとは言えないし、そのとき娘も一緒にいる。そんな状況で左門と涼、お互いのカットバックがあるわけです。で、何カット目かに「俺を信じろ」って答えて、お涼がジッと見て「……はい」。その「……はい」の間合いのときに、自分の子供を思い出すんだよね。苦境に立たされて、でも答えなくちゃいけない。それが自分の家庭とダブって、美鈴ちゃんに対してそんなことを感じたことがありました。

――妻の涼を演じたのは小林かおりさん。

伊吹　あの子は真面目でね、いわゆるお嬢さんタイプの女優さん。たとえば素足を見せるだとか、はだけるだとか、そういうのは苦手なの。お嬢さんという印象で、八木ちゃんとは正反対のタイプでした。

――最終回の第84話「散り技仕事人危機激進斬り」で涼が殺されてしまい、左門と美鈴は巡礼の旅に出ます。

伊吹　最後は流れ橋の撮影でしたね。京都映画で『お耳役秘帳』に続いて、待望の『必殺』に出させてもらって、ひとつの区切りとして演じた思い出がありますね。パート2をやるというような話は聞いてたんですよ。でも、いずれにしてもパート1はこれで終わりなので、そんな思いを込めました。あの橋は時代劇でよく使われますが、いいロケーションでしょう。台風になると橋桁が流れる仕組みになってて、それで流れ橋なんですよ。

――『新必殺仕事人』（81～82年）で中条きよしさん演じる三味線屋の勇次がレギュラー入りしますが、左門が復帰する予定もあったそうですね。

伊吹　うん、そういう話があったの。ただ、もう別の仕事を決めてて、そっちを断るわけにはいかないから、代わりに中条さんが入ったんです。実際さ、歌手としては下火だったけどあれで盛り返したからすごいよね。その前に中条さんがゲストの悪役で出たとき地方ロケーションがあって、ぼくと中条さんと三田村くんが同じ部屋だったの。それで寝てたらさ、中条さんのいびきがすごいんだ。うるさくて、もう半端じゃない……ぼくは押し入れ、三田村くんは廊下に寝て、たまたま三田村くんが録音機でいびきを録ってね、朝の食事のとき中条さんに聞かせてあげたの。びっくりすると思ったら、あにはからんや「うん、そうだよ」って平然としてました（笑）。

自分を引き上げて、支えてくれた3人の恩師

――その後は『水戸黄門』の格さん、渥美格之進を17年にわたり演じています。

伊吹　立ち回りのあと、「この紋所が目に入らぬか！」って必ず格さんが印籠を出すじゃない。あの葵の御紋がきれいに見えるように、ぼくは5本ではなく3本の指で持つようにしたんです。そうすると印籠の下にある紐と根付がブラブラしてしまうから、余った小指と薬指で紐を引っかけて押さえてね。印籠を出すシーンもカットを割ればスムーズなんですが、監督によっては立ち回りからそのまま「この紋所が〜」までワンカットでやらせるんです。そうすると印籠って、ただ懐に入れてるだけだから動くのよ（笑）。いざ出そうとしても見当たらない。あれは苦労しましたね。

――ワンカットで撮ろうとした監督は？

伊吹　さっきも名前が出た倉田準二さん。東映は時間に厳しいので、監督もそれをしっかり頭に入れて「収めなくちゃいけない」ということでやってましたが、倉田さんは別……加藤泰さんの直系ですから、そんなもの気にしないで撮る監督でしたね。矢田（清巳）さんなんか、すっかり段取りしてて早かったと思う。こないだの冬も由美かおるさんとぼくが東映のオープンセットを歩きながら昔話をして、映画村から撮影所に入っていくと矢田さんが待っている……そんな番組を撮りましたよ。

――『水戸黄門』にレギュラー出演しているころ、伊吹吾郎から伊吹吾朗に芸名を変えた時期がありました。

伊吹　あれは姓名判断でね、「〝郎〟より〝朗〟のほうがいい」みたいなことを言われて変えたんです。だけども鳴かず飛ばずだから戻しました（笑）。

――長らく俳優を続けてきたうえで意識したことはありますか？

伊吹　自分を引き上げて、支えてくれた恩師が3人いまして、それぞれの言葉を大事にしています。1人目は内田吐夢先生。『無用ノ介』でデビューしたとき、オーディションで選んでくれた方です。すでに別の役者で決まりかけていたんですが、「劇画と映像は違う」ということで新人のぼくになった。そのあと打ち上げパーティで内田先生から呼ばれまして、お褒めの言葉でもいただけるのかなと思って、いそいそと行ったら「誰でも主役を1本やると、みんな俳優になった気分になる。でも、それは違う。まだ君は俳優の〝は〟の字を卒業しただけだぞ」と釘を刺されました。

2人目は新国劇の島田正吾先生。ある劇場で芝居をしたとき、楽屋が少なくて同じところに入れられたんですよ。もう窮屈で窮屈で「早く終わってくんないかな」と思ってたんですが、あるとき島田先生が「君が塗ってるドーランな。あれよりこっちのほうがいいと思うんだよ」って、みずから顔に塗ってくれたの。そんなことは珍しいと演出家に言われたんですが、舞台が終わったあと島田先生からは「いいかい、伊吹くん。舞台役者というのはどんなに悪の役であっても品格を忘れちゃダメだ。あくまで役柄だけど、品格が失われると汚く見えるから、絶対にそれを念頭に置きながら芝居をするんだぞ」ということを教えていただきました。そういう部分も目線や体の動き、ちょっとしたことで表現できるんですね。

3人目は……東宝のニューフェイスを受ける前、ぼくは大学で演劇部に入ってたんですよ。そのとき中村積《つもる》という東宝の監督がレッスンに来ていて、「ニューフェイスの募集があるから受けてみろ」って教えてくれたんです。合格して、今度は東宝の俳優養成所に6ヶ月間行かなくちゃいけない。大学が工学部だったんで、さすがに無理だと思って中村さんに相談したんです。そうしたら「お前が本当にやりたいのはどっちなんだ。芝居なのか？勉強なのか？」「いや、もう芝居は高校のときから見てたし、そっちをやりたい」「だったらやれよ。俺がちゃんと後押しするから」ということで背中を押してくれたのが、その中村積監督なんです。

――3人とも、まさに人生の恩師ですね。

伊吹　そういう経緯があったから、東映に行っても、京都映画に行っても、さしたる思い上がり……「俺は役者だ」という自負は絶えずありませんでした。役者というのは、ひとつの作品を全員で作る……歌い手さんがゲストで来たりすると、その違いがわかるんですよ。あの人たちは、絶えずピンで「俺は主役だ」という意識が消えないから。『無用ノ介』が終わって京都に行くとき、東京のスタッフから言われたんです。「あそこは剣会のやつらがうるさいから気をつけたほうがいいぞ」……京都の東映というのは、そういうことで有名だった。でも普通にしてたら、別になんてことないのよ。工藤さんも若山さんもよくしてくれました。要するに東京から来たということでヘンに身構えたり、横柄にするとやられるんだ。イヤな思いをしたことは一度もないですね。

大河ドラマをやりながら、やくざもやるしポルノにも出る（笑）

——伊吹さんは東映の任侠映画や実録路線だけでなく、ポルノにもけっこう出演しています。ほかのスターに比べて珍しい例だと思うのですが。

伊吹　なんらこだわりはなかったですね。『忘八武士道　さ無頼』のとき、外人の女性たちは恥ずかしさや躊躇を持ち合わせていなかった。脱ぐときもバサッと脱いで、もう見事でしたよ。それを見習って、ぼくも躊躇することはなかった。『さ無頼』と『下苅り半次郎』は先に劇画があって、『無用ノ介』も劇画のテレビ化だから、そういうのに縁があるんです（笑）。初めての大河ドラマは『樅ノ木は残った』（70年）で、それ以降ＮＨＫもよく出させてもらいました。事務所に力があったのか……大河ドラマをやりながら、やくざもやるしポルノにも出る（笑）。撮影所に本職が出入りしてた時代で、東映の役者はＮＨＫに出れないとか言われてたんですけどね。

——『五月みどりのかまきり夫人の告白』（75年）ではゴルゴ13みたいな殺し屋役で、得意のフラメンコギターを弾いていました。

伊吹　かまきりの話だからさ、それにまつわる男がみんな死んでいくんですよ。たしかセリフがひとつもない役だったんじゃないかな。ゴルフ場で五月みどりさんと知り合うんだけど、ぼくはゴルフってやったことがない。だから経験者が見たら「こいつ、ぜんぜん素人だな」というのが、ありありとわかるようなショットでしたけどね。牧口（雄二）さんはアクのない、優しい監督でした。

――山下耕作監督の『夜明けの旗　松本治一郎伝』（76年）、東映と部落解放同盟の提携作でも主演を務めています。

伊吹　あれも印象に残ってる。ぼくは北海道の出身だから、ああいう部落の問題ってぜんぜん知らなかったんですよ。最後に福岡の東公園でもって治一郎さんが逮捕されて引っぱられていくシーンを撮りましたが、あそこは史実と同じ場所なんです。さらに本物の解放同盟の方々が手弁当で来てくれて、群衆のエキストラをやった。ところが初日は雨が降って中止。数日後にまたみなさん手弁当で来てくれて「後世に残る作品にしてください！」って励ましてくれる。それで最後、連行されるシーンを撮るんだけど、そのときも「治一郎さん、体に気をつけてください！」「がんばってください！」って……もう本物の松本治一郎だと思ってるわけ。芝居じゃないの。みんな感極まって、ぼくは前に進めなくなっちゃった。すごい経験でしたね。

――『必殺仕事人』以外のエピソードまで、いろいろとありがとうございました。いまも巨木のような伊吹さんの力強いお話を堪能しました。

伊吹　なんだかんだ言ってもね、ぼくは時代劇が大好きですし、これからも時代劇の復活を望みたい。ぼくらが若いころというのは、どっかの局で毎日毎週やってたじゃないですか。それに匹敵するくらいの時代劇ブームがやってくることを願うばかりですね。極悪非道の役なんか、すごくいいと思う。決して品格は忘れずに、いつかそういう悪をやってみたいです。

伊吹吾郎

［いぶき・ごろう］

1946年北海道生まれ。国士舘大学在学中の67年に東宝ニューフェイスに合格し、劇団東宝現代劇に参加。フリーになったのち、69年に日本テレビの『無用ノ介』で主演デビュー。舞台は新国劇、映画は東映と契約して『仁義なき戦い』などで活躍、『忘八武士道　さ無頼』『夜明けの旗　松本治一郎伝』などに主演する。テレビは『花と狼』『お耳役秘帳』『必殺仕事人』などがあり、83年から2000年にかけては『水戸黄門』の渥美格之進役としてレギュラーを務める。『環境野郎Dチーム』ほか、バラエティ番組でも活躍。

俳優

三田村邦彦

藤田さんの言葉がなければ『まっしぐら！』はやってなかったですね

血気盛んな若き殺し屋、飾り職人の秀として『必殺仕事人』でレギュラー入りした三田村邦彦は、仕事人ブームを牽引する存在となっていった。前作『必殺シリーズ始末』に未収録のインタビュー後半をお蔵出し。シリーズ初の主演作『必殺まっしぐら！』の裏側、そして恩師・藤田まことが残した言葉とは——。

「今回は『スーパーマリオ』や！」

――1979年に始まった『必殺仕事人』から飾り職人の秀を演じ、いろいろあって一度は『必殺仕事人Ⅳ』（83～84年）で降板した三田村さんですが、シリーズ第26弾『必殺まっしぐら！』（86年）において主役として復帰します。

三田村　『まっしぐら！』の設定は朝日放送の山内久司さんが考えたんですが、かなり漫画チックで、ぼくはずいぶん抵抗してたんです。「今回は『スーパーマリオ』や！」って、いやいや勘弁してくださいという感じで。それと……ぼくの前に中条（きよし）さんが主役のシリーズがありましたよね。

――『必殺仕切人』（84年）ですね。

三田村　たとえば『太陽にほえろ！』という視聴率の高いドラマがありますよね。ぼくもレギュラーで出ましたが、人気が出るとレギュラーの誰かが自分ひとりの力だと思ったりして……それは大きな勘違いなんですよ。あくまで七曲署という刑事のグループに人気があるわけで、ボスの石原裕次郎さんは別として総合的な力なんです。必殺シリーズでも『仕事人』がよかったのは藤田まことさん、伊吹吾郎さん、ぼく。その次は藤田さん、中条さん、ぼく。要するにトリオなんですよ。ひとりでも欠けたら、それこそ藤田さんがいないと話にならない。その状態を中条さんでやって、やっぱり視聴率も上がらなかった。シリーズ化もされずに終わったでしょう。

だから『まっしぐら！』で主役という話があったとき藤田さんに相談したんですけど、要するに「成り立つわけがない」と言ったら「いや、みーちゃん、それは違うで。あんたが主役をやって、わしがトメに入る……もうそういう時代を作っていかないとあかんねん。やったほうがええ」、その藤田さんの言葉がなければやってなかったですね。秀を主役にしても視聴率がいいわけがない、チームのイメージがあるものを単独でやったところで仕方ない。しかもゲームの『スーパーマリオ』が題材だなんて……という気持ちでしたね。

——『まっしぐら!』の第1話「秀が帰って来た!」は、必殺シリーズを代表する作り手の工藤栄一監督が担当してます。

三田村　ぼくからプロデューサーにお願いしました。最初は出演を断ったんですが、工藤さんが1・2話を撮ってくれるという条件で引き受けたんです。工藤さんはカット割りに困るとトイレに籠もって考えて(笑)、戻ってくると「ここをこうして、ああやって!」と、どんどん仕切っていく。やっぱりトップに立つ人は自分に自信を持たなければと実感しました。誰の責任にもしない。俺の責任で全部やる。はっきりした物言いの人で、大好きな監督でした。

——そうだったのですね。

三田村　それで『まっしぐら!』は最終回も工藤さんの予定だったんです。ところがインが1ヶ月半くらい遅れてしまい、現場は相当な強行スケジュール……ぼくも次の仕事が決まってるし、工藤さんも別の作品に入って撮れなくなった。だから違う監督がいらっしゃったんです。最終回の構想も工藤さんが練って、そういうホンが出来上がっていた(第12話「相手は江戸の大魔王」)。ところが新しい監督がインしてから毎日のようにホンを変えてくる。差し込みがどんどん入っていく。さすがに「これはないだろう」と思って、ラストどうなるんですかって聞いたら、いや、まだ考えてる最中だとかなんとか……本来は工藤さんが撮る予定のホンで進んでいたし、勝手に変えられては困ると言ったら、「ぼくが引き受けたからには、これはぼくの作品だからホンを直す」と。変えるなら変えないで揉めて、あっちはタバコ吸いながらプカ〜。それで「変えるんだったら、俺は最後までやれないですから降ろさせてもらいます」と言ったら、監督が台本をパカーン!

——投げた!

三田村　それで「降りた、降りた!」って今度は監督が言った。そのときは、ぼくも東京に帰ったんですね。2〜3日して京都映画から電話があって、脚本は元に戻して、残りは助監督の水野(純一郎)さんが代理で撮ること

『必殺まっしぐら！』のオフショット、三田村邦彦と工藤栄一監督

になった。それがいちばん大きな出来事ですかね。『まっしぐら』はスケジュールのしわ寄せがすごくて、本当に寝れないスタッフが多かったと思います。

「いやいや、そりゃほんまもんの拷問やで」

——『新必殺仕事人』（81～82年）では主題歌の「想い出の糸車」を担当していますが、作詞・作曲が山本六介さんです。平尾昌晃さんや竜崎孝路さんと違って、よくキャリアがわからない方なのですが……。

三田村　いや、ぼくもわからないですね。たぶんお会いしてないんだと思います。もしかしたら山内久司さんのペンネームなのかな。あの方は別の名前で脚本を書いたり、鮎川（いずみ）さんの曲の作詞もそうですよね。

——そうですね。「花の涙」の作詞の中西冬樹＝山内久司プロデューサーとのことです。松田司というクレジットで必殺シリーズの脚本も手がけています。

三田村　いくつかのペンネームがあったんですよ。ぼくの歌でも小坂明子さんや宇崎さんご夫妻（宇崎竜童・阿木燿子）はレコーディングに立ち会っていて覚えてるんですが、山本六介さんは記憶にない。どっかから上がってきた曲を渡されたくらいで……あまり深く考えたことなかったんですが、立ち会うのが普通ですよね。小椋佳さんのプロデュースでLPを作ったときも小椋さんはいらっしゃったし、堀内孝雄さんもそうでした。もし山内さんだとしても作曲までやれたかは怪しいし……ちょっとわかりませんね。

——なにか大変だった撮影の思い出はありますか？

三田村　あるシリーズで、ぼくが吊るされて水責めにされるシーンがあったんですよ。冬の寒いときで、ふんどし一丁で簀巻きにされて上から醤油樽にドボーンってやるんですけど、あれってドボンとやっても跳ねっ返りですぐ上がっちゃうんです。ふわっと体が浮いて拷問にならない。どうにもこうにも何度やっても画的にダメで……そのとき藤田さんもセットに入ってて石原（興）さんと監督が相談してたんですが、藤田さんが「監督、役者を上に吊るしたまま打ち合わせするって、それはちょっと失礼やろ。この寒いのに」と言ったら、監督も上手くいかなくてイライラしてたのか、台本を投げて「役者にそんなこと言われる筋合いはない！」って出ていった。で、ぼくは上に吊るされたまま（笑）。

――また台本を投げた！

三田村　多いんですよ、とくに松竹の監督はパカーンって。そのあともいろいろあったんですが、最後は自分から石原さんに「すいません。逆さ吊りで、そのまま頭からやってください」と言いました。「いやいや、そりゃほんまもんの拷問やで」「いいです。早く終わらせてください」というやり取りで、あのシーンになったんです。

俳優はセリフを〝歌う〟と楽なんですよ

――『必殺4　恨みはらします』（87年）の深作欣二監督はいかがでしたか？

三田村　深作さんは、ぼくが東映に入ってるときに何度か顔を合わせたりしてたんですが、いい意味で「監督ってこれだけわがままじゃないといけないよな」と思いました。納得いかないと、もう平気で2日や3日の照明待ちがありましたから。みんな出演者も扮装してるんですけど、ただ待ち、ひらすら待ち……「なに待ちですか？」「照明待ち」って、納得するまでスタートをかけない。あまりに待ち時間が長いので藤田さんが怒ってましたが、本来はそうあるべきなんだと思います。

テレビドラマなんか、どんどんどんどん時間が短縮されていって……2時間ドラマもそうですが、東映の時代劇のシステムだと最初は3週間2本持ちで撮っていたのを2週間で13日、隔週の土曜日が休み。で、次は11日間、5日と6日の11日で2本あげないと監督は商売にならない。とにかく〝11日間で2本あげる〟というふうに時間で競争するようになって、やっぱり時代劇がダメになっていったと思いますね。

――なるほど。

三田村　もうひとつあって、大河ドラマの『翔ぶが如く』（90年）に出たとき、リハーサル室で隣に三木のり平さんがいたんですよ。ある俳優さんが芝居してるのを見て、ぼくは「かっこいいなぁ」と思ってたら、三木さんが「ああいう芝居でな、クセつけちゃダメなんだよ。もっとふつ〜にしゃべんないと」って。たしかに俳優はセリフを〝歌う〟と楽なんですよ。自分流のクセで、ただ声を荒げるとか笑ってるとか、最小限の表現だけですみますから、やった気になって楽になる。方法を考えなくていいから。三木さんは「ああいうセリフ回しがいいと思ってやってるから、日本の時代劇がどんどんダメになっていく」と言ってて、なるほどなと思いました。ぼくは東映で時代劇の主役をやるようになって、最初が『将軍家光忍び旅』（90〜93年）で次が『殿さま風来坊隠れ旅』（94年）、そのあと『将軍の隠密！　影十八』（96年）のとき澤井信一郎さんに監督をお願いしたんです。

――あっ、『Wの悲劇』（84年）に出演していましたね。

三田村　そうなんです。三木さんが批判していたような時代劇の〝歌う〟セリフ……澤井さんは絶対にそういうセリフ回しをさせない人で、ナチュラルにやらせようとする。その前にやってた『将軍家光』もそうなんですけど、普通にしゃべろうとすると東映って録音部さんからダメ出しがくるんです。監督からも「もっと風格のある言い方にしてくれないか」と。そういうふうにしたくないんで普通にしゃべりたいんですけどって言っても「いやぁ、ちょっと迫力ないわ」って、撮影所全体がそういう考え方で、これは戦わないと大変だなぁと思いながら、ちょっとずつ戦いました。とにかくスタッフが将軍らしい威厳を求めてきて「イヤだな〜」と思いながら、そういうことが続いて、『影十八』は将軍ではなく市井の話ですから、もっと普通の会話にしたいと思って澤井さんにお願いしたら、スタッフから総スカンでしたね。

——おっと！

三田村　澤井さんもダメ出しをするんですよ。たとえば「出あえ、出あえ！　曲者じゃ！」という定番のセリフ、あれを別の言い方ができないかと。でも「誰か！　誰か！」というわけにもいかないし、「曲者じゃ！　曲者じゃ！」も個性がないし……そういうことを監督とずいぶんインする前に話し合って、いざ入ったら、まぁダメでしたね。「いくら主役が推薦した監督だからって、こらあかんわ。わしら、ついていけん」って言われて、あぁ、難しいなと思いました。

——『影十八』は東映版『必殺』という趣きの企画でした。チャンバラではなく、ひとりずつ悪を始末していくという。

三田村　でも、明かりの当て方ひとつから違いますよね。さすがに『水戸黄門』みたいなベタ明かりじゃないけど、『必殺』と同じような芝居をやっても撮影所が違って、まったく明かりとカメラアングルも違うと、やっぱり別物になるんだと痛感しました。いくら役者が一生懸命がんばっても同じようにはならない。でも南野陽子ちゃんやベンガルさんも時代劇をやりながら普通のしゃべり方をしますから、そういう方向にしたかったんです。ただ、現場には受け入れられなかった。音楽も暗めで、いかにもじゃないから好きだったんですけどね。市川右太衛門さんや近衛十四郎さん、かつての映画の方たちって意外とボソボソしゃべりなんですよ。いつごろから三木さんが仰るような朗々と〝歌う〟セリフ回しになったのか……どっかで変わったんでしょうね。

——ほかに京都映画と東映京都の違いはありますか？

三田村　時間ですね。当時はフィルムですから「電気代とフィルムは使い放題」って京都映画のスタッフが言ってました。東映は時間制限があるし、電気代も節約というか、あまり大きなライトを使わない。ベタ明かりが多い。その違いは大きかったと思います。東映でも『将軍家光』は、ほんっとに楽しかったですけど。出演者がみんな仲良くて、大久保彦左衛門の神山繁さんから勝野洋さん、萬田久子さん、（三波）豊和くんにコロッケちゃんでしょ。撮影終わってから、まぁよくみんなで食べて飲んで……帰りの新幹線でもコロッケちゃんと萬田さんと勝野さんとぼくの4人で酒盛りしてはしゃいでたら、車掌さんに「個室の4人部屋が空いてますけど、料金いりませんからそちらに移られてはどうでしょうか」って言われて、あぁ苦情がきたんだろうなぁと思いながら個室に入って、また盛り上がりました（笑）。

藤田まことからのメッセージ

――必殺シリーズの話に戻りますが、4年ぶりの連続ドラマ枠となった『必殺仕事人　激突!』（91～92年）にも秀として出演しています。

三田村　いまの中村芝翫さん……橋之助くんのことを〝ハッシー〟って呼んでて、三田寛子ちゃんと結婚する前だったんですよ。撮影中からそういう噂があって、ぼくが「しあわせは歩いてこない～」って歌ってたらハッシーが「三田村さん、しあわせは歩いてくるんですよ」「バカ野郎、なに言ってんだよ」とか言って、それがいちばんの思い出ですね（笑）。たしか『激突』は映画と同時にやってたんですよ。

――『必殺!5　黄金の血』（91年）ですね。

三田村　村上（弘明）くんが死ぬやつだ。そのとき映画とテレビで同じようなシーンがあって、ぼくと村上くんがすれ違いざまに肩と肩がボンとぶつかる……なぜぶつかるのか、なにかの合図だったのかよく覚えてないんですけど、とにかくそんなシーンをやったんですよ。で、村上くんとぶつかったらガッツーンって当たっちゃって「うわっ、いったいな〜」。それで次の日、同じように橋之助くんと肩をぶつけるシーンがあって「まだ痛いしなぁ」と思いながらやったら、ぶつかったように見えて橋之助くんはフラッとやってスッ、かわしたんですよ。さすが歌舞伎の俳優さんの所作は違うなと、ものすごく感心させられました。きれいなんです。まだ彼が20代の半ばだったと思いますが、子供のころからやってる経験ってすごいなと思いましたね。

――『必殺仕事人』から数えて15年目、貞永方久監督の映画『必殺！ 主水死す』（96年）で最後の秀を演じています。

三田村　そうか、貞永さんか。ちょっといろいろあった人ですね。映画の思い出ですか？ 最後の爆破のシーンは現場にいたから「これで中村主水も終わりかぁ……」って、すごくさみしさを覚えた記憶があります。小屋が爆発して、あれ完全に死んでるじゃないですか？ そのあと、またテレビで復活しましたけど（笑）。

――1997年から始まったフジテレビの2時間ドラマ『京都祇園入り婿刑事事件簿』では、〝クニクニ〟こと三村邦夫刑事を演じています。

三田村　京都映画のみなさんと8本やりましたね。あれは松竹の高橋（信仁）さんというプロデューサーと「こういうのがやりたい」と打ち合わせをして、最終的に「中村主水をパクろう」という話になったんです（笑）。現代版の主水みたいな婿養子の刑事で藤谷美紀ちゃんが若い奥さん、その母親が中村玉緒さんで頭が上がらない。玉緒さんのご主人、勝新太郎さんが1本目のオンエアを見て、パート2の撮影のとき玉緒さんが「三田村さん、わたし初めて勝に褒められましたで。ワハハハハハ！」って、そんな話をされました。勝さんが亡くなられる直前でしたが、そういうことで玉緒さん、すごくノッてやられてましたね。そもそも役名が三村邦夫という、いい加減なドラマなんですよ。

――最後にもうひとつだけ、中村主水を演じた藤田まことさんの思い出があれば教えてください。

三田村　先ほど出た〝トメ〟の話なんですが、ぼくが『尾張幕末風雲録』（98年）という2時間ドラマの主役をやったとき、藤田さんが出てくれたんです。現場にやってきて「いや、うれしいなぁ。みーちゃんが主役の時代劇に出させてもらって、うれしいわ」と何度も言ってくださって、やっぱりすごい人だなと思いました。あとでプロデューサーに聞いたら「三田村くんが主役だから、ギャラなんかどうでもいいから出させてくれ」って言ってくれたそうなんです。本当にこちらこそうれしかったですね。

――ありがとうございました。

三田村　ぼくは『必殺』をやめたあと、読売テレビの『週刊えみぃSHOW』って番組で上沼恵美子さんと司会をやるようになって、そのときも「みーちゃん、そろそろ一緒にやらなあかんのちゃうか」って藤田さんに言われて、舞台のお話をいただいたんですよ。でも毎週大阪に行かなきゃいけなくて、土曜収録で日曜オンエアというスケジュールだったので、レギュラー番組のために土曜を休演日にするわけにはいかない。舞台の公演で土曜やらないなんて、あり得ない。そういう理由でお断りしたんですが、そのあと『仕事人』のパチンコのナレーションの仕事があって、先に藤田さんの収録があったんです。で、別日がぼくだったんですが、スタジオに入ったら「藤田さんからのメッセージです」と言われて音声を渡されたんです。（スマートフォンを取り出しながら）いまもそのデータがあるんで、ちょっと再生しますね。藤田さんの肉声、ぜひ聞いてください――。

「一掛け二掛け三掛けて　仕掛けて殺して日が暮れて　橋の欄干腰下ろし　遥か向うを眺むれば　この世はつらいことばかり　片手に線香　花を持ち　おっさん　おっさん　どこ行くの　あたしは必殺仕事人　中村主水と申します………秀　俺はおめえに一言いいてえことがあるんでぇ　いつまでもよう　バラエティばっかりやってねえで　早くドラマの世界に戻ってこいよう　わかったな　三田村邦彦　ハッハッハッハッハッ」

三田村邦彦

［みたむら・くにひこ］

1953年新潟県生まれ。高校卒業後、劇団青俳養成所を経て劇団青俳に所属。79年に映画『限りなく透明に近いブルー』でデビューし、同年の『必殺仕事人』で演じた飾り職人の秀が人気を博し、多くのシリーズに出演。『太陽にほえろ！』ではジプシー刑事を演じ、90年代以降は『将軍家光忍び旅』『京都祇園入り婿刑事事件簿』などのシリーズに主演、2009年からはテレビ大阪の『おとな旅あるき旅』の旅人を務める。2025年1月2日〜26日まで三越劇場の『おちか奮闘記』に出演、映画『晴れの国』が順次全国公開予定。

俳優

西崎緑

京都映画は女優をきれいに撮るという評判があってみなさん技術がすごかったですね

『必殺仕舞人』『新必殺仕舞人』で坂東京山一座のおはなを演じた西崎緑は、『必殺渡し人』『必殺仕切人』『必殺橋掛人』と仕事人シリーズの合間の作品に５本連続でレギュラー出演。さかのぼれば歌手として『暗闇仕留人』の「旅愁」がミリオンセラーを記録した西崎の、14歳から始まる〝必殺人生〟を探ります。

もともと出る予定じゃなくて、台本にもない役なんです

西崎　まず思い出すことは、やっぱり「旅愁」を歌わせていただいたということですね。長い必殺シリーズとのお付き合いの始まりで、当時まだ14歳のわたしが、夜10時という時間帯の、まして殺しをテーマにした番組の主題歌を歌うということは、とても意外性があったと思うんです。

――シリーズ第4弾『暗闇仕留人』（74年）の主題歌「旅愁」はエンディングだけでなく、第1話「集まりて候」の冒頭から流れるなど劇中でも効果的に使われていました。

西崎　平尾（昌晃）先生が、従来の時代劇とは違った音楽を必殺シリーズに求めていたので、その主題歌も……1作目の「荒野の果てに」から演歌調ではなくマカロニウエスタン調だったり、画期的なものを目指していたんです。最後の曲については「清涼感のある、みんながホッとするようなものがいい」ということで、歌のテクニックや説得力よりもスーッとした声という理由でわたしが選ばれたそうです。完成後の試写会でも歌わせていただいたんですけど、みなさんから「ミスマッチなのが、すごく合っている」という評価をいただいて……だけど、あんなにヒットするなんて誰も思ってなかったの。8月1日に発売されたんですが、わたしは夏休みで福井にいる叔母の家に遊びにいってたくらい（笑）。本当にレコード会社の人も予想外の事態で、プレスが間に合わなくてずっと品切れナンバーワンだったんです。

――必殺シリーズの主題歌として初のミリオンセラー、100万枚を突破します。

西崎　びっくりしましたね。『暗闇仕留人』というのは、時代劇にあまり出てらっしゃらなかった石坂浩二さんが三味線のバチで殺すということで話題になったシリーズで、わたしも最終話に出ることになったんです。もともと出る予定じゃなくて、台本にもない役なんですね（第27話「別れにて候」）。撮影所に着いたら原稿用紙を3枚

くらい渡されて、すぐ白のお遍路さんの衣装を着てオープンセットに行って、「お父さんが亡くなって、すごく悲しい気持ちのシーンです。ここに主題歌が流れるので、悲しい顔をして歩いてください」と言われて、内容も知らないまま撮影が始まりました（笑）。とくに覚えているのは、助監督の高坂（光幸）さんが作りものの雪を降らせていたことです。

――戸浦六宏さん演じる開国派の若年寄・松平玄蕃頭が父親で、じつは悪人という苦い展開がありました。

西崎　石坂さんが先生で、絵を教えてもらう役でしたよね。そのあとレギュラーでいろいろ必殺シリーズに出させていただきましたが、原稿用紙３枚という『仕留人』の最終回がいちばん印象的だったみたいで、「旅愁」をバックに悲しそうに歩いているシーンを覚えている方が多いんです。

――おそらく最終回と同時に京都映画で撮影されたと思うのですが、西崎さんがお姫さまみたいな衣裳を着て「旅愁」を歌うプロモーションビデオが『仕留人』のＤＶＤに特典映像として収録されていました。

西崎　そう、なんか歌ってるのありますよね！　ぜんぜん覚えてなかったんですけど、あるんですよ。わたしもインターネットで見て、びっくりしました。あの歌の撮影は記憶にないんです、まったく。

――それまでも歌手として活動されてきた西崎さんですが、平尾昌晃さんとのコンビは「旅愁」が初となります。

西崎　平尾先生にお目にかかる機会を持てたのは、わたしの担当ディレクターが山下雄三さんの「荒野の果てに」や五木ひろしさんの「よこはま・たそがれ」を担当していたからなんです。担当ディレクターの和田弘さんとの関わりで、平尾先生の曲を歌わせていただくことになりました。おしゃれな歌謡曲を書く先生としてすごく人気だったので、うれしかったですね。

――１９６７年のデビュー曲「小さなプリンセス」から「旅愁」、その後もしばらくミノルフォンレコードからレコードを出しています。今回の取材前に初めて知ったのですが、ミノルフォンの由来は作曲家の遠藤実さんなんですね。

西崎　「流星」まで、ずっとミノルフォンでした。わたしは6歳のとき遠藤実先生にスカウトしていただいて、7歳でデビューしたんです。それまで少女雑誌のモデルをやってたんですが、カメラマンの方の推薦でインストゥルメンタルの「赤とんぼ」のジャケットに起用され、その写真を遠藤先生がご覧になって、歌も聞かないままスカウトされた……その「赤とんぼ」のカップリングが童謡の「旅愁」だったんですよ。もちろん違う曲ですが、のちに「旅愁」を歌うことになるなんて思いもしませんし、作詞の片桐（和子）先生も「偶然ね」と驚いていました。いまも片桐先生とは交流がありますが、あの「白いほほえみも　うしろすがたも」という歌詞は石坂浩二さんのイメージなんです。「歌い手が14歳なので、リアリティのあるものではなく象徴的な詞を心がけて書いた」と仰っていましたね。

平尾先生のお宅で初めて「旅愁」を歌ったとき、出だしの「あなたをさがして　ここまで来たの」が、最初は「あなたを〜（シ♭ドミ♭ソ〜）さがして〜（ファミ♭レド〜）」っていうブルージーなメロディだったんですよ。それを歌ったら、先生が「これ、ちょっと男っぽいな」と仰って、いまのメロディに変えたんです。男性だったらそれまでのシリーズのようなメロディでよかったと思うんですが、わたしに合わないと思われてパッと変えてくださったんです。いちおう恋愛の曲ですが、まだ深く考えるような年齢じゃないので、そこまで考えずに歌って……ただ、わたしは「旅愁」の前から大人っぽい歌を歌っていたんですよ。11歳で「恋に会いたい」とか（笑）。だから、ぜんぜん抵抗感はなかったですね。

——それまで本名の西崎緑として活動してきましたが、「旅愁」のタイミングで西崎みどりに改名しています。

西崎　平尾先生のお宅で歌ったときに「なんか西崎緑って固いよね。漢字じゃなくて、ひらがなにしたら」というアドバイスをいただいて、そうしたんです。いまは漢字に戻してますが、ある程度の年齢を重ねてきて、西崎流新宗家として踊りを人にお教えすることを考えると、やっぱり戻したほうがいいかなと思ったんです。

竜崎先生は最先端のファッションに身を包んでいて

――続く主題歌として『必殺仕業人』（76年）の「さざなみ」を担当。これまた大人の恋愛を描いた曲です。

西崎　ちょっとアンニュイな歌ですよね。荒木一郎さんなので、ほかの作詞の先生とは違った感覚だし、ご自身でカップリングの「西陽のあたる部屋」を歌っていらして……詞も「しらけた季節の匂いがするわ」なんて『仕業人』の世界にぴったりだし、竜崎（孝路）先生のアレンジもすごくよかったと思うんです。もう大売れっ子のアレンジャー（編曲家）で、髪の毛も当時としては珍しいくらいのロン毛でした。ちょうどロンドンブーツが流行ってたころで、竜崎先生は最先端のファッションに身を包んでいて、そういう方が歌謡曲をアレンジすると、一色違ったものになりますよね。どうしても「旅愁」がバーンと表に出ちゃうんですが、「さざなみ」も隠れた名曲というか密かに好きな方が多いんです。これも15歳の女の子が歌うミスマッチさがよくて……まだ、しらけるような歳じゃないのに（笑）。

――『仕留人』以降は小沢深雪さん、葵三音子さん、川田ともこさん、みずきあいさん……「旅愁」の西崎みどり路線を引き継ぐような若手の女性歌手が主題歌を担当するのが主流となりました。

西崎　深雪ちゃんや三音子ちゃんは、平尾先生の歌謡教室の生徒さんなんです。深雪ちゃんの「さすらいの唄」は、わたしが15歳のときのアルバムにカバーして入れていて、たまに歌う機会がありますよ。「やがて愛の日が」もそうですが、当時の平尾先生の曲ってものすごく筆がノッてるから、川谷拓三さんの「負犬の唄《ブルース》」もいいですよね。深雪ちゃんは、そのあとすぐ先生の奥さんになられましたが、わたしも平尾先生の事務所にお世話になっていたので深雪ちゃんや三音子ちゃんとご一緒する機会が多かったんです。

――『仕業人』にもピンポイントで出演していますが、続く『必殺からくり人』第8話「私ハ待ッテル一報ドウゾ」（76年）

にはメインゲストのひとりとして登場します。

西崎　それまでは「ちょっと歌手でも出しとこう」みたいな扱いでしたが、だんだん女優として呼んでいただけるようになりました。『からくり人』はすごく大変だったんですよ。わたし、殺されて水死体になる役だったんですけど、そこにお母さんが「あぁ〜!」って駆けつける……そのとき手を踏まれて、めっちゃ痛かった!（笑）死体だから声を出しちゃいけなくて我慢したのと、あとは山田（五十鈴）先生の弟子みたいな役だったので、三味線を教わるシーンは緊張しましたね。その次かな？　盲目の役をやったのも忘れられません。

――『新必殺からくり人』第8話「東海道五十三次殺し旅　藤川」（78年）ですね。馬子のおせんという役でした。

西崎　馬になついてもらわなきゃいけないから、衣裳に全部にんじんを擦りつけて、袖の中にもにんじんを入れたんです（笑）。馬は動物専門のプロダクションから来るんですが、カチンコが鳴ったら走り出す役者さんみたいな馬で、そのお馬さんと盲目の少女の情愛を表現するのに、にんじんを使ったのをよく覚えています。あの作品は芦屋雁之助さんが出ていらして、共演するシーンはなかったんですが、雁之助さんが『裸の大将放浪記』の舞台をされたとき、藤本義一先生がお書きになった原作に松子ちゃんという盲目の少女が出てくるんです。あの馬子がよかったということで、松子ちゃんの役でお声をかけていただき、しばらく雁之助さんとは『裸の大将』の舞台で何度もご一緒させていただきました。

――なんと、いい話ですね。「藤川」は馬子唄のシーンも印象的でした。

西崎　雁之助さん、藤田まことさんからもお声をかけていただき、舞台をご一緒させていただきました。おふたりともコメディアン、俳優、歌手としてさまざまなステージでお客さんの反応を体感して芸を磨いてきた方なので共通するところがあり、本当にいろいろ教えていただきました。藤田さんはサービス精神のある方で、あるとき劇場にいらっしゃれなかった大切なお客さまのために座敷で劇を披露されましたが、衣裳も小道具もない状態で演じられたそのお芝居がすばらしくて感動しました。

――必殺シリーズの話に戻りますと、最後のゲスト出演は『必殺仕事人』第60話「狙い技仁義無用斬り」（80年）。歌手の錦野旦さん演じる渡世人と兄妹の役でした。

西崎　いくら錦野さんがマッチョでも、わたしを抱えて歩くのは大変だったと思います（笑）。けっこう長く、そんなシーンがありました。あとは……泣きぼくろが目印の役だったんですけど、どっかのシーンでほくろを付けるの忘れちゃって（笑）。カメラマンが都築さんだったんですよ。ご兄弟でスタッフをされていた方で……。

――都築雅人さんですね。兄の一興さんが演出部、弟の雅人さんは撮影部でした。

西崎　そうです。その都築さんがカメラで、のちのち東映でお仕事をしたときも「あのほくろが……」って話になりました（笑）。『水戸黄門』でもワンカットだけ髭がなくてもわかんなかったという笑い話があるので、ほくろくらい大丈夫だったのかもしれません。よく「京都の撮影所は怖い。洗礼を受ける」という話を聞くんですけど、わたしは衣裳を着せられて、高坂さんが雪を降らせる道を歩くだけでしたから……やっぱり「旅愁」がヒットしていたので京都映画の方たちもよろこんでくれたんです。歌がヒットすることで番組のレーティングも上がるし、もう好きになったら、とことん好きになるような人たちなので、いつも温かく迎えていただきました。

「あんた、向こうは大女優やで。失礼がないようにな」

――そして1981年の『必殺仕舞人』からレギュラー入り。坂東京山一座のおはなとして巡業の旅に出ます。

西崎　わたしのマネージャーさんが朝日放送の方と懇意にしていて、その社員の方がプロデューサーの山内（久司）さんと近しかったんです。「旅愁」や「さざなみ」という経緯もあって山内さんとお目にかかる機会は多かったのですが、『仕舞人』は京マチ子さんの出演が決まったときに踊りの一座の話ですし、わたしは3歳から踊りをやっていたので日本舞踊ができる、さらに民謡も歌えるということで起用していただいたんだと思います。

——『仕舞人』は〝女の恨みをはらす〟というコンセプトが全面に出ていました。

西崎　まだまだ男性中心の時代でしたが、女性解放のフェミニズム運動が出てきたあとで、そういうタイムリーなものを反映したドラマですよね。仕事人シリーズの合間にやっていた13本のワンクールものは、どれも本数が短いぶん挑戦的な企画だったと思います。

——第6話「花笠音頭は地獄で踊れ　山形」で京山の殺しを目撃し、おはなは密偵として裏稼業の仲間入りをします。

西崎　おそらく山内さんが、そういう設定を考えてくださったのだと思います。平尾先生もそうでしたが、山内さんは『必殺』というドラマのなかの清涼感をとても大事にしていて、わたしが担う役は毎回そういう白いものを求められたんです。黒のイメージが強いシリーズなので、おはなという役も黒のなかの白だったんでしょうね。おはなちゃんって明るい役でしたから。

——『仕舞人』の現場で思い出すことはありますか？

西崎　京マチ子さんって〝グランプリ女優〟と呼ばれていたように黒澤明監督の映画などで国際的に評価されてましたよね。あまりテレビに出ない方なので、プロデューサーの櫻井（洋三）さんからは「あんた、向こうは大女優やで。失礼がないようにな」と言われました。でも、人間的にすごくすばらしい方で、本当にご一緒できてよかったです。娘たちと踊るシーンでも一緒にお稽古してくださるし、愛嬌があるんです。ブワーッといっぱいお話しされる方ではないんですけど、わたしが体調を崩したときもバスで背中をさすってくださったり、そういう優しい方でした。自分に対しては厳しく律してるんですが、若い女優に意地悪をしたりもしない。

直次郎役の本田博太郎さんも舞台のシンデレラボーイとして注目されていて、それから『仕舞人』に呼ばれたんです。本田さんは工藤栄一監督が大好きだから、もう工藤作品に出れるというよろこびがすごかったですね。殺しも体を張ってました。真冬に汚い池に入るのも平気だし、ガッと気合いがみなぎってて……殺しのシーンだと自分でコンテを描いて監督さんに提案したこともあって、熱量がすごかったですね。（高橋）悦史さんは文学座の性格俳優という雰囲気ですが、じつはおちゃめな方で、お酒が強いんです。マッチ（近藤真彦）の「ギンギラギンにさりげなく」を踊りながら歌ったりして（笑）、そんなふうに見えないじゃないですか。でも酔っ払うとおちゃめで、みなさんと飲みにいくと楽しかったですね。

――全国を旅する話ですが、撮影は京都周辺が多かったのでしょうか？

西崎　おもに近江舞子ですね。琵琶湖なので撮影所から1時間半、相当早い時間に支度して、バスに乗って……かつらをかぶったまま、よく眠り込んでました。監督だと、やっぱり井上梅次さん。石原裕次郎さんの映画をお撮りになっていた方で、食事に連れていっていただいて当時のお話をうかがいました。東京の自宅で菊を育てていて、シーズンになったらそれをみなさんに配って、わたしも何度か立派な菊をいただいたことがありました。「よーい、スタート！」から「カット！」……それぞれ監督さんによる特徴があるんですが、井上監督はとくに個性があって……カットをかけるときに「カーッ！」って、カラスみたいに言うのが印象的でした（笑）。

――井上梅次監督の現場はいかがでしたか？

西崎　いちばん撮るのが早かったです。もう早い、早い。『仕舞人』の最終話で、別れのシーンのとき踊り子のみんなが泣くんですけど、おはなだけは京山が殺し屋であることを知っているので「泣いちゃいけない」と指導していただきました（第13話「深川節唄って三途の川渡れ　江戸」）。あと、井上監督はミュージカルがお好きでしたから、掛け小屋のシーンにすごく力を入れてましたね。踊りもレビューみたいな感じで撮るんです。若い人の話にもすごく興味を示してくれて、オックスのコンサートでファンが失神した話なんて、映画に取り入れようか

『必殺仕舞人』のおはなから始まり、5本のシリーズでレギュラーを務めた西崎緑

など仰ってました。あのころ、リメイク版の『嵐を呼ぶ男』（83年）を準備してましたから。

――ほかに印象的な監督はいますか？

西崎　前田陽一監督は明るい方で、あんまり時代劇の監督さんっぽくなかったです。もともと『神様のくれた赤ん坊』（79年）みたいな喜劇を撮っておられた方だし、そこまで細かいことにこだわらない優しい監督でした。

――続編となる『新必殺仕舞人』（82年）の第1話「草津湯煙血の煙」が前田陽一監督、松竹大船からの出向組です。

西崎　あの回は『男はつらいよ』の寅さんのおばちゃん……三崎千恵子さんが〝お寅〟って役でしたね（笑）。わたし、あのころ土曜ワイド劇場で初めて殺人犯の役をやって、そちらも前田監督だったんです（『じゅく年夫婦探偵　新婚旅行は殺人旅行』）。いろんなことを学びましたし、とてもやりやすい監督でした。いちばん『必殺』を撮ってらしたのは松野（宏軌）監督で、カットかけたら必ずカメラマンさんに「ええわな？　ええわな？」って確認してました。都築さんや津島（勝）さんは助監督から監督になった方で、津島さんは自分でホンを書いた回もありましたね（『必殺渡し人』第10話「湯女風呂で渡します」）。工藤監督はもう〝鬼才〟って感じ！　決断力と勢いがすごくて大御所という雰囲気でした。

――『新仕舞人』では三度目の主題歌となる「流星」も担当。わりと演歌調のスローなリズムです。

西崎　「流星」は「月の砂漠」をイメージして作った曲みたいなんですよ。もう1話目のとき、みんな仲良しなので応援してあげようという気持ちが強すぎたのか、本編に「流星」のインストを使いすぎだって言われました。音響のみなさんの気持ちが強すぎて（笑）。「流星」と「そして、ひとり旅」という曲があって、この2つが競り合って「流星」が主題歌になったんです。

――たしかに「そして、ひとり旅」のほうが必殺シリーズに向いている雰囲気がありますね。

西崎　いい曲だったんですけど、わたしのアルバムに入ったあと、たまにインストが劇中で使われるくらいで……あれも、どなたか歌ったらいいのにって思いますね。「そして、ひとり旅」はB面のカップリングにするにはもったいなくて取っておいたんだと思うんですが、そのままになっちゃいました。

いつも録音部の中路さんのところにいたんですよ

西崎　現場ではカメラマンの石原（興）さんや藤原三郎さん、それから照明の中島（利男）さんの力がすごくて、それこそ監督さんでも洗礼を受けて途中で帰っちゃう人もいるくらいでした。「あんた、ちゃうで」とか言われて、それを言い続けられると、本当に違うのかなと……仕事熱心なだけなんですが、言い方が東京に比べてキツいので女優さんも「ねえちゃん、あかんで！」とか「あんた、なにしてんの？」みたいにパンッと言われるとびっくりしちゃうんですよ。いまだとハラスメントになりますが、当時はそれが普通だったから……うん、口は悪いと思いますよ。普通の会話をしてても、初めての人は怒られてるのかと思うくらい（笑）。別に悪気があるわけじゃないんですが、まず声が大きい。それから言い回しがキツくてそこに「ねえちゃん」ですからね。

――その口の悪さが西崎さんに向かったことは？

西崎　わたし、キャラクター的にそういうふうに言われないというか、たぶん歯向かう感じがしないんじゃないですか（笑）。年も若いし、ちょっと弱そうに見えるから、ぜんぜんそういう苦労は……逆に労ってもらうというか「あんた、大丈夫か？」みたいな。いつも心配されてました。

――なるほど。

西崎　中島さんと石原さんが作った光と影の映像美を藤原さんや都築さんも受け継いでましたね。京都映画は女優をきれいに撮るという評判があって、「ほかでも同じように映ると思うなよ」ということを言われたこともあります。ベテラン女優さんでも首のしわがどこにあるか、どう美しく、若々しく撮れるか……本当に京都映画の照明ってすごいんですよ。ライティングに時間をかけるし、ほかの撮影所よりワット数も使っている。わたし、忙しくて肌がすっごい荒れた時期があるんですが、そんなときもロケーションに行くと「今日どうや?」ってカメラマンさんや照明さんが顔を見にきてくれるんです。肌荒れがある場所を把握したら、それを飛ばすくらいライトを当てるので、映ったら本当にツルツルですよ。中山（利夫）さんという照明の方もいらっしゃいましたが、みなさん技術がすごかったですね。

わたし、録音部の中路（豊隆）さんとすごく仲良しで、いつも中路さんのところにいたんですよ。数年前に室たつきくんという関西ジャニーズJr.出身の方とお芝居をご一緒したときも中路さんの話になって「いや、もう中路さん、仲良くしてたから覚えてるよ!」ってことで、彼にCDを託しました（笑）。ご健在なので、うれしいですね。カメラマンの藤原三郎さんは早くに亡くなられて……石原さんはビシッとハードな画を作る方なんですが、三郎さんのほうが柔らかくて温かい画という印象がありました。

——先ほどのエピソードで「ほかでも同じように映ると思うなよ」と言ったスタッフは?

西崎　それは櫻井さんですよ。そんなことを言うのは櫻井さんしかいません（笑）。毎回レギュラーに入る前に「あんた、相手は大女優やで。気ぃつけや。若い女優には厳しいで〜」って脅かしてきて（笑）、わたしも20歳そこそこだから「はい!」って真に受けて、実際そんなことないという。櫻井さんは京都映画の帝王みたいな方で、でもシリーズに慣れてくると「衣裳をこうしたい」「かつらの結い方をこうしたい」という意見も聞いてくれる、そういう意味では、いいプロデューサーでした。

『仕舞人』の最初は派手なピンク色の衣裳で、殺しを目撃して仲間入りしたあとから紺や紫の着物になってると思うんですけど、それはもう衣裳さんや床山さんと仲良しになっちゃったから「こういうふうにしちゃおう」

「いいよ」って、やってくださったんです。『必殺仕切人』（84年）のときも好きなように髪を結いたいとお願いして「このお弁当のリボンかわいい〜」とか言って、リボンみたいな髪飾りを付けてるんです。

――自分の意見を出すようになっていった。

西崎　宿泊先がホテルリッチで、監督さんもそこに泊まってる方が多かったですね。脚本家の石森（史郎）さんや吉田剛さんにお目にかかる機会もあって、石森さんからは「どういうふうにしたい？」と聞かれたことがありました。衣裳でもそうですが『必殺』はわりと意見を聞いてくれるところで、それがよければ取り入れてもらえる。作家の方とお話ができる番組なんて珍しかったですね。どんな話をしたかは忘れちゃいましたが、石森さんは明るい先生で吉田剛さんは静かな先生というのを覚えています。

――なにか大変だった撮影の思い出はありますか？

西崎　やっぱり〝寒い暑い〟でしょうね。基本的に裸足じゃないですか。だから冷えるのと、遠いところのロケに行くとトイレがないんです。そういうときは民家をお借りしてました。撮影所がある太秦のあたりは誰がどんな格好で歩いてもそんなにびっくりしないんですが、さすがにいつも行く喫茶店にお岩さんが来たときは驚いたらしいです（笑）。顔が崩れたメイクのままだったそうで、お岩さんの話は語り草になってましたね。

なんかすっごい叩かれたというのが必殺シリーズの歴史ですね

――『必殺渡し人』（83年）では渡辺篤史さん演じる大吉の妻となるお沢役。哀しい過去を持つキャラクターでした。

西崎　わたし、そのパターンが多いんですよ。襲われる、吊るされる、叩かれるような役が多くて、こんなに叩かれてくらい……『渡し人』でも赤ちゃんができて、それを堕ろさなきゃいけない。ほかの作品もふくめて、なんかすっごい叩かれたというのが必殺シリーズの歴史ですね。もちろんスタッフのみなさんは体にダメージが起こらないよう気を使ってくださるんですが、やっぱり叩き方が下手な役者さんもいるんですよ。そういうときは大変でした。〝手籠め系〟も同じですけど……。

——手籠め系という日本語を初めて聞きました。

西崎　ああいうシーンって、あんまり有名な方はされないんですよね。いちばんのワルは「やれ！」って命令するだけで、実践される方というのはキャリアが浅い役者さんもいるので、そうなると押さえつけるシーンでも思い切り力を入れてきて……ベテランになると、もう力を入れなくてもそのように見えますから、やっぱり上手い下手があるんです。12歳のとき、若山富三郎さんの『唖侍鬼一法眼』（73〜74年）で初めて吊るされる役をやって、ずいぶんそういうシーンは経験しました。だから、だんだんコツがわかってくる（笑）。叩かれるときは背中に段ボールみたいな紙を入れたり、吊るされるときも「さぁ、時間が長いからどうしよう」「こうやったら効果的に映る」みたいな話し合いができるようになってきましたね。

——『渡し人』の現場はいかがでしたか？

西崎　中村雅俊さんの大ファンでコンサートに行ったりしてたので、すごくうれしかったです。雅俊さんと篤史さんも若いときから共演回数が多くて仲良しだったので、みんなでごはん食べにいったりしましたね。高峰三枝子さんは西崎流を作った先代と親しくて、わたしが生まれた家にもいらしたことのある方で、そんなお話をしてくださいました。現場でも京さんの静かさとは対照的に高峰さんはファーッと華やか、ひまわりみたいでした。当時はフルムーンのお風呂のCMで注目されていた時期でしたが、戦前に「湖畔の宿」という歌が大ヒットして、でも戦争になったら非国民ほどじゃないけれど「あの歌はよくない」というふうに言われて、禁止されていたそうなんです。でも官邸の東条英機さんの前で「湖畔の宿」を歌ったとか……もう歴史の教科書に出てくるようなお話をうかがいました（笑）。

――そして1984年の『必殺仕切人』では、大奥出身の密偵であるお清役に。ふたたび京マチ子さんと共演します。

西崎　中条きよしさんが仕事人から仕切人になって出てらして、悦史さんも雁之助さんもいらっしゃったし、レギュラーの人数が多かったですよね。みなさんお忙しいですし、全員が勢ぞろいすることがあんまりないくらい。『仕舞人』はみんなで旅をしてるから一緒だったんですが、『仕切人』はバラバラのシーンが多かった気がします。それから阿藤快さんのターザンが出てくる話がありましたよね（第8話「もしも密林の王者が江戸に現れたら」）。ターザンじゃなくて〝他左〟で、依頼人が猿なんですよ。馬の次は猿、動物との共演が多いんです（笑）。

男性から慕ってもらえる、モテる役が多かった

――『必殺橋掛人』（85年）では元締のお光＝春光尼を演じています。

西崎　史上最年少の元締ですよね。何度も起用していただいて、次はこうしてあげよう、育ててあげようという気持ちがスタッフのみなさんにあったんだと思います。『橋掛人』では挿入歌の「もどり道」も歌わせていただきまして、毎回アジトでお金を配るシーンで必ずあの曲が流れるのがうれしかったですね。あれは作曲が平尾先生じゃなくて、宇崎竜童さんなんです。あのころ宇崎さんの歌を歌いたいなと思っていたので、いいご縁でした。「もどり道」のディレクターさんはC-C-Bの「Romanticが止まらない」を当てた方で、サウンドもちょっとそういう感じになっているのと、そのディレクターさんが『暗闇仕留人』の最終回で殺されたわたしの父親役……戸浦六宏さんの息子さん（東良睦孝）だったんですよ。

――えっ！

西崎　そういう偶然がありました。

――「約束　かけひき　星占い」などたたみかけるような歌詞もかっこよく、シティ・ポップっぽい曲調です。

西崎　これまでの『必殺』とは違う路線だったので、衣裳も斬新なものがいいなと思いまして……中村乃武夫さんという皇室御用達のデザイナーの方に着物をデザインしていただいたんです。帯を前に結んで元禄調にして、のちの「ＤＥＳＩＲＥ」の中森明菜さんみたいな感じなんですけど、そんな格好で踊り歌ってました。よく朝日放送の番宣にも出てたんですよ。『ザ・ハングマン』とか『赤かぶ検事奮戦記』とか、ぜんぜん別の番組の記者さん向けの試写会でも「みどり、ちょっと来て」、わたし出てないのに歌ってました（笑）。朝日放送って有名な噺家さんの息子とか、そういう坊っちゃん的な方が多くて、普通のテレビ局とはちょっと雰囲気が違うんです。『おはよう朝日です』なんて、ほんとよく声をかけていただき出演しました。

――サブタイトルが毎回「〇〇の謎を探ります」で、ミステリ仕立ての展開も『橋掛人』の特徴でした。現場の思い出はありますか？

西崎　また衣裳の話なんですが、これまでのシリーズは普通のかつらをかぶって、着物姿……夏なんて暑いなかでの撮影だったのが、尼さんの役なので『橋掛人』は楽になっちゃって。衣裳も軽いし、支度がとにかく簡単でしたね。相変わらず吊るされて、叩かれてましたけど（笑）。それから主役の津川雅彦さんが京都のご出身なので、料亭に萬田（久子）さんと一緒に招待していただいたこともありました。

――そうでしたか。

西崎　ザ・ぼんちのオサムさんが、お光の追っかけみたいな役で出てくるんですけど、あるとき〝「旅愁」を歌う〟というシーンがあって、ものすごく一生懸命「旅愁」を練習してくださっていたのが印象に残っています（笑）。ほかにも篤史さんの大吉や山本陽一くんのスキゾー……男性から慕ってもらえる、モテる役が多かったですよね。

『必殺橋掛人』挿入歌「もどり道」のEPレコード（CBS･ソニー）

生い立ちは毎回かわいそうだし、拷問もよく受けてたんですけど、篤史さんも命がけで助けてくれる役でしたし、すごく愛されキャラでした。

――たしかに。中村主水を中心にした仕事人シリーズの合間、5本連続でレギュラー出演というのは異例です。

西崎　歌と踊りの『仕舞人』から始まって『渡し人』『仕切人』『橋掛人』と、同じキャラクターがないんですよね。『渡し人』も最初は記憶喪失で、途中から裏稼業を知ってしまう。みなさん、最初から殺し屋という設定が多いんですが、わたしは作品全体を通じてキャラクターの人生の変化を考えていただいて、最終的に元締にまで到達した。そんな実感があります。雁之助さんの『裸の大将』のように、必殺シリーズのおかげで出ることができた作品もたくさんありますし、やっぱり女優としての軸は必殺シリーズだったと思うんです。わたしはその場にいなかったんですけど、藤田まことさんが「西崎みどりもすごく女優っぽくなった」と試写会で褒めてくださったことを聞いて、うれしかったですね。

必殺シリーズって歌手を使うのが好きなんですかね

――『水戸黄門』や『暴れん坊将軍』など東映京都のテレビ時代劇にもコンスタントに出演していますが、京都映画との違いはありますか?

西崎　京都映画は光と影の世界なので、ものすごくライティングやカメラワークが凝っていて……格子越しにレールで移動しながら長く回したり、ああいう撮り方がよくありますよね。東映の方々も職人気質ですが、同じ職人さんでもちょっと色が違うんです。東映は昭和30年代の萬屋錦之介さんや大川橋蔵さんに代表される痛快時代劇だから、おじいちゃんおばあちゃんが見てもわかりやすくて、明るい世界ですよね。必殺シリーズはもっと若い方をターゲットにして、画期的な映像美を作り上げた。だって三田村（邦彦）さんなんてジーパンを履いて出てくるわけですから。東映は東映で『水戸黄門』の印籠みたいなお約束のよさがありますし、昔ながらの歴史があるから、それはもう両方ともすごかったと思います。

――スタッフの……あの、日本語の使い方などは？

西崎　口はね、京都映画のほうが悪い（笑）。東映は普通です。「結髪さん、床山さんが怖い」とか、そういう話はよく聞くんですけど、現場のインパクトは京都映画のほうが強烈でした。作品の絶対数が少なくコンパクトな感じで、東映は月曜から金曜まで時代劇をやってて追われるように作っている雰囲気でしたから。

――歌と演技の大きな違いはありますか？

西崎　うーん、なんでしょうか。ジュディ・オングさんや中尾ミエさんもレギュラーをされてましたが、必殺シリーズって歌手を使うのが好きなんですかね。鮎川（いずみ）さんも主題歌を歌われてますし、雁之助さんも「娘よ」がヒットして、お芝居は無敵なのに歌はもう緊張されてて……（笑）。わたしは歌と演技と、さらに踊りもやってましたから「二兎とか三兎は中途半端になるから大変だよ。けっきょく一兎を追うほうがいいんだよ」って言われたこともありますが。子役からやってるので、やっぱり〝年齢の壁〟みたいなものがあって、あるときは歌で、また別のときはお芝居で乗り越えて、こんなに長く仕事ができたのかなって思うんですよ。

かつては歌手なら歌手、女優なら女優という色が強い時代でしたが、最近は大谷翔平さんも二刀流でやってますし、何刀流でもいい時代になったと思うんです。ひとつの場所で続けていたら、どこかで力尽きちゃったかもしれない。よく職業欄を書くときに「なんだろう？」って迷ってたんですね。歌手とも言いにくいし、女優でもないし、舞踊家としては年齢が足りてない……「えーっと、タレント？」みたいな。もう60年やってるので、最近は図々しくなって「歌手です」「女優です」って言えるようになりましたけど（笑）。

――ようやくですか！

西崎　60年やったら、もう言ってもいいかなって。ちょうど50年経っても「旅愁」の存在は大きくて、最近も「旅愁」をセルフカバーしたものを新曲「かもめ」のカップリングに入れたんです。なるだけ14歳のときの歌い方を変えないようにしていますが、このときは半音くらい下げて、ちょっと大人っぽくしました。同じキーだと当時とあまり変化がないので……。

――もうひとつ、最後に必殺シリーズの思い出を教えてください。

西崎　「とらの会」ってファンクラブがあったじゃないですか。山田誠二さんという方が会長さんで、作家の京極夏彦さんも会員だったんです。そのおふたりがＷＯＷＯＷでドラマを作られたことがあって……。

――『京極夏彦「怪」』（00年）ですね。西崎さんは「赤面ゑびす」という回にゲスト出演していました。

西崎　本田博太郎さんも出てたんですよ。その現場に山田さんと京極さんがいらして「直さんとおはなちゃんがいる～!!!」って、もうめっちゃよろこんでくださって、ご一緒に写真を撮ったことがありました。先日も山田さんの映画（『おんな殺し屋弔お蓮』）のナレーションをさせていただいたんですが、いまも1年の間で『必殺』を見ない日がないくらい毎日おうちで流れてるんですって。全部のシーンが頭に入っているそうです。

――なんと、さすがですね。

西崎　そういう熱心なファンの方がたくさんいらして、必殺シリーズというのは今も人気がある……そんな番組に歌手として、女優として携わることができたのは本当に感謝ですね。

西崎緑

［にしざき・みどり］

1960年東京都生まれ。3歳のときに日本舞踊で初舞台を経験し、7歳のとき「ちいさなプリンセス」で歌手としてデビュー。田端義夫とのデュエット曲「ねんねん船唄」を経て、74年に『暗闇仕留人』の主題歌「旅愁」がミリオンセラーとなる。平尾昌晃のアドバイスで「西崎みどり」と改名、女優としての活動も並行し『必殺仕舞人』から『必殺橋掛人』まで5本のシリーズにレギュラー出演を果たす。舞踊界では西崎流新宗家に就任し、2023年には芸道60年周年記念の新曲「かもめ」を発表した。

俳優

ひかる一平

順之助は面倒くさい殺しばっかりで
スタッフは大変だったろうと思います

歌やドラマで多忙なアイドル・ひかる一平は、人気絶頂の『必殺仕事人Ⅲ』から西順之助を演じてシリーズの新たなステージを切り開く。10代の受験生が殺し屋に……世間の賛否、京都の洗礼、キテレツな武器の変遷から「無党派」だからこそ知る人間関係まで。いまや後進の育成に励む男が明かす、怒涛の20000字！

とにかく忙しくて台本も自分のとこしか読んでなかった

ひかる　プロデューサーの櫻井（洋三）さんから事務所に連絡をいただいたみたいなんですね。西順之助という役があってオーディションもしたらしいんですけど、なかなか決まらなくて……そのころ、たまたま櫻井さんがテレビで大相撲を見てて、そのまま『レッツゴーヤング』って歌番組が始まった。そこで、ひとりだけワンテンポ踊りが遅れてるやつがいて、それがぼく（笑）。「こいつ、おもしろいな」ということでオファーがあったと、事務所から聞きました。

――松竹の櫻井洋三プロデューサーがきっかけだったのですね。『必殺仕事人Ⅲ』（82〜83年）の第1話は「殺しを見たのは受験生」、医師を目指す若者が裏稼業に加わるというシリーズ初の試みでした。

ひかる　ぼく自身、まだ18歳だったたし、時代劇自体ぜんぜん見てなかったので「えっ、『必殺』ってなに!?」という状態でした。まったく初めての仕事場で、やる前から不安というか怖かったですね。

――実際に京都映画の現場はいかがでしたか？

ひかる　怖かった（笑）。最初はセリフも覚えてなかったし……これは言い訳になっちゃうんですけど、アイドルとしていろんな仕事を掛け持ちでやっていたので、とにかく忙しくて台本も自分のとこしか読んでなかった。そういう軽いノリで行ってしまったら、初日の撮影から仕事人レギュラーのみなさんがいて……忘れもしないナイトシーンで、いやぁ怖かったです（笑）。誰が怖いというより、みなさん本当に〝役者役者〟してる方たちじゃないですか？　そこに右も左もわからないアイドルが混じって、しかもセリフは覚えてない。なにをしたらいいのかもわからない状態で……。

――それまでの仕事とのギャップがすごかった。

ひかる　最初はそんな状況で、常にいい緊張感というか……いや、よくはないか（笑）。それから1話目で藤田（まこと）さんに向かって「正義の裁きをお願いします。世の中はこのままじゃダメです」みたいなことを延々と語るシーンがあって、けっこう長かったんですよ。それも1行か2行しか覚えていかず現場に入って……そうしたら、やっぱり監督からの洗礼でしょうね。田中徳三さんが「ワンカットでいくぞ！」（笑）。

――カットを割らず、長回しに！

ひかる　そう。「ちょっと待って、ぜんぜん覚えてない……」と慌てて、主水さんと順之助がサシで話をするシーンで、たぶん30回以上NGを出しました。もう汗だくで、それでも藤田さんは付き合ってくれて、結局できないから途中でカットも割ってもらいましたけどね。

――すでに『3年B組金八先生』（80～81年／第2シリーズ）などのドラマ経験があり、映画『胸騒ぎの放課後』（82年）では主演を務めていますが、まったく違いましたか？

ひかる　『金八』は出番も少なかったし、『胸騒ぎの放課後』は映画といってもアイドル映画ですから本当に1行か2行ずつ覚えれば大丈夫という甘い現場だったんですよ。ただ、ぼくは事務所やマネージャーには「こんだけ仕事を入れてたら無理でしょう。どこでセリフ覚えるの!?」って文句は言ってました。もちろん覚えるのが当たり前なんですけど、物理的に無理だったんです。寝不足だから『必殺』の現場でもヅラのまんま、衣裳のまんま、よく寝てました。それで「一平！」って藤田さんにしょっちゅう怒られる。のちのち櫻井さんに聞いたんですけど、ぼくがあまりにもダメだから「13話目で、こいつもう殺してやろうと思った」と。1クール目でレギュラーから外す話が出たくらい、ひどかったらしいんですよ。

「一人前に食える役者にしてやるよ」という櫻井さんの言葉

ひかる　最初のころは撮影所に入っても、本番まで一歩も楽屋から出ない。あんまり外部の人と触れさせない。それが事務所のスタイルだったんです。でも、あるとき三田村（邦彦）さんに言われたんですよ。「お前ね、ひとりでちゃんと現場に来るようにしないとキャストとコミュニケーションが取れないし、スタッフにもかわいがってもらえないぞ。自分でやっていかなきゃダメだ」と。それで次の『必殺仕事人Ⅳ』（83〜84年）からはマネージャーをつけず、自分だけで行くようになりました。

――同じような話を三田村さんからもうがいました。よく飲みに連れていってもらったそうですね。

ひかる　はい。三田村さんって絶対に年下と女性からはお金を取らない主義だったんですよ。ぼくは当時、事務所の経費が使えたので「いいですよ、三田村さん。どうせ自分のお金じゃないし、出しますよ」と言ったら、「いや、ずっとそういう気持ちでいなければ前に進んでいけないし、これは自分のプライドみたいなもんだから絶対に守る。だからお前もそれをいいと思えば若手に継承していけばいい」と。やっぱり見栄を張る商売だし、若いころは後輩にご馳走しながら家では塩をなめていたそうで、いわゆるハングリー精神ですよね。ぼくもその教えは、いまだに守っています。

――なるほど。

ひかる　それから、いちばん若かったんで……役者さんって、それぞれ一匹狼だし、いろんなライバル関係とかあるじゃないですか。ぼくはもう、そこの論外の人間だったから（笑）、そういう意味では藤田さんや三田村さんだけでなく、中条（きよし）さん、鮎川（いずみ）さん、みなさんに食事に連れてってもらいました。気安く誘いやすかったんでしょうね。『必殺』のレギュラーって、みんなで一緒に食事しないんですよ。中条さんなんか、ふざけて「そりゃ仲が悪いからだよ」って言ってましたが（笑）、三田村さんが解説してくれたのは、どうしても仲良し小好しになっちゃうと緊張感がなくなる。仕事人って本来は一匹狼の話なんで、あえて全員一緒の食事会はしないんだよって……裏を返せば、あぁ仲悪いんだなという（笑）。

――中条さんと三田村さん、どっちの意見も正しいという。

ひかる　ひとりで京都に行くとき、櫻井さんから言われたのが「役者としてちゃんと面倒見てやるから、歌をやめて芝居に専念しろ」ということで、それを事務所に伝えました。もともとアイドルになるつもりもなかったし、歌えないし踊れないし、「一人前に食える役者にしてやるよ」という櫻井さんの言葉を信じようと思って……。切符の買い方や電車の乗り方、それこそ経費の出し方も事務所から教わり、めちゃめちゃ経費使ってやりましたけどね。藤田さんが「ひかる一平は領収書を集めてる」って、よくネタにしてましたから（笑）。

――先ほどの三田村さんの話ともつながりますね。

ひかる　あとは、やっぱり藤田さんが優しくしてくれて、娘さんや息子さんとも年齢が近かったので自分の子供に接するような感覚で付き合ってくれたんです。ご自宅にも何度も行かせていただいて、ぼくはゴルフやってなかったんですけど、藤田さんが「やれ」ということで、藤田さんとぼく、それから山内としおの3人で能登のゴルフ場まで合宿に行ったこともあります。朝も起こしてもらって、藤田さんが全部ごはんを用意してくださって。現場では怒られてばっかりでしたが、愛情がありましたね。

――そうでしたか。

ひかる　藤田さんに唯一褒められたことがあって、「お前はコメントだけは上手いな」と言われました。テレビや雑誌の取材ってみなさん同じようなことをしゃべるのに、ぼくは短めで個々に別のことを答えたりして、それはアイドルとしての経験値だったんです。事務所の教えで、要するに「前の人と同じことを言うな」と。それだと一緒くたになっちゃうから、ちゃんと考えてコメントしなければ、言ったとしてもスルーされるぞって教え込まれていたので、そのおかげだったんですね。あと、怖いもの知らずでした。舞台の「必殺まつり」って長丁場な

10代の殺し屋として賛否を呼んだ西順之助。アイドルのひかる一平が仕事人シリーズに参入した

んで、みんなどこかに遊びやアドリブを入れてたんですよ。饅頭をチョコレートに変えたり、藤田さんもそういうことをやる方だったんです。そうしたら中条さんが「遅れてすいません！　勉強してたんで」みたいな順之助の最初のセリフを「遅れてすいません！　野グソしてたんで」にしろって（笑）。

――悪い先輩！

ひかる　「大丈夫だから。みんな、お前の勇気を認めるから。絶対大丈夫だから」って、けしかけてくる。そういうのは、だいたい中条さん。自分ではやんないくせに（笑）。で、ぼくは真剣に「野グソ、野グソ、野グソ……」って心の中で唱えながら、もうそのまま舞台に出てやったんですよ。「遅れてすいません！　野グソしてたんで」。そしたら、もう全員が後ろ向いて、もう肩でこうやって、笑いを押さえてて……。いや、怒られはしなかったです。藤田さんの舞台というのは、とにかくお客さんを楽しませるためなら、なんでもＯＫというノリなんです。だから楽日には、三田村さんと一緒に女装して歌ったりして。そういうことで最初の1年が経ち、みなさんと打ち解けて、その次のシリーズも続投させてもらえたんでしょうね。

ぼく、仕出しさんにもめちゃめちゃ嫌われてたんで

ひかる　ほかに最初のころで思い出すのは、京都の仕出しさん（大部屋俳優）って偉いじゃないですか。ぼく、仕出しさんにもめちゃめちゃ嫌われてたんで、オープンセットを歩くシーンになると、もうガンガンぶつかってくる。監督でも松野（宏軌）さんは優しい人ですから、あんまり言わなかったんですけど。田中さんは「真っ直ぐ歩け！」「いや、ぼくは歩いてます。向こうがぶつかってくるから、しょうがないじゃないですか！」って。

――まさに京都の洗礼ですね。

ひかる　ほかにも本番で別の動きをされて、監督も仕出しさんを信用してるから、絶対ぼくが間違えたんだっていう状況下に置かれたりして……でも、のちのち仕出しのエクランの方々とも飲みにいくようになったりして、親しくしてくれて「いや、お前さ、最初から挨拶に来なかっただろ。あれはあかん」と言われましたね。エクラン社のボス、松本常保さんとも仲良くなって、京都と東京の違いを教えてもらいました。東京だとエキストラという枠だから、ある意味で誰でもできる。京都というのは、もう仕出しさんあっての俳優陣というのをまったく知らなかった。マネージャーも初めてだから事情がわからなくて、まぁ最初は嫌われてましたね。

――現場の雰囲気も京都と東京では違いますか?

ひかる　東京はタレントさんを招き入れる。京都はそうではない。ちゃんと中に入れば、すごく家族的なんですけど、入るまでが……それはもう京都独特の風習ですよね。あとは袴の履き方も知らなかった。着付けは衣裳さんがやってくれるんですけど、トイレに行くじゃないですか。そのあと片方に両足を突っ込んで、ぜんぜん歩けちゃうんですよ（笑）。で、そのまま本番やって、鮎川さんに「あんたさぁ!」って怒られる。

――鮎川いずみさんも最初は怖かったですか?

ひかる　そうですね。やっぱり『必殺』の大女優さんなので（笑）。まだ10代だったし、鮎川さんのことは役（何でも屋の加代）と一緒で「おばさん、おばさん」という感覚でしたが、この歳であらためて思うと、あんなきれいな方に「おばさん」って失礼ですよね。チャキチャキしてる人で、スタッフには厳しかったです。たとえば小道具が用意できてないとか、現場に呼ばれて待ちが長いとか、そういうのがあると。でも、逆に……そのわりには本人が来ない（笑）。「なに待ち?」「おねえの化粧待ち!」という。ぼくはもう常に一緒だったんで、そういう意味ではいちばん待たされました。ぼくが待たせることはなくて、寝坊くらいですかね。

――山田五十鈴さんはいかがでしたか?

ひかる　山田先生は最初から気さくに接してくれました。もう孫以下の年齢のガキですから。で、マネージャーつけずに行くようになって撮影所の近くに部屋を借りたとき、引越し祝いということで山田先生が炊飯器と電子ジャーをプレゼントしてくださって、ずっと捨てられずにいましたね。

――あ、京都に部屋も借りてたのですね。

ひかる　最初は松竹が契約してる四条河原町のホテルに泊まってて、そこは鮎川さんも一緒でした。メインゲストもそこが多くて、ほかのレギュラーの方はバラバラでお気に入りのところ。で、2年目で生意気になって、マンションを借りたんです。櫻井さんに「ホテル代って、ざっと計算したって、かなりするじゃないですか。だったら借りっぱでいいですか?」と相談して、製作主任のナベさん（渡辺寿男）が探してくれたんですが、「ワンルームでいいですよ」って言ったら、車折神社のすぐ横の本当に狭いワンルーム（笑）。2階は東映の若い女優さんたちが入ってた物件なんですが、ぼくの部屋は1階で……もうプライベートもないようなところでした。

で、次は3LDKに引っ越し。東野英治郎さんがいたというマンションですが、今度は広すぎた（笑）。家財道具もない状態だと、さみしくてさみしくて……麻雀卓をもらって置いてたりしてたんですけど、ずっと京都にいるわけでもないし、人も集まらない。ただ、まだ若いし女性の出入りはあるじゃないですか。みんな部屋番号を知ってるから、そこで鉢合わせという事件があって（笑）、「これは家を借りるのはよくないな、やっぱりホテルがいちばんいいな」。最後は三田村さんと同じ新都ホテルにしました。京都駅のすぐ前にあって、すごく自由でしたね。ほんとに留学先みたいな感じで、いろいろと『必殺』で勉強させていただきました（笑）。

真冬の京都の池って、半端なく冷たいんですよ

――殺しのシーンの思い出はありますか？

ひかる　最初は電気ショックのエレキテルが武器でしたよね。あれ、よく棒が折れちゃったんですよ、伸ばす棒が。無理くり筒にくっつけただけなんで、もうボッキンボッキン折れて……。筒を光らせるのに電気を通してコードを見えないようにしたりして、ライデン瓶も何種類か作ってましたね。でも途中から「10代の受験生が人を殺すなんて」というクレームがＡＢＣ（朝日放送）のほうに入って、あのヘンなやつに……。

――投石器ですね。『必殺仕事人Ⅳ』からは加代とのコンビで殺しをサポートします。

ひかる　あの投石器はプロデューサーの山内久司さんのアイデアなんです。ゴルフをよくやっていたのでアイアンから思いついたそうで、同じように距離を測って、それからゴルフボールが当たれば死なないけど気絶する。そんなんで「どうだ！」って言われて、いや～エレキテルはまだよかったんですけど、投石機はちょっと……と思ってましたね（笑）。だって投石器は担いでいるだけで、鮎川さんが「いくよ！」って。

――あれ、ただの助手ですよね。

ひかる　引っぱってんの鮎川さんだし、なんじゃやそりゃみたいな。あれを真顔でやれって言われても、つい笑っちゃうんですよ。けっこう重いし、ちゃんと飛ばないし、ボヨヨ～ンとなって「えぇ～！」とか。やってても自分でおかしくてしょうがない（笑）。ふと我に返っちゃったときがあって、なにやってるんだろうって思いました。久司さんは、そんなに現場にはいらっしゃらなかったんですが、いつもニコニコしていて、ただこだわりを語らせると、ものすごく熱い。『必殺』の基礎を作った方だし、藤田さんのキャスティングの経緯や殺し技など、いろんな話をうかがいました。

――殺しのシーンは夜間がメインです。

ひかる　平気で20時開始とか、わけわかんない……それで太陽が出るまでとか、そんなんばっかりでした。もう夜中夜中で、最初のころ夜中に水に入るシーンがあったんですよ。三田村さんはウェットスーツがあったんですけど、ぼくのはないし「寒いからイヤだ」って言ったら、三田村さんのやつを借りることになった。でもデカすぎて着てる意味のない寒さで（笑）、すぐ熱出しましたね、次の日。真冬の京都の池って、半端なく冷たいんですよ。それで生意気の盛りですから、マネージャーに「なにかほしいものある？」って聞かれて「スイカ買ってきて。いますぐ買ってきて」、真冬にスイカ買いに走らせました（笑）。「東京のいいとこ行きゃ売ってるでしょ。京都だってどっか売ってるでしょ」っつって、それくらいアタマにきてたんですよ。なんで真冬の池をOKしたんだという。いま考えたら、真冬にスイカなんて……40年前そんなもんが売ってるかって話なんですが。

――けっきょくスイカはどうなったんですか？

ひかる　なんか買ってきてくれました。でも、ぜんぜん食べる気しないし、こっちは熱出しちゃって、フウフウ言ってたんで……。

「梅津さん、気持ち悪いよ！」

ひかる　さっき武器が変更になった話をしましたが、「受験生が人を殺すとは何事だ」「真似する人が出たらどうするんだ」という苦情がけっこう多かったらしいんですね。順之助が登場したことによって内容が甘くなったという批判もありました。ただ、もし視聴率が下がってたら、それはそれで不正解ということで役ごと入れ替えてたと思うんですけど、当時が視聴率の絶頂期で『仕事人Ⅲ』『仕事人Ⅳ』がピークだったので、けっきょく世間はそれを求めてたんですよね。

ぼくはアイドルやってたからかもしれないですけど、あんまり誹謗中傷って気にしないし、そんなもんしょっちゅう言われたんで、言いたい人は言えばいい。賛否両論あるからこそ成り立つわけであって、否定が目立つのは逆に肯定も多いということで、結果としてはもう数字しかない。撮影所にも視聴率の紙が貼ってあって、何冠とか何週連続トップとか……たしか関西で40％くらい取ったことありますよね？

――『仕事人Ⅲ』の第21話「赤ん坊を拾ったのは三味線屋おりく」が歴代最高視聴率の37・1％を記録しています。

ひかる　もう2〜3人に1人は見ている状況で、それを実感できたのがタクシーですよ。乗ったら「あんた、『必殺』のボンやんか」とか（笑）。だいたいレギュラーが10歳ずつ離れてるはずなんです。それも山内久司さんの狙いで10歳ずつ離して、それぞれの年代をターゲットとして狙う。西順之助で下の若い世代を取り込んでいく。仕事人が悪人なのか、正義の味方なのかも見る人次第ですからね。

――『仕事人Ⅳ』からは、梅津栄さん演じる玉助に「順ちゃ〜ん！」と毎回追っかけ回されるのがパターンになります。

ひかる　あれも久司さんのアイデアだと思うんですけど、順之助は（松田）聖子ちゃんのファンという設定で、大きなブロマイドを部屋に飾ってましたよね。あれは「ジュリ〜！」っていう樹木希林さんのドラマが元ネタらしいんです。

――あっ、TBSの『寺内貫太郎一家』（74年）ですね。

ひかる　そのパクリ（笑）。だからアイドルを追っかけて、オカマに追い回される……クスッとした笑いを増やしたんですね。『仕事人Ⅲ』のころって、まだセクシーなお色気シーンがあったと思うんですけど、『仕事人Ⅳ』からはなくなっちゃってるんです。それは若い視聴者が増えたからで……順之助の存在によって、さらに若い層が見るようになって、お色気の代わりに笑いを入れた。それまでは大人向けの娯楽作品でしたから、こういうことを考える久司さんは、やっぱりすごいなと思いました。

――そう言われてみると、『仕事人Ⅲ』と『仕事人Ⅳ』はそこが違いますね。

ひかる　ぼくもそれを聞いて「なるほど～」と思ったのと、お色気シーンないのさみしいな、見にいけねえじゃんというか（笑）。まだ子供だったし、ああいうシーンが楽しかったんですよ。ずっとカメラ脇にいて、女優さんにヘンな目で見られながら見学してました。

――梅津栄さんは、どのような方でしたか？

ひかる　気さくなおじちゃんでした。ただ梅津さんって、本当に役者魂が強いんで「一平ちゃん、ぼくはソッチではないんだけどね、撮影前から役に入り込まないとできないんだよ」と言って、もう支度んときからベタベタベタベタ……（笑）。「梅津さん、気持ち悪いよ！」とか、そういう会話をしょっちゅうしてました。自分のシーンは手書きで台本を考えてきて「練習させて」って言いながら、人の体を触りまくる（笑）。もうね、「頼むから本番だけにしてよ～」って感じで、台本以上のことを梅津さんが好き勝手にやってくるんで、ぼくは本気で嫌がって逃げてました。

――もはや芝居ではなく……。

ひかる　ごくごく普段はまともなんですが、もうスイッチが入った瞬間、本当に気持ち悪いおっさんになる（笑）。本番のときは衣裳をつけて全部やってるからなんとも思わないんですけど、その前がね……なかなか耐えがたい。梅津さんも「気持ち悪い！」とか言っても平気な人だったんで、ゲストの方からは生意気なガキに見えていたと思います。大ベテランの俳優さんに向かって「汚い！」だの「触んな！」だの、平気で言ってましたから（笑）。支度部屋に鏡があって、食事してるときから普通に触ってくんですよ。そこにゲストの役者さんたちもいらっしゃるんで、やっぱりクソ生意気って思われてたでしょうね。

ダメだよな～、やっぱりダメだったよな～と思います

——スタッフの思い出はありますか？

ひかる　カメラマンの石原（興）さんには「役者は表情がすべてだから、ごはん食べるときでもなんでも、とにかく鏡を見てろ」と言われましたね。鏡を見て、客観視できる自分をまず作れということです。裏で仕事をするときの表情と普段の受験生の表情の差、殺しのシーンも石原さんからは「とにかく目、すべては目だ」ということで、緊迫感を常に持てと指導されました。やっぱり厳しい人なんで、NGを出すと「フィルム代が高いんだよ、お前。わかってんのか！」って怒られたりして……。

あとは、いろんな方から「ホンは全部読め」と（笑）。「自分のとこだけだと、ストーリーわかんねえだろう」「どういう理由で誰を殺すかわかんねえだろう」と、徐々にお芝居との向き合い方を教わりました。しかし医学の専門用語がまったくわからないし、いろいろ説明しなきゃいけないシーンが多いので、ちゃんと台本を読むようになってもそれはそれで大変でしたね。

——なるほど。

ひかる　それから藤田さんか三田村さんに「俺たちは先生でもなんでもないから、お前に教えることはない。だから現場で盗んでこい」って言われて、ぼくは必ず録音部の中路（豊隆）さん、あるいは広瀬浩一さんの真横にいつも陣取って現場を見ていました。

——ものすごい成長ですね。

ひかる　『仕事人Ⅳ』からは、そこが自分の席でしたね。ぼくは事務所のレッスンも2回くらいしか受けずに表に出ちゃったんで、すべて現場で学んで、コミュニケーション力はあったほうだと思うんですが、事務所がシャットアウトして、ほかの共演者の方々と絶対交わらないってスタンスだったから、本当に『必殺』のおかげで人との接し方を学びました。録音のベースでも中路さんや広瀬さんと関係ないことばっかりずっとしゃべって、お色気シーンがあるときはカメラマンの横に行って「なんでお前、ここにいるんだ!」「勉強しにきました」(笑)。それが許される年齢だったんですよ。

やっぱり仲良くなったのは若手のスタッフで、いちばんは床山の八木光彦ですね。いまもお互いに連絡を取り合ってますし、よく一緒に遊びました。ぼくが撮影所の近所に住んでたころは中空きがあると、みっちゃん勝手に部屋ん中に入って寝てましたから(笑)。三田村さんと3人で、しょっちゅうボウリングに行って、当時は〝三田村邦彦大人気〟という時代だったんですけど、あの人ね、Tシャツにわけのわからない言葉を書くんですよ。口に出しちゃいけない、ドン引きするようなことが白Tに黒のマジックで書いてある(笑)。それでボウリングに負けたやつがそれを着るという。

——三田村さんが趣味で着てるのかと思って、ドキドキしました。

ひかる　運動神経いいんで、三田村さんは絶対負けないんです。負けるのは、ぼくか八木光彦なんですよ。ボウリングもバッティングセンターも三田村さんがハマってたから、よく行ってましたね。

——あらためて監督陣の思い出を教えてください。シリーズ最多登板の松野宏軌監督はいかがでしたか?

ひかる　松野さんはみんなが唯一「先生」「先生」と呼んでいる監督で、ぼくも生意気だったから、意見することが役者だと思っちゃったんですね。鮎川さんや三田村さんが「ここのセリフはこうしたい」とかやってるから、見よう見まねで(笑)。でも、いま考えたら「ふざけんな」ってなりますよ。ただ、順之助って当て書きみたいな役ではあるので「ぼくだったら、こうは言いません」という意見を出すようになりました。

広瀬襄さんも優しい監督でした。帽子をかぶって、いつも細いイメージで……広瀬さんも怒る人ではないから、自由にやらせてくれたし、八木(美津雄)さんも黒田(義之)さんもそうだし、基本的にみなさん、レギュラーには優しかったですね。レギュラーありきで成り立っていたシリーズで、視聴率もよかったので。原田雄一さんにも、その後いろんなドラマで使っていただきました。

――厳しいのは田中徳三監督くらい？

ひかる　田中さんからも直接あんまり言われなくなったんですよ。ただ、ぼくと絡む役者さん……ゲストの方がボロクソに怒られる。「えっ？　そんなに言わなくても……もう泣いちゃってるじゃん」みたいな若い女優さんもいて、あとからエクランの方に聞いたら「アホか。あれはお前に言ってるんだよ」「えっ、俺⁉」みたいな（笑）。やっぱりレギュラーというのは気を使わなきゃいけない存在で、監督はあえてゲストに厳しく言うことによって「わかるだろう？　お前……」という。でも、ぼくはわかってなかった（笑）。ゲストの方がいらしても本当なら立って挨拶しなきゃいけない若手なのに、普通に椅子にこんなんなって座ってて……ダメだよな〜、やっぱりダメだったよな〜と思います。

――ゲストの俳優で印象に残っている方は？

ひかる　志賀勝さん。顔は怖いんですが、すごく心の優しい方で仲良くさせてもらいました。それこそ志賀さんを、あのコワモテを前にして、椅子ダラ〜ンで「ですよね〜」とか（笑）。志賀さんも「なんや、お前」とか言いながらかわいがってくれました。ちょうど、ぼくの誕生日があって「順之助20歳の誕生日に誘拐される」という回のゲストが志賀さんだったんです（『必殺仕事人Ⅳ』第28話）。そこでようやく櫻井さんや山内さんがイメージしていた西順之助になったみたいで、あの話はすごく褒められた記憶がありますね。

本当に『必殺』でいろいろ教えていただけたおかげで、いろんな現場に行くことができました。京都でも東映と松竹はまったく違うから……やっぱり東映はスターさん中心でスター部屋があって、松竹にはない。スターといえば藤田さんで、でも現場の〝おとうさん〟みたいな存在だったから、そういう意識もありませんでした。東映が俳優会館の2階にスター部屋を作ったのは、そこに上がれるような役者になれという意味なんだそうです。

でも、ぼくは平気で2階のトイレを使ってましたけど（笑）。

――おっと！

ひかる　使っちゃダメとは言われないんですよ。ただ、ヘンな話、おしっこしてると、それこそ松方（弘樹）さんが「おぉ、にいちゃん！」と声をかけてくださる。それも松竹で『必殺』をやってたから、とりあえず顔だけはわかっていただけていたみたいで……まぁ、東映のスタッフから「2階はスターさんが行くところやからな」って注意されましたけどね。

辰野さんと櫻井さんがライバルみたいな雰囲気でした

ひかる　私生活でいちばんお世話になったスタッフは製作主任のナベさんで、それから高坂（光幸）さん。なんでも相談して、だいぶ面倒を見てもらいました。ナベさんが優しいぶん、黒田（満重）さんは冷たかった……いや、冷たいというか、そういうぶっきらぼうな人だと知らなかっただけで、でも最初は「冷てえな」と思ってました。あとは記録のヤエちゃん（野崎八重子）、もう常にお菓子を持ってて「アメちゃんいる？　アメちゃんいる？」って（笑）。もうヤエちゃんに嫌われたら終わっちゃうんです。

あとは進行のまーちゃん（鈴木政喜）もおもしろい人で、知り合いの店のオープニングに顔出してとよく頼まれたりして、いまだと「闇営業」ですよ！　撮影がないときは、常にたまり場のように製作部の部屋にいましたね。あとは櫻井さんの部屋で、ソファにドーンと座ったり（笑）。櫻井さんにもよくごはんに連れていってもらったんです。お茶屋さんとか料亭とか、一見さんお断りの高い店ばかり、やたらと連れていってくれました。

――櫻井洋三プロデューサーは、どんな方でしたか？

ひかる　豪快だし、好き嫌いがはっきりしてる人でしたね。山内久司さんとは、まったく違うタイプ。まぁ悪く言えば〝狸じじい〟みたいなところもあって、いや、ぼくじゃなくて周りがそう言ってました（笑）。相手によってコロコロ態度が変わるというか、はっきりしてるんですよ。プロデューサーだと辰野（悦央）さんにもかわいがっていただきました。山内さんがトップにいて、ＡＢＣと松竹の両サイド……辰野さんと櫻井さんがライバルみたいな雰囲気でした。お互いを褒める話を聞いたことがない（笑）。

辰野さんは情の厚い人で、そういう意味では櫻井さんのほうがスパスパッと割り切るタイプ。辰野さんはもうずっと面倒を見てくれる。ぼくが事務所を辞めたあともドラマのレギュラーを入れていただきました。柴田恭兵さんが主役の『往診ドクターの事件カルテ』（92年）で若手の相棒役を探してて「お前！　やるか？」「はい、すぐやります！」、その後も辰野さんは「どうだ、仕事やってるか？」と気にかけてくださる方で、ぼくも大阪に行くと辰野さんのところを訪ねて、一緒にごはんを食べました。

櫻井さんも優しいんですけど、一方的なんですね（笑）。まだ携帯電話のない時代で、ぼくがカラオケ屋にいたらどっからともなく連絡があって、「村上弘明が主演のドラマがあんだけど、海上保安庁のかっこいいやつなんや。別の役者が入る予定がダメになってもうたから、ちょっとお前出ろ。空いてんのはもう知ってる。マネージャーにも言ったから、あとはお前次第や！」って、まぁ強引っちゃ強引ですよね。それは『海風をつかまえて』（91年）というテレビ東京のドラマでしたが、そうやって『必殺』以外にもお仕事をいただけて、一方的な櫻井さんなり、心配してくれる辰野さんなり、おふたりともお世話になりました。

――タイプは違えど恩人だったわけですね。

ひかる　製作主任の高坂さんは、もともと監督をやってたから飲みながら当時の話をよく聞かせてくれました。けっきょく上との折り合いというか、櫻井さんがワンマンで……お酒を飲むと、高坂さんってなんでも話してくれて、つまり自分の曲げたくない部分を押し通した。ぼくらには優しいけど、頑固というか信念があった。おそらく櫻井さん相手でも自分の信念を絶対曲げなかったから喧嘩になって……これが松野先生だったら、なに言われても「は〜い」（笑）。「はいはい、そうかそうか」という方だったので、みんなも「先生」って呼んでりゃいいやという感じで、だからこそ現場を和ませてくれる監督でしたね。

中条さんにベロンベロンに酔わされたことがあって

――『必殺仕事人V』（85年）**からはレギュラー陣が交代し、京本政樹さんと村上弘明さんが参加します。**

ひかる　よくも悪くも仲良しの仕事人チームでしたね。それまでのピリピリ感がなくなり、作品そのものも耽美さとか、そっちに走ってましたから。全体的にきれいな作品で、やっぱり緊張感には欠けたかなと思います。現場的には京本さんと村上さんが来て、本当に明るくなりました。村上さんとはよくサウナで会ってたし（笑）。

――サウナで！

ひかる　ぼくと八木光彦で、よく行ってたんですよ。八木かつらのある大将軍のあたりのサウナとか、四条烏丸のほうにもあって、そこのサウナに行くと待ち合わせしてるわけでもないのに村上さんがいる。ただ、じーっといて汗を流してるんですよ。

――『仕事人V』には順之助の許嫁《いいなずけ》お新として、森口瑤子さんがレギュラー出演。灘陽子という旧芸名の若手時代です。

ひかる　ぜんぜん初々しくて、ぼくのほうがレギュラーに慣れて生意気な時代だったんで「おうおうおう！」みたいな（笑）、先輩風を吹かせてたと思いますね。灘陽子ちゃんのおかげで、やっぱり明るくなりましたよ。それまで女性っていうと鮎川さんしか知らなかったんで（笑）。そのあと、森口瑤子さんになって、有名な脚本家さん（坂元裕二）とご結婚されて、彼女が主役の2時間ドラマにも出ましたからね、ぼく。

――シリーズが進むにつれて、順之助の顔がふっくらしていきます。

ひかる　いいもの食わせてもらいすぎちゃって、どんどん太っちゃったんですよ。藤田さんでいちばん覚えてるのが、お茶屋さんのふぐ刺し。中条さんには珍しい牛肉の部位を教えてもらったり、みなさんから毎日たらふく食わせてもらいました。だから口が肥えちゃったのと、あと、お酒を飲まされて……飲んでいい時代だったのかわからないんですけど（笑）。一度ね、中条さんにベロンベロンに酔わされたことがあって、それはレギュラー全員で香港ロケに行ったときなんですよ。

――『年忘れ必殺スペシャル　仕事人アヘン戦争へ行く』（83年）ですね。

ひかる　撮影だけでなく、ファンの方々と一緒に船上レストランでディナーをするツアーがセットになってて、そのとき、ぼくは向こうの油がダメで料理がまったく食べられなかった。お酒だけ飲めたんで、どんどん中条さんが老酒を……で、悪酔いして、雑誌の取材陣も入ってたのに藤田さんの頭をこうやって掴んで、こんなことしちゃって……あれはもう櫻井さんにめちゃくちゃ怒られましたね（笑）。藤田さんはなにも言わないんですよ。でも櫻井さんが「お前、これ雑誌に載ったらどうすんだ！　止めるのにどんだけ大変かわかってんのか！」って、ものすごい怒られた記憶があります……。

――若気の至りですね……。

ひかる　もうそっから先、ぜんぜん記憶がない。青い顔してぶっ倒れて、録音の広瀬さんが助けてくれたそうで、バスの中でもぼくだけ大騒ぎしてたらしいんですよ。とにかく騒いで騒いで、ホテルでもトイレの前で寝て……次の日の撮影はボロボロでした。単なる二日酔い以上の状態で、あれは中条きよしが悪いんです（笑）。

――そして粗相をしてしまい、櫻井プロデューサーが激怒と。

ひかる　要するに「やっていいことと悪いことがある。プライベートだったら百歩譲って目をつむる。ただ藤田さんは座長だし、みんなの目の前でぺーぺーのお前がそんなことしたら示しがつかんやろ」ということでした。藤田さんにゴルフに連れてってもらってたりしてて、勝手に自分のなかで気を許してたんですよね。それとお酒の効果で……。

「反省したか?」「はい、イチからやり直します」

――ドラマ、映画、舞台と必殺尽くしの日々でしたが、ハード路線に原点回帰した『必殺仕事人V　激闘編』(85〜86年)で、いったん西順之助は姿を消してしまいます。

ひかる　干されました(笑)。それは香港の事件が尾を引いたこともあり、事務所を辞めたことも前後して「とにかく、ちょっと休め。いっぺん頭を冷やせ」と櫻井さんに言われました。でも「いつでも戻れるように殺しはしねえから」と。もう香港で騒いで暴言を吐いて、溜まってたものが全部出てたんでしょうね。要するに「なんでみんな仲悪いんだ!」とか、そんなことをめちゃくちゃ言ってたんだと思います(笑)。でも『必殺』に復帰したのも、たぶん1年半とかそのくらいですよね?

――そうです。およそ1年半ぶりの『必殺仕事人V　旋風編』(86〜87年)で、長崎帰りの立派な歯医者となって順之助が戻ってきます。

ひかる　あのときは独立してマネージャーもいたんですけど、自分ひとりで櫻井さんのところへ行って「反省したか?」「はい、イチからやり直します」というようなことを言ったら「じゃあ、まずは夏の舞台を1ヶ月押さえるから」ということで、そのあと『旋風編』になったんです。

――いわゆる俳優事務所ではなく、タレントのいない制作会社に所属したそうですが。

ひかる　事務所を辞めるとき、三田村さんは自分の足で次の所属先を探したそうなんです。ツテではなく、自分の入りたいところに「三田村です」とアプローチして事務所を決めた。就職先みたいなもので、ぼくも1回まったくゼロにしたかったんですよ。事務所に関連会社を紹介されたんですけど、三田村さんのやり方がかっこいいと思っちゃったんでしょうね。で、たまたま知り合ったサードプロデュースという制作会社の社長がマネージャーを探してきてくれて一対一で始めました。でも、すごくやりやすかったですね。それなりに役者としてのお仕事もいただけて……のちのち会社は倒産しちゃったんですけど（笑）。

時代劇版の『西部警察』みたいなもんで、なんでもありでした

――『旋風編』では順之助の武器が竹製のバズーカ砲になります。

ひかる　「すげえ飛び道具持ってきたな」というのが最初の印象で、あれもけっこう危なかったんです。火花とか煙とか、いろいろ出さなきゃいけなくて。まぁ、あんな破壊力あるなら、ほかの仕事人いらないじゃんと思ってましたよ。屋敷に撃ち込めば全員殺せるじゃんって（笑）。投石器もそうでしたが、バズーカはバズーカで、やっぱり仕掛けにすごい時間かかった。順之助は面倒くさい殺しばっかりで、スタッフは大変だったろうと思います。時代劇版の『西部警察』みたいなもんで、なんでもありでしたよね。

――第1話「主水、エスカルゴを食べる」を担当したのは工藤栄一監督、続いてスペシャル版の『必殺忠臣蔵』（87年）も手がけています。

ひかる　工藤さんとも新幹線で一緒に飲んだりして、ぜんぜん怖くなかった。大御所とも知らずに勝手にかわい

がられてました。あの監督も口が悪いんですよ。よく怒鳴ってたし、役者の批判をする（笑）。酒飲んだら「あいつはどうだ、こうだ！」って、そのくらい好き嫌いがはっきりしてました。工藤さんからは「お前は人畜無害だから」って言われましたね。いいのか悪いのか……たしかにアクがないから、現代劇で犯人も刑事もできたし、いろんな役をやれた面はあったと思います。ぼくは主役がやりたいという欲がなかったんで、必要とされるならなんでもやりたいタイプでしたね。

――ベテランの遠藤太津朗さんが千代松という押しかけ助手の役で、またも順之助に言い寄るコミカルなシーンが用意されました。

ひかる　エンタツさんも、あの人はあの人でまた……梅津さんはどっちかっていうとさわやかなんですが、エンタツさんはジトッとしすぎて、ぼく本当に逃げてましたね（笑）。「さすがに無理です……」って、もはや芝居じゃないような迫真の演技なので、まだ梅津さんのほうがコミカルにできました。いや、エンタツさんは、もう本当にリアルでしたから。

――ほかに『旋風編』の思い出はありますか？

ひかる　かとうかず子さんとも仲良かったし、和気あいあいのグループでしたね。ただ悲しいかな、このあたりから視聴率はどんどん下降していって、テコ入れのため14話目（「主水、大奥の鶴を食べて失業する」）で打ち切りになってしまった。爆発して、順之助は行方不明で終わらされるという（笑）。いや、悔しいというよりも一度『必殺』から降ろされて、もう終わったと思ってましたから、よくまたやらせてくれたなという感謝ですよ。それとテレビの視聴率って当然シビアですし、いちおう生死不明ということで櫻井さんがまた戻ってこれるようにして配慮くれたのか……だから、このあとも映画に出てるんですよ。

――深作欣二監督の『必殺4　恨みはらします』（87年）ですね。

長崎で医学を学び、ふたたび仕事人として戻ってきた西順之助。殺し道具は竹製の大筒

ひかる　深作組はとにかく時間が長すぎて……「何時間ヅラかぶってりゃいいの?」って、かとうさんと13時間くらい待ったことがありました。深作さんは「そんなセットの端っこ映んないじゃん」という細かいところまでこだわりを見せるので、けっきょく待つだけ待って「え、これしか撮んないの、今日」（笑）。あのときは映画、テレビ、それから舞台用の映像と『必殺』だけで3班が動いてて、深作組が延びると、ほかにも影響が出る。ただ、やっぱりそれだけ粘ることができるというのは、大物監督の威光を感じましたね。映画でも貞永（方久）さんや広瀬さんだと役者が「こうしたい」と言ったり、カメラの石原さんがどんどん意見を出す。深作組の場合はもう、すべて監督優先で現場を動かしてるイメージでしたね。

アイドルと『金八』だけだったらすぐ終わってた

ひかる　ぼくはすべてにおいて『必殺』で育ててもらって、先輩方からいろんなことを教わりました。三田村さんから「継承していけよ」と言われたように、これまでの経験が役に立てばという思いがずっとあって、いまはスカイアイ・プロデュースという事務所の代表として、子供たちを教えてるんです。アイドルと『金八』だけだったらすぐ終わってたでしょうね。ひかる一平という芸名も最初は「漫才師みたいだな～」って思いましたが（笑）、やっぱりインパクトがありますし。梅津さんのなかでも玉助というのは大きくて、「玉ちゃんは俺のハマり役というのは、一生のうち3つあればいい」と。それこそ梅津さんが言ってたんですが、「役者のハマり役なんだよ。だから一平くんも、とにかく3本出会えるように役者がんばんな」と言いながら、ベタベタしてくる（笑）。ぼくの場合、まずは『必殺』、次が松尾昭典監督の『手話法廷』（90年）という2時間ドラマ、まったくしゃべれない聾唖の役をやったんですが、あと1本はなんだろう……いま思い返してもまだわからない。

――『金八』は入らないんですか？

ひかる　入らない。あれは世に出たきっかけくらいのものですから。松尾さんもすばらしい監督で、新宿のシアターアプルで『蒲田行進曲』の舞台をやったとき、ぼくは階段落ちのヤスをやったんです。京都の仕出しさんにもたくさん出ていただいたんですが、その芝居がきっかけで松尾組に呼ばれました。「お前は賭けだ。これが失敗したら、俺もお前もクビだから頼むぞ！」って言われながらセリフで表現できない聾唖の役をがんばって、がんばって、本当にがんばった。何度も怒鳴られたし、いちばん怖くて厳しかった監督というのは、そういう意味では松尾昭典さんですね。でも、とても愛情がある方でした。

――必殺シリーズだけでなく意外な代表作のお話まで、ありがとうございました。

ひかる　すごく居心地がよかったし、西順之助という役を自由にやらせていただけたからこそ、いろんなことを思い返して、いま反省しちゃいますね。人に教えるときも自分で体験してきたから言えること、想像では言えないことがあるんです。うちの所属者だけでなく、外で教えるときもそうですよ。「天狗になっちゃダメだぞ」とか。天狗はもう絶対にダメ……まぁ、いま裏方として事務所を運営していて思うのは、そりゃあ稼いできてくれたら多少のわがままは聞くわなと（笑）、そりゃそうですけどね。

――せっかくなので最後にもうひとつだけ、必殺シリーズの思い出を教えてください。

ひかる　う〜ん、なんだろう……あぁ、中条さんに「お前、どっちの味方だ？」って言われたことがありました（笑）。「べつに敵も味方もないっすよ」って答えましたが、要するに全員スターで、ぼくだけ〝論外〟だったんで、みなさんから誘っていただけて、いろんな裏話が聞けたんですよ。無党派でしたから。いまや国会議員ですが、中条さんはああいう性格なんで、お山の大将になりたい。京本さんが自分の代わりをやるのも気に入らない。やっぱり役者同士、それぞれの思惑や利害関係があったんですよ。

もし藤田さんと中条さんが対立してなければ、たぶん同じメンバーで続いて、もうちょいシリーズがあったのかもしれないなって思いますね。みなさん「トップの座になりたい」というギラギラしたものがあったのだと思うし、そこが視聴率に反映されてたのだと。でも、その結果『仕事人V』から現場は円満だけど緊張感に欠けて、ちょっとずつ数字も落ちて、そういうバランスが崩れていったんです。藤田さんとしては三田村さんに戻ってきてほしかったという話も聞きましたが、けっきょく絶頂期のメンバーが全員また揃うことはありませんでしたね。

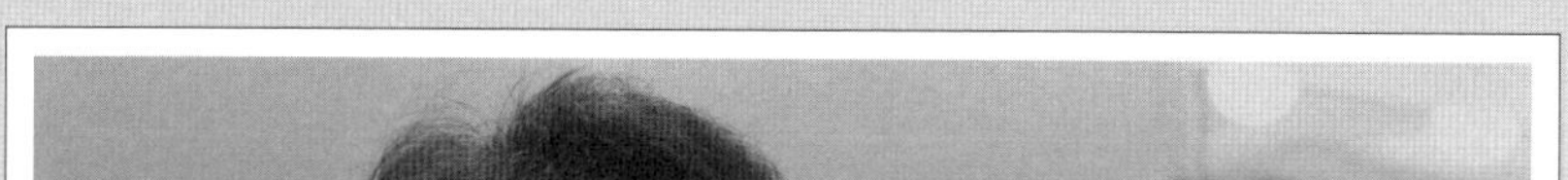

ひかる一平

［ひかる・いっぺい］

1964年東京都生まれ。高校在学中からアイドルとして芸能界入りし、80年に『3年B組金八先生』で俳優デビュー、翌81年に「青空オンリー・ユー」で歌手デビューを果たし、幅広い活動を続ける。『必殺仕事人Ⅲ』から西順之助役としてシリーズに参加し、『必殺仕事人Ⅳ』『必殺仕事人Ⅴ』などに出演。その後は俳優業に専念して数多くの作品に出演し、2000年代に入ると子役タレントの育成に携わる。2012年にスカイアイ・プロデュースを設立して代表に就任。2018年からは東邦音楽大学で講師を務めている。

俳優

京本政樹

本当に『必殺』は自分にとってかけがえのない代表作のひとつです

『必殺仕事人Ｖ』に登場した組紐屋の竜。クールで耽美な魅力とともに新シリーズの人気を決定づけた京本政樹は、続く『必殺仕事人Ｖ　激闘編』で主題歌と劇伴の作曲も担当。だが、映画『必殺！Ⅲ　裏か表か』で竜は無残に散ってしまう——。前作『必殺シリーズ始末』に続き、いま明かされる激白の数々！

撮影中の落下事故が変えた運命

――前回のインタビューは組紐屋の竜誕生秘話から『必殺仕事人Ⅴ』（85年）でタイムリミットでしたので、本日は『必殺仕事人Ⅴ　激闘編』（85〜86年）におけるキャラクターの変化についてうかがいます。まず、その前に映画『必殺！ブラウン館の怪物たち』（85年）での落下事故というアクシデントがありました。

京本　はい。屋根のセットから落ちて、足を複雑骨折してしまったんです。まず大前提として、ぼくのアイデアだったんですが、竜は必ず高いところから悪人を吊り上げるという殺しのスタイルにしてたんですよね。ですから撮影になると、助監督さんと一緒に屋根の上にずっと裸足でいるわけです。冬なんて雪が積もってますし、下を見るとガンガン（石油缶を使った暖房器具）があるから、コウメイさん（村上弘明）やスタッフさんがみんな暖かそうでうらやましかったり（笑）。

自分で決めたことではあるものの、雪が降り積もる屋根の上で助監督さんと「寒いよね〜」なんて話したりしてました。当時はシンガーソングライターも並行してやってましたから、ちょうど横浜でミュージックビデオの撮影があって、塩の山から落ちるシーンなどを自分で演出してやったりしてたんです。なので「そのうちひっくり返って、屋根から落ちたりして〜」なんて冗談を言ってたんですよ。そのミュージックビデオ撮影からまた京都映画に戻ってすぐに、あの事件が起きてしまったんです。塩の山から落ちる撮影をしたのも、先ほどの助監督さんとの会話も、ほんの2〜3日の間の出来事だったので、なにかの暗示というか、いま思えば全部つながっていたのかもしれませんね。

――落下事故は京都映画の第6ステージの外、扉の上の日差し部分に竜がぶら下がっているシーンの撮影で起きてしまいました。

京本　高さは7メートル以上でしたね。ワイヤーを腰に装着してピアノ線で支えられてるとはいえ、基本は宙ぶらりんのまま全体重を指で支えて、必死に掴まっているわけです。ほんとにハードな撮影でした。でも「本人がやってるのがかっこいい。いい画が撮れる！」というカメラマンの石原（興）さんのこだわりもあって、「京ちゃん、もう1回いけるか？　いまのカット、本人がやってるとわからんかもしれん」「はい、大丈夫です！　今日の夜、マッサージ連れてってくださいね」なんて冗談を言いながらもうワンテイク。テイクも重ねて体力の限界でしたが、なんとか宙ぶらりんの状態を保ってたんですよ。そのとき上でワイヤーを引っぱってるスタッフさんが「しんどいやろ？　わしらが引っぱってるさかい手ぇ離してみ？　ピアノ線につながってるから大丈夫や」と。あ、たしかにピアノ線あるしな……と、そ〜っと離した瞬間「バチーン!!!」。しかも、ちょうど本番後にぼくを降ろすためのハシゴを用意してて、地面のマットを外していた最悪のタイミングだったんです。

――ピアノ線が切れちゃったんですね。

京本　当時のワイヤーのピアノ線って、1ヶ所でも絡んでるとダメなんですよね。柔道をやっていたおかげでとっさに受け身は取ったんですが、かつらは吹き飛び、両手には小石がいくつもめり込んでいました。スタッフみんなが集まってきてくれたんですが、激痛で声も出せず……。本当に悪夢といいますか、スローモーションのように思い出しますね。かつら担当のみっちゃん（八木光彦／床山）にあとで聞いたら「台金がへこんでた」と。でも、そのおかげで助かりました。ちょんまげもあったし、かつらの台金がヘルメット代わりになったんだと思います。7メートルの落下で、下は砂利道みたいになってますから、受け身はしたけど両足ともバーンと地面に叩きつけられて、両足ともすぐ腫れてきて「ヤバいな、これ……」。テレビと映画、どうなっちゃうんだろうとたちまち不安になりました。

すぐに病院に連れていかれて精密検査をしたら、右足は踵《かかと》陥没の複雑骨折およびアキレス腱挫傷で全治3ヶ月半。ところが左足は部屋に戻ったとき、だんだんスーッと腫れが引いていったんです。なんとかケンケン歩きができる。左足が折れてなくて「まだ助かった！」と思いましたね。当時まだ24～25の若造です。「番組を降りたくない。降ろされたくない」という不安な気持ちと同時に「映画のほう、あと何カット残ってたかな……」と計算している自分がいました。なので落下事故は「ぼくが手を滑らせたことにしてください」とお願いして、大事にならないよう自分の不始末にしていただき入院したんです。

病床で過去の必殺シリーズを研究しはじめた

――そして竜の役は吹き替えが駆使されるようになります。

京本　プロデューサーの櫻井（洋三）さんが病院に来られて、「どうや？」「いや、なんとかがんばりますよ。足はダメですけど」という話をしてて……ちょうど事故の少し前に竜の偽物が出る回があったんですよ（『必殺仕事人V』第16話「主水、入院する」）。それを思い出して、竜の偽物を演じてくださった大竹修造さんに吹き替えをお願いできませんかと相談しました。大竹さんとは『京都㊙指令　ザ新選組』（84年）でもご一緒してましたし、先輩の役者さんに吹き替えをお願いするなんて失礼な話ですが、「もうこうなったら大竹さんにお願いするしかない！」という心境でした。

　引き受けてくださった大竹さんには、いまだに感謝しています。そうやって映画もテレビもなんとか切り抜けたんですが、吹き替えは吹き替えなので、竜の出番を作れないわけです。本当は竜の恋模様を作る予定だったのを政にやってもらったり……なので、政の恋愛話が予定より多くなったんですよね。そして、その様子を遠くのほうから竜が見ている。あれはそういうシーンしか撮れなかったからなんです。

――苦肉の策で「組紐屋の竜右足を痛める」というエピソードが作られましたが、たしかに竜の存在感は希薄に。

京本　竜の回が出来ないから、そうなってしまったんです。手術したあとって血が逆流するので、足を心臓より上の位置に吊ったまま新幹線に乗っけられて撮影所へ行くような状況だったので、自分としては納得のいく撮影がぜんぜんできませんでした。もうぼくとしては「とにかく、まずは足を治したい」という思いが日に日に強くなって。その意向と上層部の考え方が合致して、なんとか休ませてもらうことになりました。後日、制作サイドから本当は30本以上やる予定だった『仕事人Ｖ』を2クール26本で打ち切ると聞かされました。

で、その間病院でなにをやってたかというと、製作主任の高坂（光幸）さんが毎日毎日ぼくの病室に来てくださるんですよ。うれしかったですね（微笑）。そうやっていろいろとお話をしているうちに、あり余っている時間を使って過去の必殺シリーズをイチから研究し始めることになるわけです。ちょうど『必殺仕置人』（73年）の再放送が始まっていて、京都映画のスタッフルームで沖雅也さんがパーンと飛んでブスッと仕置をするシーンを見ながら、石原さんや中島（利男）さんが「こんなんやってたな～」と談笑をしているのを思い出したりして。そのころ松竹から歴代シリーズのビデオが発売されたタイミングだったので、あらためてイチから勉強、研究しはじめるわけです。

そこで前回のインタビューでもお話しさせていただきましたが、当時姉が好きだった『必殺仕置屋稼業』（75～76年）の沖雅也さんも初めてちゃんと拝見して、あらためて市松を知るわけです。ストーリーもおもしろいし、高坂さんが「このときはな～」と現場の話も説明してくださる。高坂さんは助監督から監督になられた方ですから「高坂さん、なんで監督やらないんですか？」「いや、会社からどうしても製作部を頼まれて……」という話もしました。高坂さんと八木のみっちゃん、それからカメラマンのシモやん（下村正利）、この3人とはいつも仲良く一緒にいましたね。シモやんは東映で『銭形平次』をやってたときに知り合って、『必殺』のスチールマンとは別に、ぼくの専属スタッフみたいに、しょっちゅう京都映画に来てもらってました。

——そうだったのですね。

京本　高坂光幸さんには本当にお世話になりました。現場ではいちばん信頼を寄せてましたね。そうやって過去のシリーズをどんどん研究して、『仕置屋稼業』の市松が竹藪の家に朝帰ってくるシーンを参考にして、ぼくなりに新しい竜のキャラクターを作ろうと閃いたんです。櫻井さんや山内（久司）さんが病院に来てくださったときに『必殺仕事人V』が途中で終わってしまったから、次も『V』を残して『必殺仕事人V　激闘編』にしようというお話を聞きました。おふたりのなかでも、まだ『V』は終わってなかったということなんだと思います。じつは『激闘編』の企画段階では、なんと山﨑努さんの念仏の鉄が復活するという話もあったんですが、それは実現しませんでしたね。

組紐屋の竜、地上に戻る

京本　そこでいよいよ『激闘編』となったとき、竜のセットを江戸の町ではなく、竹藪のなかに暮らす組紐屋にしてもらいました。新たに竹藪にセットを組んでもらって、これはもちろん入院中に研究した市松のオマージュです。でも、そのまま市松をやるのではなくて、やっぱり自分流があるわけです（微笑）。後ろに髪を垂らすのは〝くくり下げ〟というんですが、ちょんまげがあると横になれないから、その代わりとしてみっちゃんと相談しながら作り出したかつらが思いのほか好評で『激闘編』でも採用しました。それから衣裳の黒いラメ風の生地、あれも衣裳部でいろんな生地を探していただきまして。でも自分のイメージとぴったりではなかったので、そこに朱襟を組み合わせてみたり、いろいろ工夫したんです。

――『激闘編』からは組紐の先端が鈴から錐《きり》に替わり、よりシャープな殺し技になりました。

京本　あれもぼくのアイデアです。どういうことかというと、ぼくはもともと東映の大川橋蔵さんが師匠であり、『里見八犬伝』（83年）や『ザ新選組』でも殺陣をやってたんです。ところが『仕事人Ｖ』の竜は上から吊るばかりでアクションがなくなってしまった。撮影もアジトで集合して、人を殺めて、また明日も江戸の町で物陰から見るとか……やることが単調になってしまった。あまりに同じだったから、もう出陣シーンでも3パターンくらい撮っておいて、毎回どれか使っておけばいいじゃないかって冗談で言ってたんです。そんなときに足を折ってしまい、本当に使い回しになってしまったんですけど（苦笑）。役者として駆け出しだったぼくとしては、やっぱり地面を転げ回ったりするようなアクションをやりたいわけです。

『Ｖ』のときの竜は〝静〟の役ということで、セリフに自信がなかったという理由もあるんですが、まだニヒルに徹せなかった部分もありました。なので石原さんや監督に「とにかく竜は無口にしたいです」と提案して、政にセリフをあげちゃったりして、もうほとんどしゃべらない。能面のごとく、人形のごとく、なにを考えてるかわからないキャラが『Ｖ』ですよね。いま思えば生身の人間ではないものを演じてしまったことで、歴代でも異例のキャラになったわけですが、そこに少しだけ血を通わせたのが『激闘編』の竜なんです。役者として少しは成長したのかな……という気持ちもあって、もう少し軽口とか叩いてみようと。

それで地上に戻ったわけですが、では殺し方をどうするかと考えたときに、前回のインタビューでもお話ししましたが、まだテレビ登場前の組紐屋の竜……南座の「必殺まつり」の連鎖劇で遠藤太津朗さんを殺した、いちばん最初の手段に戻るわけです。初お披露目の竜は、塀から飛び降りたりアクティブだったんですよ。初の殺しのときは、悪人が対角線上で向かい合って、正面から組紐を投げて首に引っかけて絞める。でも、その状態だと引っかけても相手が前に来ちゃったらダメなんですよね。そこはおかしいなと感じていて……「必殺まつり」の

『必殺仕事人V　激闘編』における組紐屋の竜、前作からのイメージチェンジが図られた

フィルムは残っていて、『徹子の部屋』で流されたこともありましたが、あれはまだ創世記の竜なんです。

——なるほど。

京本　そこで思いついたんです。紐の先に鋭利な分銅の錐があれば、それを投げると後ろの壁に錐が刺さって、中間にいる悪人の首に引っかければ動きを封じたままグッと絞めることができる。そうやって紐も細くしよう、色は緑にしよう……という感じで最初の設定のまったく逆を考えていくわけです。小道具のゴミちゃん（中込秀志）と相談して、まずは鈴を却下しました。あの「チリン」って目立って相手に悟られちゃうよね……というところから始まって、あんまり太い組紐なのもかっこ悪いし、さまざまな提案をして色も選びました。黄色だと中条（きよし）さんの三味線の糸だし、オレンジやブルーも違うし、最終的に「グリーンだな」と。

——そして、シャープな竜が完成した。

京本　それから『激闘編』の初期は懐手から分銅を出すじゃないですか。あれも市松のオマージュです。襟からスッと竹串を出してたでしょう。すべて病床で研究した成果なんですよ。『激闘編』の最初は原点回帰を目指しているからハード指向で、ぼくもクリエイティブにいろいろとアイデアを出してたんですが、しかしこの流れのなかでぼくは当時の所属プロダクションと揉めてしまうことになるわけです。

——すでに京本さんの自伝的エッセイ集『苦悩』にも書かれていますが、やはり揉めたわけですね。

京本　足を折ったときに、もうスケジュールが決まっているものは仕方ないわけですから、がんばって松葉杖のままコンサートをやっていたんです。そうしたら、ありがたいことにお客さんがたくさん来てくださり、ファンクラブの会員も増え、レコードも売れて……と拡大路線に乗って、なんと事務所が足を折ったまま「全国ツアーをやってくれないか？」と言ってきたんです。でも、ぼくはこれを強く拒絶しました。『必殺』のために足を治そうとしてるのに、全国ツアーなんかやったら治らないじゃないですか。まだ26ぐらいですから、ぼくの体のことを第一に考えてくれない事務所の方針が許せなかった。最終的に事務所を辞めるということになり、その噂を聞きつけたいろんな芸能界の偉い方が仲裁に入ってくださったりしたんですが、結局ぼくは若干26歳にして事務所を立ち上げ独立することにしました。いま考えると、むちゃくちゃ怖いもの知らずですよね。

ある業界の人からは「生きてたら、またやろうね」なんてキツい言葉も言われましたよ（苦笑）。当時レギュラーでやってたクイズ番組でも司会の近藤正臣さんに「さぁ、ここでみなさんにお知らせがあります。京本くん、今日で卒業するんだよね？」と、いきなり本番中に言われました。もちろん近藤さんに悪意はないんです。スタッフがぼくの耳に入れないようにしていたんですね。とっさに上手く切り抜けましたが……そういうふうに周りがどんどん閉ざされていく状況で、予定されていたドラマの話が次々と立ち消えになったり、最終的に竜も降板ということになりました。要は〝干された〟んです。

そのうち『激闘編』の劇伴まで任されて……

京本　ちょっと話が戻りますが、ここで『激闘編』の音楽の話をしましょう。ぼくはシンガーソングライターとして作詞・作曲ができるということで、『ザ新選組』の主題歌や劇中音楽を担当させていただいていたり、『仕事人V』でも挿入歌「哀しみ色の…」を自作していたことから、鮎川いずみさんが「京ちゃんに曲を書いてもらいたいな」って言ってくださったんです。周りのスタッフさんも動いてくださり、当時の事務所やレコード会社にも話を通して、正式に決まったのはうれしかったんですが、いざ作曲となったとき正直悩みました。

というのも自分のスタイルはいわゆるニューミュージック、シティ・ポップと呼ばれるジャンルの音楽だったわけで、やはり『必殺』ならば演歌色の強いものが要求されるわけです。いままで挑戦したことのない世界でしたが、平尾昌晃先生の『必殺』の主題歌を全曲聞いて研究し、ぼくなりの楽曲を作ってみました。それが「哀しみ色の…」「闇の道」「女は海」などです。じつは「獣ひとり」をはじめ未発表曲もまだまだあるんですけどね。まず「女は海」のデモテープを作って鮎川さんに聞いてもらったら「これ、南座で歌おうかしら」という話になって、『激闘編』の前に舞台で披露することになりました。そのときのアレンジャー(編曲家)が……。

——大谷和夫さんですね。

京本　いや、そのときは大谷さんではなく、櫻井さんが用意してくださった南座のアレンジャーの方がいて、まだ音源も残ってるんですが、完成版よりもっと必殺チックな「女は海」があったんですよ。歌詞は一緒ですがAメロからすぐにサビにいくような、サイズも短くてまったく違うアレンジ、リズムの曲だったんです。そうこうしている間に櫻井さんや山内さんが「女は海」を評価してくださいまして、『激闘編』の主題歌という話になったんです。でも、ぼくとしてはまだまだ満足してないわけです。そのときに、CBS・ソニーの担当者として酒井政利さんが京都まで来られました。酒井さんは山口百恵さんや郷ひろみさんをはじめ、もはや説明不要の大プロデューサーですが、じつは音楽少年だったぼくを拾ってくださった大恩人でもあるんです。本当にひさしぶりの再会だったんですが、酒井さんからもう全部京本くんに任せようという話になって「昨日までの影」というB面の曲も作らせていただきました。

この曲のアレンジが大谷和夫さんです。大谷さんは以前、ぼくのアルバム曲のアレンジをお願いしたことがありまして「口づけさえも…」というアルバム曲などを編曲してくださいまして、本当にぼくと相性がぴったりでツーカーで作業ができる方だったんですよ。たとえば、みなさんご存じの「闘う仕事人」や「女は海の劇伴アレンジ」「殺しのテーマ」なんかも「〝♪タラタ〜〟」というパターンを変えたい。もっと音を増やしたい」という感じでぼくがメロディを作って、大谷さんと共同でまとめ上げながらぼくのマンションでデモテープを作り、そこから正式なスコア（譜面）を作って、スタジオミュージシャンを手配してスタジオでレコーディングしていくという作業を繰り返していきました。

――編曲という作業も重要なのですね。

京本　こうして鮎川さんのレコード第3弾を全面的に任されて、CBS・ソニーから京本政樹プロデュースというかたちで「女は海」が出ました。でも、ぼくは当時じつはビクター所属だったんです（笑）。いまだったら違うレコード会社のアーティストのコラボレーションなんて当たり前ですが、80年代当時の閉鎖的な音楽業界としてはまずありえないことなんです。でも、若さゆえに突っ走ってましたね（微笑）。事務所としては業界のルールのなかでなんとかしようと動いてたみたいですけど、こっちはお構いなし。本当に怖いもの知らずでした。

大谷さんと一緒に主題歌のほか、あれよあれよと『激闘編』の劇伴まで任されることになり、「女は海」だけでなく「荒野の果てに」「やがて愛の日が」「旅愁」の3曲のアレンジを現代的にしてほしいというオファーもあって、昔はモノラルだった音源を作り直したりしました。そうやって次々と50曲以上の膨大なレコーディング作業に没頭して、完パケしたテープを雪の降り積もった日の朝に京都へ持っていったのを覚えていますね。そして、その間にぼくの知らないところで〝ザ・芸能界〟というような大人の世界が蠢《うごめ》いてくるわけです。要するに「事務所を辞めるなら『必殺』から降ろす」と。

――なんと……。

京本　『激闘編』のクレジットも「音楽」として平尾昌晃さんの隣に京本政樹と大谷和夫の名前を出してくれるという約束があったんですが、結局うやむやで……大谷さんには、ぼくから頭を下げて謝りました。途中からぼくの音楽も使われなくなってるし、「もう、いいや」という気持ちになってしまって。なにもかも自分がやってきたことが無駄になって、もう東京でイチからやり直そうと思いました。組紐屋の竜のイメージに執着せず、同じ時代劇でも自分の本来目指していた殺陣のスタイルとか、現代劇の方向へ気持ちがシフトしていったんです。

飛んだり跳ねたり、もっとアクティブに動いてみたかった

――竜の死について聞きたいところですが、せっかくなので『激闘編』の撮影現場のエピソードもうかがいます。第1話「殺しの番号壱弐参」から全33話、どのような思い出がありますか？

京本　当初は本当に楽しく、クリエイティブにやらせてもらってましたよ（微笑）。監督はじめスタッフさんはもちろん、やはり親分である藤田まことさんがとても大らかにぼくのことを見てくださってましたから、音楽でも武器でもなんでもやりたいことを自由に提案させていただきました。でも、やがて先ほど申し上げたような事務所との問題があって、どんどん出番が減っていってしまって。もう自分の仕事だけ……殺しのシーンしかないような状態になった。竜のアクティブさを生かした話は、神社でひっくり返る回が最後だったと思います。

――第23話「組紐屋の竜、襲われる」ですね。原点回帰のハード路線からソフトになっていった『激闘編』ですが、続く「主水、上方の元締と決闘する」は仕事人同士の抗争回。政と竜が誤解から対立してしまい、殺しのシーンでは竜が吊り上げられたところに政が助けに入って逆転、最後にお互いの目が合わさる演出も見事でした。

京本　「政、はめやがったな」という回ですね。もっとああいう話をやりたかった。地上戦で政ばっかり蹴りを入れるんじゃなくて、竜もブワッと暴れてみたかったです。『仕事人V』に忍者との戦いがありましたよね（第12話「組紐屋の竜忍者と戦う」）。あの話は、ぼくのアイデアを大きく入れてもらったんです。ところが毎回あんな大げさなことはできないわけで……でも、あれこそ本来の組紐屋の竜、自分が考えていた絵面なんです。飛んだり跳ねたり、もっとアクティブに動いてみたかったんです。

――『仕事人V』『激闘編』で思い出深い監督はいますか？

京本　広瀬襄さんは森田健作さんの『おれは男だ！』（71～72年）の監督さんで、もう名前を見ただけでビビッときましたね。『ブラウン館』も広瀬さんですが、ほんとに優しい監督さんでした。徳さん（田中徳三）は市川雷蔵作品をたくさん撮ってらした時代劇の大御所で、黒田義之さんといえば『大魔神』（66年）の特撮監督ですよ。『銭形平次』のときからお世話になっていました。原田雄一さんも東映で『銭形』をお撮りになっていて、大八車の下からローアングルで撮るようなアイデアマンの監督でした。そのあと東京の『大江戸捜査網』などでも、よくご一緒させていただきました。松野（宏軌）さんとは『ザ新選組』からのお付き合いなのですが、よく食事に連れていっていただいたりして、ぼくたちは「カー」ってあだ名で呼んでました。普通は「カーット！」でしょう。松野さんが言うと「カーッ！」って聞こえるんです。だからみんな、カラスの「カー」みたいに（笑）。

――そうだったのですね。

京本　津島（勝）さんは遠藤太津朗さんのお弟子さんなんですよ。京大で学生運動をやってたころ、遠藤さんの息子さんの家庭教師になって、その縁で遠藤さんが東映の助監督に放り込んだんだそうです。そのあと杉良太郎さんに気に入られて、東京に引っぱられて監督をやってらしたんですが、また京都に舞い戻ったんです。大川橋蔵先生、遠藤太津朗さんの路線なので、ぼくにとっては兄弟弟子みたいな存在です。だから初めてお会いしたときからお互い知っていて、『必殺』でもおもしろい回をたくさん撮ってますよ。

――とくに印象深い現場の思い出はありますか？

京本　松野さんか、家喜（俊彦）さんだったかもしれませんが、撮影中に監督が「今度あっちから」ってカメラポジションを指示するじゃないですか。そうしたら石原さんがその反対にいて「こっちやでー！」って言ってるんですよ。監督は真っ青になって「いや、次はあっちから」、でも石原さんが「ちゃうちゃう。こっちや」ってまた言ってるわけ（笑）。監督、キレかけているんですよ。でも、しょうがない。スタッフは石原さんの言うことを聞いて、こっちで準備するんです。その様子を見て「石っさん、すごいですね」と言ったら「京ちゃん、当たり前やで。そりゃあ助監督の経験を経て監督になったかもしれん。でも、わしらは何百本、何千本と『必殺』のカメラ回してきてんねん」……現場の経験度が違うというわけです。

たしかに言われてみれば、カメラマンのほうが頻度は高い。たとえば6本あって監督がバラバラでもカメラマンは一緒ですから。当時も石原さんがカメラマン兼監督みたいなものですよね。ぼくの刑事ドラマや舞台、写真集も演出していただきましたけど、「石原さんに頼りたい。お任せしたい」という思いでオファーさせてもらったんです。もちろん監督のみなさんも個性を持っておられるんですが、どうしても石原・中島の色に染まっていくんですよね。でも田中徳さんは大御所で、やっぱりコワモテに感じました。石原さんに対抗できる怖さというか、威厳みたいなものがありましたね。

雨で3回中止になったんです、竜のラストカットが

――残念ながら『激闘編』は竜がメインのエピソードも少なく、映画『必殺！Ⅲ　裏か表か』（86年）において竜は無残な死を遂げてしまいます。独立の際、プロデューサー陣から「われわれ全員と縁を切ることになるぞ」と言われたことも自伝に書かれていました。

京本　本来、竜が死ぬシーンは台本にはなかったんですよ。ちょうど事務所と揉めてるときだったのでコウメイさんの楽屋に行って「俺、竜やめるから」「そうなんだ……また、がんばって会おうよ」みたいな話をしてましたね。当時の事務所にしたら、やはり『必殺』に入れたのはわれわれであるという考えで、ところがぼくのなか

では、まず自分からアプローチして『必殺』に入ったんだというのがあって、さらに自分が思うようなアクションもできないという不満も出ていた。このままだと俳優としてダメになってしまう。もっとセリフをやりたい、アクションをやりたい……そういう部分でも葛藤があったんです。若かったんですね。

――竜が死ぬことは、どのタイミングで知らされたのでしょうか？

京本　ぼくは現場に行くまで知らなかったんです。まるで知っていたかのような素振りで行きましたけどね。しかも雨で3回も中止になったんです、竜のラストカットが。もうスタッフはみんな「竜に死んでほしくないんや」と言ってくださって、つらかったけどうれしかったですね。

じつは鮎川さんの加代が竜の死骸を見て泣き叫ぶというシーンも撮ったんです。「わたし、思いっきり竜のために叫んであげるから！」と言ってくださったのを覚えています。ところが当時の竜の人気を考えるとマズいという判断になったのかわかりませんが、なぜか完全にカットされてしまったんです。もうフィルムも残ってないんでしょうけど、もしあのシーンが使われていたら完全に竜は死んでいたわけです。

――京本さんのなかで、まだ竜は死んでいない？

京本　はい。あのシーンがカットされたので、生きているのか死んでいるのか、どっちとも考えられるようになってますよね。現に山内さんの本に書かれているように、ぼくも「映画とテレビの世界はパラレル」という考えで、（笑福亭）鶴瓶さんなんて首斬られちゃったけど、それはもう映画を派手にいきたいがための方法で、テレビとは別物ということなんですよ。ちなみにぼくはあの大巨匠、工藤栄一監督が〝ああ言えばこう言う監督〟というのがわかってたんです……生意気ながら。なので、あえて髪でも武器でも「これじゃないほうがいいですよね」とわざと言って「いや、これで」ということになり、うまく自分の意見を通したんです（微笑）。

髪ぱらりから横にぐっと流して、かつらも小ぶりにして、長羽織にして……と中条さんスタイルに戻したかったんですね。世界観を変えたかったから「テレビでは前髪こう垂れてますけど、いつもの形でいいですよね?」「いや、変えたほうがいい」って、絶対に逆なの(苦笑)。だから赤い紐の鈴をわざと持っていって「これ、よくないですよね?」「いや、いいんじゃないか」と、そういう感じで鈴も復活させたんです。だから逆を逆をという方法論で、3つか4つ実現させてますね(微笑)。

――なるほど、そうでしたか。

京本　じつは〝竜が舞台で復活する〟という話もいただいてたんですよ。櫻井さんから「組紐屋の竜死す」を南座でやりたいと。でもそれについては、きっぱりとお断りしました。やっぱり竜を失いたくなかったからです。いつかもう一度竜をやるために、京都映画に戻りたい。死んでしまったら、もう戻れないじゃないですか。もしかしたら、その舞台にお客さまはたくさん来てくださったかもしれない。でもそれをやってしまったら、5年後、10年後を考えられなくなってしまう。石原さんからも「京本っちゃん、『必殺』帰ってきいや。違う役でもいいから考えよう」というお話をいただいてたんです。櫻井さん、石原さん、中島さん……このあたりの一部の方だけが知ってる話なんですが、でもいつかまた帰ってきたいとは、ずっと思い続けてましたね。

――1990年に再開した『大江戸捜査網』では秋草新十郎を演じ、ひさしぶりに連続もののテレビ時代劇のレギュラーに復帰します。

『修羅之介斬魔劍』は、ぜひ京都映画で撮りたい

京本　あの前に、まず座長公演をやった『新吾十番勝負』が大きかったですね。一公演につき168手を1ヶ月、毎日ぶった斬って計48公演……あれで鍛えられて成長したので『大江戸捜査網』の立ち回りは意外に楽でした。

テレビの場合、ワンシーンが長くても10手くらいですから「あれ？　どうしてこんなに手が入るんだろ」みたいな感覚で、殺陣師の宇仁（貫三）さんも驚かれてましたし、ぼく自身でつけた殺陣も多いんですよ。

――映画『修羅之介斬魔劍　妖魔伝説』（96年）では、およそ10年ぶりに京都映画に復帰。当時は松竹京都映画と撮影所の名前も変わっていました。

京本　あのときは櫻井さんが撮影所の重役だったので、部屋までご挨拶にいきました。じつは櫻井さんからは、あの『必殺』降板騒動のとき「事務所を辞めるな」と説得されていたんですが、ぼくはそれを断ってしまってご縁が切れていたんです。「若気の至りで生意気なことを言ってすみませんでした。ようやく戻ってまいりました」という話をさせていただきました。ひさしぶりの再会でしたね。

当時は『水戸黄門外伝　かげろう忍法帖』（95年）が終わって『修羅之介斬魔劍』ですから、東映で『かげろう忍法帖』を撮ってたときも「京本が『必殺』みたいなことやってるらしい」と京都映画で噂になってたそうです。組紐屋の竜ならぬ、名張の翔でしたからね（笑）。そんなときに『修羅之介』のオファーをいただいたので、ぜひ京都映画で撮りたいですと。そもそも京都で撮影するということ自体、めちゃくちゃ予算が大変なんですよ。『大江戸捜査網』のスタッフがいる東京で撮ろうという話もあったんですが、やっぱり京都映画に帰って、ぼくなりにご恩返しがしたかったんです。『修羅之介』のときは、もう毎日のようにスタッフみんなを飲みに連れて歩いて、ギャラは京都で全部使っちゃいましたね（微笑）。

――『修羅之介斬魔劍』を手がけたのは津島勝監督。当時はキングレコードと東北新社の時代劇Vシネ『くノ一忍法帖』（90年）をはじめエロスと特撮をウリにしたシリーズを次々と演出していました。『修羅之介斬魔劍』もそこから派生したスーパー時代劇の系譜にある映画です。

京本　先ほども言いましたが、津島さんは兄弟子みたいなものですから、よし『修羅之介』も津島さんにお願いしようと。ところが、ぼくの頭がSFX、いまでいうVFXに行っちゃってるんですよ。東京で『ウルトラマン』や『ゴジラ』や『ガメラ』、そういう特撮に目覚めて研究しまくってましたから、もう満を持して時代劇に最先端のSFXを使いたい気持ちがあったんです。これからはCGの時代がくる、SFXを駆使した作品が時代劇にもやってくると確信していました。だから、のめり込んで勉学しまくっていた自分がいましたね。

ですので『修羅之介』の最初の打ち合わせが東京であったんですが、第1稿では棺桶が江戸の町に飛んでくるとありまして、それは違うんじゃないかということで、ぼくが考えたのは刀が相手の首に入る……そのめり込んでいく様子をCGで表現したかったんです。3カットしかCGが使えない予算でしたから（苦笑）。ぼくの友達に特撮監督の原口智生さんや、その仲間の樋口真嗣さんやいろんなプロがいるから彼らに協力してもらえるよとも提案したんですが、津島さん的にはあまりピンとこなかったみたいですね。

やはり当時の京都の価値観というものがあって……そのギャップは大きかった。そういうこともあり、なかなか上手くいかなかったですね。クランクアップしたあと、津島さんがスタッフルームで「ひさしぶりに会って、最初の打ち合わせでは〝こんな生意気になって帰ってきやがって〟と思った。ところがあんた、現場では口を出さなかったね。俺を立ててくれて感動したよ」と言ってくださって、「京本ちゃん、『ガメラ』見てきたんだけどさぁ、すごいな！　日本も変わったね」って、あれを作ったのが原口さんたちなんですから……津島さん遅いですよって、そんな話をしました（笑）。その後、『新・部長刑事　アーバンポリス24』（90～01年）も津島さんに撮ってもらいましたが、残念ながら早くに亡くなられてしまいましたね。もっともっとご一緒したかったです。

親子で同じ道を歩んでいる

――京本さんが主演・監督を兼任した三重県四日市市のPR映像『必見四日市』（16年）の楽曲もご自身でプロデュースを手がけています。いきなり『激闘編』の音楽が流れて、びっくりしました。

京本　そうそう、四日市の翔というキャラクターでね（微笑）。じつはあの作品、音楽はすべて新録なんですよ。また、ぴあの『必殺　the bi-kenshi』という写真集でも組紐屋の竜をやったんですが、そのときは1億円の予算をかけて京都映画のセットやオープンを使い、石原興さんに撮影総監督で撮っていただきました。

――なんと、1億円！

京本　写真といえば、当時のファンの方々がぼくの竜の姿を撮ってくれたものをたくさんいただいてましてね、「いつか資料として使ってください」と言われていて……今回それを持ってきたんですよ。ぜひ掲載して、記録に残していただけませんか。とても貴重な、走り出す竜のカットもありますから（笑）。当時の京都映画ってね、進行の木辻（竜三）さんがファンのみなさんをどんどん撮影所に入れちゃうんです。まさに昭和の古き良き時代の話なんですが、でもそのおかげで今や貴重な記録になってますよね。

――映画『忍ジャニ参上！ 未来への戦い』（14年）では長男の京本大我さんと共演していますが、あちらも松竹京都映画あらため松竹撮影所をベースにした作品でした。

京本　あれは彼がまだほんとに10代の若手のころでしたよね。やはり父としては、彼にがんばってほしいという願いを込めてお手伝いをしました。あのとき右も左もわからなかった彼が、いまや舞台にテレビにコンサートに忙しそうにしてますから、かつての自分とダブります。親子で同じ道を歩んでいるんだなぁと、しみじみ感じているところです。人生まさに継承ですね。

――組紐屋の竜が必殺シリーズに存在したのは、わずか2年。しかしインパクトは絶大で、いまでも京本政樹＝竜というイメージが強く、現代劇をふくめて何度も竜を彷彿させるキャラクターを演じています。

京本　当時、藤田まことさんが言ってくださったことがあるんです。「竜のすごいところはな、沖雅也、三田村邦彦の時代もすごかったけど、ここまで若いファンはいなかった。京本と村上になって中高生ファンが増えた」と。あれから40年も経つのに、いまの時代は定期的に再放送や配信があって、新しいファンの方もどんどん増えてくれているようですね。とてもうれしく思っています。

たまにバラエティ番組に出させていただいても、「京本さん、『必殺』のあの感じで登場してください！」とかお願いされるわけで（笑）、京楽産業さんの「CRぱちんこ必殺仕事人」の大ヒットも大きかったですね。でも、そういうことでお茶の間のみなさんが少しでも時代劇や『必殺』に興味を持ってくれたらと思います（微笑）。本当に『必殺』は自分にとってかけがえのない代表作のひとつです。今日のインタビューが本になって、じっくりと読んでくださるような、すばらしいファンのみなさんが大勢いてくださることに心から感謝です。だからこそ、誰よりも愛情をもって後世に語り継ぎたい……そういう気持ちがありますよ。

――ありがとうございました。

京本　最近よく思うんですが、もしかしたら京本政樹という俳優が65歳で今もここにいられるというのは、あの落下事故のおかげかもしれないなと。あのまま『必殺』にしがみついていたら、いなかったと思うんです。若気の至りで突っぱったあげく、事務所と揉めて干されて、勝手に飛び出してしまったようなかたちになってしまいましたが……でも『必殺』があったからこそ、いまの自分がいるわけなんですよね。不本意な降板になってしまったからこそ、そして「いつの日かまた」と心に描き続けているからこそ、名張の翔や『あんみつ姫』（08年）のリュウ、四日市の翔など自分なりに組紐屋の竜をリスペクトしながら模索し、いろいろな時代劇のキャラクターとめぐり会えたんです。ぼくは夢追い人ですから（微笑）。

また、その反動とも言えるのですが、現代劇ではそれまでの自分ではありえないほど振り切った役に挑戦してみたいという気持ちにつながり、『高校教師』（93年）や『家なき子』（94年）ほか時代に突き刺さる作品の特異なキャラクターたちに出会うことができたわけです。朝ドラ『ちりとてちん』（07〜08年）の小次郎や『翔んで埼玉』（19年）の埼玉デュークもそうですよね。人生一度きりです。ぼくは常に、わが道を自分で選んできました。後悔はありませんし、いまでも前を向いて次の道を模索し続けていますよ（微笑）。だって夢追い人ですから。

京本政樹［きょうもと・まさき］

1959年大阪府生まれ。79年にNHKドラマ『男たちの旅路』第4部「車輪の一歩」でデビュー。『銭形平次』や『里見八犬伝』などで注目を集めたのち、『必殺仕事人V』で組紐屋の竜を演じ、『必殺仕事人V　激闘編』などに出演。その後は『大江戸捜査網』『高校教師』『家なき子』『修羅之介斬魔劍　妖魔伝説』『新・部長刑事　アーバンポリス24』『牙狼〈GARO〉』などに出演。『新吾十番勝負』をはじめ舞台の主演作も多く、歌手・音楽家としても活動。監督作に『髑髏戦士　ザ・スカルソルジャー　復讐の美学』などがある。

組紐屋の竜スナップ集

本書の取材時に京本政樹氏より貴重な現場スナップをご提供いただいた。京都映画に出入りしていたファンの方が撮影したものをはじめ、さまざまな舞台裏が記録された写真を４ページにわたり掲載。どうぞお楽しみください。

京都映画で初めて組紐屋の竜に扮した京本、ライトアップされたオープンセットでテスト用のスチール撮影が行われた。「歩いて」という指示に対し、いきなり突っ走ってしまった一連の模様

撮影の合間、スタッフルームでファンレターを確認

映画『必殺！Ⅲ　裏か表か』の撮影現場、竜が組紐を投げる直前の模様

オープンセットに組まれた組紐屋のセット

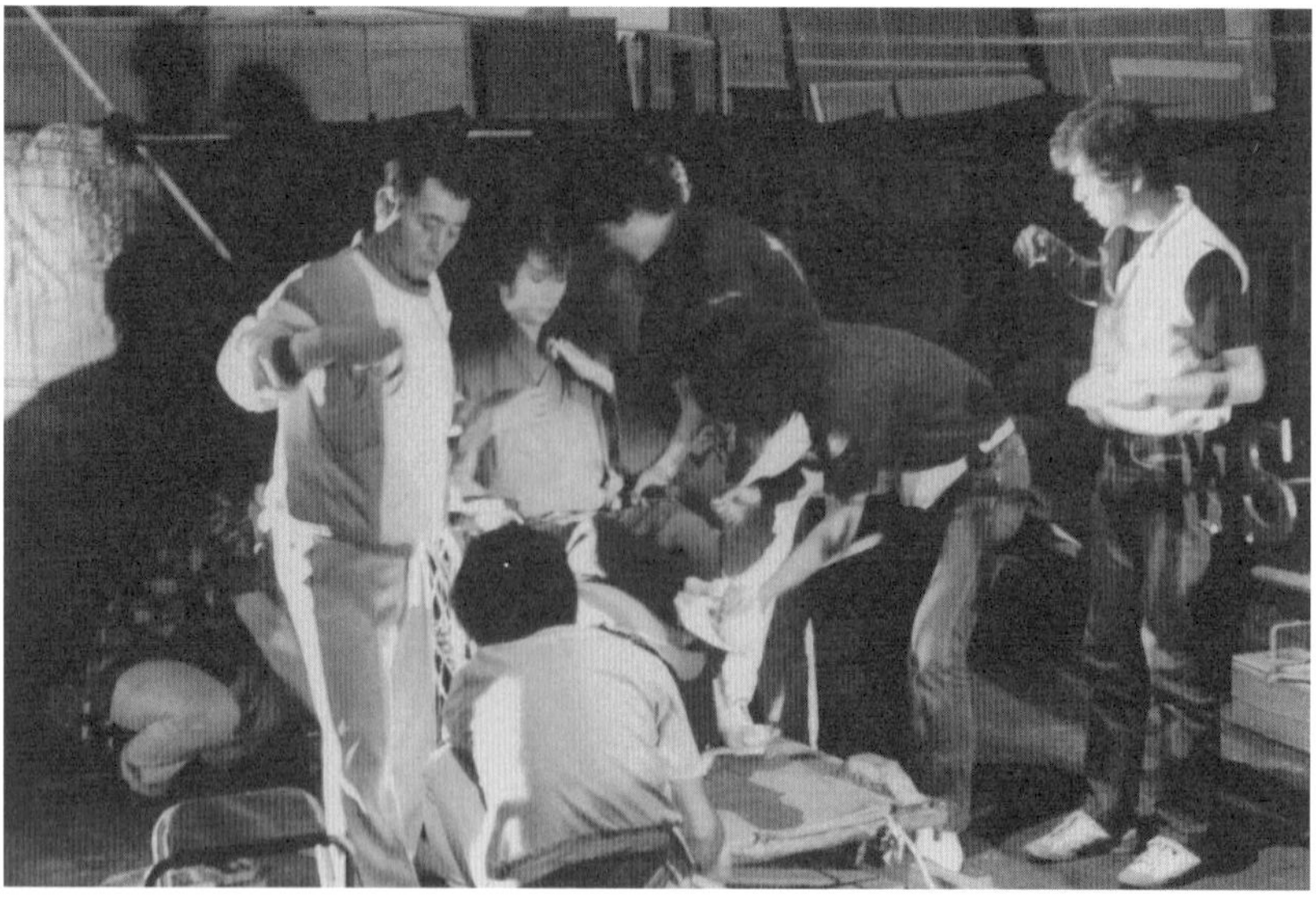

足を骨折後の撮影現場。地面にレールが敷かれ、車椅子の京本ごと台車に載せている

京都映画撮影所の入口、多くのファンに囲まれている京本

俳優

村上弘明

© 渡辺充俊

京都映画は学校みたいなもんでね いろんなことを教わりましたよ

花屋の政として登場し、『必殺仕事人V　激闘編』以降は鍛冶屋に転じて必殺シリーズの新たな〝顔〟となった村上弘明。前作『必殺シリーズ始末』に続いては、劇場版を中心に舞台裏を語り明かす。『必殺！5　黄金の血』における政の死、そして『大忠臣蔵』をきっかけとした時代劇スターとしての道とは——。

顔が映らないカットは全部吹き替え

——前回は花屋の政を演じた『必殺仕事人V』（85年）、そして鍛冶屋に転じた『必殺仕事人V　激闘編』（85〜86年）のエピソードを中心にうかがいました。本日は劇場版について取材しようと思いまして、まず『必殺！III　裏か表か』（86年）は工藤栄一監督による作品です。

村上　ちょうど、この時期からですかね。巷でいう売れっ子の仲間入りをし始めたのは。映画やドラマ、2本か3本掛け持ちで、東京、名古屋、大阪と駆けずり回っていました。『必殺』の映画の台本を渡され、読むと出番が少ない。「あれっ？」と思ったのですが、わたしのマネージャーの意向でしょうね。ほかの作品の合間を縫っての撮影でしたから、そんなわずかな京都滞在日数のなかでわたしのシーンを撮り終えるのは大変だったと思います。出番が終わり次第すぐ移動できるよう、常に撮影所前にハイヤーが待機している状態でした。

鍛冶屋の政は工藤さんの発案でもあり、わたしとしても性に合う役でしたし、テレビシリーズで役を確立していたので、出番は少なくても存在感が残せる自信はありました。ある日、レギュラー全員が小屋に集まるシーンの撮影のとき、たしか同じ仕事人の（笑福亭）鶴瓶さんが殺されたあとだったので、わたしが声を落としてセリフをしゃべったら工藤さんが「村上！　ジジくさい芝居するな！　若いんだからもっと声を張り上げろ」と。みんなは抑えた芝居をしているのに、なんで俺だけ怒鳴られるのか……納得のいかない顔をしていると「村上！　お前不満そうな顔してんな！　わかったのか!?」。すぐ返事するのも癪なので、一拍置いて「あい」と低いトーンで言うと「よし。んじゃ、いくぞ村上！　よーい、スタート！」と始まるわけです。

——なかなか緊迫感がありますね。

村上　本番では柴俊夫さん扮する壱の「うまいそばが食いてえな」みたいなセリフにかぶせて、わたしが「うるせーっ！　ずらかりたきゃ勝手にずらかれ！」と一喝する。工藤さんへの腹いせもあって思いっきりデカい声を張り上げたら、場は一瞬シーン……リハーサルのときに比べると、次の芝居まで妙な間ができました。おそらくみんな、びっくりしたんだと思います。ちょっとやりすぎたかなぁと思いつつ、内心ほくそえんでいました。

本番が終わって工藤さんに「声、デカすぎましたか？」と聞くと「あれでいいんだよ、あれで」。そこにお付きの子がやってきて「おにいさん、お車が待ってます。急いでください」とせかされるので、おつかれさまでしたとそそくさと立ち去ろうとすると工藤さんが「村上！　お前、仕事のしすぎだぞ。事務所に言っとけ！　俺の仕事以外は、やらんって！」。おかしくて吹き出したら、工藤さんも吹き出しながら「早くいけ！　遅れるぞ！」って。いやぁ、おかしかったですねぇ。工藤さんはいつも別れ際に笑わせてくれるんです。最後は和やかな雰囲気のなか、現場をあとにしました。

――続いて深作欣二監督の映画『必殺4　恨みはらします』（87年）、ほっかむり姿の政が手ぬぐいを巻きつけた手槍で戦う独自のスタイルでした。

村上　監督の案です。衣裳合せで決めたんでしょうね。まぁ、政と秀との差をつけたいのと、テレビとは違うキャラクターを作りたいということだと思います。特徴的だったのは、アクションシーンにＪＡＣのスタントマンを用意したことでしょうか。顔が映らないカットは全部吹き替えです。わたしのお付きの子が「あんなんやったら、おにいさんがやったほうがいいんとちゃいます？　おにいさんのほうが上手いですよ」と言ってくれたんですが、わたしもそう思いました（笑）。

――複雑な心境ですね。

村上　本人がいるのにやらせてくれない。でもまぁ、それが深作さんのスタイルなんでしょうから仕方がないですね。映画は監督のものですから。レギュラー陣は映画とテレビの掛け持ちでしたから忙しいし、それも考慮に入れてのことでしょう。しかし、本人が現場にいるのにやらせてもらえないというのは理不尽だと思いました。千葉（真一）さんは、自分でやれてもスタントを使うという考えだと聞きましたが、それから10数年後にＮＨＫの『柳生十兵衛七番勝負』（05年）で立ち回りをやったときは、すべてご自分でしたけどね。

――あっ、たしかにそうでした。

村上　体の動かない人のスタントはしょうがないと思うんです。しかし体が動くのなら極力自分でやったほうがいい。これは精神論ではありません。遠目でも佇まいや雰囲気が、本人とスタントでは明らかに違う。この映画にしても、最後に主水のもとにレギュラーが集まるんですが、やっぱりスタントなんです。シルエットになっていますけど、存在感がまるで違う。自分の役なんだから自分でやりたかったですね。

――村上さんとして『必殺４』は消化不良な部分があった。

村上　でも次の年かな、『極道の妻たちⅡ』（87年）でわたしが日本アカデミー賞の優秀助演賞に選ばれて、会場の東京プリンスホテルが関係者合わせて何百人でごった返しているなか、深作さんが人をかき分けて「村上くん、おめでとう！」と、わざわざわたしのところまで来てくれたんですよ。あのときはうれしかったですね。一瞬で映画のわだかまりもどこかにすっ飛んでいきました。そのすぐあと櫻井（洋三）さんも来てくれました。わたしがいた場所は東映京都の関係者ばかりだったので、櫻井さんの登場は心強かったです。話が逸れましたが、『必殺４』は深作さんが千葉さんとＪＡＣ軍団を引き連れて京都映画に乗り込んできた作品という感じですかね。

あとでわかったことですが、基本的にスタントを使うというのはハリウッドシステムなんですね。姿形の似たスタントを連れてきて、あとで本人のアップだけ撮る。深作さんはそこまで極端ではなかったですが、実際にアメリカで撮影した時は徹底してましたした。でも当時のスタントの質はアメリカと日本では格段の差があって、もちろんアメリカが圧倒的に上でした。

——日米合作の『アイアン・メイズ　ピッツバーグの幻想』（91年）ですね。

村上　あの映画のキャストは、すべてオーディションだったんです。わたしもオーディションで選ばれました。最終的には、わたしよりも先輩で第一線で活躍している人たち3～4人の候補が残ったようですが、向こうでは日本で売れてるとか芸能プロの圧力とかは一切関係ないですからね。選ばれたのは光栄でした。アメリカの映画はとにかく準備期間が長い。アクティングコーチがついて、毎日2～3時間の稽古です。そして撮影がクランクインするときには、メインスタッフは俳優のセリフや動きをすべて把握している。監督は演者がいかにいい状態で演技できるか、その環境を整えるのが仕事なんです。

『大忠臣蔵』（89年）で初めて侍の役を与えられた

——時代劇俳優・村上弘明の出発点になった作品がテレビ東京の『大忠臣蔵』（89年）だと前回うかがいました。松竹が初めて手がけた正月の12時間ドラマで、上杉家の山吉新八郎を演じています。

村上　『必殺』の場合はプロデューサーの山内（久司）さんが「江戸時代にタイムスリップしてきたと思えばいいから」と言ってくれたように、当時の言葉を使う必要もないし、所作をする必要もなかった。ですから本格的な時代劇というものを意識させられたのが『大忠臣蔵』の山吉新八郎役ですね。いよいよ中剃りかと覚悟を決めて結髪の部屋に入ったら、工藤さんが来られて「村上、地毛でいいからな」。「えっ⁉ 『必殺』と同じでいいんですか」って聞いたら「違うよ、七分（かつら）だよ。前の部分は地毛で、後ろに髷《まげ》を付けるんだよ（笑）」と、そしてニヤッとしながら「お前、中剃り嫌いなんだろ」と言うんですね。工藤さんも意外と気遣いをしてくれるんだと、うれしく思いました。

――いい話ですね。

村上　ところが撮影初日、高橋悦史さん扮する色部又四郎が茶室にいて、山吉新八郎が躙《にじ》り口から報告するシーン。「おはようございまーす」とセットに入っていったら、工藤さんが「村上！　ちょっと」って手招きするんですよ。「お前、東京からか？」「はい、朝イチの新幹線で」「ちゃんとやってきたか？」「えっ、なにをですか？」って聞くと「お前もウブなやっちゃなぁ」って笑いながら「これ、覚えておけ」、Ｂ４の原稿用紙を渡されました。そこには端から端まで10行以上のセリフがびっしり書かれている。「これ、どのシーンですか？」「いまからやるシーンだよ」「えー!?　これ、いまからですか？」って言うと「覚えられるだろ、それくらい。若いんだから。ライティングの準備に、あと2〜3分かかるからその間に覚えろ！」「いやぁ」「大丈夫だよ。つっかかったらカット変えるから」……けっきょくカットを割らずにワンカットで撮りました（笑）。いきなりそういう予定にないことをする監督でしたね。

――さすがはシナリオ改訂が日常茶飯事の工藤組。

村上　『大忠臣蔵』は六部構成で、工藤さんは一部と二部の監督でしたが、殺陣については全編工藤さんなんですよ。山吉新八郎の立ち回りや、それだけでなく走ってきて敵を見かけると、身を隠し相手の様子をうかがう……そういった芝居部分も工藤さんが担当したんです。ぜんぜん立ち回りだけじゃない（笑）。

――それは各監督にも許諾を得て……。

村上　許諾というか、工藤さんの意向でしょうね。最後の吉良邸討ち入りなんて、まさに大立ち回りじゃないですか。あの回の監督は松野（宏軌）さんでしたが、工藤さんがその場でセリフを全部書き換えて、わたしたちもすぐさま覚えてやってました。最後、赤穂の浪士たちにひとりで立ち向かう山吉の出方も非常にかっこいいし、あのシーンの演出はすべて工藤さんですよ。

――工藤監督が殺陣を担当しているとはいえ、「よーい、スタート!」をかけるのは松野監督ですか?

村上　いや、立ち回りのシーンは工藤さんが号令をかけて、松野さんもそこに立ち会ってました。で、最後に矢が刺さって山吉が死ぬシーンの本番が終わって……そのときですよ、松野さんがぼくのところに走り寄ってきて「ええなぁ、よかったなぁ!　かっこよかったで」と褒めてくれた。そしたら照明の中島(利男)さんが「先生、あんたがええわって言っちゃいかんわ。監督なのに全部やられてるやん、工藤さんに」って。ちょっと気の毒だし、普通は自分のテリトリーを侵されてへそ曲げるところなんだけど、全部立ち会って「ええなぁ」って、いま考えると本当に懐が深い、すごい人ですよ。

――必殺シリーズ最大の功労者は松野宏軌監督であると、多くのスタッフの方々も証言していました。

村上　『必殺』の現場でもカメラマンの石原(興)さんが仕切るから、言われるままみたいに見えましたが、けっきょく石原さんも言ってたのは「だって最後は〝監督 松野宏軌〟って出るんやから」ということで、全部ひっくるめて松野さんの手柄なんですよ。

立ち回りの基礎を学んだのは『月影兵庫』

――そしてテレビ東京と松竹による初の連続時代劇『月影兵庫あばれ旅』(89〜90年)に抜擢されて、総髪の剣士という主人公を演じます。ファーストシリーズの1話(2時間スペシャル)と2話が工藤監督ですね。

村上　照明の中島さんとよく飲みにいってたのですが、そこで中島さんに「櫻井さんから〝『月影兵庫』の監督は誰がいい?〟って聞かれたんですけど、どなたがいいでしょう」って相談したら「そりゃ、工藤さんやろ」と即答でしたね。で、次の日櫻井さんのところに行って「できれば工藤さんにお願いしたいです」と。願いが叶って工藤組の怒涛のような撮影が終わったあと、工藤さんがわたしのところに来て「お前、次の台本読んだか？ちゃんと意見言わないとダメだぞ」って言うんです。「だって工藤さん、わたしが意見なんか言ったって、ぜんぜん受け付けないでしょ」「いや俺はいいんだよ、ほかの監督のときだよ。お前、主役なんだから意見言わなきゃダメだぞ」と。つまりそれだけホンを読み込め、お前の読み方は浅いと指摘された気がしました。

台本で思い出したのですが、『必殺』の時代、助監督だった酒井ちゃん（酒井信行）には、たびたび助けてもらいました。当時は何本も仕事の掛け持ちで、京都に向かう新幹線で『必殺』の台本を読むことが多かったのですが、よく寝落ちして、出演シーン以外の部分を読んでない状態で撮影に臨むことがしばしばあったんです。酒井ちゃんが出番を知らせに楽屋に呼びにきて、セットまで誘導する道すがらの数分間でストーリーを全部説明してくれて……じつにわかりやすいストーリーテリングでした。東京の助監督さんで、これだけ端的に説明できる人なんていなかったですからねぇ。この人はいろんな本を読んでいるんだろうと思いました。こういった優秀な助監督が『必殺』を下支えしていたんです。その後、彼はいい監督になりました。おかげでわたしは現場で、さもホンを読み込んでいるかのように振るまうことができたわけです（笑）。

――それほど忙しい日々だったのですね。

村上　さすがに『月影』は主演作だし、時間がないなかでも納得のいくまで通し読みしました。でも結果的には自分のセリフの多いところを何度も読み返す……セリフ覚えに終始していたと思います。そこを工藤さんに見抜かれたんでしょうね。

――なるほど。

村上　そういえば、中島さんに「俺があんたのマネージャーやったら、まず三國連太郎さんのお付きをやらせる」って言われたことがありました。あるとき、『月影』の撮影でセットに向かう途中「村上さーん」と声をかけられて、見ると三國連太郎さんなんですね。「この間の村上さんの舞台を見させていただきました。すてきでした」って、深々とお辞儀をされたんです。わたしは恐縮して、なんと言っていいのか返答に困り「ありがとうございます」とだけお礼を言ってセットに向かったんですが、ふと中島さんの言葉が浮かんだものでした。

――刀を使っての殺陣はいかがでしたか？

村上　『月影兵庫』（第2シリーズ）の殺陣師は、伊奈貫太さんなんです。わたしが185センチ、伊奈さんは160に満たない小柄な方で、やたらジャンプして斬る動きをつける。たしかに動きがダイナミックでかっこいいんですよ。ところがカラミの人たちは、ほぼ全員わたしより背が低い。だからジャンプする必要はないんですね。でもかっこいいからジャンプする。1話につき2回くらい殺陣がありましたから、立ち回りの基礎は『月影』で学んだと思っています。

――工藤栄一監督との最後の仕事は、東映の『新選組血風録』（98年）でした。

村上　ある日の撮影が終わったとき「お前さ、田舎の言葉しゃべれるだろ？　今度さ、言葉にすごい訛りがあって、それがコンプレックスでな、腕は立つんだがどこか鬱屈している侍……そういう役を考えるから、やってみないか。どうだ」って。それまで役として田舎の言葉をしゃべったことはなかったんですが、工藤さんだったらやってみたい気持ちはありましたね。

『新選組』は土方歳三の役だったんですが、ナレーションもわたしがやったんですよ。撮影がすべて終了して数日後、録音スタジオに入ったとき、すでに工藤さんはスタジオ入りしていました。「おはようございます」とわたしが挨拶をすると「おうっ」と言いながら近づいてきて「村上、字の読めない田舎のばあちゃんに語って聞かせるようにさ、やさしくな」って、いままで見せたことのない優しい表情で語りかけてくれたのがすごく印象に残っています。そして、ナレーションが終了すると「おつかれさん」と言って「なぁ、村上。お前な、もっともっとスタッフに気を遣え。そうすれば、すごい大大俳優になれるぞ。あと英語も勉強しとけ。アメリカでも通用するぞ、お前は。じゃあ、またな」。それが工藤さんの最後の言葉になりました。人への配慮、気遣い、思いやり……わたしへの遺言だと思っています。

政は、あわただしく過ぎ去ったわたしの青春時代

――政として最後の作品となったのが、映画『必殺!5 黄金の血』(91年)です。

村上　じつは前年、『白い巨塔』(90年)をやってるときに『必殺』の出演依頼を一度お断りしているんです。『白い巨塔』の収録中はホテルに籠もって、財前五郎の役に入り込んでいましたから。撮休日に1日でいいから京都に来てほしいと言われたんですが、当時は新幹線で往復6時間……東京と京都を往復するだけで半日近くかかりますから、気持ちが途切れるような気がしたんですね。財前は最後には食道ガンで死ぬ役なので、撮影当初から減量もしていて最終的に8キロ体重を落としました。そんな状態で『必殺』に出てもおそらく別人だったと思います。『白い巨塔』を撮り終えてからすぐにアメリカへ行って撮影して、帰って舞台の『ハムレット』をやり、俳優として次のステージに入ったという実感がありました。

――なるほど。

村上　そんなこともあって、もう『必殺』は卒業だと思っていました。だから次の年、また『必殺』の出演依頼がきたときは迷いました。マネージャーと相談した結果、恩のある櫻井さんのためにも最後に華を飾ろうということで、お引き受けしたんです。『必殺』は新人で入ったときから、大河ドラマや朝ドラと掛け持ちだったり常に忙しい状態のなか、あっと言う間でした。でも当時の出来事は、ひとつひとつ鮮明に覚えています。政は、あわ

ただしく過ぎ去ったわたしの青春時代でした。だから京都映画は学校みたいなもんですかねぇ、いろんなことを教わりましたよ。

——その後、『新・御宿かわせみ』（97〜98年）や『八丁堀の七人』（00〜06年）など東映をベースに時代劇スターとして活躍する村上さんですが、東映京都はいかがでしたか？

村上　東映はある程度名前が出てから行きましたからね。楽屋も最初から奥部屋で、高倉健さんや北大路欣也さんなどのスターさんと同じ並び、移動は運転手つきの専用ワゴン車なんです。で、父親世代の監督さんも「村上さんはどうなさいますか？」って敬語なんです。『極妻Ⅱ』のときからそうでした。まだ30歳そこその若造に対してですよ。でも、わたしにとってそんなことはどうでもよくて、初心忘れるべからず……どんなに売れようが、しょせんは岩手から出てきた世馴れない田舎者です。そのスタンスは常に忘れることはありませんでした。もちろん今でもそうです。ですから、これまで自分を見失うことはなかったと自負しています。

——2007年から始まる『刺客請負人』で、ひさしぶりに松竹の時代劇に復帰します。

村上　『刺客請負人』は森村誠一さんの小説が原作です。そして、わたしの時代劇俳優の礎となった『大忠臣蔵』も森村さんなんですよね。森村誠一で始まり森村誠一で終わる。さらにどちらもテレビ東京で京都映画……なにかご縁を感じてしまいます。じつは、わたしは医学部志望で、いわゆる〝人を救う〟仕事を目指していたわけです。それがひょんなことから芸能界入りして、現在に至っている。

東日本大震災により、わたしの故郷は津波で被災しました。その後、震災関連の映画やドラマが数多く作られました。わたしも何本か出演したんですが、なにか違和感があるんです。風土性や住民の思いが捉えられていないような気がする……やはり生まれ育った環境が、その人の考え方を形づくると思うんですよ。だから震災関連の話は、そこで生まれ育ったわたしが作るしかないんじゃないかと思っています。

――ご自身で作品を手がけようと。

村上　その流れで『必殺』の脚本も書いてみたいですね。年老いた元仕事人が、今どこでどんな生活をしているのか？　じつは何シーンかできているんですけど、その前にやらなきゃいけない仕事が山積みでストップしたままなんです。というわけで、いつのことになるかわからないのですが、『必殺』というより、結果的には人を救う物語にしたいと思っています。いつの日か仕上げたいですね、まだ体が動くうちに。

村上弘明［むらかみ・ひろあき］

1956年岩手県生まれ。法政大学在学中の79年に『仮面ライダー』で主演デビュー。85年に『必殺仕事人V』で花屋の政を演じ、多くのシリーズに登場。その後は『大忠臣蔵』『月影兵庫あばれ旅』『腕におぼえあり』『八丁堀の七人』『柳生十兵衛七番勝負』『刺客請負人』などの時代劇で活躍し、大河ドラマ『炎立つ』で主演を務める。『白い巨塔』『警視庁南平班　七人の刑事』『刑事の証明』ほか現代劇も多く、Apple TV+の海外ドラマ『Pachinko パチンコ』シーズン2に出演。故郷・岩手の復興支援にも携わっている。

『必殺仕事人V　激闘編』において花屋から鍛冶屋に転じた政。武器は手槍となり、原点回帰のハード路線にふさわしいアクションを繰り広げる無骨なキャラクターとなった

『必殺仕事人Ｖ』の最終回「主水、下町の玉三郎と出会う」で、早変りの梅富を演じたゲストの梅沢富美男。
『必殺仕事人Ｖ　激闘編』では、はぐれ仕事人の弐として華麗な殺しを披露した

撮影所オープンセット集

必殺シリーズの撮影は、京都府右京区太秦堀ヶ内町にある京都映画（現・松竹撮影所）を拠点に行われてきた。1946年、松竹の傍系会社として設立された京都映画は下鴨撮影所をベースにテレビ映画の制作を請け負い、65年に太秦の松竹京都撮影所が閉鎖されたのちは下鴨で現代劇、太秦で時代劇を担当する。必殺シリーズが軌道に乗った74年、下鴨から太秦へと本社機能ごと移転し、今日にいたるまで数多くの作品が送り出されている。

2022年から2024年にかけての取材時に撮影された松竹撮影所のオープンセット

R-4

さて、しめくくりとなるロール４。『必殺仕事人Ｖ　激闘編』の
はぐれ仕事人こと壱、弐が原点回帰のハード路線に加わり、
『旋風編』の便利屋お玉、新たな女性メンバーがシリーズ末期を証言する。

俳優　柴俊夫
俳優　梅沢富美男
俳優　かとうかず子

俳優

柴俊夫

必殺シリーズという
きれいな人たちの世界のなかで
その流れをちょっとでも変えたかった

はぐれ仕事人の壱、原点回帰のハード路線を目指したシリーズ第25弾『必殺仕事人V　激闘編』でレギュラー入りした柴俊夫は、初期シリーズを思わせる人間くさいキャラクターで新たな風を吹き込んだ。表の顔は遊び人、素手で相手の首をへし折る殺しを駆使し、映画『必殺！Ⅲ　裏か表か』で散った壱を徹底回想！

俺もひねくれてるから、最初ちょっと険悪だった

柴　もう何年くらい前になるのかな。『必殺』に出たの？

――『必殺仕事人V　激闘編』のスタートが1985年なので、40年近く前になります。

柴　俺ね、その前に池波正太郎さんが原作の『仕掛人・藤枝梅安』（82～83年）に出てたんですよ。小杉十五郎って仕掛人の役で。それから30歳のころ、関西テレビの『さわやかな男』（77～78年）というドラマで主役をやったんですが、そのとき野球の試合があって、相手が必殺チームだった（笑）。

――『新必殺仕置人』（77年）のメンバーですね。

柴　そう、あっちも山﨑（努）さんや（中村）嘉葎雄さんが野球好きなんだ。藤村富美男さんが監督だったかな。それで関テレ対ＡＢＣ（朝日放送）で番組対抗の試合をやったんだけど……もう忘れもしない。俺さ、前の日に飲みすぎちゃってさ、ずっとゲーゲー気持ち悪くって（笑）。

――おっと！　ちなみに柴さんのポジションは？

柴　ピッチャーです。球も速かったんだけど、そんな状態だから真面目にやってると気持ち悪くなっちゃう。それで『さわやかな男』のマドンナというのが、うちの奥さん（真野響子）だったから「柴さん、大丈夫？」「うぅ！」（笑）、まだ付き合う前ですけどね。で、こっちのチームが勝ったんです。元東映フライヤーズの尾崎行雄やノンプロの連中を連れてきてたし、そんなのインチキだよね。

――山﨑努さんや照明技師の林利夫さんからも試合の話をうかがいました。負けたあと、焼肉屋の打ち上げで山﨑さんが「お前ら、真面目にやれ！」と本気で怒ったそうです。

柴　けっこう真剣だったのよ。たしか軟式じゃなくて準硬（式）でやったと思う。林利夫さんね、懐かしいな。

まだ元気なの？

——はい、今回の本にも石原興さんとの対談で登場します。

柴　録音の中路（豊隆）とかさ、みんなおもしろいよね、京都映画のスタッフって。俺、あっちは……東映はあんまり行かなかった。最初は東映芸能にいたのに東映って好きじゃなかったのよ。恒さん（渡瀬恒彦）と一緒だったけど、京都の仕事といえば、ほとんど東映じゃないですか。もともと俺は大映や映像京都が大好きだった。徳さん（田中徳三）や井上昭さん、それから池広一夫さん、ATGだと高林陽一さんの『金閣寺』（76年）にも出たし、スタッフが凝り性なんだ。東京では実相寺（昭雄）さんとやって、『シルバー仮面』（71〜72年）で映像のおもしろさを知った人間だからさぁ……東映は「ディスカッションしたらあかんで」って、とにかくスケジュールどおり進めるのが第一。決められた場所で決められた時間にやらなきゃいけない姿勢がイヤで、そういう現場を「あれはないよな」とか言ってたのが、どうも伝わっちゃったらしい（笑）。いちばん最初に京都映画に行ったのは『明治撃剣会』（84年）って朝日放送のドラマで、これは芸術祭参加作品だったんです。

——永島敏行さんと柴さんの主演で、京都映画の若手だった津島勝監督による作品ですね。残念ながら再放送の機会がなく未見なのですが。

柴　永島と現場やってても「どうなの？」って感じでしたよ。これ、よく言われる話だと思うんだけど、京都映画ってカメラマンや照明がどんどん口を出すから「誰が監督なの？」という状態なんだ。津島なんか、言えなくなっちゃって、かわいそうでさ。殺陣師にしたって「それ、あかんで」って演技にダメ出しする。みんな経験豊富だし言いたい気持ちもわかるんだけど、やっぱり監督への越権行為だと思ったね。俺もひねくれてるから、最初ちょっと険悪だった。ほら、やっぱり監督は監督だし。実際は浜畑賢吉さんの『紫頭巾事件帖』（72年）で京都映画に行ってるんだけど、まだ若くてなんにもわかんない時期だったからね。

〝人間っぽい〟のが好きで、リアリズムを追求しようとしてた

──続いて『必殺仕事人V　激闘編』のはぐれ仕事人、壱として出演します。原点回帰のハード路線を目指した作品で、ずばり第1話のサブタイトルは「殺しの番号壱弐参」でした。

柴　最初に「誰が出るの?」って聞いたら、弐が梅沢（富美男）で参が（笑福亭）鶴瓶。「壱、弐、参はいつも組んでる」って話だったのに嘘ばっかり、ふたりとも来ないんだよ（笑）。だから、ほとんど俺がずっと出てて……まぁ、いいんですけどね。だから3人でやった記憶は、ほとんどない。

──たしかに3人が集合するシーンも別撮りでした。

柴　1話目は監督が工藤（栄一）さんだった。俺は東映芸能にいたでしょ?　だから初めてのテレビ映画が『ゴールドアイ』（70年）ってアクションもので、その監督が工藤さんなんですよ。俺なんて「坊や、坊や」で「おい、坊や。こっち来い」。そりゃそうだよね。それから京都映画に行って、ひさしぶりに「あ、監督どうも」って挨拶したら「おう、坊や」（笑）。もう30後半だよ。でも好きな監督なんだ。工藤さんは東映でも、ちょっと違ったから。『十三人の刺客』（63年）なんか見てたし、『高瀬舟』（88年）という中編もいいんですよ。

──壱のキャラクターは、どのようにして作られたのでしょうか?

柴　俺、どんどん意見言おうと思ったの。髪の毛だって普通のちょんまげじゃなくてさ、もっとやっちゃおうと。最初は「丸坊主にしようかな」って考えてたんですよ。緒形拳さんの梅安もそうだったし……でも弐と参がああいうキャラだから、得意げなことをやると失敗すると思った。だから壱の見た目ってオーソドックスだよね。で、殺し技は監督が「これや、これ!」っつって右手を出してきて、こんなんで殺せるかよと思ったんだけど、まず竹をボキッ（笑）。荒唐無稽な番組やな～と、そんなところが出だしでしたね。

――第2話「大仕事!大名殺し」で藤田まことさん演じる中村主水の刀を手にした壱が竹を斬り、右手で砕くシーンがありました。台本になく、壱の怪力を表現するために現場で加えられた演出です。

柴　そうだったのかな。さっきの前段に戻るけど、監督にあれこれ言う京都映画の連中も工藤組になると違うの。言わないの。ショーケン（萩原健一）から聞いた話だと、あの人も工藤さんにいろんな意見を出すんだけど「うん、それは次の監督でやれ」（笑）。それくらい、しっかりと自分を持ってる監督でした。石っさん（石原興）と照明の中島（利男）さん、それからサブちゃん（藤原三郎）や林さんが受け継いだ必殺シリーズのスタイル……あの光と影の陰影もいいんだけど、『金閣寺』のときにね、山下さんっていたの。

――大映京都出身の山下礼二郎さんですね。

柴　これはすげえ照明マンなの。俺ね、ATGの芸術映画に憧れてたのよ。『金閣寺』をやってるときも高林さんが「ちょっとごめん……照明さんが」って言うわけ。いきなりライトを吊る作業が始まっちゃって、時間はかかるんだけど、とっても陰影がいいんです。中島さんと石原さんのコンビネーションが必殺シリーズの〝逆光〟を作ったわけで、こんなこと言うと怒られちゃうけど、それは実相寺組でもやってたの。そういう競い合いみたいなものがあったんでしょうね。ろうそく一本で撮るような『あさき夢みし』（71年）があって、俺もコダイグループの一員みたいなもん。それから河合義隆というテレビの監督がいて、この人の時代劇もおもしろかった。

そういうラインでやってきたもんで、必殺シリーズの光と影にチャラチャーンって音楽が流れるお約束には「う〜ん」と考えちゃったことがなくはない。頭でっかちなんですよ。当時はリアリズムにこだわっていて、こういう様式に合わせる作品というのはね……だから現場でも村上（弘明）や京本（政樹）には「よくこんだけ一生懸命化粧するよなぁ」って思ってましたよ（笑）。初期とはぜんぜん別個になってたし、俺は火野正平が転げ回るような人間くさいシリーズが好きだったから、もっとゴツゴツしたものをやりたかった。

――そういう意味でも、柴さんの演じた壱は原点回帰を目指した『激闘編』を象徴するキャラクターです。金にがめつくて女好きという。

柴　山﨑努さんのように、あんな上手くできませんでしたけどね。神代（辰巳）組の『もどり川』（83年）をやったあと『激闘編』に行ってるんですよ。合間に石原プロの『西部警察PART-Ⅲ』（83～84年）もあるけど、『もどり川』をショーケンとやって、えぐいところはえぐくやりたいと思ってたわけ。だから壱なんて、しょっちゅう女と寝てるけど、テレビだからそこに特化できない。そういう意味では、ちょっと消化不良な部分はありました。やっぱり美的なビジュアル優先、色気のある人ばっかりのドラマだから……俺は〝人間っぽい〟のが好きで、ちょうど30代のときは倉本聰先生のシナリオみたいなリアリズムを追求しようとしてたんです。でもテレビでリアリズムを持ったってダメなんだなという実感もあった。『ライトスタッフ』（83年）のサム・シェパードみたいな、ああいうのが好きなんだ。だから実相寺組であり、河合組であるの。

――リアリズムを求めていた。

柴　自分で言っててておかしいですよ。リアリズムを目指しても、じつはそんな役者だと見られてなかったというのもわかるわけ。使う方と使われる身の違いで。市川森一さんの『新・坊っちゃん』（75年）でもリアリズムばっかり追っかけてたし、ジム・ジャームッシュの世界みたいなのを「やりたい、やりたい」と思ってた。でも、そこへ到達する前に「そんな役者じゃない」って周囲から思われてたのね。そういうギャップがあった。だから壱にしたって、決められた型のなかでやらなきゃいけないんでしょうね。でも当時はどこか「恥ずかしい」という感覚があったし、そういう様式に当てはめるのが得意じゃない。日常と殺しの変化……そんなのさ、役を演じて裏返しにしたら顔が違うなんて当たり前じゃない？　照明の当て方も違うわけだし。

——あらためて壱のキャラクターについてうかがいます。リアリズムと必殺シリーズの様式の狭間で、どのように演じようと思いましたか？

柴　女好き……女をよろこばせる役というのは明るさが必要で、母性本能をくすぐるような明るさがあったほうがいいなと思ってました。あと、パッと金もらった瞬間から壱は冷酷になる。冷酷さというものを意識しました。『グッドフェローズ』（90年）って映画でジョー・ペシがやった役、トランク開けてグサッ……あのくらいの冷酷さがないとダメですよ。だけど日本のテレビの場合、そういうことをやらせてくれない。『陽炎IV』（98年）って映画を井上昭さんとやったときは、女の人を撃つのも一発じゃなくてダンダンダンと徹底的にやって、そういう冷酷さがあるから最後の高島礼子との対決も際立つと思いました。

「レントゲン入れるから」って言われたんですよ。使われてる？

——中村主水役の藤田まことさんとの共演はいかがでしたか？

柴　いや、あの人はすごい。こんなに自分を変えないで自然体で芝居する人っていないですよ。自分を持ちながらも上手いという。お笑いの世界で『てなもんや三度笠』をやってましたが、コミカルとシリアスの混ざった主水のキャラクターなんて、やっぱり秀逸ですね。刑事なら刑事になりきってしまうような役者さんもいるんですが、藤田さんは藤田さんのままなんです。

それから文句を言わない人でしたね。たまにこっちをチラッと見て、なにか言おうとするときもあるけど黙ってる。あるとき、ポツンと言ってたのが「やっぱりテレビって冷たいよな」ということで、いろんな思いがあったんでしょう。『必殺』やりながら全国を舞台で回ってましたから。俺は田中様と……山内のとしちゃん（山内

『必殺仕事人V　激闘編』第1話「殺しの番号壱弐参」の撮影風景。柴俊夫が演じた、はぐれ仕事人の壱は初回のみ目明しの十一(とっぴん)として中村主水の下につき、その後は気ままな遊び人に

としお）と仲良かったんだけど、藤田さんは彼のことをかわいがってましたね。としちゃんとは『必殺』で知り合って、京都でよく飲んでました。あとは地元の友達だね。だって京都ってさ、「柴ちゃん、昨日どこそこで飲んでたね」って、すぐ話が回るじゃん。やめてくれよ（笑）。

――工藤栄一監督以外の演出陣について、とくに思い出深い方はいますか？

柴　（リストを見ながら）都築一興もやったんだね。彼は『金閣寺』のチーフ助監督だった。俺は田中徳三さんが好きなの。本当に紳士でいらっしゃって、大映の『悪名』や『兵隊やくざ』のシリーズ、それから時代劇もいい作品が多いですよ。津島勝は同い年なんだけど、早くに亡くなっちゃった。本当はね、すっげえ勝ち気な監督なの。彼が「高瀬舟」のシナリオを書いて持ってきてくれたことがあって「こういうのをやりたいね」なんて話をしてたんだけど、実現できなかった。同世代の監督と、もっと時代劇をやりたかったですけどね。いまは智ちゃん（山下智彦）とか、そういう人たちがやれるようになりましたが東京に比べて時間がかかる。加島（幹也）も覚えてるし、こ〜んな肥えたやつがいたじゃない……そう、酒井（信行）だ。あいつも60過ぎてるのか。助監督のころから態度がデカくて「お前いくつだよ」って言ってたよ（笑）。

現場ではカメラマンが強くて、ほとんどサブちゃんが監督やったようなときもあるし、みんな石っさんみたいになってくる。京都ってそういう体質があるんだ。東京の監督でも啓ちゃん……吉田啓一郎なんか、あれはもう天皇みたいな顔してるから「俺が監督だ」って態度で（笑）。彼も同い年なんだ。恒さんと仲良くなって「もう何本撮ったの？」って聞いたら「数えられない」って言ってました。恒さんは「啓一郎！」って監督を呼び捨てにしてて、それくらい仲良しだったの。

――にっかつロマンポルノの小原宏裕監督と藤井克彦監督も『激闘編』を手がけています。

柴　あんまり覚えてないな、ふたりとも。ちょっと記憶にない。ほかは『必殺』のレギュラーだよね。原田雄一さんは飄々としてる。不思議な人だけど、まぁ職人ですね。やっぱり職人じゃないと来れないんだよ。時間内で撮らなきゃいけないし、がんばりすぎちゃうと……。

――殺しのシーンの撮影など時間がかかったのではないでしょうか？

柴　いや、そうでもない。俺は右手だけだから、やりようがない。最初に工藤さんから「レントゲン入れるから」って言われたんですよ。使われてる？　あ、けっきょく使ってないのか。こう構えたときに、いい加減に見えたらダメなので手の強さが伝わるようにはしました。相手の首を押さえて、キュッ……こっちがグッとやったら、相手もフッと回す。もう一緒に首も回るわけじゃん。逆に行ったら死んじゃうけど（笑）、カメラのアングルとかで上手に見せるから、そんなに苦労した記憶はない。殺陣師は誰だったかな？

――楠本栄一さんです。

柴　宇仁（貫三）さんはあと？

――宇仁さんは東宝の『仕掛人・藤枝梅安』など東京が中心ですね。そのあと京都映画では『鬼平犯科帳』（89〜16年）を担当しています。

柴　俺、『鬼平』でレギュラーの同心（酒井祐助）をやったんだけど、ダメなの。金魚のうんちみたいにゾロゾロするのがダメ。生意気なんですよ。だから「ほかの仕事があるんで降ります」って言ったら怒られた。どうしてもやりたい仕事があったんだろうね。『梅安』で小杉十五郎をやってたし、企画者の市川久夫さんから「今度は『鬼平』やれ」「はい、わかりました」、でも2年やったらもう……それで食ってるんだから、しょうがねえじゃんと言われたらそうなんだけど、新しいものをどんどんやっていきたい気持ちがあったんです。そういう意味では河合義隆が死んだことがすごいショックだった。『幕末青春グラフィティ　Ｒｏｎｉｎ　坂本竜馬』（86年）って映画も撮ったけど、彼がやる時代劇は俺がいちばん多かった。テレビもやったし、舞台もやった。テレビの『幕末青春グラフィティ　坂本竜馬』（82年）なんて、ぜひ見てほしいと思う。実相寺さんもそうだけど、おもしろいことに時間をかけるのは大好きなんだ。河合組は役者とのディスカッションで1日潰れちゃうんだから。

『必殺』の現場は役者同士でしゃべった記憶がない

柴　生意気なことを言わせてもらえば、リアリズムって本来は技術なんですよ。よく「自分をそのまま出せばいい」って言うんだけど、本当に自分を出せるような自然体で演技ができるのは相当上手いってこと。そういうリアリズムを求めて、勝（新太郎）さんにも「演技を教えてください」って言ったことがある。

――『新・座頭市』（76～79年）にゲスト出演していましたね。

柴　「蛍」って、あれは名作だよね。それなりのキャリアを積んだつもりでしたが、「なんだ、柴。それくらいしかできねえのか」「すいません！」って感じでしたよ。あのときの監督が太田昭和さん。俺のアップがあって、次に勝さんの切り返しを撮ろうとしたら「いらん、いらん。柴だけでいけ」って、そういうのがすごくて……いまだに鮮烈に覚えてますよ。監督だろうと関係ないんだから。そのあとやった『警視－K』（80年）も斬新だったでしょう。

――リアリズムの極致みたいな刑事ドラマでした。セリフが臨場感たっぷりすぎて聞こえづらいという……。

柴　そういうのを見て、刺激されたんですよ。勝さんと『座頭市』をやったとき「一緒に飲みにいくか?」って誘われて「明日、関西テレビの仕事で大阪に戻らなきゃいけないんです」「そうか、またな」とか言って、そのあとどうしても勝さんとリアリズムの話がしたくて、六本木で会ったんですよ。そのとき言われたのは「あのな、お前たちは台本にこだわりすぎる」ということ。それから「リアルっていうのは、人としゃべってるときも、こうやって常にまっすぐじゃないだろう。いい女が通ったらそっちを見るし、めしのほうも見るだろう」と、そういう〝反応〟を上手く撮るのが監督の技術だけど、そう演じるのも役者の技だって言うんですよ。さりげなく「あれ、なんか見たな」というふうに。だから、あるがままの存在感……って考えると、究極は笠智衆さんになってしまうという……。

でも、そういうことを俺らがやろうとしたってダメなんですよ。たとえば石井ふく子さんのドラマで、橋田壽賀子さんの長いセリフがある。そんなところでリアリズムの間を作ってもダメ。リズム感が勝負でしょう。だから『必殺』に入るときも工藤さんに……あの人が撮った『その後の仁義なき戦い』(79年)がシリーズでいちばん好きだって話をしたんですよ。だから「監督、俺ああいうのに出たいんですよ」って言ったの。そうしたら「チャンスがあればな」って、ありませんでしたけどね(笑)。常にこう〝変えていきたい〟という願望があって、そういうことやるから「壊し屋」って言われるんです。

――壱という役は、まさに当時の必殺シリーズの定型を壊すような存在でした。とても人間くさいキャラクターで。

柴　そう、〝人間くさい〟っていうのが俺には大事なんだ。おもしろいじゃないですか、人間って。京本の役だって、いつも澄ましてるけどカットがかかったらプッとおならが出るかもしれない(笑)。だから必殺シリーズというきれいな人たちの世界のなかで、その流れをちょっとでも変えたかった。藤田さんだったらそういうことができるかなと思ったけど、それは希望的な観測でした。やっぱり10何年もシリーズとしてやってきた場所だから、なかなか変えられない。

――殺しのシーンなど、カメラアングルやライティング優先の撮影も多かったと思いますが、いかがでしたか?

柴　ビジュアル第一の独特なものだから、それはそれでいいと思うんだよね。ただし芝居場で、ああいう撮り方では困る。要するに〝コネクティング〟というか、そういうシーンがあって、見る側の感情を動かすような要のシーンもあって、それぞれが別個ではなく上手くミックスできるものが理想……いまの韓国映画がそうだよね。力強くて、感動できる。俺なんか神代組の長回しとか木下亮さんとか、ああいう撮り方が好きだったな。いまはハリウッド形式って呼ぶんだろうけど、何度も同じ芝居をやって、いろんなアングルからやって「そりゃ記録でも撮ってんのか?」って思いますよ。NHK出身の映画監督なんかそうでしょう。

――劇場版の『必殺!Ⅲ　裏か表か』(86年)で壱は壮絶な死を遂げます。

工藤　あれはちょっとすごかった。やっぱり工藤さんだし、みんなどんどん死ぬわけじゃないですか。あの現場は好きだった。思い出といえば、とにかく動かされたね。冬じゃなかったと思うけど、京都って寒いんだ。工藤さんといえば水たまりを作ったり、大雨を降らしたり、それから松明もよく使ってた。どこかに火と水のある現場で寒いから芝居どころじゃない(笑)。走ってクルッと回ったり、そんな若くねえのに、みんなでやってましたよ。でも、そういうリアリズムよりビジュアル的にきれいなもの、かっこいいものをファンも求めてたんじゃないかな。当時は抗ってたけど、ようやく理解できてきた。

――『必殺!Ⅲ』では鮎川いずみさん演じる加代が壱に惚れているような描写がありました。

柴　そんなのあった!? 鮎川さん、主題歌(「女は海」)を歌ってるじゃない。俺さ、知らなかったんだけど、京本が作曲なんだね。鮎川さんもあんまりしゃべらないんですよ。『必殺』の現場は役者同士でしゃべった記憶がない。みんなバラバラだし、別の仕事との兼ね合いで出たり入ったりしてるから。その点、『江戸の激斗』(79年)なんか全員でゴルフ行ったりしてさ……あ、ゴルフは藤田さんと一度だけ行ったことがある。別荘のあたりまで連れていっていただきましたね。

怪力の女好き、原点回帰のハード路線を象徴するインパクトを残した壱

「つまんないホンでも、おもしろくするのは役者だよ」

――さかのぼりますと、柴さんはＮＨＫの『天下堂々』（73～74年）で時代劇の所作を覚えたそうですが、１９７９年には先ほどタイトルが出た『江戸の激斗』で滝新八郎を演じています。金で雇われた遊撃隊による集団時代劇です。

柴　これはおもしろかった！　毎日もう遊んでたね（笑）。みんな仲良かったから車座になって一緒にめしを食って、印象深い仕事でした。若手だけでなく小林（桂樹）さんや夏木（陽介）さんもいい人だし、露さん（露口茂）だけ群れないというか別の雰囲気があったの。監督だと児玉進さんなんて大好きでしたよ。現場では「元帥」って呼ばれてて、やくざみたいなカストロハットにメガネで毎日朝来ると痛風の薬を飲んで（笑）。小林さんと仲良しで、なにかあると「この監督はひどいんだよ。金がないもんだから自分の実家に帰っては、なんか持って質屋に行くんだ」って、おじいちゃんが児玉源太郎（大日本帝国陸軍大臣）なんです。それから中本逸郎さんというフジテレビのプロデューサーがいて、この人が最高の時代劇を作るのよ。重村（一）さんや能村（庸一）さんの上司だった方で……って、しゃべり出したら止まらないけど、いいの？

――どうぞどうぞ。

柴　『夫婦旅日記 さらば浪人』（76年）という藤田さんと（中村）玉緒さんの時代劇があって、これも中本さん。勝プロが赤字出してやってたけど、最高によかった。中本さんとはすごく縁があって、かわいがってもらったんです。そういうものにチャレンジできた時代で緒形さん、山﨑さん、それから原田芳雄さんみたいな諸先輩の空気を引き継ごうと思った。『江戸の激斗』は立ち回りも研究されてましたよ。いろいろ工夫して、とにかく動き回った。殺陣師の宇仁さんは「カシラ」って呼ばれてたんですが、経理の人が腕に付けてるやつ……「あっちのほうが似合ってるよ」なんて言われてね。長刀の木刀を練習用にもらったことがあって、いま那須のほうに置いてんだけど、熊が出たら戦おうと思っています（笑）。

――『江戸の激斗』や『仕掛人・藤枝梅安』は東宝の制作であり、東京をベースに撮影された時代劇です。京都との違いはありましたか？

柴　圧倒的に土台が違うよね。けれども東京だって京都に負けまいと、生田にオープンセットを作ったし、それなりにしっかりしてました。あとはスタッフが違う。東京の場合、それぞれのパートの領域を侵さない。いわゆる京都の活動屋さんの「おい、それはあかんで！」ってさ、なんでスタッフに芝居のことを言われなきゃいけないんだと思いますよ。新人なんか、めちゃくちゃ言われるから。俺も『明治撃剣会』のとき中島さんが「下手くそ！」って言うから「なに言ってんだ。そっちこそライトちゃんと当てろ！」って（笑）。そういうことが言える関係でした。石っさんはね、あんまりしゃべれない。ちょっと距離がある雰囲気なんですよ。

録音の中路とか亡くなった〝若〟（広瀬浩一）とは仲良くやってて、たしか若は同い年なんだ。あいつも実相寺組だから、京都で『あさき夢みし』を撮ってるころ助手をやってた。だからすぐに仲良くなって「実相寺がな〜」って言うから、おいおい呼び捨てかよって（笑）。とにかく態度がデカいの。京都映画のスタッフは、うるさいといえばうるさい。やっぱりよく知ってるんだわ。芝居から所作から、ずっと時代劇をやってきてるし。いや、東京のスタッフも知ってますよ。だけど役者には口を出さない。それが礼儀だと思ってるから。殺陣師でも楠本さんの場合は「このおっさん、演技まで指導しなくていいだろう」って（笑）。そのあと京都もずいぶん変わって、もう昔のまんまじゃなくなっちゃってますけどね。

――『仕掛人・藤枝梅安』の現場はいかがでしたか？　フジテレビの時代劇スペシャルで7本のシリーズとなりました。

柴　やっぱり小林桂樹さんと田村高廣さんのコンビ、おふたりで独特の芝居をしてましたね。小林さんのことは勝手に先生だと思ってたんです。向こうは生徒だなんて思ってない。でも、リスペクトがあって、いろんなことを教えていただきました。教わったというより、あの人の生き様ですね。「つまんないホンでも、おもしろくするのは役者だよ」って、もうその言葉が効いちゃった。2時間ドラマとかやってても、おもしろくないホンで辻褄も合わないような話があるわけ……そういう場合、せめてもの抵抗で「この部分は、こう変えたい」と自分からお願いするんです。芝居を変えるんじゃなくて、芝居でそれを変える。

——必殺シリーズでも現場におけるシナリオ改訂は日常茶飯事だったそうですが、柴さんがアイデアを出して変更したシーンもありましたか？

柴　どうだろうか。俺、そんなことない。変えてないと思う。記録のヤエちゃん（野崎八重子）には「柴さん、ホンと違うよ」ってよく言われた気がするけど（笑）。あの人もおもしろかった。朝、現場で会ったときの挨拶が「ヤエちゃん、飲んだな」「飲みました」（笑）。もうひとりのミネちゃん（竹内美年子）は、なにを聞いても「いいと思います」ってね。衣裳部へ行くとさ、おっかないのがいて、そんなに歳は変わんないんだけど「これ、着ぃ！」って言うの。「ええっ、こっちに変えてよ」「あかん、これ着ぃ！」って、いつも怒られてたな。「寒いんだけど、ちょっとドテラ貸してよ」「貸さへん！」「んなこったってさ、寒いんだから」「あかん！　役者は辛抱や！」。で、現場が終わったら王将で餃子を買ってきて飲む（笑）。気安いのは床山の（八木）光彦くらいか。俺が『いのち燃ゆ』（81年）をやったときにあいつがNHKに来てて、かわいがってたから「柴おじさん、柴おじさん」ってずいぶん慕ってくれました。

——プロデューサーの思い出はありますか？

柴　とくにないですね。プロデューサーとは、そんなにめし食ったりもしないし。だから接点があるのは現場のプロデューサー、製作主任の渡辺（寿男）さんや高坂（光幸）さんだね。高坂さんなんか、もともと監督だから「なんとかよな」って俺がヘンな関西弁でしゃべると「下手くそなしゃべり方しやがって」って（笑）。それからロケ先で製作進行が「今日は、やくざが来てますんで」とかさ。あの人、なんて名前だっけ。白い頭の……。

――まーちゃん、鈴木政喜さんですかね。

柴　そうそう、まーちゃん！　向こうのコレとつながってるから「今日は何時にやくざが来るから、大人しくしといて」「あ、そうですか」みたいな（笑）。警察には言えないけど、そうしないと借りにくい場所があるんでしょう。東京でも時代劇をずいぶんやりましたが、やっぱり京都の匂いには勝てないと思いました。だって撮影所の周りにいくらでもお寺とかあるわけだし。『最後の忠臣蔵』（10年）のとき、ひさしぶりに行って懐かしかったなぁ。それから西田（敏行）の『影武者徳川家康』（14年）で本多忠勝をやった。やっぱり松竹はいいよ。東映だと行かないんだろうけどね、あそこは苦手だから（笑）。

いまは柴基金の活動をメインでやらせてもらっています

――いただいた名刺の「公益財団法人こどものための柴基金」というのは、いつごろから活動しているのでしょうか？　今日もそちらの事務所にお邪魔させていただきました。

柴　じつは30歳からやってるんですよ。最初は俺と西田、松崎しげる、田中健、それから志垣太郎の5人……まぁ六本木で飲んでた連中が、いろんなとこで歌ってウケてたんで「チャリティやろうよ」って、そういうきっかけでした。その活動は10年くらいで終わって、ぼくだけ規模を縮小しながら続けてたんですが、15年前に「このままではダメだ」と一般社団法人にして、いまは内閣府から公益財団法人に認定されて4年目ですね。養護施設を支援させていただくのと、そういう施設を出た子に保証人がいない。仕事や大学に行くにもアパートメントが借りられない、そのためのアパートを借りてあげて、1／10くらいの金額で貸してあげる。そういう活動を全国で始めているんです。

あとは大学に行けない子供たちの教育支援ですね。児童養護施設を卒業したあとドロップアウトしてしまう子、そもそも施設に入れないDV被害者や貧困家庭、重度の障害を抱えたお子さんもたくさんいる。養護施設の数もぜんぜん足りないし、そういう子供たちが集まれる場所を支援させてもらってるんです。全国で4つくらいやってるんですけど、そのためのお金を……公益財団って利益が出るイベントはダメなんですけども、別会社にして集めてるんです。次で17回目なんですが、チャリティコンサートをやったりゴルフのチャリティコンペをやったり。コンサートは佐藤浩市も歌ってくれるし、いろんな仲間に協力してもらってます。いちおう役者ですから「たまには出てよ」って言われて、そっちのほうが仕事としては楽だし、また近々復帰もするんですが、いまは柴基金の活動をメインでやらせてもらっています。やりがいありますよ。

――ありがとうございました。すみません、最後にまったく関係ない話なんですが、恵比寿に「うな徳」という居酒屋があって……。

柴　知ってるよ。10日くらい前も行ってきたよ。おいしいよね。

――はい。以前、柴さんがカウンターのL字のところにいらっしゃって「あ、壱だ！」と内心ドキドキしながら食事をしたことがありました。

柴　あそこ、いろんな人が来るよね。狭い店だけど、食べて、飲んで、最後の締めにうな重を食べるのがいいんだ。ぜひ今後も行ってやってください。

柴俊夫

［しば・としお］

1947年東京都生まれ。獨協大学中退後、モデルとして活動をスタートし、70年に『ゴールドアイ』で俳優デビュー。翌年には『シルバー仮面』の春日光二役に抜擢され、その後も『新・坊っちゃん』『さわやかな男』『いのち燃ゆ』『巡査　埼玉県警黒瀬南署の夏』ほかに主演。『江戸の激斗』『西部警察PART-III』『必殺仕事人V　激闘編』などに出演し、2003年からは『レディス4』の司会を担当。児童養護施設への支援を続け、公益財団法人こどものための柴基金の代表理事を務めている。

俳優

梅沢富美男

殺しに使う扇子はスタッフさんが用意したもので踊りの扇子は自分のものを持っていきました

『必殺仕事人Ｖ　激闘編』において、はぐれ仕事人の弐を演じた梅沢富美男は大衆演劇のスターとして活躍、得意の〝女形〟という役どころで妖艶な殺しを披露した。『必殺仕事人Ｖ』最終回のゲスト出演から始まってレギュラーに加わり、ハードなスケジュールのなか舞台との掛け持ちに勤しんだ梅沢が往時を振り返る。

テレビで〝女形〟をやるということに抵抗があった

梅沢　最初はゲストで出させてもらいまして、ちょうど南座で舞台をやっていたとき、その合間に出たんです。もともと『必殺』は好きで見てましたから、うれしかったですね。じつはテレビで〝女形《おんながた》〟をやるということに抵抗があったんですけど、『必殺』ならきれいな画を撮ってくれるだろうと思ってお引き受けした部分もありました。映像がすごくて、カメラマンが優秀だなというのはずっと感じていましたから。

――そうだったのですね。

梅沢　東映にも松竹にも行ったことがありますが、同じ京都でも東映の撮影所は賑やかというか、活気があってガヤガヤしている感じ（笑）。それに比べると松竹は非常に大人しくて、いい感じで撮影できたもんですから、同じ土地でもこんなに違うのかと実感いたしましたね、ハイ。

――まずは『必殺仕事人V』第26話「主水、下町の玉三郎と出会う」（85年）に早変りの梅富という役でゲスト出演し、続いて『必殺仕事人V　激闘編』（85～86年）でレギュラー入り。はぐれ仕事人の弐を演じています。

梅沢　5～6本ですよね。ゲストの回がとっても視聴率がよかったそうで、「今度はレギュラーをお願いしたい」というお話をいただいたんです。ただしゲストのときはスケジュールをちゃんと押さえましたが、レギュラーで出るのは厳しかった。なんせぼくは舞台の役者なもんですから、当時は1年365日のうち360日は公演をやっていた。そのへんでスケジュールの兼ね合いが難しくて「みなさんにご迷惑をかけてしまう」と悩んだんですよ。ところが、どうしてもということで……壱、弐、参という3人がひとつのチームではなく交互に出てくる作品だからと説得されまして、「それならば」とお引き受けしたんです。

――『激闘編』の思い出はありますか？

梅沢　けっきょく『必殺』ですから、どんなふうに相手をやっつけるかという殺しの技ですよね。最終的に扇子に収まりましたが、それはプロデューサーや監督さんのお考えで、いちばん似合うんじゃないかということです。ぼくはもう言われたとおりにやっただけで……やっぱり『必殺』というのは、撮り方やお芝居が出来上がってますから。新参者がどうのこうの言えるような状態ではなく、きちんと指示されたとおりにやっていく。『必殺』という、ある種の劇団みたいなチームがあって、そこに乗っかって芝居するしかありませんでした。

——第1話「殺しの番号壱弐参」から第3話「大難関！大奥女ボス殺し」は、すべて工藤栄一監督が担当しています。

梅沢　有名な方ですが、工藤さんが最近の監督とぜんぜん違うのは自分のコンテがあるんですね。要は「こうやって、こうして、こういうふうに撮ろう」という強いビジョンがある。近ごろの監督さんは同じ芝居を3回も4回も5回も6回も同じように1から10までやらせて、あとで編集で繋げばいい……ああいう撮り方はとっても嫌いなんですよ。役者は機械じゃない、人間ですから5回も6回も同じテンションでお芝居するなんて、なかなかね、難しいですよ。だからぼくは、なるべくドラマには出たくなくなってしまった。工藤監督の場合は「ここまで芝居して、次は別カットで向こう側から」という明確な撮り方でしたから、やりやすかった。

——なるほど。

梅沢　それからモニターがない時代ですから、どういうアングルで撮られてるか、自分じゃわからないんですね。たとえば格子戸の隙間からぼくの顔を抜く……カメラマンの方に言われて、〝ここで止まる〟というバミリの印があるところにキチッと立つ。ちょっとでもズレたら、もうNG。そういう大変さはありましたけど、テレビで放送を見たとき「あのシーンは、こうやって撮っていたのか」って感服しましたね。

勝手にやったわけではなく、アドリブなんてとんでもない

——弐は女形の仕事人という役どころです。

梅沢　表の顔……男のときの髪型は、京本（政樹）くんとちょっと被っちゃいましたね。打ち合わせのときに「女に変身するので、髪の毛の長いかつらを作ってくれませんか」とお願いしました。女形ですから、夜は女性に扮して人を殺しにいく。ということは、髪の毛が必要でしょう。いちおう自分の毛で髪を結うという設定で、だから京本くんと似てしまった。女形の格好で大奥に呼ばれて殺しをやる回がありましたよね？

——「大難関！大奥女ボス殺し」ですね。

梅沢　あの衣裳は全部自前です。自分で選びました。衣裳屋さんの衣裳じゃ、ちょっと着れないんですよ……寸が短くて。ぼくは体がデカいもんで、しかも女形専門じゃないので、専門の衣裳を作ってたんです。〝一反もの〟と言いまして、着物というのは一反、二反で作りますけど、そのサイズでは作れないんですよ。大判でないといけない。手足も長いし、肩で着ちゃうもんですから、どうしても普通のサイズでは合わなくて特注でした。

——かつらも自前でしょうか？

梅沢　女形の場合はそうです。自前のものを持っていって、八木かつらさんのスタッフが管理してくれました。舞台のかつらと映像のかつらって別物なんですよ。こっちから「鬢《びん》をもっと張ってくれないか」とか「髱《たぼ》をもっと大きく出してくれ」とか、そういうことは言えません。いえ、言って言えないことはないけれど、言わない。テレビのほうが小さく髪を結うんです。それから舞台は鬢付け（油）をしっかり使って固めて……そうしないと乱れますから、そのあたりも違います。

——いろいろと差があるんですね。

梅沢　テレビ用の〝貼り網〟も自分で作って用意しました。舞台のものは、しっかりした貼りになってるんですけど、テレビの貼り網は1回1回……何度も付けるので、撮影用に合わせたものです。あくまで地毛として結っている設定ですから、そこはこだわりました。

——女形のときは白塗りになりますが、あれもご自身で？

梅沢　もちろん。ぼくは人にやってもらうのが嫌い、顔をいじられるのが大嫌いですから。白塗りも舞台と映像は違う。照明がぜんぜん別物なので、明るさを考えて調整しました。もともと『必殺』は見ていたものですから、「こういう明かりでやってるんだな」というのを把握して、それに合わせて化粧をしたつもりです。殺しに使う扇子はスタッフさんが用意したもので、踊りの扇子は自分のものを持っていきました。

——踊りを舞う姿が弐の見せ場です。

梅沢　監督さんから「こういう演目でやりたいんだ」と相談されまして、その演目の踊りというのは数たくさんあるもんですから、なるべくふさわしいものを選びました。お祝いの舞いや格調高い踊り、大奥の場合はお局さんたちがみんなで見る舞台だったもんですから、そこに合わせる流れだったと思いますね。殺しのシーンは有名な殺陣師さん（楠本栄一）が「こういうふうにやってください」と振り付けをなさるもんですから、そのとおりにやりました。お扇子でも、バッと開いて殺すときがありまして、もう使い慣れてるもんですから、バッとやってサッと閉じたり……それは日々専門にやってますから、もちろん上手いことできますよ。

——流し目の妖艶さも弐の特徴です。

梅沢　そのへんは意識して演技したつもりではあるんですけど、やはり監督さんが非常にこだわって、押さえてくれましたね。ただ、ぼくは女形専門じゃないので、そこまで深く研究したことはない。『必殺』の場合も女だと思って演じたことはなかったです。あくまで女形で、たとえば芸者として出てきて相手とすれ違ったときも、女のような仕草ではありますが、やっぱり男というのが半分くらい出てないと『必殺』にならない。そのあたりの切り替えは、ちょっと大変でしたね。

妖艶な魅力を湛えた、はぐれ仕事人の弐。殺しの道具は仕込み扇子

――殺しの前後で、ニヤッと笑う仕草も印象的です。

梅沢　そうでしたか？　笑って油断させて殺すということでしょうか。そのあたりも監督さんの演出ですね。勝手にやったわけではなく、アドリブなんてとんでもない。たまに『必殺』の再放送を見てますと、まだ若い時分ですから顔がふっくらしてて、うちの娘に似てるなぁと思います（笑）。

昼夜2回の公演ですから、もう『必殺』は夜中専門

梅沢　夜中に竹林で殺しをする話があって、あれは大変でしたね。京都の恐ろしい寒さを初めて経験させてもらって……いや、噂には聞いてましたが「すごいところだなぁ、京都は」と思いました。

――第5話「りつの家出で泣いたのは主水」ですね。

梅沢　殺す相手が外人さんでピストルを持ってるもんですから、撃ったときに竹がパーンパーンと弾ける……それが上手くいかないんですよ。寒くて、着火しない。だから何度もNGが出て、相当時間がかかりました。ぼくは〝洗い髪〟だった上に背中も抜いてましたし、もう寒いなんてもんじゃなくって……。襟をこうやって開けるんです。女形なので背中をはっきり見せて、そこが寒いのなんの。もちろん下着なんか着れませんから。あれだけはもう二度とやりたくねえなと思いました（笑）。

――中村主水を演じた藤田まことさんの思い出はありますか？

梅沢　藤田先生は誰にも同じような態度で接してくれる方でしたね。そんなに長くお会いしたことはないんですけども、そういう印象がありました。あとは共演者の方々の思い出といっても、ぼくはあんまり出ていないものですから……舞台が終わったあと撮影所に移動して、自分のシーンだけワーッと撮る。昼夜2回の公演ですから、

もう『必殺』は夜中専門。みなさん撮影が終わって、誰もいないことが多かった。

――対面しているシーンでも別撮りがよくありました。

梅沢　そうですね。「ここに◯◯さんがいるので、そういう振りをしてやってください」みたいな（笑）。現場に入ると、必要なカットだけまとめて撮って終わり……なにしろスケジュールがないもので、みなさんと共演することが少なかったんです。柴俊夫さんは、ぼくがドラマデビューした『淋しいのはお前だけじゃない』（82年）にもゲストで出られてご一緒してますが、しかし『必殺』で共演した記憶はほとんどありません。

――それほどピンポイントの撮影だったのですね。松竹のプロデューサー補を務めた武田功さんも「梅沢さんのスケジュール調整が大変だった」と語っていました。ほかに『激闘編』の思い出はありますか？

梅沢　先程も申し上げたように、33本中6本しか出てないので、具体的な思い出はないんですよ。嘘をつくわけにはいきません。とにかくね、ご迷惑をかけるのがイヤだったんです。けっきょく〝梅沢待ち〟になるわけじゃないですか。ぼくが「夜の10時じゃないと行けない」と言ったら、みなさん10時まで待ってなきゃいけない。それがイヤだし、そんなに偉い役者でもないので……でも舞台があるわけですから仕方ない。よく「なに待ちだよ?」って言いますよね、撮影のとき。それで「梅沢待ちだよ」なんて言われるのも心外で、だって本当に行けないんですから。しかし、どうしても梅沢待ちの状況がありますから、とにかく急いで支度して、台本も芝居もちゃんと一生懸命覚えて、スタッフや共演者のみなさんにご迷惑をかけないように心がけましたね。

テレビというのは〝一瞬芸〟みたいなもの

――出番は少なくなりましたが、中盤からは挿入歌の「恋曼陀羅」を担当しています。

梅沢　最初から歌のお話もいただいてましたね。宇崎竜童さんと阿木燿子さんのコンビですが、ぼくは自分で「曲を書いてくれ」なんて言えるような立場の人間じゃないので、おふたりともお会いしてませんし、すでに出来上がっている曲をレコーディングしただけのことです。

――舞台と映像の大きな違いはありますか？

梅沢　テレビというのは〝一瞬芸〟みたいなものですよね。つながりで全部の芝居をするわけじゃないので、『必殺』でもシーン20に出て、その次は44……ぜんぜん関係ない芝居をするわけです。舞台は1から10までずーっとつながってますんで、その違いは当然あります。ただ、その役ごとで芝居の仕方というのは違いますから、舞台とテレビで特別になにかを変えているということはないですね。

ぼくは石ノ森章太郎さんのリクエストから女形をやるようになって、「矢切の渡し」を踊ったのが25〜26歳のころですか。それから『淋しいのはお前だけじゃない』に出て、世の中の人に知ってもらえた。ところが舞台専門の役者なので、ほかの番組にはほとんど出られなかった。ですから、テレビの連続シリーズは『必殺』が2本目で、非常にありがたい経験をさせてもらいました。スケジュールの関係でご迷惑もおかけしましたが、「最終回だけは出てほしい」とお願いされて、それはもう別の仕事を飛ばすしかないと覚悟してなんとか出ましたね。何度も申し上げたように舞台の合間を縫っての撮影でしたから、お話しできるのはこのくらいでしょうか。

――いえいえ、ありがとうございました。

梅沢　最近も『必殺』はスペシャルで復活していますが、本来ぼくは時代劇の役者なのになかなかオファーが来ない。『必殺』のときは大人しくしてたのに、うるさい役者だと思われているのかなぁ。殺されるほうの悪代官でいいから、また出演してみたいですね。

梅沢富美男

［うめざわ・とみお］

1950年福島県生まれ。梅沢劇団を率いる大衆演劇のスター・梅沢清の五男として生まれ、1歳7ヶ月にして初舞台を踏む。やがて女形として人気を博し、その妖艶さから「下町の玉三郎」と呼ばれるように。82年にTBSの連続ドラマ『淋しいのはお前だけじゃない』に出演し、歌手としては「夢芝居」が大ヒットを記録する。その後も舞台と並行して『必殺仕事人V　激闘編』などに出演し、バラエティ番組やワイドショーのコメンテーターとしても活躍。2010年に兄の武生より梅沢劇団を引き継ぐ。

俳優

かとうかず子

運動神経ゼロ、背が高すぎるのは
時代劇には不向きですよね（笑）

便利屋お玉として『必殺仕事人Ｖ　旋風編』に登場した、かとうかず子――鮎川いずみ演じる何でも屋の加代に代わってシリーズに参入したお玉は、『風雲竜虎編』にも続投し、殺しのサポートを行った。かとうが告白する撮影所の違いに恐怖体験、シリーズ末期に輝きを与えたお玉をめぐる伸びやかな〝談義〟をどうぞ。

「えっ、嘘！　こんなの聞いてない！」

かとう　まだ当時は暖かい肌着がなかったんですよ。お玉の役って裸足なんですが、もう深作（欣二）さんの映画なんて、大覚寺かどこかのロケのとき、ずっと裸足で……とにかく寒い（笑）。それがいちばんの思い出ですね。わたしたちは着物の下に〝踊りパッチ〟を履いてて、踊りの人が履くパッチなんですけど赤い長襦袢と同じ色なんです。裸足だから真冬は肌色の足袋、祭り足袋のベージュを京都の商店街で買って、あとはラクダのシャツを切って下に着ていました。だから『必殺』といえば、まず寒さが印象的です。

――なるほど。

かとう　最初の時代劇が東映だったので、京都映画とはぜんぜんシステムが違いました。わたし、立ち回りはしないというマネージャーとの約束で『必殺』に出たんですよ。で、タイトルバックを工藤（栄一）さんが撮ったんですが、そこからもう立ち回り（笑）。「えっ、嘘！　こんなの聞いてない！」という、それも強烈でしたね。

――『必殺仕事人Ｖ　風雲竜虎編』（87年）のオープニングで、傘を手にした立ち回りをやっていました。

かとう　もう泣きながら……あれは斬られ役の、エクラン社の俳優さんが上手だからなんとかサマになってるんですよ。終わったあと「あんたも負けん気が強いなぁ」って、エクランの方がなぐさめてくださいました。東映ではお姫さまの役ばかり演じてましたから、こっちに来て「なぜ？」って感じでした。たぶん当時、東映やって松竹に来た人っていないと思うんですよ。鮎川いずみさんが松竹から東映にお行きになったんで、バーターなんですかね。

――まさに鮎川さんが何でも屋の加代という役を仕事人シリーズで長らく演じており、『必殺仕事人Ｖ　旋風編』（86〜87年）から便利屋お玉に交代します。

かとう　京都映画の最初の思い出は、監督が同じ工藤さんでも、まったく別物であると実感したこと。工藤さんってワイルドなおもしろい方で、東映では男の人主体の目線で撮ってらっしゃったと思います。で、京都映画は照明が中島（利男）さんでぜんぜんライティングが違うから、そういう明かりや影の部分を上手にお使いになって、「工藤さん、こういうこともできるんだ」って両方を見学させてもらい、さすがでしたね。

――たしかに東映の『弐十手物語』（84年）も『旋風編』も工藤栄一監督が第1話を担当しています。

かとう　『弐十手物語』のときはエロティックな部分もちゃんと取り入れて、あとは暴力的というか、立ち回りも東映らしい撮り方をなさっていて……演技指導は細かくないんですが、ダメなことはダメで役者に任せっぱなしではない。しっかりと自分の頭のなかで画のつながりを想像しながら撮ってらっしゃる雰囲気がありました。

――そうだったのですね。

かとう　東映はバキンバキンバキンってライトが当たるんですよ。もう鏡の反射みたいな感じ。京都映画の場合、もっと柔らかい光で、きれいに当たる、あるいは、ほとんど真っ暗。わたし、中島さんで覚えてるのは、廊下を外側から内偵するシーンがあったんですよ。で、撮り終えてから「山田（五十鈴）先生やったらな、あそこはもっとかがみはるで」って、あとで言うんです。さすが京都人と思いました（笑）。やらせておいて、もう現場で教えてもらう感じでした。それから「京マチ子さんはな、あそこの塩豆大福持ってきはった」とか（笑）。ちょこちょこ言うのが京都らしいですよね。

藤田さんは役者だけど、プロデューサーでもあった

かとう　藤田まことさんの最初の印象は〝色っぽい人〟。中村主水という役も何種類もの人間の顔が成立してい

るのが、すごいなと思いました。藤田さんが「昔はね……」って、よく仰っていたのが、クラブでフランク永井さんの前座をやって、そのときにウイスキーを差し入れでもらったんですって。銘柄は忘れましたが「このウイスキーだけは、もう本当にありがたくて、ぼくにとって忘れられないお酒に」と、そういう義理堅いお話を聞かせていただきました。

――お玉はチャキチャキしたキャラクターで、年上の主水とも対等にわたり合うような役どころでした。かとうさんは当時20代後半ですが、所作にも違和感がありません。

かとう　鮎川さんの加代という役があって、似たようなものを藤田さんが望んでらっしゃったのかもしれない。東映でしごかれたときは姫みたいな役ばっかりだったので、急におきゃんをやるのも難しかったですね。でも、やるしかない。あらためて当時の写真を見てみたんですが、衣裳がきれいでさすがだなと思いました。お玉の着物も新しい感じだし、色合いがいいですよね。

――たしかに。かつらと着物姿もぴったりでした。

かとう　東映は山崎かつら、松竹は八木かつらと分かれていて、そこも違いがありました。八木はシゲちゃん（八木茂樹）が現場を担当してて、お父さん（八木昇）がかつらを作ってくれたんです。地金を叩いて叩いて作って、でもわたしって頭の形が悪いので、走ると浮くんですよ。そういうのは、シゲちゃんに直してもらいました。部屋でかつらをかぶせてくれるのは、おクニさん（国久トヨ）。わたし、現場が終わると一緒にタクシーに乗って、おクニさんを降ろしてホテルに帰るルートでした。

――かとうさんは当時、東京の現代劇にも出演していましたが、京都との往復はいかがでしたか？

かとう　東映は組合があるし、演技事務というスタッフもいるから時間に厳密でしたね。京都映画は藤田さんの舞台のスケジュールもあって、もう深夜まで撮ってギリギリ完成したフィルムをバイクで朝日放送に運ぶ綱渡りもありました。スタッフのみなさんが作品を愛してらっしゃるから、徹夜でもいいやという雰囲気で……でも、次の日東京で仕事のわたしは困るという（笑）。

――『旋風編』の第3話「主水、殺人ツアーに出かける」は白昼の大名行列を仕事人たちが襲撃する回で、丹波義隆さん演じる藩士にお玉が思いを寄せるエピソードでした。クールに見えて、わりと惚れっぽいのもお玉の特徴です。

かとう　丹波哲郎さんの息子さんで、真面目な方でした。わたしがレギュラーだった『スーパーポリス』（85年）で丹波さんもご一緒していたので、ようやく知り合いに会えて安心しましたね。もうストーリーは忘れてたんですけど、そっか、そんな話もありましたね。田中徳三さんの現場は、だいたいスタッフのほうが仕切ってるみたいな……「そうやな、そうやな」という感じ（笑）。で、たまに藤田さんもささやくんですよ。「こうしたほうがいい」って。藤田さんは役者だけど、プロデューサーでもあったと思うんです。

――ほかの監督陣の思い出はありますか？

かとう　原田雄一さんは東映の『弐十手物語』や『風雲！真田幸村』（89年）でもご一緒してるんです。なんでも「いいね」って言いながら、あとでザクザク編集で切ってくるタイプ（笑）。スタッフのみなさん、ずっとやってますから「必殺シリーズの画はこう！」という信念があるのでしょう。京都映画は口が先だから、まず現場で「おねえちゃん、おねえちゃん！」……「ん、おねえちゃん？　え、わたし!?」みたいな（笑）。これが最初の驚きでしたね。東映だと「かとうはん、こっち」くらいでしたから「おねえちゃん」はカルチャーショックでした。

――「かとうはん」から「おねえちゃん」は、たしかにギャップが大きいですね。なにか撮影現場のエピソードで、忘れられない出来事はありますか？

かとう　ロケ先でクルマが映っちゃマズいじゃないですか。だから停まってると、みんなで持ち上げてどっかに寄せちゃう。すごくびっくりしました。それで「ひっくり返してやった」とかね（笑）、また話を盛るんです。

――個性豊かなスタッフたちのボスである松竹の櫻井洋三プロデューサーはいかがでしたか?

かとう　関西人ですよね(笑)。やっぱり独特のものがあったのかなと思います。わたしは東京もんなので、なるべく関わらない。そういうスタンスだから、スタッフでも「なんや、あいつ」と思った方がいたかもしれないんですけど。

「あんた、一平ちゃんと付き合うてんのか?」「はぁ?」

――鍛冶屋の政を演じた村上弘明さんの思い出はありますか?

かとう　二枚目ですよね。村上さん、顔もボディも全部塗るんですよ。藤田さんが仰っていた話なんですが、水の中にズブズブ入って、バッと出てくる撮影があって、そんなシーンでも髪型や身だしなみに最後まで気を遣う……そういう美意識がありました。また細かいんですよ、藤田さんのチェックが(笑)。これもよく言ってたのは、村上さんって毎回朝ごはんは松花堂弁当らしいんです。本当がどうかは、わかりません。

――京都映画には食堂がありませんが、食事はどこが多かったのでしょうか?

かとう　ロケ弁当は、つたやさんでした。だいたいお昼も、つたやさんみたいな商店街のお店で出前を取ったり、食べにいったり。わたしはお弁当が多かったですね。あと、もうちょっと東映寄りのところにお肉屋さんがあって、東京にはない三角のハムでボローニャハムかなにか……それが「おいしい」という評判で、買って帰ったことがあります。そこは東映の人も京都映画の人も買ってたみたい。当時、京都にイタリアンのお店がなかったんですよ。白川のほうにそういう店ができて、ひかる一平ちゃんと行ったら次の日には「一平ちゃんとデートしてた?」「はぁ?」みたいな。もう、そういう話が回るのが早いんですよ! それこそ櫻井さんも「あんた、一平ちゃんと付き合うてんのか?」「はぁ?」。

——いかにも言いそうなリアリティがあります。最初にチラッと話が出ましたが、深作欣二監督の映画『必殺4 恨みはらします』(87年)はいかがでしたか?

かとう いかにも深作作品、いかにも東映という映画でした。真田(広之)さんも出てたし、深作カラーのアクション満載で、わたしたちは「いちおうレギュラーだから出てちょうだい」みたいな(笑)。深作さんは声が大きいし、求めることもすごく貪欲で……でも、わかりやすいなと思いました。

——大立ち回りの最後は、二挺拳銃のお玉が真田広之さん演じる南町奉行の奥田右京亮をバンバン撃って「そういうの、ありかよ!」という決着でした。

かとう やっぱりアクション系のまとめ方なんですよ。わたし、その前に東京で『スーパーポリス』をやってて、これは東映の現代アクションで『キイハンター』や『Gメン'75』の流れにある。深作さんもその一員ですよね。

いろいろ変えて、変えて、試行錯誤していって

——『必殺仕事人V 風雲竜虎編』のお玉は、三浦友和さん演じるかげろうの影太郎と相棒のような関係でした。第1話「謎の二枚目殺し屋登場!」で、さっそうと影太郎が現れます。

かとう 現場的には『スーパーポリス』でご一緒した友和さんという知り合いが入ってきて、心強かったですね。そんなにしゃべるタイプじゃないんですが、育ちのよさを感じるおもしろい方でした。

——お玉と影太郎は南京玉すだれの大道芸を表稼業にしており、裏稼業でもコンビネーションを見せます。

かとう 友和さんは南京玉すだれを練習して、わたしも三味線を真面目に勉強しようと思ったんです。三木のり

平さんの奥さまのママが三味線の名手だったから、のり平さんのお宅で習ったんですが、どう考えてもギターを弾いてるようにしか見えない（笑）。そうしたら、のり平さんが「おう、青年座。お前な、やったってしょうがないぞ。いまさら遅い。格好だけでいい」って言われて……たしかに急には無理でしたね。そのあと『僕とシッポと神楽坂』（18年）というドラマで三味線の先生の役をやったんですよ。そのときは自分で三味線を買って、先生のところに習いにいって真面目に取り組みました。今度こそクリアしようと思って。

――まさかの三木のり平さんのエピソードが出てくるとは思いませんでした。

かとう　森繁（久彌）さんの舞台で初めて帝劇に出たときは、わたしの楽屋に奥さまがずっと座ってたの。それくらい親しくて、藤田さんは自分の舞台をのり平さんに演出してもらいたかったんですね。あるとき「かとうはん、のり平先生やってくれへんかな?」と、冗談めいて話されました。

――藤田さんは当時、中村主水という役や必殺シリーズのパターン化にマンネリを感じていたそうです。

かとう　たしかに藤田さんは舞台に力を入れていて、『東海林太郎物語』や『その男ゾルバ』をやりながら、新しいことに挑戦していた時期だったと思うんです。まだ『はぐれ刑事純情派』（88〜09年）が始まる前でしたよね。『東海林太郎物語』なんてそっくりでしたし、『その男ゾルバ』は市原悦子さんがご一緒だったんです。市原さんと藤田さん、おふたりともすばらしかったです。

――『旋風編』の第6話「主水バースになる」は『その男ゾルバ』公演中の藤田さんが髭を生やしており、苦肉の策から主水が拉致監禁されて髭だらけになるというストーリーが作られました。

かとう　舞台をやってるから、普通の話が撮れないわけですよ。それで仕方なくやった話でした。バースにエスカルゴ、ワープロ……横文字のオンパレードでしたが、そういう新しい風を求めたんでしょうね。

――第10話の「主水、ワープロをうつ」という現代パロディの極致みたいな回で藤田さんが耐えられなくなり、『風雲竜

虎編』は比較的オーソドックスな時代劇になりました。

かとう　いろいろ変えて、変えて、試行錯誤していって……時代劇そのものが減っていった時代でしたし、危機感があったのかもしれません。『必殺』はチャレンジャーだし、『弐十手物語』もそうでした。わたしは両方の現場に行ってるんで、そういう意味では見学者として「そうか、そうか」なんて思ったわけです。

現場に女性が進出してよかったなと思います

——お玉の見せ場といえば、アジトのシーンです。

かとう　直接殺す役じゃないんですが、アジトの雰囲気を照明さんが作ってくださるなかで明かりをどう受けるか。そういう感覚が少し身につきましたね。小判の並べ方やリズム、トントントンって……ちょっと余韻を持たせて、もったいぶったほうがいい場合もありました。そういう部分は監督の演出より、藤田さんです。ずーっと見てますから（笑）。アドバイスがあるときはボソッと「お玉、ちょっとアレやな」で「はい、わかりました」。そんなニュアンスのアドバイスが勉強になりました。だって、やったことないんだもん。腕が長いから着物の袖も短くなっちゃうし、運動神経ゼロ、背が高すぎるのは時代劇には不向きですよね（笑）。

——しかし、かとうさんのブログのトップ画面は着物姿の画像を使っています。

かとう　パーティとか結婚式のときには、なるべく着物にしようと思っていて、歳相応らしく（笑）。色あざやかですし、着物ってすばらしいと思うので、40代からは着物が増えました。森繁さんの舞台のとき、たまたま京都の着物屋さんが稽古着を作ってくださったんです。（辻村）寿三郎さんのデザインで3枚くらい作ってくれたので、それを着ると「寿三郎さん……ええなぁ」って思いますよ（笑）。本当にやりながら勉強してますね。

『必殺仕事人Ⅴ　旋風編』から登場し、シリーズに新たな風を送り込んだ便利屋お玉

――『風雲竜虎編』では桂朝丸さん……先日亡くなられた桂ざこばさん演じる蝶丸とお玉のコミカルなやり取りもお約束でした。

かとう　ざこば師匠はセクハラ坊主みたいな役でしたが、あのころはお酒くさかったなぁ……。わたし、藤田さんがお亡くなりになる前に『浮雲　人生まわり舞台』という芝居を一緒にやらせてもらったのですが、そのときはもう気管支が弱くて、マスクをされていて……でも、やっぱり舞台が好きなんだなという気持ちを強く感じました。別の女優さんがやるはずだったんですけど、わたしが代役を務めました。

――そうだったのですね。殺しのシーンでは影太郎の南京玉すだれのサポートとして、お玉が金粉を吹きます。

かとう　とにかく立ち回りはしない、できないというのが、ちゃんと実証されてると思いません？　アクションでも金粉だけだから、あれは難しくなかったです（笑）。あと1話目のゲストが高橋ひとみちゃんでしたよね。わたしより年下なのに、すごく大人っぽい印象でした。

――スタッフで印象に残っている方はいますか？

かとう　記録さんの話、まだしてないですよね。スクリプターの（野崎）八重子さん、あの方がスタッフのみなさんを「まぁ、ええやん。ええやん」と抑えてました。キャリアも長いし、すごく心得てるから藤田さんのご機嫌もわかるし、やっぱり女の人だなと思いました。さっぱりした方なんですが、女優さんのケアの仕方も「この人はこうかな」というのを把握していて、やっぱり記録さんって大事ですよ。いまはドラマのカメラマンでもマイクのブーム持ちでも女の子がすごく増えてて、現場に女性が進出してよかったなと思います。わたしが京都に行ってたころなんて技術部で女性はいませんでしたから。

――なるほど、そうですよね。

かとう　それからエクランに八っちゃん（山内八郎）というおじいさんがいて、すごく人当たりのいい方でした。

八っちゃんは市川右太衛門さんの付き人だったんですよ。右太衛門さんが東映の撮影所に入るときは門のところで所長からずらーっと並ぶんですが、八っちゃんがいちばん前なの。わざわざエクランから行くんですよ。東映はそういう古き良きしきたりを大事にしてましたね。エクランの人にとっても「この人は右太衛門さんの付き人やったんや」って、みんなの自慢だった。そういうストーリーがあるんですよ。

——三木のり平さんに続いて、まさか山内八郎さんの話が聞けるとは思いませんでした。

見学、見学、見学……他人の人生の見学ばっかりです

——かとうさんの本名は加藤和子で、つかこうへいさんが「どうせ長く続けねえから、ひらがなでいいだろう」と言ったのが芸名の由来だったそうですね。

かとう　そうそう、「芸名なんていらねえ」みたいな（笑）。そしたら、あるとき字画を見る人から「全部ひらがなだと事故運がある」って言われて、かずこの〝こ〟を漢字の〝子〟にしたんです。一画増えるということで。知り合いのおばちゃまなんですけど、よく見てくださる方で……京都ってね、ホテルに泊まってると、お化けが出たりするじゃないですか？

——えっ、出るんですか!?

かとう　出ますよ！（笑）　あそこも出るし、ここも出る。とあるホテルの前を通って、窓の電気が暗いから「いまの時期は京都も観光客が少ないですね」なんて運転手さんと話してて……それで飲んで、帰りました、寝ました。で、夜中に「申し訳ございませんでした」って、こういう……茶色のエプロンの女性が、ケーキの箱を持って、ベッドの脇に立ってるんですよぉ。

──出ちゃった……。

かとう　あとで聞いたら、そちらのホテルで昔なにか物がなくなって、お部屋係の人が疑われて、自殺されたそうで……茶色って、そのときの制服なんです。怖い話は、まだまだありますよ。別のホテルに泊まったときは、エレベーターを降りた目の前に舞妓さんの絵があって……（以下略）。

──いやぁ、霊感が強いんですね。ちょっと今回の本には全部載せられないと思うのですが、ぜひともオカルトライターか実話怪談の作家に取材してもらいたいです。

かとう　そう、あのころは〝ハエ取り紙〟って呼ばれてました。いっぱい付いてくるから（笑）。京都はそういうことが多かったです。さっきの「申し訳ございませんでした」の次の日、朝イチのタクシーで京都映画に入ったんですよ。そうしたら音響さんで子供のころトラックに轢かれて死にかけた人がいるんですけど、その人も霊感が強くて、わたしが入ったら「おはよう」も言わずに「大丈夫？」……怖くないですか？　中条（きよし）さんの三味線の音も彼が作ってて、作業してるとＵＦＯが来たとか、そんな話を聞きました。

──効果の竹本洋二さんですかね。『必殺シリーズ秘史』で取材したとき、ＵＦＯを見た話をうかがいました。先ほど聞き忘れたのですが、『風雲竜虎編』の最終回「主水ひとりぼっち」を松竹の山根成之監督が手がけています。最後の2話分だけの担当だったのですが覚えていますか？

かとう　すみません。ぼんやりとしか記憶にないんですよ。京都と東京の往復だったから、わちゃわちゃで……アイドル歌手の人が「昔のこと覚えてない」って言うのと同じ、記憶がほとんどないんです。ごめんね。

──いや、めちゃくちゃ覚えてると思います。たっぷり京都映画のエピソードをうかがいました。

かとう　できるのは、怖い話だけ。あとは見学、見学、見学……他人の人生の見学ばっかりです。いろいろ学ばせていただきました（笑）。ちょうど時代劇が厳しくなっていくときに関わっていた……だから、みなさんがどう新しく画策しようとしてたかを目撃していて、いい経験になったと思います。わたしが出た少しあとで、『必殺』そのものも一度終わっちゃったわけですもんね。東映も松竹も変わり目みたいな部分を見てしまいました。まぁ、マズいところは全部カットして、いい感じにまとめてください。よろしくお願いしますね。

かとうかず子

1958年愛知県生まれ。愛知淑徳大学在学中、つかこうへいの舞台オーディションに合格し、79年に『広島に原爆を落とす日』で本格デビュー。80年にドラマ『マリーの桜』のヒロイン役に抜擢され、翌81年に映画『なんとなく、クリスタル』で主演を務める。その後は『必殺仕事人V 旋風編』『男が泣かない夜はない』『君の瞳に恋してる』などに出演し、バラエティ番組などでも活躍。2006年に芸名を「かとうかず子」から「かとうかず子」に改め、朗読劇『この子たちの夏 1945・ヒロシマ ナガサキ』ほか幅広く出演。

『必殺仕掛人』第1話「仕掛けて仕損じなし」の撮影現場、作事奉行の伴野が斬られるシーンの動きや表情をみずから演じてみせる深作欣二監督

京都映画座談会 3

櫻井洋三（プロデューサー）
＋
保利吉紀（脚本家）

松竹のプロデューサーとして必殺シリーズを支えてきた「京都のボス」こと櫻井洋三。シリーズ最多本数の脚本家として健筆を振るった保利吉紀。ともに 90 代のふたりが、激動の日々を振り返る。かんのんホテルの思い出から監督たちのこと……じつは 2023 年、『必殺シリーズ異聞』の取材時に再会を果たしていた両者に、ふたたびお集まりいただいた。

野上さんのような上品なホンは書けない

――本日はよろしくお願いします。会うなりキャッキャと盛り上がって、もうすっかり出来上がっていますね。

櫻井　おおきに。ほんま、また会えるとは思わんかったで。

保利　しかし櫻井さん、口だけは元気やなぁ。昔からぜんぜん変わらない。

櫻井　こっから下、ぜんぜんあかんねん（笑）。昔のアレが祟った。

保利　そりゃ祟るわ。もうオフレコの話ばっかりで。なんていったっけ……あの人。このごろ、名前が出てこない。

櫻井　全部もう忘れてる。あかんわ。

保利　だけど、わたしと野上（龍雄）さんじゃねえかな。いちばん櫻井さんのお世話になった脚本家は。いいことばかりじゃないけど、よく遊んだよ（笑）。

櫻井　みんなで「かんのんホテル」に泊まってなぁ。ほんで、野上さんなんかコレやから、ぼくのところに東京の奥さんから電話かかってきて。

保利　やめとけ。そんな話をしたら野上さん、化けて出てくるで。

櫻井　有名な話や、かまへん。安倍（徹郎）さんもコレ連れてな。だけど、ええホン書きはった。かんのんホテルのおかげでっせ。村尾（昭）さんも遅いけど出来はよかったし、国弘（威雄）さんは共産党の会長みたいな人や。

保利　本人は共産党じゃないんだけど、叔父さんたちが党員だから。

櫻井　まぁ堅い堅い、あのおっさんだけは（笑）。

保利　国弘さんのホンは、それだけ強いんじゃないかな。

櫻井　かといって「直してくれ」いうたら「うん」と言わすまでに二晩かかったで、ほんまに。「なんでや？」いう話ばっかりで（笑）。「これはテレビでっせ。映画とちゃいまんねん」「なんでや?」。

保利　国弘さん、関西弁じゃないよ！（笑）　しかし野上さんのような上品なホンは書けない。格が違うわ。

櫻井　上手やったなぁ。さすがは東京大学や。こっちが「こう直してほしい」というセリフでもパッと手を入れて「そうやねん、そんな言葉がほしかったんや」。ところがストーリーの展開だとか、本質的なところは絶対に直さない。

保利　まずいちばんは言葉遣いだよ。言葉遣いは野上さんに誰も敵わない。セリフに品があった。

櫻井　ええ言葉遣いやった。「ここんとこ、ちょっとくだけてものを言えまへんか」って相談したら、「このセリフの流れは、そういう展開になると通らないんだよ」「あ、そうでっか」で却下（笑）。

保利　とくにこだわったと思う。わたしも1回言われたことがある。セリフに「夕焼け」って書いたら「保利さん、ここは夕景にしたほうがいい。赤とんぼじゃないんだから、夕焼けじゃダメだ。伝わらない」って、やっぱり言葉を大事にしている人は違うなぁと思ったよ。

櫻井　ほんまに野上さんのホンは毎回「あ〜」って引き込まれたから。

保利　それに比べたら、わたしらのホンは下の下だよ（笑）。

櫻井　そやな……いやいや、そんなことありまっかいな！保利さんはテレビの出やから筆が早くて、ずいぶん助けてもろうた。みんな遊んでばっかりで書かんのやから。

保利　やっぱり映画で鍛えられた人とは違う。そういう意味では市川久夫さん……市川学校（大映脚本家養成所）なんだよ。野上さんも安倍さんも市川学校の出身だから。櫻井康裕さんもそう。わたしが初めて市川さんとやったのは東宝の江戸シリーズ、『江戸の旋風Ⅱ』（76〜77年）ね。とにかく書いて、なに言われるかわからないから朝早くに市川さんの机の上に原稿を置いて、そのまま『必殺』を書くため京都に向かった。なんとか採用されましたよ。あれは森一生さんが撮ったんだ（第11話「古い傷あと」）。市川さんには鍛えられて、この本を買え、あの本を買え……江戸時代の資料として、何万円も本を買ったなぁ。

企画は山内久司、あとは櫻井洋三や

櫻井　いま『必殺』の再放送やってるやろ。古いやつからずーっとやっとる。まぁ見たらやっぱり朝日放送のプロデューサーでも「このガキが」いうやつと「あいつはあかん」いうやつと、いっぱい名前が出てくる。いろんなことを思い出してしまう。

山内久司さん以外は、あかんのが多かった。前にも話したでしょう。あの人だけですよ、ぼくが尊敬できるプロデューサーは。まず頭がええし、京都大学の文学部出やから口も達者やねん。「洋ちゃん、洋ちゃん」って、ぼくのことを信頼してくれました。

保利　わたしが山内さんと最初に仕事をしたのは朝日放送でね、大熊（邦也）が演出のドラマ。山内さんがラジオからテレビに移ってきて間もないころだったかな。初めて会って、いやぁ、この人はちょっとややこしいなぁと思った（笑）。

櫻井　だけどな、あの人は『必殺仕掛人』（72～73年）をやるとき、現場のことは全部ぼくに任せてくれた。企画は山内久司、あとは櫻井洋三や。初めてやったけども、名コンビでっせ。ほんで、ずーっとやって、あの人、最後は副社長までいったんや。

ぼくが松竹の本社に引っぱられたときも、朝日放送の人らを集めて「櫻井さん、おめでとう！」、料亭で豪勢な送別会を開いてくれましたんや。ぼくが栄転したら、すぐ山内さんも副社長にボーンといった。

保利　『必殺』で出世した人はようけいるわな。

櫻井　ほんまの話な、ぼくが出世したんは『鬼平犯科帳』（89～16年）もある。

保利　あぁ、そうか。『鬼平』もあったな。

櫻井　『鬼平』を（中村）吉右衛門で作ったときには、もう松竹の本社が全員「えぇ～～!?」って驚きよった。吉右衛門やで。いや、吉右衛門さんやで。なんちゅうても松竹の歌舞伎のトップクラスやんか。会長（永山武臣）は演劇部やから大よろこびで、反対したんが社長（奥山融）や。あの人は映画担当やから「櫻井は関西に置いておかんとあかん」……そういうことで、会長と社長が喧嘩しよった。大変やったで、ほんまにあんときは。

保利　だけど池波（正太郎）さんは東宝だろうと松竹だろうと、市川さんでないと映像化させなかったからね。

櫻井　ところが池波さんは、ぼくをものすごい信用しとったんや。なんでかいうたらなぁ、いちばん高いマッタケを、秋に毎年送っとった。京都大学の農学部が農園作って育てとるんや。それがマッタケのナンバーワン。櫻井家のツテで教授が「よっしゃ、任せとき」……マッタケ、あの時分で3本2万円でっせ。ぼくの場合、特別に7000円かなんかの原価や（笑）。

保利　よう覚えてるなぁ。頭はしっかりしてる（笑）。

櫻井　こっから下があかんねん。

保利　だけどさ、あのころの京都映画は本当に恵まれてたねぇ。『必殺』やって『鬼平』なんだから。

櫻井　そうよ、あんた。ぼくが来たころは閑古鳥が鳴いとった。『必殺』があかんかったら撮影所を売っ払う話まであったんやから。それで『仕掛人』が始まってボンボンボンボン、ほかの番組も入ってきた。

社長が、あの怖い怖い城戸四郎さんが「櫻井くん、よくやった」と褒めてくれた。京都の撮影所、もういっぺんリニューアルさせよう言いよったんや。そしたら裏の垣根から誰かが入ってな……タバコ吸うて、ブワーッてスタジオ全焼や。

――1976年、『必殺仕置屋稼業』撮影中の火事ですね。

保利　あのときはびっくりしたなぁ。

櫻井　ぼくは高校のクラス会で飲んどった。そしたら撮影所から「櫻井さん、火事でっせ!」。「どこがや!?」って、まず家かと思った（笑）。ほんですぐ電話したら嫁はんが「はぁ?」。火事になっとったの撮影所でんがな!

仕事と女の話はものすごうよう覚えてる

――山内久司プロデューサーと初めて仕事したとき、保利さんは「ややこしい人だな」と思ったそうですが、なぜそう感じたのでしょうか?

保利　『暑中お見舞い申し上げます』（69年）という東芝日曜劇場のドラマがあって、五木寛之の『にっぽん漂流』ってルポを原作にやったんですよ。八千草薫と木村功が主役で、戦争が影を落とすような……九州の炭鉱町にあるボタ山が今や草ボーボーで、けっきょく自然の力には敵わないというストーリー。

そんな話に戦争を絡めたんで、なんかごちゃごちゃになって……打ち合わせも大変やった。そのときは「二度とこの人とはやりたくねえなぁ」と（笑）。そう思ってたら、松本明の推薦で『必殺必中仕事屋稼業』（75年）をやることになった。ほとんど打ち合わせもなしで、自由に書かせてもらったよ。

櫻井　ぼくはね、ぜんぜん面識なかったんや。急に電話がかかってきて「誰でんねん」「朝日放送の山内久司と申します」「は?　朝日放送がなんでんねん」、ぼくは松竹のテレビ室におったけど、まだプロデューサーとして大したキャリアもないし、梅津（寛益）さんという重役の助手でついて回っとったんやから。

でも山内久司という名前だけは知ってたんやな、有名

左から櫻井洋三、山内久司。『必殺仕置屋稼業』撮影中の京都映画オープンセットにて

人やから。そしたら「櫻井さん、東映と松竹で時代劇のコンペをしていて、東映の企画がぜんぜんあきまへんねん。人を殺して金もうて女を抱く……そういうのできまへんか？」。ややこしいことを言いよる。そんなもんテレビでやったら怒られますよ。

保利　だけど、それで『仕掛人』がスタートしたときの監督の布陣たらすごいよなぁ。よう集めたと思うわ。当時の映画監督のバリバリがザーッと並んで。

櫻井　羽田まで行きましたがな。深作欣二がソ連の映画祭から帰ってくる……そこを待ち伏せて「深作さんですね、松竹の櫻井と申します」や。

保利　よう覚えてるなぁ。

櫻井　それはもう。仕事と女の話はものすごうよう覚えてる。それ以外はぜんぜんあかん（笑）。

保利　だけどさ、わたしが最初に連れていかれたところは「ふみや」のママの家だからね。その前は大阪のホテルプラザだったんだけど、初めて京都で『必殺』を書くことになって、この人に連れていかれたのが文香って元芸妓さんのやってるところ。

櫻井　東山の旅館な。ぼくと仲良しやってん。

保利　わたしはそこに泊まって一生懸命書いてたんだ。旅館が「ふみや」でスナックが「文香」。住んでるところは、五条からちょっと入ったところ。あ、松本もそうだ。松本明のときは宗右衛門町の家に連れてかれたんだよ。そうしたらミナミのクラブのママさんでさ。松本の二番目の奥さんになった人。
櫻井　最初の奥さんは早うに亡くなったんや。お医者さんの娘で、きれいな人やった。ほんま、あいつは極道ばっかしよって（笑）。
保利　あんたも似たようなもんや。それで松本が「ここで仕事してくれ」いうて、どうなるんかなぁと思ったら遅くなって店から帰ってきた（笑）。えっ、クラブのママの部屋でこれからずっと仕事するのかよ……。
　そのママが新規の客の名刺を並べて、その日あったことを全部名刺の裏に書くんだよ。「この人は黒の背広」「この人は背が高い」とかそういう特徴を。いや〜、もうびっくりしたよ。ほいで櫻井さんは……これ以上よう言えんけど、奥さんもあきらめてるからいいか。
櫻井　いや、もう知っとる。全部バレてんねん、ケツからケツまでバレてましたんや。『必殺』の再放送でもな、ある女優が出とったらバチーンと切りよる（笑）。ほんまにかなんわ。
保利　あんた、そりゃ切るよ。胸クソわるいもん（笑）。
櫻井　顔も見たない。
保利　だけど不思議なもんで、女好きというのは自慢したいから連れていくのかなぁ。なんなんだろうね、あれは。あるいは自分はこういう人間だってことをみんなに表明したいのか……。
櫻井　ちゃうちゃう。ぜんぜん違うねん（以下略）。
保利　そんなことしたから、あかんことになるのや。
櫻井　あかんって、なにがあかん？
保利　もう歳だからって、なんでもかんでも言ったらみんな録音されてるからね（笑）。
櫻井　時効や。「あの櫻井、まだ生きてまんのかいな」って話になりよる。
保利　わたしがいちばん残念なのはね、『鬼平』をクビになったこと。市川さんにバサーッと切られたから。4話くらい書いたところで……「お前なんかいらない。『必殺』ばっかりやって筆が荒れた」とか言われてね。そんな覚えはないけど、バッサリ切られた。京都で遊びすぎたのかもしれないな。

櫻井　吉右衛門いうのも、ええ意味で役者バカでっせ。池波正太郎さんも吉右衛門だけは認めとった。

保利　市川さんと仕事すると、池波さんのところに行くんだよ。そうしたら赤字が入って戻ってきたことがあった。東宝の『仕掛人・藤枝梅安　梅安流れ星』（82年）だったかな。そのときはね、池波さんのチェックが直々に入りました。どんなんだったか忘れたけど。

櫻井　市川さんは『鬼平』を東宝でやりたかったんや。ところが吉右衛門は松竹や。だから原作者の池波さんから「どうしても吉右衛門でやりたい」って直接ぼくんとこに電話かかってきてん。あれはフジテレビやけど、ＴＢＳからも別の歌舞伎役者でやりたいとオファーがきて難儀しましたで……「櫻井さん、どっちにしまんねん！」って、プロデューサーのつらいところや。

しかし、あれだけの本数をよくこなしたな

——必殺シリーズの監督で思い出深い方はいますか？

保利　こないだの本（『必殺シリーズ異聞』）にも思い出を書いたけど、やっぱり工藤栄一だよね。いつ工藤さんに撮ってもらえるんだって、櫻井さんに何度も言おうと思ったんだ。やっぱり野上さんみたいな大物のホンが工藤さんにいくからさ。

櫻井　しかしあの男だけはね、ほんまに言うことを聞かん。好き放題してね……10の予算で20くらい使いよるんや。それで平気な顔しているから、いっぺんパチーンって工藤栄一を切った。そしたらあんた、「予算どおりやるさかい、もういっぺん『必殺』撮らせてくれへんか」、やったらまたや。いっこも直らん。映画のときなんか日本海に船を作って、燃やしよった。あれも工藤さんや。

——『必殺！Ⅲ　裏か表か』（86年）ですね。

保利　だけど上手さからいったら、工藤さんがいちばんではないかな。

櫻井　いや、深作欣二や。

保利　あぁ、そっち？

櫻井　深作さんがいちばん上手い。

保利　そうかなぁ。『必殺』に限っては、工藤さんのほうが上だと思うな。あと、わたしはやったことがないけど、依田義賢さんと組んでた時代劇の人……あぁ、三隅研次だ。
櫻井　あの人も上手やった。
保利　工藤さんは当たったらすごいよ。大ホームランで「さすがは工藤栄一」と思うんだけど、空振りも多いから、平均でいうと三隅さんかもね。
櫻井　三隅さんは上手いし、堅実でっせ。予算もキチッとはめてやってくれはる人やけども、やっぱりなんちゅうの、パッと……。
保利　迫力がないの？
櫻井　というよりも……。
保利　ハッタリ？
櫻井　いや、張り詰めるところでのケレン味が足りない。
保利　あぁ、そうか。
櫻井　深作欣二はカーンやろ。そのカン、カン、カーンが三隅研次は少ないんや。
保利　ケレン味の人じゃないからな。もっと、じっくり腰を据えている感じ。
櫻井　そうそう。でも、ほんまに上手やったよ。三隅さんの話をすると涙が出るけど……あの人のご臨終をぼくが見たんや、最後。

櫻井洋三

保利　どこで？

櫻井　京都の病院やがな。「三隅さんなぁ、ちょっと危ないかもわからん」という話で、ぼくだけ行った。

保利　いくつだったの？

櫻井　まだ60ちょっとかな（享年54）。病室に行ったら、手ぇ出して「櫻井ちゃん」いわはるから「はい、なんか飲みたいでっか？」、そうしたらスーッとしまいや。最後の最後に手を握ったのは、ぼくやで。そしたら、それを聞きつけた大映の女優、藤村志保が入ってきた。

保利　それは来るだろうなぁ。

櫻井　藤村志保が「三隅先生！」って、もう泣きじゃくりよったんや。ほんであんた、三隅さんの家に電話して、奥さんに知らせた。そのあと奥さんにも仕事を紹介したし、息子さんの就職もぼくが世話したんや。

保利　いいことしてるねぇ（笑）。

櫻井　ほんまに。悪いこともしたけど、ええことしてまんのやで。

保利　しかし、あれだけの本数をよくこなしたなと思う。『必殺』をやりながら土曜ワイド劇場の『京都殺人案内』（79〜10年）や、ほかのシリーズもやってたし、それからテレビ東京の12時間ドラマにフジテレビでしょ。

櫻井　いっぺんに入ってきよったんや。

保利　まぁ、のんきなのかな。あんまりストレスかかんねえんだろうな、きっと。じゃないと、とっくに死んでるよ。

櫻井　アホは長生きしまんねん（笑）。

保利　そこは感謝しないとダメだよな、松竹も京都映画もみんな。

櫻井　感謝したんは会長だけ。ぼくは映画のセールスやっとったから、局への営業には自信があった。ほかのプロデューサー連中とはちゃいまんねん。

保利　普通こなせねえよ、あれだけの量は。

「そんなもん全部、東映に請求せい！」

保利　うちの娘たちが小学5年と中1くらいだったかな、櫻井家に泊まったことがあった。

櫻井　3泊4日や。奥さんも1泊しはってね、きれいな奥さんやった。

保利　まだ伏見の豪邸があったころ。だから「櫻井のおじちゃん」とか「櫻井のおばちゃん」とか娘が言ってて、おばあさんもいたね。

櫻井　あんたの娘さん、ふたりともかわいかった。

保利　わたしはもう放りっぱなし（笑）。ずっと京都にいて、まだ家族は東京という単身赴任だったから、京都旅行と櫻井家の思い出はすごく楽しかったみたい。

――保利さんは必殺シリーズの脚本家として、最多本数を手がけています。

櫻井　この人はね、だんだん上手《うま》なるんですよ。最初は下手やったけど（笑）、コツを知ってきたら「はぁ、こんなええホン、保利吉紀が書きまんのか」というくらい上達しましたんや。それから早い！

保利　早いことは早いよ。とにかく何本も抱えてて、ものすごい勢いで書いてたからねぇ。東京とこっちの両方で。だから、かんのんホテルで松竹の『必殺』を書きながら、その間に『銭形平次』もやってた。そうしたら女中さんが「保利さん、今日どっち。松竹？　東映？」って聞いてきた（笑）。あれ、もしかして会社によって出る料理が違ったのかな。

櫻井　「そんなもん全部、東映に請求せい！」いうてな（笑）。

保利　大川橋蔵さんがね、「夜に撮っても昼みたい。どうして『必殺』のような画にならないんだろう」と言ってたなぁ。あの人は『銭形』に『必殺』の要素を入れようとしてたんだ。

――脚本家同士の付き合いはありましたか？

保利　吉田剛さんとは、まぁ飲んだことくらいかな。あそこに連れてってもらったんだ。祇園四条のおばんざいや……「ご飯処やまふく」だ。あれの2～3軒横に櫻井さんの馴染みのお店があった気がする。

櫻井　「いがらし」や。あれのすぐ近くに吉田剛の実家があったんや。いがらしの女将さんが「櫻井さん、うちの町内会の吉田さんの息子が大船の撮影所にいるという話で」って教えてくれたことがあった。うちの兄貴（櫻井秀雄／監督）に電話して「吉田剛っておるか？」「おる。こいつは脚本が上手い」、そんな話をしましたがな。

保利　だけど、なんで監督にならなかったの？

櫻井　なりたいなりたい言いよったんや。ところが「お前はシナリオライターや」いうて配置転換。『必殺』も撮らしてくれって、ずいぶんうるさかった。

保利　酒を飲むと言ってたよ。

櫻井　大船から「絶対に監督さしたらあかん」と。あのときのテレビ担当重役から電話が入っとった。山内静夫さん、里見弴の息子や。あの人がテレビ担当やねん。

保利　里見弴の息子？　すごいなぁ。92歳だよ。なんで頭が衰えないんだろう（笑）。

櫻井　思い出がボンボンボンボン出てきまんのや。女の顔ばっかり浮かんできよる。

保利　わたしなんかね、再放送で『必殺』を見てても自分が書いたホンだって、ぜんぜん気づかない……そのくらい覚えてないんだ。最後に自分の名前が出てきてびっくりする（笑）。

櫻井　うちの嫁さんなんか、『必殺』見ようと思ったら「バチン！」や（笑）。切りよる。

保利　悪行の報いだよ。新宿にね、高校の同級生の女の子が店を出していて、そのスナックがたまり場だった。みんな、わたしのツケで飲んじゃうの（笑）。吉田さんもそこに来てて、よく話をしたなぁ。

櫻井　あいつは現場がホンを直すと、ほんまにうるさかったな。よう怒ってた。

保利　それだけ真剣なんだよ。中原朗とは、ふみやで一緒に仕事をした。最後のほう、いっぱい書いたもんね。

櫻井　篠崎好さんもええホン書いたで。あの人はだれの紹介やったかな……安倍さんやったか。ちょっと忘れた。

保利　安倍さんか、わかる気がする。ふみやは部屋が3つあるんだ。野上さんがいちばん広い部屋で、わたしが次、それから窓もないような小部屋が中原（笑）。

――保利さんの紹介で必殺シリーズに参加された脚本家はいますか？

保利　『銭形』を書いてた林企太子、彼女を紹介した気がするな。

櫻井　知らん。林企太子っておった？

保利　いたいた。

櫻井　ぜんぜん覚えてない。

保利　それくらいかな。あとは賀来千香子をゲストで紹介した（『必殺仕事人Ｖ』第18話「花屋の政ワル仕事人と戦う」）。彼女は夏木プロだったんだけど、わたしは『江戸の激斗』（79年）で夏木陽介さんと親しかったから。あれの1話目は『七人の侍』ですよ。同じ東宝だし、黒澤映画をテレビでやったんだ。ずいぶん予算もかけたし、江戸シリーズは真面目にやったよ。

それからロマンポルノの女優さんも紹介したけど、名前を忘れちゃったな。とにかくライターだと、田上（雄）と（中村）勝行とわたし、この3人がグループだったから、勝行が亡くなったときは参ったね。あいつと一緒に工藤さんの映画をやったときも大変だった。野上さんがメインなのに……。

櫻井　船を燃やすやつやな。

保利　野上さんと工藤さん、ホテルに入っても酒ば〜っかり飲んで進まねえんだから。こっちは忙しいし、勝行もイヤになっちゃって、これは完成するのか……そんな状況だったな。

――『必殺！Ⅲ』は、工藤・野上と保利・中村でシナリオをめぐる意見が割れたそうですね。

保利　わたしと勝行もちょっと違った。勝行が金の流れみたいな仕組みを考えて、ほとんど筋もできた段階で降りちゃったんだ。工藤さんも多少は遠慮があったのか、あまり意見を言わなかった気がする。それで降板したあと、印刷された台本がね、3人の名前が並んでるのにわたしと勝行だけ小さい（笑）。

櫻井　そら、野上龍雄はナンバーワンや。

保利　台本のサイズが、そっくりそのまま映画のクレジットに反映されてるんだから参ったよ。

櫻井　差別した（笑）。ほんで、野上さんは東映から話がきて「そっちをやりたいんだけど」とか言い出すわけや。かなんで、ほんま。

上手いと思ったなぁ、高ちゃんは

櫻井　三隅さん、工藤さん、深作さん……それから松野（宏軌）さんも亡くなったんや。

保利　松野さんは、あんまり思い出ないかなぁ。わたし、監督だと工藤さんと高ちゃん……高坂光幸、このふたりがトップだな。高ちゃんは助監督をやってるころから、よう話をしてた。あんまりホンの話とかはしてないけど、しかし上手いと思ったなぁ、高ちゃんは。

櫻井　高坂は器用やねん。わりあいにまとめるのは上手やけども、本質的にぼくと相容れない部分がある。だから、あいつは製作主任にした。

保利　でも、いい監督だったよ。

――『新仕置人』（77年）の「代役無用」「夢想無用」に代表

されるのは保利・高坂コンビの作品はすばらしい出来です。野上龍雄シナリオの「愛情無用」をふくめた火野正平さんの正八三部作は、いまも語り継がれています。

保利　やっぱり高ちゃんの腕前だよ。それから原田雄一もハマるとよかった。

櫻井　もともと東映の、東京の監督なんや。あの人にも、よう撮ってもらった。

保利　原田とは『必殺』と『銭形』と両方やってて、オンエアが終わると「あのシーン、よかっただろ」って、よく電話がきたな（笑）。そいで車で東京と京都を行き来して、途中で上田あたりの温泉に寄って帰るのがあの人のパターン。渋谷の円山町の出なんだよね。『京都殺人案内』の岡屋龍一が日芸（日本大学芸術学部）の同級生で、岡屋さんもホンについてはなんにも言わない監督だったな。

櫻井　口数が少ない人や。地方ロケ、しっかり条件に合わせて撮ってくれた。助かりましたよ。

保利　ホンのまま撮ってくれた。工藤さんだったら、むちゃくちゃだよ（笑）。

櫻井　原田雄一も岡屋さんも亡くなった。しつこう生きてんのは俺らくらいや。ほんま悪党は長生きしまんねん。

――保利さんは『必殺』の撮影現場にもよく足を運んでいたそうですが。

保利　そう、現場を見るのが好きだったね。わたしくらい撮影所に行ってたライターもいないと思うな。中やん（中島利男／照明技師）の息子の名前はわたしがつけたし、それくらい仲良かったんだ。思い浮かぶことがたくさんあった。現場を見たり、人と話をしたり……とにかくね、じっとしててもアイデアは出ないんですよ。

そりゃあんた、連続ものだったらいいけど、毎回バラバラの話なんだから。わたしは『銭形』と『江戸の旋風』を書いてるときは、必ず山手線に乗ってたんだ。家もダメ、旅館もダメ、なにか騒々しい場所のほうが浮かぶんだね。

櫻井　そういうタイプやな。

保利　現場でも原田がいろいろ段取りして「はい、よーい、スタート!」って言おうとしたら、石っさん（石原興）が「ちょっと待って～」（笑）。

櫻井　あいつもなぁ……。

保利　あれ、同級生のはずなのに。

櫻井　石原はキャメラマンとしては一流や。

保利　だけど、喧嘩はしなかった。原田のほうが下がってたよ、やっぱり。まぁキャリアが違うから、それはかわいそうや。現場で愚痴ってた。

櫻井　また石原というのが図々しい男でな（笑）。あいつは、ほんまに。だけども、最近ひさしぶりに会うたんや。撮影所に連れていってもうて、そしたらあんた「櫻井さん」「櫻井さん」「櫻井さん」、ワーッとみんな集まってくれはった。昔のスタッフが。

保利　そりゃ、そうしないとダメだよ。

櫻井　ぼくも有名になったもんや。

保利　前から撮影所に行け、行けって言ってたのに、なんだかんだ言い訳してぜんぜん行かないんだから。だけど、行ったんだ。それはよかった。

櫻井　そしたら、そんときの社長が武田（功）や。ぼくの助手をやっとった男が、なんとまあ松竹撮影所の社長になっとった。

保利　こないだ引退しちゃったけど。

櫻井　そうらしいな。ほんで「ほぉ〜、きれいになっとる。社長は誰や?」「武田という人です」「どの武田や?」「櫻井さんの助手をやってた武田でんがな」って石原が教えてくれた（笑）。あれが社長!?　はあぁ〜、松竹も変わった。ほんまに変わった。わからんもんや。

保利　しかしさ、松竹だと佐生（哲雄）が結婚するのに、わたしらも一緒にテニスをやったりしたね。嫁さんになった京都映画の女の子と一緒に八瀬のテニス場に行って、そのときかな？　わたしはメガネが割れたんだよ。誰かが打った球がバーンと当たって、粉々になった（笑）。

櫻井　ぼくね、高校のときテニス部やってん。それであんた、京都でナンバー3。大学もそう。テニスボーイやねん。

保利　昔、流行ったんよ、テニスいうのは。

櫻井　テニスと女だけは上手かった（笑）。

保利　こういう人って、どんな死に方するのかなぁ。

櫻井　天国から「はよ来い、はよ来い」って、お声がかかっとる。必殺色ざんげや。しかし、うちのいちばん上の兄貴は100歳で、まだピンピンしとる。

保利　まぁ、静かに死なないでほしい。しかし、かんのんホテルもさぁ、ちゃんと夫婦茶碗が用意してあるんだから（笑）。それは安倍さんの部屋で、入れ替わりにわたしが入った。

櫻井　あの時代で生きてるのは、あんたと俺くらいか。

保利　わたしはもう、ひとり暮らしが7〜8年になるよ。

櫻井　なんで、ひとりなん？
保利　いちばん楽だよ。娘も近くに住んでるけど。もう断捨離でいろんなものを整理して、いまは机とペンだけ。日々の思うことなんかを原稿用紙に書いては捨て、書いては捨て……それを繰り返してる。

かんのんホテルの隣のラブホテルで

――初のワンクールもの、全13話の『必殺からくり人』（76年）は当初の予定では早坂暁さんが全話を執筆する予定でしたが間に合わず、ピンチヒッターとして保利さんと中村勝行さんが参加しています。

保利　その前があるのよ。ホテルプラザで仕事をしてたころの話だけど、とにかく早坂さんって遅いから……。
櫻井　あれは「おそさか・うそつき」や。ええホン書きよるけど、泣くほど遅い。
保利　それで山内さんから「悪いけどスタンバイしといてくれ」って言われて……要は間に合わなかったら頼むという話があった。朝食のパンを取りにいったら、ちょうど早坂さんがいて「あれ、保利さん。どうしたの？」「どうしたのじゃないよ。あんたの代役でスタンバイだよ（笑）」という会話をした。
櫻井　のんきなもんや。
保利　で、そっちはものの見事に書き上げたんだけど、今度は『必殺』で同じことが起きた。わたしと勝行は早いから、とにかく「間に合わない」ってなったら、なにがなんでもバーって書く。まぁ、早坂さんの影武者も悪くねえなって思ったよ。

――第10話「お上から賞金をどうぞ」、隠れキリシタンの話を保利さんが執筆しています。

保利　とくに引き継ぎや打ち合わせもなく、自分がやりたい話を書いた気がするな。そういう虐げられる側のドラマが好きだから。
櫻井　しかし早坂暁という男、ホンは上手い。たまらんほど上手かった。
保利　麻雀やりながら書いてたんだ。すげえよ。
櫻井　とにかくあの人はね、麻雀やらんと頭が回らん。撮影所の前に麻雀屋があって、そこにメンバー集めろって言われて打っとった。はよ書いておくんなはれ。
保利　それがエネルギーの源になってんだよ。麻雀で話が煮詰まってくる（笑）。

櫻井　しかし、保利さんには助けられましたなぁ。

保利　わたしが書いた『必殺』で唯一、覚えているのは……こんだけ悪人を殺してるんだけど、殺された側の残された家族は一体どうなってるんだという、あの話をいちばん覚えてる。

――『新必殺仕置人』（77年）の「質草無用」ですね。中村嘉葎雄さん演じる巳代松と同居することになった幼い姉弟が、じつは巳代松が手にかけた悪人の子供という因果なストーリーでした。監督は高坂光幸さん。

保利　そうか、高ちゃんだったか。あのシリーズは嘉葎雄さんも山﨑（努）さんもホンにうるさかった。いちばん苦労したんじゃねえかな。

櫻井　山﨑さんはそうでもなかった。嘉葎雄のほうが上や。

保利　あんときは正平もいたな。あいつは一緒にかんのんに泊まってた。

櫻井　正平と和田アキ子が喧嘩しよったときはすごかったで。間に入って止めようかと思ったけど、そんなん止まるもんやあらへん（笑）。もうちょっとで殴り合いになるとこやった。ふたりとも血の気が多いさかい。

保利　かんのんホテルの隣のラブホテルで、そっから声がすんだよ。「保利さ〜ん、保利さ〜ん！」って。窓を開けたら正平がいた（笑）。

櫻井　おった、おった。あんときの女優がな。

保利　あんまり言えねえけど（笑）。

櫻井　この間、テレビつけたら、おばあちゃん役で出とったで。

保利　まだやってんのかよ！

櫻井　はぁ〜って、びっくりしましたがな。うちの嫁はんがよう知っとってな、「この人、火野さんの彼女やった」いうて。

保利　彼女っていうほどでもないんだけどね。

櫻井　あいつは一晩でも二晩でも彼女や。どんだけ多かったか。ほんまに正平だけは苦労させられたわ……往生しまっせ。

――中村主水役の藤田まことさんの思い出はありますか？

保利　藤田さんといえば、還暦の祝いかな。まず櫻井さんをやって、次の年に藤田さん、最後がわたし。いっこずつ違いなんだ。あの赤いちゃんちゃんこ、どこにいったのかな。高ちゃんが持ってんじゃないか。

保利吉紀脚本による『新必殺仕置人』第21話「質草無用」。中村嘉葎雄演じる巳代松の因果が描かれた

櫻井　うちのは嫁はんが「こんなもんいらん!」いうて、バッとゴミの日に捨てよった。『必殺』に関してはペケやから。
保利　あんたのせいでな。しかし、わたしもよう会ってたなぁ、奥さんに。上品な方で、お世話になりましたわ。
櫻井　いまだに「パチン!」やで。
保利　藤田さんもホンについては、『殺人案内』でちょっとうるさいときがあった。やっぱり主水より音川刑事のほうが腰を据えて作ってたから。
櫻井　あんまり『必殺』ではなかったな。
保利　そいでね、東映が『はぐれ刑事純情派』を作ることになったとき、わたしがチョンボした。なんにも新しいことが浮かばねえんだ。けったいなホンを書いて、東映のプロデューサーに渡したら「保利さん、これやるんですか?」「これしか思い浮かばないんだから、ダメだったらやめさしてくれ」って、それでやめたんだ。途中までしか書けなかった。
櫻井　あれは『殺人案内』のパクリでっせ。京都を東京に変えただけや。あ、あかん。嫁はんから電話や。ちょっと、すんまへん(ゆっくり席を離れる)。

保利吉紀

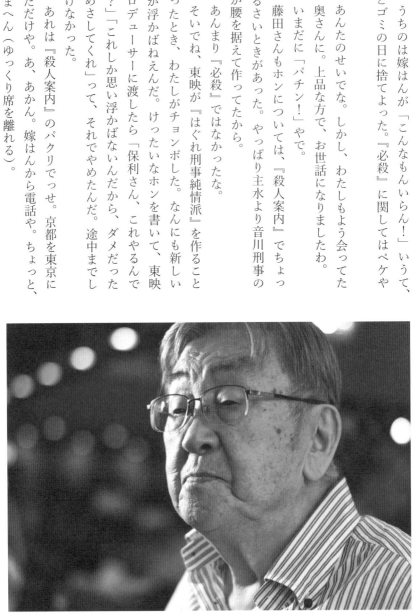

日本からも棄てられ、韓国からも棄てられて

――保利さんのエピソードは失敗談ばかりなので、もっと櫻井さんのような自慢話も聞かせてください。

保利　自慢するもんなんて、なにもないよ。

――『京都殺人案内』では、戦争を扱った事件がとくに印象深いです。夫を戦地で処刑された老婆の復讐劇や世界平和を訴える大学教授が学徒出陣のトラウマから殺人を犯してしまうエピソードなど。「この国ですわ、犯人は」という音川刑事のセリフもありました。

保利　戦争の話は、まだ1本書けるね。書こうとしてる。どこにも出してない、たったひとつの話を何回も書いている。小学校4年生のときのクラス写真が1枚だけあるんだ。わたしは樺太で暮らしていて、そのとき仲良くしてた朝鮮人がいた。ところが終戦になったでしょう。

終戦になって3年間、一緒に悪いこともしてたんだけど、その子は日本に引き揚げられなかった。〝棄民〟なんだ。樺太にいた40万人のうち4万人くらいが朝鮮人で、炭鉱で働いていた。それが日本からも棄てられ、韓国からも棄てられて、けっきょく置き去りにされたんだ。

あいつと別れたときなんか、炭鉱だったから石炭を列車に積んでる。その上にむしろを敷いて、みんな乗って、町から離れたんだ。その朝鮮人の子が、ずっと追いかけてくれた……もう薄暗かったけど、ずっとずっと追いかけてくれた。あの光景は忘れられない。

石炭の上で鈴なりになって海岸まで運ばれて、沖にソ連の船が停泊してて、はしけ舟に乗って引き揚げ船にね。もう荷物と一緒だよ。こういう網に入れられて、吊り上げられて船底まで持っていかれた。今度は日本の船が来る港まで一昼夜かけて運ばれて、けっきょく20日くらい収容所にいたのかな。

そいつの兄貴も終戦直後にスパイ容疑で殺されたんだよ、日本の将校に。全部覚えてる。だから、そういう復讐の話を書きたいと思っている。だけど最後まで書けない。それを最後の作品にしたいと思ってるんだけど、ついに書けずじまいだよ。

――そうだったのですね。

保利　で、その親友とは、また樺太に行ったとき会ってるんだ。フジテレビで薬師丸ひろ子の番組があって、生まれ故郷に帰ったわけ（『薬師丸ひろ子が見た！サハリン感動

の47年』)。もう会うやいなや、ひしと抱き合ってね、そいっと1週間くらい一緒に生活したんだ。沖縄戦に比べると、樺太戦のことはぜんぜん報道されない。わたしら空襲されながら、もうどれほど逃げたか……あのときの経験は忘れられないね。

わたしは高校のとき演劇部で、新しく映画部を作ったりして、そのとき広島から赴任した国語の先生の影響が大きかった。それからライターになって、いろいろ書き飛ばしてきたけど、フィクションと違って自分がいちばんよく知ってることは書けない。不思議なもんだなぁ。

櫻井　(戻ってきて着席)よいしょ。

保利　これが最後かもね。

櫻井　そう言わんと。保利さんの連絡先、教えてよ。

保利　(電話番号を交換しながら)あかんようになっても、もう電話しないから。迷惑かけるから。

櫻井　ええよ、電話してよ。「もう死んだ」いうて(笑)。

保利　まぁ、どっちが先の勝負になるのか、わからんけど。

櫻井　別にな、お葬式に来てくれいうわけやないし。

保利　そうそう。香典もなんにもなしだよ。

櫻井　それがええわ。

――櫻井さんは長らく「絶対に表には出ない」とインタビューに応じなかったそうですが、こうやって出ていただけてうれしいです。

保利　表に出ないとダメだよ。足が悪くなるから(笑)。

櫻井　でも、ほんまに表に出てしゃべったら悪いことばっかりやもん。

保利　それが功徳を施すことになるんだよ。あらいざらい全部しゃべることが。

櫻井　そんなことしたら、みんなに怒られてまうがな。しかし、ようけ再放送しとるな、『必殺』も。

保利　もう、わたしはそれで食ってるみたいなもんや。あっちこっちでやってくれて印税が入るから。

櫻井　うらやましいがな。プロデューサーなんて一銭も入らへん。ぜ〜んぶ会社に入ってるんや、松竹へ。

保利　あぁ、そうなのか。櫻井さん、いちおう会社員やったもんな(笑)。それは製作者の協会が悪いんだよ。

櫻井　ぼくに入っとったら億万長者や。

保利　そういう意味では脚本家は恵まれてるね。団体が交渉してくれたから。そういえばね、昨日も石っさんからメールがきたんだ。「元気にしてますか?」って。

櫻井　あいつも人間が丸くなった。
保利　石っさん、弘ちゃん（園井弘一／編集技師）、それから武田……最後に会ったのがいつだったか。武田の退職のときかな。わたしが脚本家を引退したときもね、石っさんが「書かなあかん、書かなあかん」ってメールをようくれた。いまは「元気ですか？」って、生存確認をしてくれる（笑）。
櫻井　石原もな、愛想ようなってなぁ。ほんまに昔は（ふんぞり返りながら）こんなやったけど。この間ね、撮影所で会うたときも「櫻井さん、どうも」って、はぁ人間いうのは変わるもんやで。別人みたいに。
保利　歳をとるのも、悪いことばかりじゃないよ。

ぼくの人生は『必殺』です……この一言に尽きますな

保利　そういえばさ、仙台で『必殺』の舞台をやったよね。覚えてる？
櫻井　やりましたな。あれは仙台の市長からな、電話が入ってきたんや、直接。「『必殺』の櫻井さんですか？」「はい、そうです」……なんや仙台はものすごいファンが多いということで頼まれて、やりましたんや。
保利　ほんとに？　わたしがホンを書いた。
櫻井　そうよ。2日か3日やで。
保利　なにを書いたか忘れたけど（笑）、とにかくやった。
櫻井　仙台やろ、それから岩手でもやったし、いちばん上の青森でもやった。
保利　それでさ、仙台でやったとき、地元のプロデューサーみたいなやつが、わたしの知り合いだったんだよ。
櫻井　あら、ほんまに。
保利　なぜか、そんな縁があったな。
櫻井　仙台はね、なんやしらんけど団体旅行したんや。そのときに市長と知り合うて、ほんで連絡がきた。
保利　だけど知らない間にいろいろやってたんだなぁ。テレビだけじゃなく、あちこち興行で回って。
櫻井　もともと「必殺まつり」は南座からや。舞台いうのはニッパチ……2月と8月あかんねん。それで支配人の鈴鹿（隆男）さんに頼まれて、8月にやった。鈴鹿さんいうのは、ぼくが映画のセールスやってた時分の先輩で、あの人の奥さん同級生やったんや、高校の。
保利　へぇ、そうか。わたしもずいぶん書いたな。

櫻井　ずいぶん南座にも稼がせて、しかしテレビや映画との両立が大変やった。ほんで本社の役員になったあと、鎌倉シネマワールドまで担当しましたんや。もう大船の撮影所があかんかったから、映画村にした。別の役員が担当しとったのを「お前もやれ！」と、こうでんがな。
保利　しかし、櫻井さんも山あり谷ありやったんやろ。
櫻井　本社から京都に戻って撮影所の役員やって、そのあと最後が沖縄や……舞台の興行で、やられてもうた。何千万やで。それであんた、伏見の家を売ってバーって払うたけどな、ほんまに沖縄だけは気ぃつけなあかん。調べてもうたら「櫻井さん、これは悪いグループですわ」って、ついついノセられて失敗した。
保利　そういえば藤田さんに『殺人案内』で沖縄を舞台にした話をやろうって何度も言われたな。沖縄は戦争のことがあるから行く気がしなかったけど、なんとかってホテルのタイアップ取れるからと言ってた気がする。だけど、どうしても沖縄は書く気がしなかった。樺太生まれの人間だから。
――最後に写真を撮らせてください。それでお昼ごはんを食べにいきましょう。
保利　わたしは写真を撮られるのが、いちばんの苦手でさ……。土曜ワイドでも、あれ最初に脚本家の顔が出るのがイヤやった。
櫻井　せやけど、あんた、これが最後の写真になるかもわからへんで（笑）。仏壇に飾るやつになるかもしれん。
保利　可能性あるよな。
櫻井　あんた、いくつや？
保利　90や。
櫻井　ジャスト？
保利　そう、90ジャスト。
櫻井　しぶとう生きてるわ。しかしね、うちの会社も本当に全部ぼくに任せてくれた。とにかく連続ものは、きっちり決まった金額が入ってくるわけ、テレビ局から。それがものすごう役に立ったらしいですわ、会社として。
保利　そうやろうなぁ。映画は当たり外れがあるけど、テレビは絶対に損しないもんな。
櫻井　苦労してんのは櫻井だけ（笑）。いやいや、最初は『必殺』も赤字でしたんや。予算も安かった。毎回、600万の赤字や。それが積もり積もって、役員会で吊し上げられて……だけど人気番組やから、再放送で売れるからということで、経理担当の重役に助けられた。
せやけど、あんたな、ほかの役員たちにどんだけブワーッと言われたか。ぼくがケツまくって「ほな、やめますわ」いうたら終わりでっせ。京都映画の幹部連中からも突き上げがあるし、櫻井を降ろそうとする動きまであったんやから。けっきょく山内さんが途中から値上げしてくれて、それで助かった。

保利　そりゃ赤字も出るよ。考えてみたら役者がすごいし、監督もすごいし。

櫻井　緒形拳に山村聰、それを13本やってみなはれ、どんだけの赤字か……。

保利　しかし櫻井さんは松竹に貢献したよ。ほんと大したもんだよ。

櫻井　ぼくの人生は『必殺』です……この一言に尽きますな。ええも悪いもふくめて、いろんなことがあったけど、とにかく『必殺』一本でずーっとやってきたんは間違いない。いろいろおましたで、ほんま。

保利　わたしは一時期シナリオライターをやめて5年のブランクがあったから、松本明に誘われて『必殺』で復帰して、それが縁で時代劇を次々と書くようになった。だから幸運をもたらしてくれたのかな。やっぱり『必殺』がなかったら、わたしの人生はなかっただろうね。

櫻井　しかしまぁ、作品以外でも掛け持ちしとって、忙しかったで。

保利　また、そういうことを言う（笑）。しょうがねえな、このじいさんは。

櫻井洋三［さくらい・ようぞう］

1932年京都府生まれ。同志社大学卒業後、55年に松竹入社。営業部などを経て関西テレビ分室のプロデューサーに。『必殺仕掛人』から始まる必殺シリーズを一貫して手がける。そのほか『京都殺人案内』『大忠臣蔵』『鬼平犯科帳』などをプロデュース。松竹、松竹京都映画（現・松竹撮影所）の取締役を務めた。

保利吉紀［ほり・よしき］

1934年旧樺太生まれ。慶應義塾大学中退後、62年にオリジナルシナリオ『空白』が文部省芸術祭公募脚本芸術祭賞を受賞し、NET（現・テレビ朝日）で映像化される。75年の『必殺必中仕事屋稼業』から必殺シリーズを手がけ、『江戸の旋風』『銭形平次』などの時代劇、『京都殺人案内』ほか現代劇も多数。

おわりに

高鳥都

〝すでに「三部作」という収まりのよさを打ち破りたい気持ちに駆られており、四度渡った泪橋――〟と、校了直前のテンションで謎のあとがきをしたためた前作『必殺シリーズ始末』から9ヶ月、立東舎の山口一光氏とともに『あぶない刑事インタビューズ「核心」』を仕上げた直後から本書に着手し、ようやく完成しそうです。スタッフ中心というコンセプトを覆し、キャストへと方向転換。『始末』の40名、『「核心」』の50名という歯止めのきかなさから一転、今回は22名と歴代もっとも収まりよくコンパクトな人数に落ち着きました。

とはいえ、新たな試みには従来とは異なる四苦八苦があり、原稿のまとめ作業もボンボンボンボンとはいかなかったのが率直なところです。これまでも「もっと俳優の数を増やしてほしい」という読者からのリクエストを多数いただいていましたが、表に出る機会の少ないスタッフの聞き書きこそ己の役目と考えており、さらに辰巳出版の『時代劇マガジン』が過去に数々の出演者インタビューを行っていたので、そちらの単行本化がベストでは……と思っていました。が、いくら押しても先方の動きが鈍く、「ならば！」と先に仕掛けた次第。緒形拳、藤田まことの両氏をはじめ故人も多く、向こうは向こうで実現してほしいと切に願います。

今回も京都取材では都築一興監督や松竹撮影所のみなさんのお世話になりました。かつてのスタッフ再会の場に立ち会うこともできて感無量。俳優各氏への尽きせぬ思い出もありますが、あとがきは恒例の1ページとします。『仕掛人』から始まったからには、『剣劇人』で終わろうじゃあないか。さて、まさかの「五部作」を夢想しながら、この先も新旧の必殺シリーズをめぐる展開に期待を込めてお別れです。あばよ！

List

必殺シリーズ一覧

原則として当時の表記に準じる。キャストはクレジット順、脚本・監督は登板順

第1弾
必殺仕掛人

（1972年9月2日～1973年4月14日／全33話）

キャスト■林与一（西村左内）、緒形拳（藤枝梅安）、津坂匡章（千蔵）、太田博之（万吉）、野川由美子（おぎん）、中村玉緒（おくら）、山村聡（音羽屋半右衛門）

スタッフ■制作：山内久司、仲川利久（第13話より）、桜井洋三／原作：池波正太郎／脚本：池上金男、国弘威雄、安倍徹郎、山田隆之、石堂淑朗、早坂暁、松田司、山崎かず子、本田英郎、池田雄一、鈴木安、津田幸夫／監督：深作欣二、三隅研次、大熊邦也、松本明、松野宏軌、長谷和夫

池波正太郎の小説を原作にしたシリーズ第1弾。音羽屋半右衛門を元締に、浪人の西村左内、鍼医者の藤枝梅安が金をもらって、はらせぬ恨みをはらす。光と影のダイナミックな映像に平尾昌晃の音楽がマッチして人気番組となった。

第2弾
必殺仕置人

（1973年4月21日～1973年10月13日／全26話）

キャスト■山崎努（念仏の鉄）、沖雅也（棺桶の錠）、野川由美子（鉄砲玉のおきん）、白木万理（中村りつ）、津坂匡章（おひろめの半次）、高松英郎（天神の小六）、菅井きん（中村せん）、藤田まこと（中村主水）

スタッフ■制作：山内久司、仲川利久、桜井洋三／脚本：野上龍雄、国弘威雄、貞永方久、安倍徹郎、山田隆之、猪又憲吾、浅間虹児、松田司、三芳加也、桜井康裕、勝目貴久、鈴木安、鴨井達比古、松川誠、梅林貴久生／監督：貞永方久、松本明、三隅研次、大熊邦也、松野宏軌、工藤栄一、国原俊明、蔵原惟繕、田中徳三、長谷和夫

シリーズ第2弾にして中村主水が初登場。原作を持たないオリジナル企画であり、元締は存在せず、念仏の鉄や棺桶の錠といった無頼漢が合議制によって虐げられし者の恨みをはらしていく。鉄による骨はずしのレントゲン映像も話題に。

第3弾
助け人走る

（1973年10月20日～1974年6月22日／全36話）

キャスト■田村高廣（中山文十郎）、中谷一郎（辻平内）、野川由美子（お吉）、佐野厚子（中山しの）、宮内洋（龍）、津坂匡章（油紙の利吉）、住吉正博（為吉）、山村聡（清兵衛）

スタッフ■制作：山内久司、仲川利久、桜井洋三／脚本：野上龍雄、国弘威雄、安倍徹郎、ジェームス三木、猪又憲吾、村尾昭、押川国秋、石川孝人、松原佳成、松田司／監督：蔵原惟繕、松野宏軌、三隅研次、工藤栄一、松本明、田中徳三

『仕置人』の放映中に起こった殺人事件の影響でタイトルから〝必殺〟の二文字が外れ、人助けをモチーフにした明るい作風に。第24話でシリーズ初となる仲間の惨死が描かれ、以降は裏稼業を強調したハードボイルドタッチとなった。

第4弾
暗闇仕留人

（1974年6月29日～1974年12月28日／全27話）

キャスト■石坂浩二（糸井貢）、近藤洋介（大吉）、野川由美子（おきん）、津坂匡章（半次）、白木万理（中村りつ）、菅井きん（中村せん）、藤田まこと（中村主水）

スタッフ■制作：山内久司、仲川利久、桜井洋三／脚本：国弘威雄、村尾昭、安倍徹郎、猪又憲吾、下飯坂菊馬、石川孝人、播磨幸治、野上龍雄、松原佳成、久礼秀夫、松田司／監督：工藤栄一、蔵原惟繕、松本明、田中徳三、松野宏軌、高橋繁男、渡邊祐介、三隅研次、倉田準二

藤田まことの中村主水が再登場。オイルショックの世情不安を反映し、黒船来航の幕末が舞台となった。『仕掛人』から連続出演の津坂匡章（現・秋野太作）と野川由美子は本作で降板。西崎みどりの主題歌「旅愁」が大ヒットを記録した。

第5弾
必殺必中仕事屋稼業

（1975年1月4日～1975年6月27日／全26話）

キャスト■緒形拳（半兵衛）、林隆三（政吉）、中尾ミエ（お春）、岡本信人（利助）、大塚吾郎（源五郎）、芹明香（おまき）、草笛光子（せい）

スタッフ■制作：山内久司、仲川利久、桜井洋三／脚本：野上龍雄、村尾昭、下飯坂菊馬、国弘威雄、松原佳成、播磨幸治、石川孝人、素一路、猪又憲吾、大工原正泰、安倍徹郎、横光晃、田上雄、中村勝行／監督：三隅研次、工藤栄一、松本明、松野宏軌、大熊邦也、蔵原惟繕

ギャンブルをテーマに緒形拳が復帰、初の女性元締役に草笛光子が配された。関東は20％、関西は30％超えの高視聴率を記録していたが、第14話より朝日放送がTBSからNET（現・テレビ朝日）の系列となり、土曜22時から金曜22時の放映に。

第6弾
必殺仕置屋稼業

（1975年7月4日～1976年1月9日／全28話）

キャスト■沖雅也（市松）、新克利（印玄）、渡辺篤史（捨三）、小松政夫（亀吉）、中村玉緒（おこう）、白木万理（りつ）、菅井きん（せん）、藤田まこと（中村主水）

スタッフ■制作：山内久司、仲川利久、桜井洋三／脚本：安倍徹郎、田上雄、村尾昭、中村勝行、国弘威雄、素一路、保利吉紀、野上龍雄、横光晃、猪又憲吾／監督：蔵原惟繕、松本明、松野宏軌、大熊邦也、三隅研次、工藤栄一、渡邊祐介、田中徳三

『仕事屋稼業』放映中に腸捻転解消（ネットチェンジ）が行われた影響で、視聴率は半分以下にまで下落。人気の高かった中村主水が再々登板、沖雅也がクールで美しき殺し屋・市松を演じ、全体に華やかな雰囲気のシリーズとなった。

第7弾
必殺仕業人

（1976年1月16日〜1976年7月23日／全28話）

キャスト■中村敦夫（赤井剣之介）、大出俊（やいとや又右衛門）、中尾ミエ（お歌）、渡辺篤史（捨三）、菅井きん（せん）、白木万理（りつ）、藤田まこと（中村主水）

スタッフ■制作：山内久司、仲川利久、桜井洋三／脚本：安倍徹郎、田上雄、野上龍雄、中村勝行、保利吉紀、国弘威雄、猪又憲吾、村尾昭、松田司、横光晃、南谷ヒロミ／監督：工藤栄一、松本明、蔵原惟繕、大熊邦也、松野宏軌、渡邊祐介、高坂光幸

『仕置屋稼業』に続いて、藤田まことが連続出演。降格処分を受けた中村主水は、小伝馬町の牢屋見廻り同心に。貧しい暮らしのなか、無宿のワケあり男女やドライな仲間と組んで、毎週これでもかと殺伐としたストーリーが繰り広げられる。

第8弾
必殺からくり人

（1976年7月30日〜1976年10月22日／全13話）

キャスト■緒形拳（夢屋時次郎）、森田健作（仕掛の天平）、ジュディ・オング（花乃屋とんぼ）、芦屋雁之助（八尺の藤兵ヱ）、間寛平（八寸のへろ松）、山田五十鈴（花乃屋仇吉）

スタッフ■制作：山内久司、仲川利久、桜井洋三／脚本：早坂暁、中村勝行、保利吉紀／監督：蔵原惟繕、工藤栄一、大熊邦也、松野宏軌

山田五十鈴がレギュラー入りを果たして元締に。「わたしたちは涙としか手を組まない」として依頼人から金を受け取らず、現代パートからドラマをスタートさせて江戸時代の史実と関連づけるなど、初のワンクール企画に実験を織り込んだ。

第9弾
必殺からくり人　血風編

（1976年10月29日〜1977年1月14日／全11話）

キャスト■山﨑努（土左ヱ門）、浜畑賢吉（直次郎）、ピーター（新之介）、吉田日出子（おいね）、熊谷隊長（桑山正一）、草笛光子（おりく）

スタッフ■制作：山内久司、仲川利久、桜井洋三／脚本：村尾昭、安倍徹郎、神代辰巳、保利吉紀、中村勝行、大和屋竺、播磨幸治、貞永方久、水原明人、工藤栄一／監督：蔵原惟繕、工藤栄一、貞永方久、渡邊祐介、松野宏軌

幕末の動乱を舞台にした全11話の異色作。『仕置人』で念仏の鉄を演じた山﨑努が土左ヱ門なる正体不明の密偵として銃をぶっ放す。必殺シリーズの撮影を手がけてきた石原興が不参加という唯一の連続枠である。

第10弾
新必殺仕置人

（1977年1月21日〜1977年11月4日／全41話）

キャスト■藤田まこと（中村主水）、中村嘉葎雄（巳代松）、火野正平（正八）、中尾ミエ（おてい）、河原崎建三（死神）、藤村富美男（元締虎）、菅井きん（せん）、白木万理（りつ）、山﨑努（念仏の鉄）

スタッフ■制作：山内久司、仲川利久、桜井洋三／脚本：野上龍雄、村尾昭、安倍徹郎、中村勝行、大和屋竺、保利吉紀、松原佳成、松田司、嵯峨忍、和久田正明、岡本克己、古市東洋司、疋田哲夫、志村正浩／監督：工藤栄一、松野宏軌、大熊邦也、高坂光幸、渡邊祐介、原田雄一

中村主水としてシリーズを支えてきた藤田まことがクレジットのトップに。山﨑努演じる念仏の鉄が復活し、闇の殺し屋組織「寅の会」が登場する。主水、鉄、巳代松、正八、おていという五人組のチームワークも抜群の自由気ままな人気作。

第11弾
新必殺からくり人

（1977年11月18日〜1978年2月10日／全13話）

キャスト■近藤正臣（蘭兵衛／高野長英）、古今亭志ん朝（噺し家塩八）、ジュディ・オング（小駒）、緒形拳（安藤広重）、芦屋雁之助（ブラ平）、山田五十鈴（泣き節お艶）

スタッフ■制作：山内久司、仲川利久、桜井洋三／脚本：早坂暁、野上龍雄、安倍徹郎、村尾昭、保利吉紀、中村勝行／監督：工藤栄一、蔵原惟繕、南野梅雄、松野宏軌、森崎東

安藤広重の浮世絵「東海道五十三次」を使って毎週トリッキーな殺しの依頼を絵に仕込み、シリーズ初の〝旅もの〟として基礎を作りあげた。泣き節お艶一座に実在の人物である高野長英が殺し屋として加入するという奇想も見どころ。

第12弾
江戸プロフェッショナル
必殺商売人

（1978年2月17日〜1978年8月18日／全26話）

キャスト■藤田まこと（中村主水）、梅宮辰夫（新次）、火野正平（正八）、鮎川いづみ（秀英尼）、菅井きん（せん）、白木万理（りつ）、草笛光子（おせい）

スタッフ■制作：山内久司、仲川利久、桜井洋三／脚本：野上龍雄、安倍徹郎、中村勝行、岡本克己、長田紀生、保利吉紀、国弘威雄、原田雄一、松原佳成、南谷ヒロミ、辻良／監督：工藤栄一、渡邊祐介、松野宏軌、原田雄一、高坂光幸、石原興、南野梅雄

『新仕置人』の続編。ふたつのチームが反目しながら殺しのプロフェッショナルとして悪を裁く。りつの懐妊による主水の葛藤が見もの。カラオケなど世相のパロディ化を強め、音楽が平尾昌晃から森田公一に交代して雰囲気も一変。

第13弾
必殺からくり人　富嶽百景殺し旅

（1978年8月25日〜1978年11月24日／全14話）

キャスト■沖雅也（唐十郎）、芦屋雁之助（宇蔵）、高橋洋子（うさぎ／第4話まで）、真行寺君枝（うさぎ／第5話より）、江戸屋小猫（鈴平）、吉田日出子（おえい）、小沢栄太郎（葛飾北斎）、山田五十鈴（出雲のお艶）

スタッフ■制作：山内久司、仲川利久、桜井洋三／脚本：早坂暁、神波史男、国弘威雄、吉田剛、保利吉紀、山浦弘靖、松原佳成、武末勝、荒馬間／監督：黒木和雄、松野宏軌、工藤栄一、石原興、高坂光幸、原田雄一

葛飾北斎が描いた浮世絵「富嶽百景」（正しくは「富嶽三十六景」）をモチーフにした旅もの。『新からくり人』の延長線上にあるフォーマットであり、山田五十鈴や芦屋雁之助が続投。沖雅也が仕込み釣り竿を駆使する唐十郎を演じた。

第14弾
翔べ！必殺うらごろし

（1978年12月8日〜1979年5月11日／全23話）

キャスト■中村敦夫（先生）、和田アキ子（若）、火野正平（正十）、鮎川いづみ（おねむ）、市原悦子（おばさん）

スタッフ■制作：山内久司、仲川利久、桜井洋三／脚本：野上龍雄、石川孝人、吉田剛、保利吉紀、猪又憲吾、山浦弘靖、荒馬間、白石裕巳／監督：森崎東、松野宏軌、工藤栄一、原田雄一、高坂光幸

当時のオカルトブームを反映した作風であり、アウトサイダーぞろいの異色作。各話ごとに怪奇現象が登場し、その謎を解きながら恨みをはらす旅が続く。第1話のタイトル「仏像の眼

から血の涙が出た」でおわかりいただけるだろうか。

第15弾
必殺仕事人

（1979年5月18日〜1981年1月30日／全84話）

キャスト■藤田まこと（中村主水）、伊吹吾郎（畷左門）、三田村邦彦（秀）、山田隆夫（半吉）、鮎川いづみ（加代）、三島ゆり子（おしま）、菅井きん（せん）、白木万理（りつ）、中村鴈治郎（鹿蔵）、山田五十鈴（おとわ）、木村功（六蔵）

スタッフ■制作：山内久司、仲川利久、桜井洋三／脚本：野上龍雄、尾中洋一、石森史郎、山浦弘靖、貞永方久、高坂光幸、吉田剛、松田司、石川孝人、国弘威雄、和久田正明、武末勝、南谷ヒロミ、松原佳成、筒井ともみ、東乃秋晶、大津一郎、林企太子、長瀬未代子／監督：松野宏軌、貞永方久、原田雄一、工藤栄一、山下耕作、高坂光幸、田中徳三、都築一興、石井輝男、岡本静夫、長谷川安人、井上梅次、家喜俊彦

『うらごろし』の視聴率低迷から原点回帰を目指して中村主水が復活し、全84話の大ヒット作に。飾り職人の秀を演じた三田村邦彦の人気が高まり、ドラマのパターン化が促進。音楽の平尾昌晃も復帰し、現在まで続く仕事人シリーズの礎となった。

第16弾
必殺仕舞人

（1981年2月6日〜1981年5月1日／全13話）

キャスト■京マチ子（坂東京山）、本田博太郎（直次郎）、西崎みどり（おはな）、小柳圭子（おまつ）、原泉（善行尼）、高橋悦史（晋松）

スタッフ■プロデューサー：山内久司（第5話より「制作」）、仲川利久、桜井洋三／脚本：野上龍雄、吉田剛、保利吉紀、筒井ともみ、長瀬未代子、石森史郎、林企太子／監督：工藤栄一、松野宏軌、原田雄一、都築一興、黒田義之、井上梅次

京マチ子が初主演。各地をめぐる民謡手踊りの一座が、駆け込み寺に託された女の恨みをはらしていく。本作のスタート前に放送されたシリーズ初のスペシャルドラマ『特別編必殺仕事人恐怖の大仕事』にも主人公の坂東京山が登場した。

第17弾
新必殺仕事人

（1981年5月8日〜1982年6月25日／全55話）

キャスト■藤田まこと（中村主水）、三田村邦彦（秀）、中条きよし（勇次）、鮎川いずみ（加代）、菅井きん（せん）、白木万理（りつ）、山田五十鈴（おりく）

スタッフ■制作：山内久司／プロデューサー：仲川利久、桜井洋三／脚本：野上龍雄、保利吉紀、石森史郎、工藤栄一、長瀬未代子、林企太子、南谷ヒロミ、高山由紀子、吉田剛、望木俔東子、高橋稔、篠崎好、福岡恵子、田上雄、松原佳成、藤城洋子、仁多雪郎、正中恵、加田藤穂／監督：貞永方久、松野宏軌、田中徳三、前田陽一、井上梅次、工藤栄一、水川淳三、松本明、黒田義之、松尾昭典、山本邦彦、水野純一郎

『仕事人』に続いて秀役の三田村邦彦が出演。新キャラクターとして、中条きよしがクールな三味線屋の勇次を演じた。主水・秀・勇次の3人は必殺シリーズを象徴するキャラクターとなり、ラストの中村家コントも定着した。

第18弾
新必殺仕舞人

（1982年7月2日〜1982年9月24日／全13話）

キャスト■京マチ子（坂東京山）、本田博太郎（直次郎）、西崎みどり（おはな）、花紀京（権太）、原泉（善行尼）、高橋悦史（晋松）

スタッフ■制作：山内久司／プロデューサー：仲川利久、桜井洋三／脚本：吉田剛、石森史郎、南谷ヒロミ、篠崎好、松原佳成、加田藤穂／監督：前田陽一、井上梅次、水川淳三、津島勝、田中徳三、松野宏軌

『仕舞人』の続編。坂東京山がふたたび殺しの旅路に。仕事の依頼方法は変更されたが、基本的なコンセプトは同じ、安心安定の旅ものシリーズとなった。高橋悦次演じる晋松の殺し技は頸動脈切断から拍子木での絞殺に変更された。

第19弾
必殺仕事人Ⅲ

（1982年10月8日〜1983年7月1日／全38話）

キャスト■藤田まこと（中村主水）、三田村邦彦（秀）、鮎川いずみ（加代）、ひかる一平（西順之助）、白木万理（りつ）、菅井きん（せん）、中条きよし（勇次）、山田五十鈴（おりく）

スタッフ■制作：山内久司／プロデューサー：仲川利久（第12話まで）、辰野悦央（第9話より）、桜井洋三／脚本：吉田剛、篠崎好、加田藤穂、石森史郎、仁多雪郎、三田純市、保利吉紀、中原朗、鶉野昭彦、林千代、萩田寛子／監督：田中徳三、松野宏軌、八木美津雄、黒田義之、貞永方久、家喜俊彦、水野純一郎、関本郁夫、広瀬襄、都築一興

必殺シリーズの人気絶頂を象徴する作品であり、第21話は歴代最高視聴率の37・1%を記録。ひかる一平演じる受験生の西順之助が仲間入りして賛否両論、何でも屋の加代役の鮎川いずみによる主題歌「冬の花」もヒット作となった。

第20弾
必殺渡し人

（1983年7月8日〜1983年10月14日／全13話）

キャスト■中村雅俊（惣太）、渡辺篤史（大吉）、藤山直美（お直）、西崎みどり（お沢）、高峰三枝子（鳴滝忍）

スタッフ■制作：山内久司／プロデューサー：辰野悦央、桜井洋三／脚本：吉田剛、篠崎好、中原朗、鶉野昭彦、三田純市、津島勝、萩田寛子／監督：田中徳三、原田雄一、松野宏軌、八木美津雄、津島勝、山根成之

シリーズ初参加の中村雅俊が主演、高峰三枝子が元締役に。ワンクール枠の旅ものシリーズから一転して舞台は江戸、主人公たちの長屋を中心にドラマが展開する。色ごとをめぐる事件が多く、ほかのシリーズに比べてエロティックな描写が連発された。

第21弾
必殺仕事人Ⅳ

（1983年10月21日〜1984年8月24日／全43話）

キャスト■藤田まこと（中村主水）、三田村邦彦（秀）、鮎川いずみ（加代）、ひかる一平（西順之助）、白木万理（りつ）、菅井きん（せん）、中条きよし（勇次）、山田五十鈴（おりく）

スタッフ■制作：山内久司／プロデューサー：辰野悦央、桜井洋三／脚本：吉田剛、鶉野昭彦、篠崎好、林千代、中原朗、保利吉紀、野上龍雄、三田純市／監督：田中徳三、原田雄一、広瀬襄、家喜俊彦、松野宏軌、黒田義之、八木美津雄

『仕事人Ⅲ』の続編。必殺シリーズの人気の勢いはテレビに留まらず、劇場用映画『必殺！THE HISSATSU』（84年）が公開されてヒットを記録、これまたシリーズとなった。ドラマ本編にはUFOらしきものやエリマキトカゲが登場した。

第22弾
必殺仕切人

（1984年8月31日〜1984年12月28日／全18話）

キャスト■京マチ子（お国）、小野寺昭（新吉）、西崎みどり（お清）、芦屋雁之助（勘平）、高橋悦史（龍之助）、中条

きよし（勇次）
スタッフ■制作：山内久司／プロデューサー：辰野悦央、桜井洋三／脚本：吉田剛、保利吉紀、中原朗、林千代、篠崎好、鶉野昭彦、三田純市／監督：松野宏軌、家喜俊彦、広瀬襄、八木美津雄、田中徳三

前作『仕事人Ⅳ』に続いて、中条きよし演じる三味線屋の勇次が登場。女性の元締というフォーマットは崩されず、京マチ子が三度目の出演を果たした。「もしもお江戸にピラミッドがあったら」など世相のパロディはどんどん加速する。

第23弾
必殺仕事人Ⅴ

（1985年1月11日〜1985年7月26日／全26話）
キャスト■藤田まこと（中村主水）、鮎川いずみ（何でも屋の加代）、京本政樹（組紐屋の竜）、ひかる一平（西順之助）、白木万理（りつ）、村上弘明（花屋の政）、菅井きん（せん）、山田五十鈴（おりく）
スタッフ■制作：山内久司／プロデューサー：辰野悦央、桜井洋三／脚本：吉田剛、篠崎好、保利吉紀、中原朗、林千代、鶉野昭彦、三田純市／監督：広瀬襄、八木美津雄、田中徳三、松野宏軌、黒田義之、津島勝、家喜俊彦

組紐屋の竜を演じる京本政樹と花屋の政を演じる村上弘明がレギュラー入り、秀と勇次のコンビに続いてアイドル的人気を得た。山田五十鈴演じるおりくの最終作。藤田まことの娘・藤田絵美子が主題歌「さよならさざんか」を歌った。

第24弾
必殺橋掛人

（1985年8月2日〜1985年11月8日／全13話）
キャスト■津川雅彦（柳次）、宅麻伸（新吉）、斉藤清六（松）、西崎みどり（お光）、萬田久子（おくら）
スタッフ■制作：山内久司／プロデューサー：辰野悦央、桜井洋三／脚本：吉田剛、野上龍雄、保利吉紀、篠崎好、中原朗、林千代、石森史郎／監督：工藤栄一、松野宏軌、津島勝、黒田義之

『新必殺からくり人』のように、ある手がかりをもとに事件が明らかにされるフォーマット。初期シリーズでインパクトあふれる悪役を何度も演じてきた津川雅彦を主人公に、シリアスな展開と凝った殺し技で全13話をまっとうした。

第25弾
必殺仕事人Ⅴ　激闘編

（1985年11月15日〜1986年7月25日／全33話）
キャスト■藤田まこと（中村主水）、鮎川いずみ（何でも屋の加代）、京本政樹（組紐屋の竜）、村上弘明（鍛冶屋の政）、白木万理（りつ）、菅井きん（せん）、笑福亭鶴瓶（参）、梅沢富美男（弐）、柴俊夫（壱）
スタッフ■制作：山内久司／プロデューサー：辰野悦央、桜井洋三／脚本：吉田剛、保利吉紀、石川孝人、篠崎好、宮崎晃、中原朗、林千代、鶉野昭彦、足達りつこ、田上雄／監督：工藤栄一、松野宏軌、田中徳三、小原宏裕、津島勝、原田雄一、藤井克彦、水川淳三、都築一興

ハードボイルドな作風への原点回帰を目指し、マンネリ化に抵抗。はぐれ仕事人の壱、弐、参も加わり、ハード路線で始まったが、途中からは従来のパターンへと修正された。メンバーが多いので、殺しのシーンが長いのも特色のひとつ。

第26弾
必殺まっしぐら！

（1986年8月8日〜1986年10月31日／全12話）
キャスト■三田村邦彦（秀）、秋野暢子（桂馬のお銀）、大沢樹生（さぶ）、菅原昌子（若紫）、笑福亭鶴瓶（高天原綾麻呂）、西郷輝彦（香車の東吉）
スタッフ■制作：山内久司／プロデューサー：辰野悦央、桜井洋三／脚本：篠崎好、中原朗、石川孝人、保利吉紀、田上雄、江科利夫／監督：工藤栄一、原田雄一、松野宏軌、津島勝、水川淳三

三田村邦彦演じる飾り職人の秀を主役にした旅もの。当時、大ヒットしていたファミコンソフト『スーパーマリオブラザーズ』をモチーフに、秀がマリオ、恋人の若紫をピーチ姫として、各話ごとにミステリ仕立てのドラマが構築された。

第27弾
必殺仕事人Ⅴ　旋風編

（1986年11月7日〜1987年3月6日／全14話）
キャスト■藤田まこと（中村主水）、村上弘明（鍛冶屋の政）、出門英（夜鶴の銀平）、かとうかずこ（便利屋お玉）、ひかる一平（西順之助）、白木万理（りつ）、菅井きん（せん）
スタッフ■制作：山内久司／プロデューサー：奥田哲雄、辰野悦央、桜井洋三／脚本：田上雄、保利吉紀、中原朗、林千代、篠崎好、安倍徹郎、吉田剛／監督：工藤栄一、水川淳三、田中徳三、松野宏軌、原田雄一、石原興

何でも屋の加代に代わって便利屋お玉が登場。中村主水は百軒長屋の番人に。後期の必殺シリーズらしい世相のパロディを盛り込み、当初は全26話を予定していたが視聴率は低迷、主水ものとしては異例の全14話で打ち切りとなった。

第28弾
必殺仕事人Ⅴ　風雲竜虎編

（1987年3月13日〜1987年7月31日／全19話）
キャスト■藤田まこと（中村主水）、村上弘明（鍛冶屋の政）、かとうかずこ（お玉）、桂朝丸（絵馬坊主の蝶丸）、白木万理（りつ）、菅井きん（せん）、三浦友和（かげろうの影太郎）
スタッフ■制作：山内久司／プロデューサー：奥田哲雄、辰野悦央、桜井洋三／脚本：吉田剛、保利吉紀、篠崎好、鶉野昭彦、中原朗／監督：工藤栄一、原田雄一、松野宏軌、水川淳三、山根成之

『旋風編』の打ち切りによって制作。三浦友和が南京玉すだれを駆使する仕事人に。視聴率はやや持ち直したが、次作『必殺剣劇人』をもって『必殺仕掛人』以来15年続いた必殺シリーズのレギュラー放送は終了することが決定した。

第29弾
必殺剣劇人

（1987年8月8日〜1987年9月25日／全8話）
キャスト■近藤正臣（カルタの綾太郎）、田中健（早縄の清次）、工藤夕貴（お七）、二宮さよ子（お歌）、あおい輝彦（すたすたの松坊主）
スタッフ■制作：山内久司／プロデューサー：奥田哲雄、辰野悦央、桜井洋三／脚本：吉田剛、篠崎好、田上雄、保利吉紀／監督：石原興、津島勝、水川淳三、山根成之

連続ドラマ枠の必殺シリーズいったんの最終作。モノクロ・サイレントのチャンバラ映画を彷彿させる作風で、これまでの作品と異なりケレン味あふれる大立ち回りが繰り広げられた。最終回「あばよ！」には中村主水が登場し、殺しのシーンでは過去作を露骨にオマージュ、必殺シリーズこれにてお仕舞いを強調した。

第30弾
必殺仕事人　激突！
（1991年10月8日～1992年3月24日／全21話）
キャスト■出演：藤田まこと（中村主水）、中村橋之助（夢次）、菅井きん（せん）、白木万理（りつ）、光本幸子（お歌）、滝田栄（山田朝右衛門）、酒井和歌子（初瀬）、三田村邦彦（秀）
スタッフ■制作：山内久司、櫻井洋三／プロデューサー：福永喜夫、高橋信仁、武田功／脚本：吉田剛、中村勝行、篠崎好、高山由紀子、保利吉紀、田上雄、いずみ玲、鴨井達比古、中原朗、佐藤五月／監督：原田雄一、石原興、松野宏軌、吉田啓一郎、津島勝

4年ぶりに連続枠で復活したシリーズ第30弾、放送時間は火曜21時に変更された。仕事人狩りのために組織された「覆面組」との死闘から始まり、その後は従来のパターンに。フィルム撮影ながらビデオ仕上げで画のトーンも変化した。

第31弾
必殺仕事人2009
（2009年1月9日～2009年6月26日／全22話）
キャスト■東山紀之（渡辺小五郎）、松岡昌宏（経師屋の涼次）、大倉忠義（からくり屋の源太）、田中聖（仕立て屋の匳）、谷村美月（如月）、野際陽子（こう）、中越典子（ふく）、菅井きん（せん）、白木万理（りつ）、和久井映見（花御殿のお菊）、藤田まこと（中村主水）
スタッフ■企画：山本晋也、亀山慶二／チーフプロデューサー：森山浩一／プロデューサー：内山聖子、柴田聡、山川秀樹、武田功、三好英明／脚本：寺田敏雄、岡本さとる、前川洋一、森下直、後藤法子、瀧本智行／監督：石原興、原田徹、酒井信行、山下智彦、井上昌典

東山紀之演じる渡辺小五郎を主役にした大型ドラマ『必殺仕事人2007』でシリーズ復活。朝日放送・松竹にテレビ朝日が加わり、その2年後に17年ぶりの連ドラ版が作られた。撮影はフィルムからデジタルに、藤田まこと演じる中村主水最後の大仕事となった。そして2023年現在までスペシャル版が続いている。

放映時間
毎週土曜日22:00～『必殺仕掛人』～『必殺必中仕事屋稼業』第13話
毎週金曜日22:00～『必殺必中仕事屋稼業』第14話～『必殺剣劇人』
毎週火曜日21:00～『必殺仕事人　激突！』
毎週金曜日21:00～『必殺仕事人2009』

制作：朝日放送、松竹
制作協力（製作協力）：京都映画　『必殺仕掛人』～『必殺仕事人　激突！』
制作：朝日放送、テレビ朝日、松竹
製作協力：松竹京都撮影所『必殺仕事人2009』

テレビスペシャル

特別編必殺仕事人 恐怖の大仕事 水戸・尾張・紀伊
（1981年1月2日）
脚本：野上龍雄、大津一郎、筒井ともみ／監督：工藤栄一／主演：藤田まこと

必殺シリーズ10周年記念スペシャル 仕事人大集合
（1982年10月1日）
脚本：野上龍雄、高山由紀子／監督：工藤栄一／主演：藤田まこと

㊙必殺現代版 主水の子孫が京都に現われた 仕事人vs暴走族
（1982年12月31日）
脚本：吉田剛／監督：石原興／主演：藤田まこと

年忘れ必殺スペシャル 仕事人アヘン戦争へ行く 翔べ！熱気球よ香港へ
（1983年12月30日）
脚本：吉田剛／監督：松野宏軌／主演：藤田まこと

必殺仕事人意外伝 主水、第七騎兵隊と闘う 大利根ウエスタン月夜
（1985年1月4日）
脚本：吉田剛／監督：石原興／主演：藤田まこと

新装㊙必殺現代版 東京六本木・京都円山公園・大阪梅田 3元仕事人ナマ中継
（1985年10月4日）
脚本：吉田剛／監督：石原興／主演：藤田まこと

当たるトラ年！今年も大躍進 必殺&タイガース
（1986年1月3日）
構成：保利吉紀、本田順一／ディレクター：森本茂樹、山口信哉／主演：藤田まこと

新春仕事人スペシャル 必殺忠臣蔵
（1987年1月2日）
脚本：田上雄／監督：工藤栄一／主演：藤田まこと

必殺仕事人ワイド 大老殺し 下田港の殺し技珍プレー好プレー
（1987年10月2日）
脚本：吉田剛／監督：松野宏軌／主演：藤田まこと

必殺ワイド・新春 久しぶり！主水、夢の初仕事 悪人チェック!!
（1988年1月8日）
脚本：田上雄／監督：山根成之／主演：藤田まこと

お待たせ必殺ワイド 仕事人vs秘拳三日殺し軍団 主水、競馬で大穴を狙う!?
（1988年9月30日）
脚本：吉田剛／監督：原田雄一／主演：藤田まこと

必殺スペシャル・新春 決定版！大奥、春日野局の秘密 主水、露天風呂で初仕事
（1989年1月3日）
脚本：吉田剛／監督：石原興／主演：藤田まこと

必殺スペシャル・春一番 仕事人、京都へ行く 闇討人の謎の首領！
（1989年3月30日）
脚本：田上雄／監督：石原興／主演：藤田まこと

必殺スペシャル・秋 仕事人vs仕事人 徳川内閣大ゆれ！主水にマドンナ
（1989年10月6日）
脚本：保利吉紀／監督：松野宏軌／主演：藤田まこと

必殺スペシャル・新春 大暴れ仕事人！横浜異人屋敷の決闘
（1990年1月3日）
脚本：安倍徹郎／監督：松野宏軌／主演：藤田まこと

必殺スペシャル・春 勢ぞろい仕事人！春雨じゃ、悪人退治
（1990年4月6日）
脚本：保利吉紀／監督：石原興／主演：藤田まこと

必殺スペシャル・秋！仕事人vsオール江戸警察
（1990年10月5日）
脚本：保利吉紀／監督：原田雄一／主演：藤田まこと

必殺スペシャル・春 世にも不思議な大仕事 主水と秀 香港・マカオで大あばれ
（1991年4月5日）
脚本：吉田剛、中村勝行／監督：原田雄一／主演：藤田まこと

必殺スペシャル・新春 せんりつ誘拐される、主水どうする？ 江戸政界の黒幕と対決！ 純金のカラクリ座敷
（1992年1月2日）
脚本：保利吉紀／監督：松野宏軌／主演：藤田まこと

必殺仕事人2007
（2007年7月7日）
脚本：寺田敏雄／監督：石原興／主演：東山紀之

必殺仕事人2009 新春スペシャル
（2009年1月4日）
脚本：寺田敏雄／監督：石原興／主演：東山紀之

必殺仕事人2010
（2010年7月10日）
脚本：森下直／監督：石原興／主演：東山紀之

必殺仕事人2012
（2012年2月19日）
脚本：寺田敏雄／監督：石原興／主演：東山紀之

必殺仕事人2013
（2013年2月17日）
脚本：寺田敏雄／監督：石原興／主演：東山紀之

必殺仕事人2014
（2014年7月27日）
脚本：寺田敏雄／監督：石原興／主演：東山紀之

必殺仕事人2015
（2015年11月29日）
脚本：寺田敏雄／監督：石原興／主演：東山紀之

必殺仕事人2016
（2016年9月25日）
脚本：寺田敏雄／監督：石原興／主演：東山紀之

必殺仕事人
（2018年1月7日）
脚本：寺田敏雄／監督：石原興／主演：東山紀之

必殺仕事人2019
（2019年3月10日）
脚本：寺田敏雄／監督：石原興／主演：東山紀之

必殺仕事人2020
（2020年6月28日）
脚本：西田征史／監督：石原興／主演：東山紀之

必殺仕事人
（2022年1月9日）
脚本：西田征史／監督：石原興／主演：東山紀之

必殺仕事人
（2023年1月8日）
脚本：西田征史／監督：石原興／主演：東山紀之

必殺仕事人
（2023年12月29日）
脚本：西田征史／監督：石原興／主演：東山紀之

劇場用映画

必殺仕掛人
（1973年6月9日公開／松竹）
原作：池波正太郎／脚本：安倍徹郎、渡邊祐介／監督：渡邊祐介／主演：田宮二郎

必殺仕掛人 梅安蟻地獄
（1973年9月29日公開／松竹）
原作：池波正太郎／脚本：宮川一郎、渡邊祐介／監督：渡邊祐介／主演：緒形拳

必殺仕掛人 春雪仕掛針
（1974年2月16日公開／松竹）
原作：池波正太郎／脚本：安倍徹郎／監督：貞永方久／主演：緒形拳

必殺！THE HISSATSU
（1984年6月16日公開／松竹・朝日放送）
脚本：野上龍雄、吉田剛／監督：貞永方久／主演：藤田まこと

必殺！ブラウン館の怪物たち
（1985年6月29日公開／松竹・朝日放送）
脚本：吉田剛／監督：広瀬襄／主演：藤田まこと

必殺！III 裏か表か
（1986年5月24日公開／松竹・朝日放送・京都映画）
脚本：野上龍雄、保利吉紀、中村勝行／監督：工藤栄一／主演：藤田まこと

必殺4 恨みはらします
（1987年6月6日公開／松竹・朝日放送・京都映画）
脚本：野上龍雄、深作欣二、中原朗／監督：深作欣二／主演：藤田まこと

必殺！5 黄金の血
（1991年12月23日公開／松竹・朝日放送・京都映画）
脚本：吉田剛／監督：舛田利雄／主演：藤田まこと

必殺！主水死す
（1996年5月25日公開／松竹・松竹京都映画）
脚本：吉田剛／監督：貞永方久／主演：藤田まこと

必殺始末人
（1997年3月1日公開／衛生劇場）
脚本：鈴木生朗／監督：石原興／主演：田原俊彦

必殺！三味線屋・勇次
（1999年2月11日公開／松竹京都映画・グランプリ・ミュージアム）
脚本：野上龍雄／監督：石原興／主演：中条きよし

※映画『仕掛人』三部作は松竹大船による製作で京都映画のスタッフは関わっていない

オリジナルビデオシネマ

必殺始末人II 乱れ咲く女役者の夢舞台
（1998年1月25日リリース／衛生劇場）
脚本：大津一瑯／監督：石原興／主演：田原俊彦

必殺始末人III 地獄に散った花びら二枚
（1998年2月25日リリース／衛生劇場）
脚本：綾部伴子／監督：松島哲也／主演：田原俊彦

※そのほかの必殺シリーズとして舞台や劇画などがある

協力　朝日放送テレビ株式会社
株式会社ABCフロンティア
松竹株式会社
株式会社松竹撮影所
星光一
横尾公幸
赤崎新吾

企画協力　都築一興

写真協力　牧野譲

写真協力　ABCテレビ・松竹
（P015、P027、P040-041、P053、P059、P077、P101、P105、P125、P128-129、P135、P157、P161、P172-173、P217、P233、P242-243、P253、P271、P289、P301、P332-333、P343、P349、P361、P375、P380-381、P387、P399、P407、カバー）

デザイン／DTP　木村由紀（MdN Design）
DTP　石原崇子

担当編集　山口一光

必殺シリーズ談義　仕掛けて仕損じなし

2024年 10月18日　第1版1刷発行

著者　高鳥都

発行人　松本大輔
編集人　橋本修一
編集長　切刀匠

発行　立東舎
発売　株式会社リットーミュージック
〒101-0051
東京都千代田区神田神保町
一丁目105番地

印刷・製本　株式会社ルナテック

【本書の内容に関するお問い合わせ先】
info@rittor-music.co.jp
本書の内容に関するご質問は、Eメールのみでお受けしております。お送りいただくメールの件名に「必殺シリーズ談義　仕掛けて仕損じなし」と記載してお送りください。ご質問の内容によりましては、しばらく時間をいただくことがございます。なお、電話やFAX、郵便でのご質問、本書記載内容の範囲を超えるご質問につきましてはお答えできませんので、あらかじめご了承ください。

【乱丁・落丁などのお問い合わせ】
service@rittor-music.co.jp

Printed in Japan　ISBN978-4-8456-4133-8
定価3,300円（本体3,000円+税10%）